Französisch
in der Praxis

Die Methode für jeden Tag

Französisch
in der Praxis
(für Fortgeschrittene)

von
Anthony BULGER & Jean-Loup CHEREL

Deutsche Übersetzung von
Andrea STETTLER
Überarbeitung von
Philippe & Susanne GAGNEUR

Zeichnungen von J.L. Goussé

Der Sprachverlag

Körnerstrasse 12
50823 Köln
Deutschland

E-Mail:
Kontakt@assimil.com

© Assimil 1988/2025
ISBN 978-3-89625-034-6

Der Assimil-Verlag bietet folgende Sprachkurse an:

Grundkurse Niveau A1–B2 / Reihe "ohne Mühe"

Amerikanisch • Arabisch • Brasilianisch
Bulgarisch • Chinesisch • Chinesische Schrift
Dänisch • Deutsch (als Fremdsprache) • Englisch
Finnisch • Französisch • Griechisch • Hindi
Indonesisch • Italienisch • Japanisch • Kanji-Schrift
Koreanisch • Kroatisch • Latein • Luxemburgisch
Niederländisch • Norwegisch • Persisch • Polnisch
Portugiesisch • Rumänisch • Russisch • Schwedisch
Spanisch • Suaheli • Thai • Tschechisch
Türkisch • Ungarisch • Vietnamesisch

Vertiefungskurse Niveau B2–C1 / Reihe "in der Praxis"
Englisch • Französisch • Italienisch • Russisch • Spanisch

Weitere Sprachkurse in Vorbereitung

... Aktuelles und weitere Infos unter www.AssimilWelt.com

Die Tonaufnahmen
mit den fremdsprachigen Texten aller Lektionen und Verständnisübungen aus diesem Kurs – insgesamt 180 Min. Spieldauer – können Sie im Internet oder bei Ihrem Buchhändler bestellen: **Le Français en pratique**

4 Audio-CDs ISBN 978-3-89625-184-8
1 MP3-CD   ISBN 978-3-89625-634-8

VORWORT

Wie alle Assimil-Kurse basiert auch "Französisch in der Praxis" auf der Idee, Ihnen das Erlernen der französischen Sprache auf mühelose und entspannte Weise zu ermöglichen, Ihnen Französisch als eine internationale Sprache für die praktische Anwendung in Beruf und Freizeit zu präsentieren, modern und lebensnah.

Für wen ist dieser Kurs bestimmt?

Dieser Kurs richtet sich nicht nur an Personen, die unseren Band "Französisch ohne Mühe" erfolgreich abgeschlossen haben, sondern an alle, die bereits fundierte Französischkenntnisse besitzen. Die wichtigsten Zeitformen und ihre Aspekte sind Ihnen gut bekannt, mit der Bildung und Stellung der Adjektive und der Adverbien sind Sie vertraut? Sie verfügen bereits über einen reichen Vokabelschatz, haben jedoch das Gefühl, noch nicht ganz mit den Feinheiten der französischen Umgangssprache, sei es auf dem Gebiet des Wortschatzes oder auf dem der Grammatik, vertraut zu sein?

Dann werden Sie sich mit diesem Kurs mühelos die Besonderheiten der französischen Sprache, ihre umgangssprachlichen Varianten und darüber hinaus viel Wissenswertes aus dem Bereich der Landeskunde aneignen. Die oben erwähnten Punkte werden erweitert behandelt, die literarischen Verbzeiten eingeführt, idiomatische Redewendungen vorgestellt und durch vielfältiges Anwenden vertieft. Dies alles wird Ihnen allmählich ein zunehmend sicheres Sprachgefühl verleihen.

VI

Ziel von "Französisch in der Praxis" ist es, Ihnen möglichst viele Facetten der französischen Sprache aufzuzeigen: die Hoch- und die Umgangssprache, die Sprache der Literatur, die Sprache der Presse, des Fernsehens, Wortspiele und – in gewohnter Assimil-Tradition – die Sprache des Humors.

Einige Worte zu Kursaufbau und Arbeitsweise

Wie bei allen Assimil-Kursen empfehlen wir Ihnen, sich täglich ca. 20–25 Minuten lang mit dem Lernstoff und den Tonaufnahmen zu beschäftigen. Dabei sollten Sie realistisch bleiben und sich nicht überschätzen: Wenn Sie es einmal nicht schaffen, genug Lernzeit aufzubringen, so lesen Sie zumindest einige Sätze der Lektion, einige Absätze aus den Anmerkungen, oder hören Sie sich einige Minuten der Tonaufnahmen an. Vertrauen Sie auf Ihre natürliche Assimilierungsfähigkeit, und versuchen Sie nicht, zu viel auf einmal aufnehmen zu wollen. Gehen Sie auf jeden Fall erst dann zu einer neuen Lektion über, wenn Sie die aktuelle Lektion gut verstehen.

Lektionstext

Beginnen Sie damit, dass Sie den französischen Lektionstext zunächst einige Male komplett anhören. Dann lesen und hören Sie ihn satzweise und sehen sich die deutsche Übersetzung auf der rechten Buchseite an. Da dies ein Fortgeschrittenenkurs ist, haben wir bei der Übersetzung der Lektionssätze mit wenigen Ausnahmen auf eine Wort-zu-Wort-Übersetzung verzichtet und stattdessen im Deutschen immer die sinngemäße und auch stilistisch schönere Variante gewählt. Die deutschen Texte sind keine wortgetreuen Wiedergaben der französischen, sondern benutzen die entsprechend passende deutsche Wendung. Verlieren Sie also keine Zeit damit, die jeweiligen Satzstrukturen zu vergleichen; die deutschen Texte sollen Ihnen nur als Verständnishilfe dienen.

Anmerkungen

Im französischen Lektionstext finden Sie Zahlen in Klammern. Sie verweisen auf die Anmerkungen, die Erläuterungen und Beispiele zum jeweiligen sprachspezifischen, grammatischen oder landeskundlichen Thema des entsprechenden Satzes enthalten. Lesen Sie beim Durcharbeiten der Lektionen auf jeden Fall auch immer die Anmerkungen! Seien Sie nicht beunruhigt, wenn Sie nicht sofort Erklärungen für Dinge erhalten, die Ihnen unbekannt sind. Es wird meist nur so viel erklärt, wie Sie im Moment auch tatsächlich wissen müssen. Peu à peu werden Sie in der Lage sein, sich in Eigeninitiative offene Fragen zu beantworten und Zusammenhänge selbstständig zu erschließen. Viele Punkte können durch Beispiele und Übungen assimiliert werden, andere erfordern Erklärungen. Die komplizierteren Aspekte werden in jeder 7. Lektion erläutert und vertieft.

Sprechen Sie jeden Lektionssatz laut und in einem für Sie angemessenen Tempo nach. Längere Sätze können Sie in kleinere Teilsätze zerlegen. Orientieren Sie sich bei der Aussprache an den Sprechern auf den Tonaufnahmen. Arbeiten Sie anschließend die Übungen durch.

Verständnisübung

Die erste Übung ist eine Verständnisübung, mit der Sie feststellen können, ob Sie Wortschatz und grammatikalische Konstruktionen, eingebettet in einen anderen Satz oder Kontext, verstanden haben. Zur Kontrolle steht rechts die deutsche Übersetzung, an die Sie sich jedoch nicht sklavisch zu halten brauchen.

Lückentextübung

Die zweite Übung ist eine Lückentextübung. Hier sollen Sie auf der Grundlage des vorgegebenen deutschen Satzes fehlende Wörter in den entsprechenden französischen Satz einfügen, wobei jeder Punkt für einen Buchstaben steht. Auch hier finden Sie die Lösung auf der gegenüberliegenden Seite bzw. am Ende der Lektion.

Wiederholungslektion

Jede 7. Lektion ist eine Wiederholungslektion. In diesen Lektionen werden bestimmte grammatikalische Themen noch einmal in Kürze erläutert, vertieft und anhand von Beispielen illustriert.

Wenn Sie so vorgehen, sich Zeit nehmen und ab und zu zurückblättern und wiederholen, können Sie sicher sein, dass Sie beständig Fortschritte machen werden. Wir werden dabei immer an Ihrer Seite sein: mit Erläuterungen zur Grammatik, der Übersetzung der Lektionstexte und weiteren wichtigen Hinweisen. So werden Sie mit der Zeit ein Niveau erreichen, auf dem Ihre persönliche Kreativität ständig angeregt und Ihre Ausdrucksweise verbessert wird.

VIII

Im Laufe des Kurses werden wir Sie mit sehr vielen idiomatischen Ausdrücken vertraut machen, also Wendungen, die oft sehr bildhaft sind und deren Bedeutung nicht in allen Fällen aus den einzelnen Wörtern abgeleitet werden kann. Für viele Wendungen und Ausdrücke werden Sie eine literarische und oft eine umgangssprachliche Variante finden.

Ein letzter Tipp: Legen Sie sich ein einsprachiges französisches Wörterbuch zu, denn manche Begriffe oder Wendungen lassen sich nicht ohne Weiteres ins Deutsche übersetzen, ohne dass wichtige Nuancen in der Bedeutung verloren gehen. Das Lesen der Definitionen zu nachgeschlagenen Wörtern ist für Sie außerdem eine gute Zusatzübung.

Ein Wort zur "Liaison"

Die Liaison, also die Verbindung des Endkonsonanten eines Wortes mit dem Anfangsvokal des nachfolgenden Wortes, findet man in der französischen Umgangssprache sehr häufig, und Sie werden sie entsprechend auch auf unseren Tonaufnahmen hören.

Sie können diese Tonaufnahmen, die die fremdsprachigen Lektions- und Verständnisübungstexte aus dem Buch enthalten, in Form von vier Audio-CDs oder einer MP3-CD erwerben.

So, und nun kann's losgehen – wir wünschen Ihnen viel Spaß und …

… Bon courage !

INHALT

Vorwort V
Kursaufbau VI

VERZEICHNIS DER LEKTIONEN
1 Petit dialogue entre le lecteur et l'auteur 1
2 L'horoscope 5
3 Faisons connaissance 9
4 La première fois 13
5 La suite 17
6 Où aller dîner… 21
7 RÉVISION ET NOTES 25

8 La circulation 29
9 Les taxis 33
10 Un taxi futé 37
11 Il faut sortir de temps en temps 41
12 Le cinéma 45
13 Quelques expressions 49
14 RÉVISION ET NOTES 53

15 Au café, Anne-Marie raconte son passé 55
16 Quelques questions 59
17 S'il vous plaît… 63
18 Incidents 67
19 Le pessimiste et l'optimiste 71
20 L'argent 75
21 RÉVISION ET NOTES 79

22 Soyez le bienvenue 81
23 Un voyage en avion 85
24 Qui s'excuse, s'accuse… 89
25 Réclamations 93
26 Un cadeau d'anniversaire 97
27 Révisons « avoir » 101
28 RÉVISION ET NOTES 105

29 Un petit peu d'histoire 109
30 Les débuts de la Révolution 113
31 « Hors de Paris, il n'y a point de salut… » 117
32 La Bretagne 121
33 Une question de mots 125
34 Il n'y a pas toujours d'équivalent 129
35 RÉVISION ET NOTES 133

36	Pas un grand succès…	137
37	Les râleurs	141
38	Il faut s'y faire	147
39	Et encore « faire »	151
40	S.V.P.	155
41	La conjoncture	161
42	RÉVISION ET NOTES	167

43	Ah, les vacances…	171
44	L'humour	177
45	Il ou elle ?	183
46	Singulier ou pluriel ?	189
47	Les critiques	195
48	L'inspecteur mène l'enquête	201
49	RÉVISION ET NOTES	207

50	De l'histoire de la langue	213
51	La vie de Victor Hugo	219
52	Les Misérables	227
53	Les Régions de France – Le Sud-Ouest	233
54	Qu'est la France d'aujourd'hui?	239
55	La Presse écrite	245
56	RÉVISION ET NOTES	251

57	Honoré de Balzac	255
58	Le père Goriot	263
59	La France – Côte d'Azur et Provence	269
60	Le journal de vingt heures	275
61	Le journal de vingt heures (suite)	281
62	La poésie n'est pas si difficile	287
63	RÉVISION ET NOTES	293

64	Langues et langages I	297
65	Langues et langages II	305
66	L'Alsace et La Lorraine	313
67	La littérature du XXe siècle	319
68	Tout est bien qui finit bien	325
69	De la bonne chère	333
70	Bon voyage!	341

Grammatikalischer Anhang	347
Literaturhinweise	376
Aussprachetabellen	379

PREMIÈRE (1re) LEÇON

Petit dialogue entre le lecteur et l'auteur

1 Vous avez ce livre entre les mains et vous
vous demandez s'il est pour vous ;
2 alors, tournez le dos au vendeur un instant
et écoutez ce dialogue :

3 – Que voulez vous dire par
« la pratique du français » ?
4 – Je vous vois venir, vous !
Dites, parlez-vous français ? (1)
5 – Mais oui. Du moins je me fais comprendre.
Je peux dire ce que je veux et les autres… (2)
6 – Vous voulez dire que vos interlocuteurs
vous comprennent.
– Pardon ? (3)
7 – Donc, ce livre est en effet pour vous.
Vous avez de bonnes bases grammaticales
8 et un vocabulaire assez riche, mais il vous
manque le « petit quelque chose ». (4)
9 – Le petit quoi ?
– Le petit quelque chose qui fait que vous vivez
la langue ;

Notes 'Anmerkungen'
(1) **Je te vois venir.** 'Ich sehe, worauf du hinaus willst.', wörtlich 'Ich sehe dich kommen'. Beachten Sie die im Französischen sehr häufige Verwendung der Infinitivform (s. a. Lektionssatz Nr. 5).

deux • 2

1. LEKTION

Kleiner Dialog zwischen dem Leser und dem Autor

1 Sie halten (haben) dieses Buch in (zwischen) den Händen, und Sie fragen sich, ob es für Sie ist:
2 Kehren Sie also dem Verkäufer einen Augenblick den Rücken, und hören Sie sich diesen Dialog an:
3 — Was meinen Sie mit "Französisch in der Praxis"?
4 — Ich sehe schon, worauf Sie hinauswollen!
  Sagen Sie, sprechen Sie Französisch?
5 — Aber natürlich. Zumindest mache ich mich verständlich.
  Ich kann sagen, was ich [sagen] will, und die anderen …
6 — Sie meinen, Ihre Gesprächspartner verstehen Sie.
  — Wie bitte (Verzeihung)?
7 — Also ist dieses Buch wirklich für Sie. Sie haben gute Grammatikgrundkenntnisse (Grundlagen)
8 und einen ziemlich umfangreichen Wortschatz, aber es fehlt Ihnen das "gewisse (kleine) Etwas".
9 — Das gewisse was? — Das gewisse Etwas, das bewirkt, dass Sie die Sprache leben;

Notes (suite) 'Anmerkungen (Fortsetzung)'

(2) **se faire comprendre** 'sich verständlich machen'. **Je me fais comprendre** 'Ich mache mich verständlich'; **se faire entendre** 'sich Gehör verschaffen, laut werden': **Il y avait un tel bruit qu'il ne pouvait se faire entendre** 'Es herrschte ein derartiger Lärm, dass er sich kein Gehör verschaffen konnte'.

(3) **l'interlocuteur** 'der Ansprechpartner' (wörtl. 'der Zwischen-Sprecher') von **le locuteur** 'der Sprecher', das vom lateinischen *loqui* stammt. In der französischen Alltagssprache werden viele Wörter lateinischen oder griechischen Ursprungs verwendet.

(4) **manquer** 'versäumen, fehlen': **Il est dix heures. Il manquera son train !** 'Es ist zehn Uhr. Er wird seinen Zug verpassen!'; **Il me manque dix euros** 'Mir fehlen zehn Euro'; **Il manque deux boutons à ma chemise** 'Es fehlen zwei Knöpfe an meinem Hemd' (**manque** steht im Singular, obwohl das Objekt ein Plural ist!) Das unpersönliche Fürwort **il** leitet beide Sätze ein; im Deutschen würde man es vorziehen, das Dativobjekt an den Satzanfang zu stellen.

▲ In den Anmerkungen finden Sie kurze Erklärungen zu Fragen des Wortschatzes und der Grammatik, die Sie sich vielleicht gestellt haben, oder wir führen ergänzende Wortschatzinformationen (Anwendungsbeispiele, Synonyme usw.) an. Aus didaktischen Gründen nehmen wir uns in diesen Notes 'Anmerkungen' am Satzbeginn gewisse Freiheiten bei den deutschen und französischen Groß-/Kleinschreibungsregeln.

10 vous connaissez ses particularités de style, ses humeurs,
11 ses trucs ; vous savez que la langue est le reflet du pays et des gens qui la parlent. (5)
12 Bref, vous avez besoin de la pratique.
13 C'est bien plus que des textes ; c'est un voyage à travers la France et le français que nous ferons ensemble. (6)
14 – Alors on y va ? Mais d'abord, voyons ce que l'avenir nous réserve…

Exercice de compréhension 'Verständnisübung'
1. J'ai trop fumé, j'ai mal à la tête. **2.** Elle s'est demandée pourquoi Jean avait téléphoné. **3.** Il n'a pas assez d'argent ; il lui manque dix euros/francs. **4.** Je n'ai pas compris comment l'utiliser. Il y a sûrement un truc. **5.** C'est bien plus qu'un simple livre d'exercices. **6.** Je l'ai vue à travers la fenêtre.

▲ In den beiden Übungen werden die Wörter, die Sie gerade angetroffen haben, erneut verwendet. Damit können Sie gleich überprüfen, ob Sie diese Wörter wiedererkennen und in leicht veränderten Sätzen richtig verstehen. In der zweiten Übung müssen Sie versuchen, einzelne Wörter richtig einzusetzen. Jeder Punkt steht für einen Buchstaben. ▼

Exercice à trous 'Lückentext'
Trouvez les mots manquants 'Ergänzen Sie bitte'

1 Er wird sich ohne Probleme Gehör verschaffen!

Il se . . . . sans problèmes !

2 Ihm fehlen zehn Euro für ein Taxi,

Il . . . . dix euros pour prendre un taxi,

3 also wird er bestimmt sein Flugzeug verpassen.

donc il . . . . sûrement son avion.

4 Sie hat mir den Rücken zugekehrt.

Elle . ' . . . . le . . . .

5 Da ist er wie immer, die Hände in den Taschen.

Il est comme d'habitude, . . . mains dans . . . poches.

10 Sie kennen ihre stilistischen Besonderheiten, ihre Launen,
11 ihre Eigenheiten; Sie wissen, dass die Sprache das Spiegelbild des Landes und der Leute ist, die sie sprechen.
12 Kurzum, Sie brauchen Übung.
13 Das bedeutet mehr als nur Texte; wir werden auf unserer Reise gemeinsam das Land und die Sprache kennenlernen; eine Reise durch Frankreich und das Französische, die wir gemeinsam machen werden.
14 – Also kann es losgehen? Aber zunächst wollen wir sehen, was die Zukunft für uns bereithält ...

Notes (suite)
(5) **un truc** ist eigentlich 'ein Trick/Kniff': **Il y a un truc** '[Da stimmt etwas nicht,] da ist ein Dreh/Trick dabei'; **trouver le truc** 'auf den Dreh kommen'. **Truc** ersetzt oft alle möglichen 'Dinge', für die man spontan nicht das richtige Wort findet. Weitere praktische Wörter in diesem Fall sind **la chose, le machin, le bidule**, die beiden Letzteren für Werkzeuge/Objekte, deren Funktion man nicht so gut beschreiben kann: **C'est quoi ce machin/bidule ?** 'Was ist das für ein Ding?'
(6) **bien plus** = beaucoup plus > **Merci bien !** = Merci beaucoup !

Solution de l'exercice de compréhension / Traductions
'Lösung der Verständnisübung / Übersetzung'
1. Ich habe zu viel geraucht; ich habe Kopfschmerzen. **2.** Sie fragte sich, warum Jean angerufen hatte. **3.** Er hat nicht genug Geld, ihm fehlen zehn Euro (Francs/Schweizer Franken). **4.** Ich habe nicht verstanden, wie man es benutzt. Da ist sicher ein Trick dabei. **5.** Das ist viel mehr als nur ein einfaches Übungsbuch. **6.** Ich habe sie/ihn/es durch das Fenster gesehen.

▲ Die Lösungen der Verständnis- & Lückentextübung finden Sie immer auf der rechten Buchseite: Für Übung 1 die passende Übersetzung, für Übung 2 die gesuchten Wörter. ▼

Les mots manquants 'Die fehlenden Wörter' **1.** fera entendre **2.** lui manque **3.** manquera **4.** m'a tourné - dos. **5.** les - les.

LEÇON 1

DEUXIÈME (2ᵉ) LEÇON

L'horoscope (1)

1 Bélier : Vous avez bien travaillé mais vous avez encore des choses à apprendre.
2 Vous ferez de grands progrès en travaillant tous les jours. (2)
3 Taureau : Vous êtes en train de vivre une période difficile, mais quand vous finirez ce livre tout ira bien.
4 Le 21 Novembre sera un bon jour pour vous.
5 Gémeaux : Malgré quelques difficultés au départ, vous pourrez désormais vous débrouiller partout. (3/4/5)
6 Apprenez vos verbes irréguliers !
7 Cancer : Si vous y passiez un peu plus de temps, vous pourriez apprendre plus vite.
8 Ne vendez pas votre voiture à un homme aux cheveux noirs. (6)

Notes
(1) Denken Sie daran, dass das 'h' nach einem 'l apostrophe' nie ausgesprochen wird. Es ist das 'stumme h': l'heure [*lör*] 'die Uhrzeit/Stunde'. Das h aspiré ist nicht oder kaum hörbar (nur ganz leicht gehaucht) und folgt nach le/la: le haricot [*lö ariko*] 'die Bohne', le hasard [*lö asar*] 'der Zufall'. Le h majuscule [*lö asch majüssküll*] 'das große H'; la hâche [*la asch*] 'die Axt'.

2. LEKTION

Das Horoskop

1 Widder: Sie haben gut gearbeitet, aber Sie haben noch einiges zu lernen.
2 Sie werden große Fortschritte machen, wenn Sie jeden Tag arbeiten.
3 Stier: Sie sind in einer schwierigen Phase, aber wenn Sie dieses Buch beenden werden, wird alles in Ordnung sein.
4 Der 21. November ist Ihr Glückstag.
5 Zwilling: Trotz einiger Anfangsschwierigkeiten werden Sie sich künftig überall gut zurechtfinden (können).
6 Lernen Sie Ihre unregelmäßigen Verben!
7 Krebs: Wenn Sie etwas mehr Zeit dafür aufwenden würden, könnten Sie schneller lernen.
8 Verkaufen Sie Ihr Auto nicht an einen schwarzhaarigen Mann.

Notes (suite)
(2) Erinnern Sie sich an die Bildung des Partizip Präsens? Man ersetzt die Endung **-ent** der 3. Person Plural durch **-ant**: travailler > ils travaill**ent** > travaill**ant**.
(3) **malgré** 'trotz, ungeachtet'. Il fait vieux malgré des 40 ans 'Er sieht trotz seiner 40 Jahre alt aus'.
(4) **désormais** 'von jetzt an, ab jetzt, künftig': Désormais, vous n'aurez plus le droit de sortir le soir 'Von jetzt an dürft ihr abends nicht mehr ausgehen'.
(5) **se débrouiller** 'zurechtkommen, sich zurechtfinden, sich zu helfen wissen': Elle se débrouille avec mille euros par mois ! 'Sie kommt mit 1.000 Euro pro Monat aus!' Je ne sais pas comment vous allez (le) faire ; débrouillez-vous ! 'Ich weiß nicht, wie Sie/ihr das machen werden/werdet; das ist Ihre/eure Sache!' Elle se débrouille bien en anglais 'Sie kommt gut auf Englisch zurecht'. Wenn man Sie als **débrouillard, -e** beschreibt, nehmen Sie dies als Kompliment. Es bedeutet, dass Sie sich in allen Situationen zu helfen wissen.
(6) une femme aux (= avec des) cheveux longs et un homme à (= avec une) grosse moustache grise 'eine Frau mit langen Haaren und ein Mann mit einem dicken grauen Schnurrbart'. Bei physischen Merkmalen wird 'mit' normalerweise mit **à** übersetzt. Man kann auch sagen l'homme moustachu/barbu/chevelu/très poilu 'Der Mann mit Schnurrbart/mit Bart/mit Haar(pracht)/der stark behaarte Mann' oder einfacher **le moustachu, le barbu, le chevelu**. Achtung: Der Spitzname **les poilus** wird nur für die französischen Soldaten im 1. Weltkrieg verwendet (da sie oft nicht rasiert waren).

7 • sept

9 Lion : Il ne faut pas que vous preniez votre étude trop sérieusement. C'est un plaisir et une distraction. (7)

10 – De quel signe du Zodiaque êtes-vous ?
– Vous plaisantez !

11 Nous, les Scorpions, nous ne croyons pas à ces choses-là ! (8)

> Sie sollten jede Lektion immer zuerst einmal im Ganzen durchlesen und parallel anhören. Anschließend beschäftigen Sie sich ausführlich mit den einzelnen Sätzen.

Comprenez-vous ces phrases ?
1. Désormais, nous pourrons apprendre le français facilement. **2**. Malgré nos précautions, la tempête a fait beaucoup de dégâts. **3**. Qui est cette femme aux yeux bleus là-bas ? **4**. De quelle nationalité êtes-vous ? – Vous plaisantez ! Je suis Chinois. **5**. Passez-y plus de temps. Vous verrez les résultats. **6**. Les autres signes du Zodiaque sont la Vierge, la Balance, le Scorpion et le Sagittaire. **7**. Le Capricorne, le Verseau et les Poissons.

Trouvez les mots manquants

1 Stören Sie mich nicht. Ich lese gerade einen spannenden Artikel.

Ne me dérangez pas. Je . . . . de . . . . un article passionnant.

2 Trotz einiger Schwierigkeiten wird er alleine zurechtkommen können.

. . . . . . quelques difficultés, il . . . . . . se . . . . tout seul.

3 Sie dürfen dieses Medikament nicht nehmen; es ist zu stark.

Il . . . . ce médicament ;
il est trop fort/puissant.

huit • 8

9   Löwe: Sie dürfen Ihr Studium nicht zu ernst nehmen.
    Es ist ein Vergnügen und ein Zeitvertreib.
10 – Welches Tierkreiszeichen sind Sie?
    – Sie scherzen!
11 Wir Skorpione glauben nicht an diese Dinge!

Notes (suite)
(7) Sie können den Konjunktiv vermeiden, indem Sie **que vous preniez** durch den Infinitiv ersetzen: **il ne faut pas prendre ...**
(8) In der gesprochenen Sprache wird **nous** oft durch **on** ersetzt, vor allem, wenn der Satz mit **Nous, les...** beginnt: **Nous, les jeunes, on veut du travail** 'Wir jungen Leute wollen Arbeit.' In der Schriftsprache muss **nous** verwendet werden.

Avez-vous bien compris ?
1. Von jetzt an können wir leicht Französisch lernen. 2. Trotz unserer Vorsichtsmaßnahmen hat der Sturm großen Schaden angerichtet. 3. Wer ist diese Frau dort mit den blauen Augen? 4. Welche Nationalität haben Sie? – Sie scherzen! Ich bin Chinese. 5. Verbringen Sie mehr Zeit damit. Sie werden das Ergebnis sehen. 6. Die anderen Tierkreiszeichen sind Jungfrau, Waage, Skorpion und Schütze. 7. Steinbock, Wassermann und Fische.

4 Wir haben noch etwas (einiges) zu tun, und dann sind wir fertig.

Nous avons . . . . . . quelque(s) chose(s) à faire, et puis nous . . . . . . prêts.

5 Wir Franzosen mögen Regelungen nicht so gern.

. . . . , les Français, ...'. . . . . pas trop les règlements.

Les mots manquants 1. suis en train - lire **2.** Malgré - pourra - débrouiller **3.** ne faut pas prendre **4.** encore - serons **5.** Nous - nous n'aimons.

LEÇON 2

TROISIÈME (3ᵉ) LEÇON

Faisons connaissance

1 Nous allons suivre l'histoire de deux jeunes gens dans leur vie de tous les jours :
2 nous verrons leurs préoccupations et leurs plaisirs (1)
3 et de cette façon, nous saurons peut-être mieux comment on vit aujourd'hui en France. (2/3)
4 Place aux dames ! Voici Anne-Marie; elle a vingt-deux ans et elle est agent de voyages. (4)
5 Elle travaille à Paris, avenue de l'Opéra et habite la banlieue ouest. (5)
6 Elle est passionnée de musique et adore le cinéma. (6)
7 Et voici Laurent ; ce jeune homme de vingt ans est en deuxième année de Lettres à la Sorbonne. (7/8/9)
8 Ils se connaissent depuis six mois. (WL3)

Notes

(1) Wiederholen Sie von Zeit zu Zeit die unregelmäßigen Verben. Suchen Sie sich eines heraus, und konjugieren Sie es in den verschiedenen Zeiten. Nur so werden Sie die Verben wirklich assimilieren. Verrons ist das Futur von voir: je verrai, tu verras, il/elle/on verra, nous verrons, vous verrez, ils/elles verront.

(2) savoir: je saurai, tu sauras, il/elle/on saura, nous saurons, vous saurez, ils/elles sauront.

(3) on entspricht hier dem deutschen 'man'.

3. LEKTION

Lernen wir uns kennen

1 Wir werden die Geschichte von zwei jungen Leuten in ihrem Alltagsleben verfolgen:
2 Wir werden ihre Beschäftigungen und Vergnügungen sehen,
3 und auf diese Weise werden wir vielleicht besser wissen, wie man heute in Frankreich lebt.
4 Die Damen zuerst! Das ist Anne-Marie; sie ist 22, und sie ist Angestellte in einem Reisebüro.
5 Sie arbeitet in Paris, Avenue de l'Opéra, und sie wohnt in einem Vorort im Westen.
6 Sie ist musikbegeistert und liebt (verehrt) das Kino sehr.
7 Und das ist Laurent; dieser junge Mann ist 20 Jahre alt und studiert im zweiten Jahr Literaturwissenschaften an der Sorbonne.
8 Sie kennen sich seit sechs Monaten.

WL + Zahl im französischen Lektionstext verweist auf das entsprechende Kapitel in der nächsten Wiederholungslektion.

Notes (suite)

(4) Berufsbezeichnungen sind meist männlich: **le ministre** 'der Minister / die Ministerin'; **le ministre de la culture, Madame Leblanc**...

(5) Vergleichen Sie folgende Sätze: **J'habite Lyon depuis toujours** 'Ich wohne seit eh und je in Lyon'. **J'habite à Lyon** 'Ich wohne in (oder bei) Lyon'. **Il habite dans Lyon** 'Er wohnt [direkt] in Lyon.' **Il habite / réside (dans la) Rue de la Paix** 'Er wohnt (in der) Rue de la Paix'. **Elle vit dans cette rue** 'Sie wohnt in dieser Straße', aber **Elle vit dans la rue.** 'Sie lebt auf der Straße'.

(6) **adorer** heißt eigentlich 'verehren', hier aber 'etwas ganz besonders gern tun/mögen'. **Il adore faire du vélo** 'Er fährt leidenschaftlich gern Fahrrad'. **Elle adore le chocolat au lait** 'Sie liebt Milchschokolade'.

(7) **Laurence** ist die weibliche Form des Vornamens **Laurent**, **Claude** und **Dominique** sind sowohl männliche wie auch weibliche Vornamen. Die männliche Form **Pascal** und seine weibliche Form **Pascale** werden unterschiedlich geschrieben, aber gleich ausgesprochen. Dasselbe gilt für **Michel** und **Michèle/Michelle**.

(8) **Les Lettres** 'die Literaturwissenschaften'. Wäre Laurent Doktor der Literaturwissenschaften, würde nach seinem Namen **Docteur dès Lettres** stehen. **dès** ist die kontrahierte Form von **en** und **les**, man findet es nur in diesem Zusammenhang.

(9) **La Sorbonne** – 1257 von **Robert de Sorbon** gegründet – ist die älteste Universität Europas. Sie liegt mitten im **Quartier Latin**.

LEÇON 3

9 Ils se sont rencontrés par hasard,
  au Quartier Latin,
10 mais leur première rencontre
  n'a pas été très romantique.
11 Écoutons plutôt la version d'Anne-Marie.

Comprenez-vous ces phrases ?
1. Je comprends mieux comment on vit en France la vie de tous les jours. 2. Essayez ceci ; vous verrez, c'est très efficace. 3. Il est passionné d'art et elle adore la musique. 4. Elle travaille ici depuis six mois; elle est ingénieur. 5. On s'est rencontré en vacances cette année. 6. Tu veux dire : « Nous nous sommes rencontrés... ». C'est mieux !

Trouvez les mots manquants/Completez ces phrases

1 Wir kennen uns seit Jahren.

Nous . . . . des années.

2 Sie werden (das) nächste Woche erfahren (wissen) ; ich werde Sie dann sehen.

Vous . . . . . . cela la semaine prochaine ; je vous . . . . . . à ce moment-là.

3 Sie arbeiten seit letztem Jahr in derselben Agentur.

Elles . . . . dans la même agence . . . . . . l'année dernière.

4 Man sagt, dass Sie gut Klavier spielen. Stimmt das? (Ist das wahr?)

. . . . vous jouez bien du piano.
Est-ce vrai ?

5 Das hier ist Anne-Marie; sie ist 22, und sie ist Angestellte in einem Reisebüro.

. . . . . Anne-Marie, elle . . . . - . . . ans et elle est . . . . dans une . . . . . . de voyages.

douze • 12

9 Sie sind sich zufällig im Quartier Latin begegnet,
10 aber ihre erste Begegnung war nicht sehr romantisch.
11 Hören wir lieber Anne-Maries Darstellung.

Avez-vous bien compris ?
1. Ich verstehe das Alltagsleben in Frankreich besser (… wie man in Frankreich das Alltagsleben lebt). **2.** Versuchen Sie dies; Sie werden sehen, es ist sehr wirksam. **3.** Er begeistert sich für Kunst, und sie mag leidenschaftlich gern Musik. **4.** Sie arbeitet hier seit sechs Monaten; sie ist Ingenieurin. **5.** Wir sind uns dieses Jahr in den Ferien begegnet. **6.** Du willst sagen "Wir sind … usw. (**nous** statt **on**)". Das ist besser.

Wenn Sie an einem Tag einmal wenig Zeit haben, reicht es aus, wenn Sie sich Ihre aktuelle Lektion einfach einige Male auf den Tonaufnahmen anhören.

Les mots manquants 1. nous connaissons depuis **2.** saurez - verrai **3.** travaillent - depuis **4.** On dit que **5.** Voici - a vingt-deux - employée - agence.

LEÇON 3

QUATRIÈME (4ᵉ) LEÇON

La première fois

1 – Je suis à Paris depuis quatre ans seulement ;
je suis originaire du Havre (1)
2 mais je me suis décidée à venir faire carrière dans la capitale. (2/3)
3 J'avais des amis qui y travaillaient ; ils m'ont dit qu'il y avait du travail. (4)
4 Je suis venue en janvier et j'ai commencé aussitôt dans l'agence où je suis aujourd'hui.
5 J'avais une mobylette à l'époque et un jour je suis allée faire une course au Quartier Latin. (5/6)
6 En sortant du magasin, j'ai vu un type en train d'enfourcher ma mobylette ! (7/8)
7 J'ai crié tout de suite :
« Hé ! Qu'est-ce que vous faites ? »

Notes
(1) **Le Havre:** Der Artikel wird wie bei anderen Substantiven mit den Präpositionen **à** und **de** zusammengezogen **Il va au Havre** 'Er geht/fährt nach Le Havre'. **Elle vient du Mans** 'Sie kommt aus Le Mans'. Das gleiche gilt für den Plural: **Ils ont un appartement aux Deux Alpes** 'Sie haben eine Wohnung in Les Deux Alpes'. **Il a des parents aux États-Unis** 'Er hat Verwandte in den USA'.

(2) Achten Sie darauf, dass das Partizip der Vergangenheit dem Genus des Subjekts angeglichen wird: **je me suis décidée...** die Endung **-ée** verrät uns, dass eine Frau spricht.

4. LEKTION

Das erste Mal

1 — Ich bin erst seit vier Jahren in Paris; ich komme aus Le Havre,
2 aber ich habe beschlossen (zu kommen), um in der Hauptstadt Karriere zu machen.
3 Ich hatte Freunde, die dort arbeiteten; sie sagten mir, dass es dort Arbeit gäbe.
4 Ich bin im Januar angekommen und habe sogleich in dem Büro begonnen, in dem ich heute bin.
5 Ich hatte zu der Zeit ein Mofa, und eines Tages bin ich ins Quartier Latin gefahren, um eine Besorgung zu machen.
6 Als ich aus dem Geschäft kam, sah ich, wie ein Typ sich auf mein Mofa schwang!
7 Ich schrie sofort: "He! Was machen Sie da?"

Notes (suite)

(3) Viele Verben haben zwei Formen: transitiv (= mit Akkusativobjekt) und reflexiv: **Il noit son chagrin** 'Er ertränkt seinen Kummer'. **Il se noit** 'Er ertrinkt'. **Je décide pour vous** 'Ich entscheide für Sie'. **Vous vous décidez toujours vite** 'Ihr entscheidet euch immer schnell'. Wir werden Sie in den folgenden Lektionen auf weitere Beispiele hinweisen.

(4) **y** ersetzt ein Substantiv, das mit **à, sur** oder **dans** angeschlossen wird und bedeutet 'dort, dorthin, darin, in diesem Ort'. **Les clés sont dans ta poche ?** 'Sind die Schlüssel in deiner Tasche?' **Oui, elles y sont** [*ui äl-si-sson*] 'Ja, sie sind darin'. Redewendungen: **Allez-y !** 'Gehen Sie (hin)! / Auf geht's!' **Je n'y connais rien.** 'Ich verstehe nichts davon.'

(5) **à l'époque** 'damals, zu dieser Zeit' ist ein sehr geläufiger Ausdruck. **à notre époque** kann je nach Kontext 'als wir noch jung waren' oder 'heutzutage' bedeuten.

(6) **la course** 'das Rennen', aber **faire une course/les courses** 'eine Besorgung/Besorgungen machen, einkaufen gehen'; **un coursier** 'ein Bote/ein Laufjunge'.

(7) **un type** oder **un mec** 'ein Typ, ein Kerl'. Sie lernen in diesem Buch zahlreiche idiomatische Wendungen kennen, die Sie zumindest verstehen sollten, die Sie aber, da sie mitunter sehr salopp sind, in vielen Situationen nicht anwenden sollten. Nehmen Sie Rücksicht auf Ihren Gesprächspartner.

(8) **enfourcher**: monter/s'asseoir sur un véhicule à deux roues (moto, vélo, etc.). Sie kennen wahrscheinlich schon das Wort **la fourchette** 'die Gabel' (wörtl. 'Gäbelchen'); **une fourche** ist 'eine Heugabel'.

8 Le type me répond :
« Ben, je rentre chez moi. Pourquoi ? » (9)

9 Je lui dis : « Alors prenez le métro ou le bus, mais laissez-moi ma mobylette ! »

10 Le pauvre ! Il a rougi jusqu'aux oreilles ; il croyait qu'elle était à lui (10)

11 parce que, juste à côté, il y en avait une autre presque pareille !

Comprenez-vous ces phrases ?
1. Nous nous sommes décidés depuis hier. 2. Nous y allons tous ensemble. 3. En sortant du magasin elle a vu un type sur une mobylette. 4. Elle a crié et il a rougi jusqu'aux oreilles. 5. A cette époque j'habitais au Havre. 6. Elles sont arrivées au mois de mars et elles ont commencé aussitôt à travailler.

Trouvez les mots manquants

1 Es stand ein anderes daneben, das seines war.

Il . . . . une autre à côté qui . . . .

2 Ich mag Le Havre; ich hatte Freunde, die dort arbeiteten.

J'aime Le Havre ; j' . . . . . des amis qui .
. . . .

3 Er hatte ein Auto, und er fuhr (ging) eine Besorgung machen.

Il . . . . . une voiture et il . . . .
faire . . . .

8 Der Typ anwortete: "Na ja, ich fahre nach Hause (ich komme-zurück bei mir). Warum?"
9 Ich sagte zu ihm: "Dann nehmen Sie die Metro oder den Bus, aber lassen Sie mir mein Mofa!"
10 Der Arme. Er ist bis über beide Ohren rot geworden; er dachte es wäre seines,
11 denn gleich daneben stand ein anderes, [das] fast gleich [aussah]!

Notes (suite)
(9) **Le type me répond = Le type m'a répondu.** Wie im Deutschen ist es üblich, vergangene Ereignisse im Präsens zu erzählen, um die Erzählung lebendiger zu gestalten.

(10) Oder ... **que c'était la sienne.** Erinnern Sie sich noch an die Pronomen? **C'est le mien/la mienne !** oder **C'est à moi !**; **C'est le tien/la tienne !** oder **C'est à toi !**

Avez-vous bien compris ?
1. Wir haben uns gestern entschieden. **2.** Wir gehen alle zusammen dorthin. **3.** Als sie aus dem Geschäft kam, hat sie einen Typ auf einem Mofa gesehen. **4.** Sie hat geschrien, und er ist bis über beide Ohren rot geworden. **5.** Damals wohnte ich in Le Havre. **6.** Sie sind im (Monat) März angekommen und haben sofort zu arbeiten begonnen.

4 Wir haben sofort gerufen: "Was machst du da?"

Nous .... aussitôt :
« Qu'est-ce ... . là? »

5 Sie sind seit April in Paris, nicht wahr?

Vous .... à Paris ...... avril, n'est-ce pas ?

Les mots manquants 1. y en avait - était à lui **2.** avais - y travaillaient **3.** avait - est allé - une course **4.** avons crié - que tu fais **5.** êtes - depuis.

LEÇON 4

CINQUIÈME (5ᵉ) LEÇON

La suite

1 Ecoutons Laurent quand il raconte la suite de cette rencontre. (1)
2 – Oh là là ! J'étais tellement gêné que je ne savais pas où me mettre. (2)
3 J'ai invité la jeune fille à boire un verre à côté, pour m'excuser. (3)
4 Nous avons bu un café et nous nous sommes mis à bavarder de tout et de rien. (4)
5 Je l'ai trouvée très sympathique ; elle ne connaissait pas grand-monde à Paris, (5/6)
6 alors je lui ai proposé d'aller au restaurant le lendemain.
7 Elle a hésité un petit peu, puis elle a fini par accepter :
8 – Voulez-vous un autre café?
 – Si vous voulez.
 – Garçon, deux cafés, s'il vous plaît. (7)
9 – Dites, que faites-vous demain soir?
 – Rien. Pourquoi?

Notes

(1) **La suite** von **suivre** 'folgen' bedeutet 'die Fortsetzung/Folge (einer Geschichte ...)' oder beim Essen 'der nächste Gang': **Voulez-vous la suite ?** 'Möchten Sie den nächsten Gang?'; **Connaissez-vous la suite de l'histoire ?** 'Wissen Sie, wie die Geschichte weitergeht?' **À suivre** 'Fortsetzung folgt'.

(2) **géner/déranger qqn.** 'jmdn. in Verlegenheit bringen, stören, behindern, belästigen'. **Son bras me gênait** 'Sein Arm störte mich'; **J'étais gêné par son comportement/sa conduite** 'Sein/ihr Verhalten/Benehmen brachte mich in Verlegenheit'; **Stationnement gênant** bedeutet, dass Parken hier 'störend und verboten' ist. Wird man erwischt, bekommt man einen **P.V. = procès-verbal** 'einen Strafzettel' oder **une amende** 'eine gebührenpflichtige Verwarnung'. **Cela vous gêne/dérange si je fume ?** 'Stört es Sie, wenn ich rauche?'.

5. LEKTION

Die Fortsetzung

1 Hören wir Laurent zu, während er die Fortsetzung dieser Begegnung erzählt.
2 – Oh je! Ich war so verlegen, dass ich nicht wusste, wo ich hinschauen (wo ich mich hinstellen) sollte.
3 Ich lud das Mädchen auf ein Glas nebenan ein, um mich zu entschuldigen.
4 Wir haben einen Kaffee getrunken und begonnen, über alles und nichts zu plaudern.
5 Ich fand sie sehr sympathisch; sie kannte nicht viele Leute in Paris,
6 also schlug ich ihr vor, am nächsten Tag ins Restaurant zu gehen.
7 Sie zögerte ein wenig, aber schließlich nahm sie doch an:
8 – Möchten Sie noch einen Kaffee?
 – Ja, gern.
 – Herr Ober, zwei Kaffee bitte.
9 – Sagen Sie, was machen Sie morgen Abend?
 – Nichts. Warum?

Notes (suite)

(3) **excuser/s'excuser**: Es ist eigentlich falsch, wenn Ausländer (und Franzosen) **Je m'excuse !** sagen, was wörtlich heißt, dass man sich selber entschuldigt. Will man die Entschuldigung des anderen erbitten, sagt man **Veuillez m'excuser !** / Kurzform **Excusez-moi !** So auch bei **Veuillez excuser… / Excusez mon retard !** 'Entschuldigen Sie (bitte) meine Verspätung'. Ein Synonym ist das Verb **pardonner**: **Veuillez pardonner… / Pardonnez mon retard !**

(4) **Se mettre à** 'anfangen zu …, beginnen zu …'. Es ersetzt in der Alltagssprache **commencer**: **Ils se sont mis à travailler** 'Sie machten sich an die Arbeit'. **Je me suis mis au tennis** 'Ich habe begonnen, Tennis zu spielen'. **Bavarder** 'plaudern, schwatzen, reden'; **il est bavard** 'er ist geschwätzig'.

(5) **Je l'ai trouvée**: Das Partizip Perfekt wird dem vorausgehenden Akkusativobjekt angeglichen (**la** = **Anne-Marie**).

(6) **grand-monde** und **grand-chose** werden meist mit einer Negation gebraucht: **Je ne connais pas grand-monde ici** 'Ich kenne nicht viele Leute hier'. **Elle ne fait pas grand-chose** 'Sie macht nicht viel'. Denken Sie daran, dass **grand** auch 'groß' bedeutet.

(7) **Si vous voulez** entspricht **avec plaisir** oder auch **s'il vous plaît**, obwohl es 'wenn Sie wollen' bedeutet.

10 – Je pensais... c'est-à-dire... enfin, si vous voulez, nous pourrions aller dîner ensemble.
11 – Je ne sais pas... j'habite en banlieue et puis je travaille demain.
12 – Pas de problème. Je vous raccompagnerai après.
13 – En mobylette, je suppose...

Je l'ai trouvée sympathique et nous nous sommes mis à bavarder

Comprenez-vous ces phrases ?
1. Il était tellement gêné qu'il ne savait pas où se mettre. 2. Je l'ai trouvée sympathique et nous nous sommes mis à bavarder. 3. Ils ont hésité mais ils ont fini par accepter. 4. Si vous êtes libre, venez boire un verre. – Si vous voulez. 5. Il ne connaît pas grand-chose en latin, mon frère. 6. Vous pouvez me raccompagner après la fête ?

Trouvez les mots manquants

1 Wir tranken ein Bier und begannen, über alles und nichts zu plaudern.

Nous . . . . une bière, et nous
. . . . à bavarder.

2 Wenn Sie wollen, können wir ins Restaurant gehen.

Si vous voulez, nous . . . . restaurant.

3 Schließlich hat er die Geschichte verstanden.

Il . . . . comprendre l'histoire.

vingt • 20

10 – Ich dachte ... das heißt ... nun, wenn Sie wollen, könnten wir zusammen zu Abend essen.
11 – Ich weiß nicht ... ich wohne im Vorort, und außerdem arbeite ich morgen.
12 – Kein Problem. Ich begleite Sie danach zurück.
13 – Mit dem Mofa, wie ich annehme ...

Sie haben sicherlich festgestellt, dass wir keine streng wörtliche Übersetzung der Wendungen und Ausdrücke angeben, sondern eher eine sinngemäße Bedeutung. Da Sie bereits fortgeschritten sind, kommen Sie damit bestimmt gut zurecht.

Avez-vous bien compris ?
1. Er war so verlegen, dass er nicht wusste, wo er hinschauen sollte. **2.** Ich fand sie sympathisch, und wir begannen zu plaudern. **3.** Sie zögerten, aber schließlich haben sie doch angenommen. **4.** Wenn Sie Zeit haben, kommen Sie auf ein Glas. – Sehr gern. **5.** Er kennt sich mit Latein nicht besonders gut aus, mein Bruder. **6.** Können Sie mich nach der Party nach Hause begleiten?

4 Er hat mich zum Abendessen eingeladen. Er bringt mich danach zurück.

Il . ' . . . . à dîner. Il me . . . . après.

5 Sagen Sie, was machen Sie heute Abend? – Ich habe schon etwas vor.

. . . . . , que . . . . . - . . . ce soir ? – Je suis pris.

Les mots manquants 1. avons bu - nous sommes mis **2.** pouvons aller au **3.** a fini par **4.** m'a invité - raccompagnera **5.** Dites - faites-vous.

LEÇON 5

SIXIÈME (6ᵉ) LEÇON

Où aller dîner...

1 Il y a un tel choix de restaurants et de cuisines en France
2 que parfois on ne sait pas où donner de la tête.
3 Alors on prend souvent un guide qui commente le choix : (1)
4 **Chez Irène** : Ce charmant petit bistro vous offre – et c'est bien le mot – (2/3)
5 un remarquable menu à 40 Euros/Francs S.N.C. Plein comme un œuf. (4/5/6)
6 **Le Matefaim** : Ce restaurant de quartier affiche complet tous les soirs. N'oubliez pas de retenir (une table). (7/8/9)
7 **Aux Savoyards** : Dans un cadre pas luxueux pour un sou (10)
8 on sert une cuisine raffinée avec un excellent rapport qualité-prix.

Notes

(1) Un **guide** kann, wie im Deutschen, ein Buch oder eine Person sein. Le Guide Michelin und Le Gault (et) Millau sind die bekanntesten Restaurantführer.

(2) Das typisch französische **bistrot/bistro** ist ein kleines Gasthaus, das Hausmannskost und oft einen günstigen Mittagstisch serviert (siehe **la note de civilisation** 'die landeskundliche Anmerkung' unten).

(3) Warum der Einschub **et c'est bien le mot**? Weil **offrir** nicht nur 'anbieten', sondern auch 'schenken' bedeutet. **Il m'a offert une jolie bague** 'Er hat mir einen schönen Ring geschenkt'. **Puis-je vous offrir un verre ?** 'Darf ich Sie auf (ein Glas) einladen?'.

(4) **un menu** ist eine festgelegte Speisenfolge, meist mit **hors-d'hœvre** 'Vorspeise', **plat principal/plat de résistance** 'Hauptgang' und **fromage** 'Käse' oder **dessert** 'Nachtisch'. Sucht man sich selbst die Gerichte aus der Speisekarte aus, so isst man **à la carte**. **Le plat du jour** 'das Tagesgericht'.

(5) S.N.C. = **service non compris** 'Bedienung nicht inbegriffen'.

(6) Normalerweise wird **œuf** im Singular [*öf*] gesprochen, nur im Plural (**œufs**) sagt man [*ö*].

(7) **un matefaim** oder **matafan** (wörtl. 'bezwingt den Hunger') ist ein ursprünglich auf Kartoffelbasis zubereiteter Käsepfannkuchen, also ein 'Sattmacher'. Er wird wie **les crêpes** in einer süßen und einer herzhaften Variante angeboten.

vingt-deux • 22

6. LEKTION

Wohin zum Essen ...

1 Es gibt eine solche Auswahl an Restaurants und Küchen in Frankreich,
2 dass man manchmal nicht weiß, wo man anfangen soll.
3 Also nimmt man oft einen Führer (zur Hand), der die Wahl kommentiert:
4 *Chez Irène* : Dieses reizende kleine Bistro bietet (schenkt) Ihnen – und das ist das treffende Wort –
5 ein bemerkenswertes Menü für 40 Euro/Franken. Voll besetzt.
6 *Le Matefaim*: Dieses alteingesessene Restaurant ist jeden Abend voll. Vergessen Sie nicht (einen Tisch) zu reservieren (zurückhalten).
7 *Aux Savoyards*: In einem ganz und gar nicht luxuriösen Rahmen
8 wird feinste Küche zu einem hervorragenden Preis-Leistungs-Verhältnis serviert.

Notes (suite)

(8) **complet** oder **plein tous les soirs** wird für Restaurants und auch z. B. für Theatervorstellungen verwendet. Man hängt in diesem Fall **une pancarte "complet"** 'ein Schild "ausgebucht"' auf. **Une affiche** 'ein Plakat, Poster, Aushang'; **afficher** 'ein (Plakat) aushängen, per Aushang bekannt geben'.

(9) **retenir/réserver une table (pour deux personnes)** 'einen Tisch (für zwei) reservieren'. **Retenir** hat eher die Bedeutung 'einen Tisch freihalten'; **réserver** wird auch für die Reservierung von Reisen, Hotelzimmern usw. verwendet: **J'ai réservé une chambre/un billet d'avion**.

(10) **Un sou**: alte Währungseinheit (Frankreich, Schweiz) **1 sou = 5 centimes**). Heute dient es meist in Redewendungen als Synonym für 'Geld': **Elle n'a pas un/le sou/Elle est sans le sou** 'Sie hat keinen Pfennig/Cent'. **Il veut des sous** 'Er will Geld'. **C'est une affaire de gros sous** 'Es geht um größere Geldbeträge'. **Un sou c'est un sou** 'Kleinvieh macht auch Mist'. **La machine à sous** 'der Spielautomat'.

Bistro(t): Da sie immer seltener werden, wird dieses Wort heute in der Umgangssprache auch für **le café (du coin)** '(Eck)kneipe' oder **une petite brasserie** (wörtlich 'kleine Brauerei'), ein kleineres Lokal mit Bierausschank und Speiseangebot, gebraucht. Eine Volksetymologie leitet das Wort **bistro** vom russischen быстро [*bisstro*] 'schnell' ab, das russische Offiziere in Paris während der Besatzungszeit im Jahr 1814 den Kellnern der Gasthäuser zuriefen.

LEÇON 6

9 ***Aux Armes de Bordeaux :*** Il manque au cuisinier le petit « rien » qui fait la différence. Décor paysan, prix parisiens. (10) (WL5)
10 ***À la Bonne Franquette :*** Le décor est terne, la cuisine quelconque (11/12)
11 et l'addition ruineuse. À éviter à tout prix.

Exercice de compréhension
1. La maison vous offre l'apéritif, messieurs. **2.** J'ai retenu une table au nom de Perrier. – Pour combien de personnes ? **3.** C'est la fin du mois et je n'ai pas un sou. **4.** Il y avait une telle foule que je suis parti avant la fin. **5.** Ce bistro est plein comme un œuf ; il affiche complet tous les soirs. **6.** Il y avait un tel choix que je ne savais pas où donner de la tête.

Trouvez les mots manquants

1 Die Einrichtung ist einfallslos, die Küche nichts Besonderes und die Preise sind ruinös.

Le décor est . . . . . , la cuisine . . . . et les prix . . . .

2 An meinem Hemd fehlen drei Knöpfe.

Il . . . . . trois boutons . . . chemise.

3 Dieses Restaurant ist auf jeden Fall zu meiden.

Ce restaurant . . . . à . . . .

vingt-quatre • 24

9 *Aux Armes (Waffen) de Bordeaux*: Dem Koch fehlt das gewisse "Nichts", das den Unterschied macht. Rustikale (bäuerliche) Einrichtung, Pariser Preise.
10 *À la Bonne Franquette*: Die Einrichtung ist einfallslos, die Küche nullachtfünfzehn
11 und die Rechnung ruinös. Unbedingt zu meiden.

Notes (suite)
(10) **Le paysan/la paysanne** 'Bauer/Bäuerin'. Anstelle von **décor paysan** 'einfache, rustikale Ausstattung' ist auch **décor rustique** möglich.
(11) **un repas à la bonne franquette**: ein unkompliziertes, spontanes Essen mit Zutaten für Speisen und Getränke, die man zu Hause hat und mit denen man auf die Schnelle etwas zubereiten kann.
(12) **quelconque**: 'unbedeutend, nichts besonderes, x-beliebig'.

Avez-vous bien compris ?
1. Der Aperitif geht aufs Haus, meine Herren. **2.** Ich habe einen Tisch auf den Namen Perrier bestellt. – Für wie viele Personen? **3.** Es ist Monatsende, und ich habe keinen Cent. **4.** Es waren so viele Leute da, dass ich vor dem Ende gegangen bin. **5.** Dieses Bistro ist zum Bersten voll; es ist jeden Abend ausgebucht. **6.** Es gab eine so große Auswahl, dass ich nicht wusste, wo ich anfangen sollte.

4 Er hat uns diese wunderschöne Marmorlampe geschenkt.

Il . . . . cette superbe lampe en marbre.

5 Er ist überhaupt nicht dumm.

Il n' . . . . . . bête . . . . un . . . . .

Les mots manquants 1. terne - quelconque - sont ruineux **2.** manque - à ma **3.** est à éviter - tout prix **4.** nous a offert **5.** est pas - pour - sou.

SEPTIÈME (7ᵉ) LEÇON

Révisions et notes
Wiederholungen und Anmerkungen

> Jede 7. Lektion ist eine Wiederholungslektion, in der noch einmal schwerpunktmäßig einige Themen der vergangenen Lektionen zusammengefasst und ausführlich erklärt werden.
>
> Da Sie bereits fortgeschritten sind und über gute Grundkenntnisse des Französischen verfügen, erläutern wir die Grundlagen der französischen Grammatik in den Wiederholungslektionen nur in einem sehr eingeschränkten Umfang. (Ausführliche Erläuterungen zur französischen Grammatik finden Sie z. B. in unserem Assimil-Grundkurs Französisch ohne Mühe.)
>
> Wir setzen voraus, dass Sie bereits fundierte Erfahrungen beispielsweise mit den Zeiten, den Verbkonjugationen usw. gesammelt haben und konzentrieren uns daher auf die Feinheiten und auf Besonderheiten der Grammatik sowie auf die Verwendungsweisen bestimmter Ausdrücke in der Alltagssprache.

1. Expressions idiomatiques Idiomatische Wendungen

Ihre Gesamtbedeutung lässt sich nicht immer aus der Bedeutung der einzelnen Wörter erschließen. Achten Sie, wenn Sie sie zum ersten Mal antreffen, auf unsere Übersetzung und gegebenenfalls auf weitere Erklärungen in den Anmerkungen.

2. Metaphores Metaphern

Eine Metapher ist eine 'Sinnübertragung'; das Wort stammt vom altgriechischen μεταφορά [*metafora*] ab (μετά [*meta*] 'weiter/über' + φέρω [*fero*] 'tragen'). Ein Wort bewahrt seine Bedeutung, wird aber im übertragenen, bildhaften Sinne gebraucht. So zum Beispiel **pied** in **verre à pied** 'Stielglas' oder in **pied de l'arbre** 'unterer Teil des Baumstamms'.

Lerntipp: Machen Sie sich in Ruhe mit den verschiedenen Redewendungen, Metaphern und weiteren neuen Ausdrücken im Text vertraut, bevor Sie weiterblättern, auch wenn sie nicht immer wörtlich übersetzt werden. Sie machen die französische Alltagssprache und auch die Schriftsprache lebendig. Es ist deshalb wichtig, den Sinn sowie den Gebrauch dieser Wendungen im Kontext zu verstehen und zu verinnerlichen, da das Deutsche nicht immer über eine äquivalente Wendung verfügt.

Sehen Sie sich die folgenden feststehenden Ausdrücke an.
Erinnern Sie sich noch an ihre Bedeutung?

il ne savait pas où donner de la tête;

elle ne connaît pas grand-monde;

je ne savais pas où me mettre;

c'était plein comme un œuf;

ils affichent complet tous les soirs;

on s'est mis à bavarder;

il a fini par accepter;

faire une course/faire les courses;

à la bonne franquette;

elle enfourche sa mobylette;

il lui manque le petit quelque chose;

la langue est le reflet du pays;

ce que l'avenir nous réserve.

Blättern Sie im Zweifelsfall noch einmal durch die Lektionen, und sehen Sie sich an, in welchem Kontext bzw. in welcher Situation diese Ausdrücke benutzt werden.

3. Les verbes pronominaux Reflexive (rückbezügliche) Verben

Reflexive Verben verlangen ein zusätzliches Reflexivpronomen. Dieses weist auf das Satzsubjekt zurück. Wir können zunächst zwei Hauptgruppen erkennen:

A. Verben, die auch eine nicht rückbezügliche Form haben

Il regarde la glace/le miroir. 'Er betrachtet den Spiegel.'

Il <u>se</u> regarde dans la glace/le miroir. 'Er betrachtet <u>sich</u> im Spiegel.'
>> Il <u>me</u>/<u>te</u>/<u>se(le/la)</u>/<u>nous</u>/<u>vous</u>/<u>les</u> regarde dans la glace.

Je lave la voiture/les mains de mon petit frère.
'Ich wasche das Auto/die Hände meines kleinen Bruders.'

Je <u>me</u> lave/Je <u>me</u> lave les mains (= je lave mes mains).
'Ich wasche <u>mich</u>/Ich wasche <u>mir</u> die Hände.'
>> Je <u>me</u>/<u>te</u>/<u>se(le/la)</u>/<u>nous</u>/<u>vous</u>/<u>les</u> lave à l'eau froide.

B. Verben, die hauptsächlich in ihrer rückbezüglichen Form vorkommen

Die Verben aus der folgenden Liste werden im Präsens nur in ihrer rückbezüglichen Form, d. h. in Kombination mit **me/m'**, **te/t'**, **se/s'**, **nous**, **vous**, **se/s'** verwendet.

s'absenter, s'abstenir, s'affairer, s'arroger, s'auto..., se blottir/se réfugier/se tapir, se démener, se démerder, se désister, se dévergonder, s'ébattre, s'ébrouer, s'écrier/s'exclamer, s'écrouler/s'effondrer, s'efforcer/s'évertuer, s'emparer, s'em/en..., s'envoler, s'éprendre/s'amouracher, s'évader/s'enfuir, s'évanouir, s'escrimer, s'extasier, se fier ≠ se méfier, se gargariser, se goinfrer/s'empiffrer, se gourer/se tromper/se méprendre, s'immiscer, s'ingénier, s'insurger, se magner/se dépêcher, se marrer/s'esclaffer, se morfondre, se mutiner, s'obstiner, se pâmer, se pavaner, se prélasser, se rabougrir/se déssécher, se scléroser, se ramifier, se raviser/se reprendre, se récrier, se rebeller/se rebiffer/se révolter, se repentir, se suicider, se targuer/se vanter, se trémousser.

Wahrscheinlich kennen Sie diese Verben noch nicht alle, was nicht ungewöhnlich ist, da manche nur sehr selten verwendet werden. Wichtig ist, dass Sie daran denken, die Ihnen bekannten Verben immer mit einem Reflexivpronomen zu verwenden. Beispiele:

Je vais m'absenter pour quelques jours.
'Ich werde für einige Tage abwesend sein.'

Le lapin se réfugie dans son trou.
'Das Kaninchen sucht Schutz in seinem (Erd-)loch.'

Grace à Assimil, il se débrouille bien en Français.
'Dank Assimil ist er ziemlich fit in Französisch.'

Hier noch einige Verben, die Körperbewegungen beschreiben:
s'accouder
s'accroupir
s'agenouiller
se contorsionner
se déhancher
s'égosiller/s'époumoner
se vautrer.

Erkennen Sie, um welche Körperteile es sich handelt?

Hier gleich die Lösung: **le coude** 'der Ellbogen', **la croupe** 'der untere Teil des Rückens/das Gesäß', **le genou** 'das Knie', **le torse** 'der Rumpf', **la hanche** 'die Hüfte', **le gosier** 'die Kehle', **les poumons** 'die Lunge', **le ventre** 'der Bauch'.

4. Angleichung des Partizips Perfekt in zusammengesetzten Zeiten

Das Partizip Perfekt wird dem vorangehenden direkten Objekt – gewöhnlich dem Reflexivpronomen – angeglichen (**me, te, se, nous, vous, se**):

Elle s'est lav**ée**. 'Sie hat sich gewaschen.'

Les mains qu'elle s'est lav**ées** sont encore sales = Les mains lavées sont encore sales.

Steht das Akkusativobjekt jedoch **hinter** dem Verb, wird es nicht angeglichen:

Elle s'est lavé les mains. 'Sie hat sich die Hände gewaschen.'

Ist das Pronomen das indirekte Objekt/Dativobjekt, wird es ebenfalls nicht angeglichen (im Gegensatz zum Deutschen wird **demander** mit einem Dativobjekt verwendet: 'jmdn. fragen' = demander à qqn.):

Nous nous sommes demandé, s'il doit y avoir un "s" à la fin.
'Wir haben uns gefragt, ob am Wortende ein "s" stehen muss.'
aber ...
Nous nous sommes demand**és** nos noms.
'Wir haben uns (gegenseitig) nach unseren Namen gefragt.'
und ... wenn die betreffenden Personen ausschließlich Frauen sind:
Nous nous sommes demand**ées** nos noms.

5. Das Verb **manquer**

Das Verb **manquer** kann verschiedene Bedeutungen annehmen:

A) 'fehlen, mangeln'
Ils ne manquent pas d'imagination. 'Es fehlt ihnen nicht an Fantasie.'
Elle me manque toujours plus. 'Sie fehlt mir immer mehr.'
Le patron manque de tact. 'Dem Chef fehlt es an Taktgefühl.'

Einige Beispiele in der unpersönlichen Form:

Il manque trois boutons à ma chemise. '**Es** fehlen drei Knöpfe an meinem Hemd.'
Il me manque deux euros. 'Mir fehlen zwei Euro.'
Ça manque de sel, ton plat. 'An deinem Gericht ist nicht genug Salz.'

B) 'versäumen, verpassen'
J'ai manqué le train. 'Ich habe den Zug verpasst.'
Elle va manquer son rendez-vous avec le chef. 'Sie wird ihren Termin mit dem Chef versäumen.'

HUITIÈME (8ᵉ) LEÇON

La circulation

1 Comme dans toutes les grandes villes un peu partout, Paris connaît des problèmes de circulation, (1)
2 surtout aux heures de pointe. (2)
3 On a beau dire que les Français sont individualistes, (WL1)
4 cela n'empêche qu'ils ont tendance à prendre leurs voitures... (3)
5 tous en même temps et souvent pour aller au même endroit !
6 Le résultat s'appelle « embouteillages » ou « bouchons ».
7 Pour rouler à Paris, il faut des nerfs solides, une vieille « bagnole » et beaucoup de patience. (4/5)
8 – F.I.P. Il est quinze heures ; voici le point sur la circulation : (6)
9 On roule encore très mal sur les périphériques et tous les grands boulevards sont bloqués ;

IL A PRIS SA VOITURE POUR ALLER TRAVAILLER

Notes
(1) La circulation 'der Straßenverkehr'; circulation heißt eigentlich 'Kreislauf, Zirkulation'. Le traffic bedeutet ebenfalls 'Verkehr', wird aber eher in Wendungen wie le traffic aérien 'der Luftverkehr' oder le traffic routier 'der Straßenverkehr' gebraucht. Un embouteillage 'ein Verkehrsstau'; un accident de circulation 'ein Verkehrsunfall'.

trente • **30**

8. LEKTION

Der Verkehr

1 Wie fast alle Großstädte hat Paris Verkehrsprobleme,
2 besonders zu den Hauptverkehrszeiten.
3 Obwohl es immer heißt, die Franzosen seien Individualisten,
4 haben sie die Angewohnheit, mit dem Auto zu fahren ...
5 [und zwar] alle zur gleichen Zeit – und oft an denselben Ort!
6 Das Ergebnis nennt man "Verkehrsstau" oder "Verstopfung".
7 Um in Paris Auto zu fahren, braucht man solide Nerven, ein altes Auto und viel Geduld.
8 – F.I.P. Es ist 15 Uhr; hier sind die neuesten Verkehrsmeldungen:
9 Immer noch zähfließender Verkehr auf der Stadtautobahn, und alle großen Boulevards sind blockiert;

Notes (suite)

(2) **La pointe du couteau** 'die Messerspitze'; **pointu** 'spitz'; **la technique de pointe** 'die Spitzentechnik'; **l'heure de pointe** 'die Hauptverkehrszeit'. Beachten Sie auch folgende Ausdrücke mit **point**: **Faire le point sur l'affaire** 'den Stand der Dinge besprechen, Bilanz ziehen'; **le point de l'actualité** 'die neuesten Nachrichten'. **Le Point** ist auch der Titel eines Wochenmagazins.

(3) **avoir tendance à** heißt wörtlich 'neigen zu', im Deutschen entspricht dieser Ausdruck am ehesten 'die Angewohnheit haben'.

(4) **conduire une voiture** 'Auto fahren'; **elle conduit bien** 'sie fährt gut'; **elle sait conduire** 'sie kann Auto fahren'. Im Deutschen verwenden wir für die Fortbewegung im Auto, Zug, Bus ... 'fahren', im Französischen sagt man im Allgemeinen **aller en voiture, en train...** oder **je suis descendu à Lyon, je suis monté à Paris** 'ich bin nach Lyon, nach Paris gefahren'; **descendre** = Richtung Süden; **monter** = Richtung Norden. Man kann **en voiture, en train...** hinzufügen. Wenn man von der Geschwindigkeit spricht, wird das Verb **rouler** verwendet: **je roulais à 120 km/h. Ça roule mal le samedi** 'am Samstag kommt man nur langsam voran'.

(5) **la bagnole** ist eigentlich ein Slangwort für ein altes, verrostetes Auto. Heutzutage ist es jedoch vor allem unter jungen Leuten eine allgemein übliche Bezeichnung für ein 'Auto'.

(6) **France Inter Paris (FIP)** ist ein Radiosender, auf dem fast nur Musik gespielt wird. Zwischendurch gibt es regelmäßig Verkehrsmeldungen, die von ruhigen, angenehmen, meist weiblichen Stimmen durchgegeben werden.

LEÇON 8

10 quant à la rue de Rivoli, on a tendance à y prendre racine. (7)
11 Un conseil : si vous devez sortir, prenez le métro ! (8)

Verwenden Sie für unterwegs Karteikärtchen. Auf ihnen können Sie sich z. B. Ausdrücke oder Wendungen notieren, die Sie sich schlecht merken können. Die, die Sie assimiliert haben, können Sie dann zur Seite legen.

Comprenez-vous ces phrases ?
1. N'oublie pas : en France on roule à droite ! **2.** On va faire le point sur vos dépenses. **3.** Quant à lui, je ne suivrai jamais ses conseils. **4.** Il a pris sa voiture pour aller travailler, **5.** mais il y avait de tels embouteillages qu'il a été en retard. **6.** Si tu dois sortir, prends un taxi.

Trouvez les mots manquants

1 Was sie betrifft, sie wird mein Auto fahren.

. . . ., elle . . . . ma voiture.

2 Es ist schön und gut, zu sagen 'nimm die Metro'; aber das ist nicht immer einfach.

On . . . . de prendre le métro ; ce n'est pas toujours facile.

3 Fast überall kommt man nur langsam voran, besonders zu den Hauptverkehrszeiten.

Un . . . . ça roule mal ; surtout . . . heures . . . .

10 in der Rue de Rivoli scheint man Wurzeln zu schlagen.
11 Ein Rat: Wenn Sie ausgehen müssen, nehmen Sie die Metro!

Notes (suite)
(7) **quant à** 'was ... betrifft'; **quant à moi** 'ich meinerseits, was mich betrifft'.
(8) **un conseil** 'Ratschlag, Rat'; **ses conseils sont d'habitude excellents** 'seine Ratschläge sind normalerweise ausgezeichnet'; **conseiller qqn.** 'jmdn. beraten'; **un conseiller** 'ein Berater'; **Le Conseil d'État** 'der Staatsrat'.

Avez-vous bien compris ?
1. Vergiss nicht, [dass] man in Frankreich rechts fährt! **2.** Wir werden (man wird) Ihre Ausgaben überprüfen. **3.** Was ihn angeht, werde ich niemals seinen Rat befolgen. **4.** Er ist mit dem Auto zur Arbeit gefahren, **5.** aber es gab solche Staus, dass er zu spät kam. **6.** Wenn du ausgehen musst, nimm ein Taxi.

4 Was uns betrifft, so haben wir die Angewohnheit, den Wagen in der Garage zu lassen.

Quant à nous, nous .... à .... la voiture .. garage.

5 Der Direktor hat Bilanz über unsere Verkäufe im April gezogen.

Le directeur a .... le ..... de nos ventes pour (le mois d') Avril.

Les mots manquants 1. Quant à elle - conduira **2.** a beau dire **3.** peu partout - aux - de pointe **4.** avons tendance - laisser - au **5.** fait - point.

LEÇON 8

NEUVIÈME (9ᵉ) LEÇON

Les taxis

1 Si on n'a envie ni de conduire ni de prendre le métro, on peut toujours essayer de prendre un taxi. (1)
2 Il y a des milliers de taxis à Paris, sauf quand il pleut, alors on n'en trouve nulle part. (2)
3 Si vous en faites la demande, le chauffeur doit vous remettre un reçu, appelé « une fiche »,
4 qui contient des renseignements.
En voici un extrait :
5 « Gares SNCF: la prise en charge est majorée de deux euros/francs sur les stations signalées par une pancarte. (3/4/5)
6 Bagages : bagages à main, première valise ou premier colis GRATUIT.
7 Colis encombrants (skis, vélos, voitures d'enfants) un euro/franc cinquante chaque, sans franchise.
8 Il est d'usage de donner un pourboire au conducteur, mais celui-ci ne peut l'exiger. » (6/7)

9. LEKTION

Taxis

1 Wenn Sie weder mit dem Auto noch mit der Metro fahren wollen, können Sie immer versuchen, ein Taxi zu nehmen.
2 Es gibt Tausende von Taxis in Paris, außer wenn es regnet, dann findet man nirgends eines.
3 Wenn Sie es verlangen, muss der Fahrer Ihnen eine Quittung, "une fiche", ausstellen,
4 die Informationen enthält. Hier ist ein Auszug daraus:
5 "SNCF-Bahnhöfe: Die Grundgebühr wird an allen mit einem Schild versehenen Ständen um zwei Euro/Francs erhöht.
6 Gepäck: Handgepäck, erster Koffer oder erstes Paket FREI.
7 Sperrgut (Skier, Fahrräder, Kinderwagen): je 1,50 Euro/Francs, kein Freigepäck.
8 Es ist üblich, dem Taxifahrer ein Trinkgeld zu geben, er kann es aber nicht verlangen."

Notes
(1) Il n'a ni couteau ni fourchette 'Er hat weder Messer noch Gabel'. Je ne veux ni l'acheter ni l'emprunter 'Ich möchte es weder kaufen noch ausleihen'. Die Konstruktion ne... ni... ni... 'weder ... noch' ist sehr häufig (vor dem Verb muss ne stehen!). In der Umgangssprache wird ne oft weggelassen. Eine andere Möglichkeit ist Je ne veux pas l'acheter ! Ni l'emprunter !
(2) Eine andere Verneinungsform ist Je ne l'ai vue nulle part 'Ich habe ihn/sie nirgends gesehen'. Das Verb muss verneint sein.
(3) la gare 'der Bahnhof'; la station de taxi, de bus 'der Taxistand, die Bushaltestelle'; stationner (oder se garer) 'parken'.
(4) Société Nationale des Chemins de Fer Français: Nationale Eisenbahngesellschaft (une société 'eine Gesellschaft'). Sie ist seit den 1930er Jahren verstaatlicht. Un cheminot 'ein Eisenbahner'.
(5) la prise en charge: Ein nominal oder verbal verwendeter Ausdruck mit vielen Bedeutungen. Die Übersetzung von prendre en charge ist situationsbedingt. Die Grundbedeutung ist 'die Aufsicht über/die Verantwortung für ... übernehmen'. In unserem Text ist la prise en charge die Gebühr, die das Taxameter bei Fahrtbeginn anzeigt.
(6) celui-ci/celle-ci 'dieser/diese'. Je veux une salade ; donnez-moi celle-ci 'Ich möchte einen Salat, geben Sie mir den hier'. In Erzählungen wird celui-ci oft verwendet, um Verwechslungen zu vermeiden, wenn in einem Satz zwei oder mehr Substantive mit dem gleichen Geschlecht vorkommen: celui-ci bezieht sich dann auf das zweite bzw. das letzte Substantiv der Aufzählung.
(7) Im formellen Sprachgebrauch können pouvoir und oser 'wagen' nur mit ne verneint werden, somit ohne Ergänzung von pas. In der gesprochenen Sprache klingt dies etwas geschraubt. Je n'ose le dire 'ich wage es nicht zu sagen'.

9 – Taxi ! Emmenez-moi à la rue de Sévigné, s'il vous plaît.
10 – Montez. La rue de Sévigné est en sens unique ; je la prendrai par la rue de Rivoli. (8)
11 – Cela vous dérange si je fume ?
– Pas du tout. Allez-y.
12 Voilà. Nous sommes arrivés.
– Combien vous dois-je ?
– Cent deux euros/francs. (WL2)
13 – En voici cent vingt. Gardez la monnaie.
– Merci, monsieur.

Notes (suite)
(8) Monter dans la voiture (le bus, le train, le métro, le tram, l'avion...) 'ins Auto (...) einsteigen'. Descendre/sortir d'une/de la/de voiture 'aus einem/dem Auto aussteigen'. Attention: entrer dans le métro bedeutet eher 'in die Metrostation hineingehen', 'die Metrostation verlassen' heißt dementsprechend sortir du métro.

Comprenez-vous ces phrases ?
1. Je veux une autorisation ; j'en ai fait la demande. 2. On n'en trouve nulle part depuis des mois. 3. « Normalement on donne un pourboire au chauffeur de taxi, 4. mais il ne peut pas l'exiger ». 5. Cela vous dérange si j'ouvre la fenêtre ? – Pas du tout. 6. Combien vous dois-je ? Vingt-deux euros/francs ? En voici vingt-cinq.

Trouvez les mots manquants

1 Ich habe weder Zeit noch Lust, aber gehen Sie nur.

Je n'en . . . . le temps . . l'envie, mais allez-y.

2 Er hörte ein Geräusch und stieg aus dem Wagen aus.

Il a . . . . un bruit et est . . . . de voiture.

3 Sie hat überall danach gesucht; aber man kann nirgendwo welche finden.

Elle . . a cherché partout ; mais on n' . . trouve . . . .

trente-six • 36

9 – Taxi! Bringen Sie mich bitte zur Rue de Sévigné.
10 – Steigen Sie ein. Die Rue de Sévigné ist eine Einbahnstraße; ich werde sie von der Rue de Rivoli aus anfahren.
11 – Stört es Sie, wenn ich rauche?
– Ganz und gar nicht. Rauchen Sie nur.
12 So. Hier sind wir.
– Wie viel macht das?
– 102 Euro/Francs.
13 – Hier haben Sie 120. Behalten Sie das Wechselgeld.
– Danke, mein Herr.

Avez-vous bien compris ?
1. Ich will eine Genehmigung; ich habe sie beantragt. 2. Wir haben seit Monaten nirgendwo welche gefunden. (Man findet ...).3. "Normalerweise gibt man dem Taxifahrer ein Trinkgeld, 4. aber er kann es nicht verlangen." 5. Stört es Sie, wenn ich das Fenster öffne? – Überhaupt nicht. 6. Wie viel schulde ich Ihnen? 22 Euro / Francs? Hier sind 25.

4 Mir gefällt London sehr gut, außer, wenn es regnet.

J'aime beaucoup Londres, ... quand il . . . .

5 Der Taxistand ist genau vor dem Bahnhof.

La . . . . de taxis est . . . . . devant la . . . . .

Les mots manquants 1. ai ni - ni **2.** entendu - descendu **3.** en - en - nulle part **4.** sauf - pleut **5.** station - juste - gare.

LEÇON 9

DIXIÈME (10ᵉ) LEÇON

Un taxi futé (1/2)

1 Conduire un taxi est un métier difficile et il faut avoir le sens de l'humour.
2 Un jour, un Américain un peu chauvin saute dans un taxi à Paris. (3)
3 – Gare Saint-Lazare s'il vous plaît.
   ... Le taxi longe les quais de la Seine devant la Tour Eiffel. (4)
4 – C'est ça votre Tour ? Il a fallu combien de temps pour la construire ? (5)
5 – Environ cinq ans, je crois.
   – Chez nous, il faudrait cinq mois !
6 ... Ils continuent et passent devant les Invalides.
7 – Et ça? Ils ont mis combien de temps pour le faire ? (6)
8 – Ah, ça, monsieur, environ dix ans.
   – Autant ? Chez nous il ne faudrait que dix semaines. (7)
9 Le client continue ses propos pendant une demi-heure et le chauffeur s'énerve.

ELLES SE SONT ÉNERVÉES ET ELLES ONT EU UN ACCIDENT

Notes
(1) In der Umgangssprache kann **un taxi** sowohl **le chauffeur de taxi** 'den Taxifahrer' als auch das Fahrzeug selbst bezeichnen

(2) **futé** bedeutet 'gerissen, clever, klug'. Von Verben abgeleitete Adjektive werden meist mit dem Partizip Perfekt gebildet. **Les renards sont des animaux très futés** 'Füchse sind sehr kluge Tiere'.

10. LEKTION

Ein kluger Taxifahrer

1 Taxifahren ist ein schwieriger Beruf, und man muss Sinn für Humor haben.
2 Eines Tages springt ein ziemlich chauvinistischer Amerikaner in ein Taxi in Paris.
3 – Gare Saint-Lazare, bitte.
   ... Das Taxi fährt das Seine-Ufer entlang am Eiffelturm vorbei.
4 – Ist das Ihr Turm? Wie lange hat es gedauert, ihn zu bauen?
5 – Etwa fünf Jahre, glaube ich.
   – Bei uns würde es fünf Monate dauern!
6 ... Sie fahren weiter und kommen an Les Invalides vorbei.
7 – Und das? Wie lange haben Sie gebraucht, um das zu bauen?
8 – Ach, das da, mein Herr, etwa zehn Jahre.
   – So lange? Bei uns bräuchte man nur zehn Wochen.
9 Der Kunde setzt seine Bemerkungen eine halbe Stunde lang fort, und der Fahrer wird ärgerlich.

Notes
(3) **chauvin**: Nicholas Chauvin war Marschall unter Napoleon und blieb diesem trotz vieler Niederlagen unerschütterlich treu. Das von seinem Namen abgeleitete 'Chauvinismus' bezeichnet heute ein übersteigertes Selbstwertgefühl, oft verbunden mit einer Nichtachtung anderer Nationalitäten.
(4) **longer** 'entlanggehen/-fahren; sich erstrecken'. **Longez la voie ferrée pendant un kilomètre !** 'Folgen Sie der Eisenbahnlinie etwa einen Kilometer lang'. **La route longe un bois** 'Die (Land)Straße führt am Waldrand entlang'. Im Imperfekt **je longeais** wird ein -e- eingefügt, um die Aussprache zu erhalten.
(5) **falloir** in Verbindung mit einer Zeitdauer bedeutet 'brauchen, dauern'. **Il me faut dix minutes** 'Ich brauche zehn Minuten'. Beachten Sie die unpersönliche Konstruktion **Combien de temps vous faut-il ?** 'Wie lange brauchen Sie?'
(6) Eine andere Möglichkeit für 'brauchen' im zeitlichen Sinne. Beachten Sie hier die persönliche Form **J'ai mis deux heures** 'Ich habe zwei Stunden gebraucht'. **Prenez votre temps** 'Lassen Sie sich Zeit'.
(7) **Elle n'a que dix minutes** 'Sie hat nur zehn Minuten (Zeit)'. **Je n'ai que ceci à vous donner** 'Ich kann Ihnen nur das geben'.

10 Tout à coup, le taxi prend la Rue Royale et VLAN ! Il rentre dans l'église de la Madeleine!

11 Alors il se retourne vers son client ahuri et lui dit : (8)

12 – Excusez-moi, monsieur. Je ne comprends pas. Ce n'était pas là hier ! (9)

NOTE (suite)

(8) son client (à l'air) ahuri 'sein Kunde mit dem verblüfften Blick'; ahuri bedeutete ursprünglich 'mit zu Berge stehenden Haaren', wie bei einem Igel (un hérisson). Il a l'air... intelligent/éveillé/bête/stupide 'Er sieht intelligent/aufgeweckt/doof (tierisch)/dumm aus'.

(9) Denken Sie daran, das 'h' nicht auszusprechen: hier [*i-jär*]; ahuri [*a-ü-ri*]; humour/l'humour [*ü-mur/lü-mur*].

Comprenez-vous ces phrases ?
1. Le navire longeait la côte très lentement. **2.** Il lui a fallu six heures pour entrer dans le port. **3.** Je passe devant cette église tous les jours. **4.** Combien de temps a-t-il fallu pour la construire ? **5.** Il m'a dit: « Prends ton temps » et j'ai mis trois heures ! **6.** Elles se sont énervées et elles ont eu un accident.

Trouvez les mots manquants

1 Im Moment gehen wir an der Gefängnismauer entlang.

Actuellement . . . . le mur de la prison.

2 Es würde nur zehn Jahre dauern, es zu vollenden.

Il ne . . . . dix ans pour le finir.

3 Plötzlich wurde er ärgerlich.

. . . . à . . . . il s' . . . .

4 Wie lange haben Sie bis hierher gebraucht?

. . . . avez-vous . . . pour arriver ?

5 Ich war verblüfft über das, was er sagte.

J' . . été . . . . . par ce qu'il a dit.

10 Plötzlich fährt der Fahrer in die Rue Royale, und – RUMS! – fährt er gegen die Madeleine-Kirche.
11 Da dreht er sich zu seinem bestürzten Kunden um und sagt:
12 – Entschuldigen Sie, mein Herr. Ich verstehe das nicht. Gestern war das [noch] nicht da!

Wenn Sie einmal ein Wort oder einen Ausdruck nicht verstehen, so muss Ihnen das nicht peinlich sein. Denn selbst in dieser Situation können Sie sich ganz souverän auf Französisch behelfen. Sagen Sie einfach "Excusez-moi, monsieur/madame. Je ne comprends pas." oder "Je n'ai pas compris." oder "Vous pouvez m'expliquer le sens de cette expression ?"

Avez-vous bien compris ?
1. Das Schiff glitt sehr langsam an der Küste entlang. **2.** Er hat sechs Stunden gebraucht, um in den Hafen zu fahren. **3.** Ich komme jeden Tag an dieser Kirche vorbei. **4.** Wie lange hat es gedauert, sie zu bauen? **5.** Er sagte mir: "Lass dir Zeit", und ich habe drei Stunden gebraucht! **6.** Sie wurden ärgerlich und hatten einen Unfall.

Les mots manquants 1. nous longeons **2.** faudrait que **3.** Tout - coup - est énervé **4.** Combien de temps - mis **5.** ai - ahuri.

Das **Hôtel des Invalides** ist – ebenso wie viele französische **Hôtels de ville** ('Rathäuser') – kein Hotel, sondern ursprünglich ein Invalidenheim. Es wurde im Auftrag des Sonnenkönigs (**le roi Soleil**) Ludwig XIV. Ende des XVII. Jahrhunderts als Heim für kriegsversehrte und berufsunfähige Soldaten errichtet. Heute beherbergt es ganz nah am Eiffelturm mehrere Museen, darunter das bedeutende **Musée de l'Armée** sowie im Invalidendom die Grabstätten von Kaiser Napoleon I. und weiteren bedeutenden Persönlichkeiten des Militärs.

Nur wenige hundert Meter entfernt befindet sich in einem ehemaligen Hôtel particulier 'Stadtpalais' das **Musée Rodin** mit dem berühmten Penseur ('Denker') von **François Auguste René Rodin**.

ONZIÈME (11ᵉ) LEÇON

Il faut sortir de temps en temps (1)

1 Que fait-on quand on a envie de sortir le soir et qu'on ne sait pas où aller ?
2 Eh bien, on regarde dans le journal ou encore dans une revue spécialisée, comme « Parisrama ».
3 « En exclusivité cette semaine : Jean Aumont dans « L'épouvantail ». (2)
4 Pour cinéphiles, reprise de « Der Blaue Engel » avec Marlène Dietrich. En V.O. (3/4)
5 Nouveauté : un film écrit et réalisé par Michel Vion : « Vive le Roi ». (5)
6 Ce film, drôle et tendre, a déjà battu tous les records d'entrées dans les salles parisiennes. »
7 Si l'on n'a pas envie d'aller au cinéma, on peut choisir dans la rubrique « Autres spectacles et manifestations ». (6)

Viele Wörter und auch Produktmarken werden in Anlehnung an panorama 'Rundblick, Überblick' mit dem Suffix -orama/-rama (altgriech. ὅραμα [hórāma] 'Ansicht, Blickpunkt') gebildet: **Telerama** ist z.B. eine Fernsehzeitschrift; **Castorama** und **Conforama** sind Supermarktketten, und ein plastisches Schaubild ist un **diorama**.

11. LEKTION

Man muss von Zeit zu Zeit ausgehen

1 Was tut man, wenn man am Abend ausgehen will und nicht weiß, wohin?
2 Nun, man schaut in die Zeitung oder auch in ein spezielles Magazin wie "**Paris-rama**".
3 "Exklusiv diese Woche: Jean Aumont in 'Die Vogelscheuche'.
4 Für Kinofreunde: 'Der blaue Engel' mit Marlene Dietrich wird wieder gezeigt. In Originalfassung.
5 Neu: ein Film, bei dem Michel Vion das Drehbuch schrieb und Regie führte: 'Es lebe der König'.
6 Dieser lustige und zugleich zärtliche Film hat schon alle Kassenrekorde in den Pariser Sälen geschlagen."
7 Hat man keine Lust, ins Kino zu gehen, kann man aus der Rubrik 'Andere Vorstellungen und Veranstaltungen' auswählen.

Notes (suite)

(1) Dies ist eine Wendung, die oft spöttisch für jemanden gebraucht wird, der über die neuesten Veranstaltungen (Filme, Konzerte, ...) nicht auf dem Laufenden ist.

(2) épouvanter 'jmdn. erschrecken'; **une pièce épouvantable** 'ein grauenhaftes Theaterstück'; **un film d'épouvante** 'ein Horrorfilm'.

(3) Suffixe wie -phile und -phobe sind Beispiele für die griechische Herkunft vieler Wörter: **Un bibliophile, un anglophobe.** Es gibt sie auch im Deutschen, aber sie klingen für uns weniger vertraut, und wir ziehen, zumindest in der gesprochenen Sprache, Bezeichnungen wie 'Bücherliebhaber', 'englandfeindlich', ... vor. Im Französischen werden diese Wörter ganz natürlich verwendet.

(4) Fremdsprachige Filme werden in Frankreich entweder synchronisiert = **doublés** (in diesem Fall steht unter dem Titel **v.f. = version française**), oder sie werden mit Untertiteln versehen (**v.o. = version originale**).

(5) **réaliser** bedeutet in Verbindung mit Filmen 'Regie führen'. **Le réalisateur** 'der (Film-)Regisseur'... **le régisseur** 'der Aufnahmeleiter'.

(6) **une manifestation peut être politique, culturelle ou sportive**... wenn aber von **la manif** oder **la manifestation** ohne Präzisierung die Rede ist, meint man gewöhnlich eine politische Demo. **Tu viens à la manif ?** 'Kommst du zur Demo?' **Elle n'a pas manifesté** 'Sie war nicht bei der Demo'. Aber: **Elle ne s'est pas manifesté** 'Sie hat sich nicht gemeldet'.

8 Il y a de très bonnes pièces de théâtre, ou encore le café-théâtre ou bien les chansonniers ; (7)
9 mais si l'on trouve qu'il y a trop de choix, on peut simplement
10 flâner sur les Champs-Elysées et regarder les queues devant les cinémas !
11 – Tu as vu le dernier Duffaut ? (8)
– Non, pas encore.
12 – On y va ?
– Quoi, maintenant ? C'est trop tard !
13 – Il est huit heures moins dix. On a encore dix minutes avant la séance. (9)

Comprenez-vous ces phrases ?
1. Qu'est-ce qu'on fait ce soir ? – Eh bien, allons au théâtre. **2.** Elle n'a pas encore vu ce beau film de Jean Aumont. **3.** Il bat tous les records en ce moment. **4.** Je n'avais pas envie de voir cette pièce, mais c'était très bien en fait. **5.** Qu'est-ce que tu as envie de faire ? **6.** Je n'ai pas encore décidé.

Trouvez les mots manquants

1 Es gibt die neueste "Goldene Palme", oder sonst eine Erstaufführung im Chatelet-Theater.

Il y a la . . . . Palme d'or ou . . . . . . une première au théâtre du Chatelet.

2 Unsere Mannschaft wird Österreich am Wochenende schlagen.

Notre équipe . . . . . . l'Autriche ce weekend.

3 Wir haben noch eine halbe Stunde vor Spielbeginn.

On . . . . une . . . . . - . . . . . avant le début du match.

quarante-quatre • **44**

8   Es gibt sehr gute Theaterstücke, und es gibt Kabaretts oder die "Chansonniers";
9   aber wenn man der Meinung ist, dass es zu viel Auswahl gibt, kann man einfach
10 über die Champs-Elysées bummeln und die Schlangen vor den Kinos anschauen!
11 – Hast du den letzten Duffaut gesehen?
    – Nein, noch nicht.
12 – Gehen wir hin?
    – Was, jetzt? Es ist zu spät!
13 – Es ist zehn vor acht, wir haben noch zehn Minuten bis zum Vorstellungsbeginn.

Notes (suite)
(7) Für **les chansonniers** gibt es auf Deutsch keine direkte Entsprechung, sie wären aber in etwa mit unseren 'Liedermachern' zu vergleichen. Sie singen kritische, ironische "chansons", die aber nur selten politisch gefärbt sind.
(8) **As-tu vu ?** oder **Tu as vu ?** Wenn man schnell spricht, wird das -u von **tu** oft ausgelassen: **T'as vu ?** Vermeiden Sie jedoch diese Sprechweise möglichst, es sei denn, sie sprechen mit sehr engen, vertrauten Freunden oder Familienmitgliedern.
(9) **la séance** 'die Vorstellung, die Sitzung'.

Avez-vous bien compris ?
1. Was machen wir heute Abend? – Nun, gehen wir ins Theater. **2.** Sie hat diesen schönen Film von Jean Aumont noch nicht gesehen. **3.** Er schlägt zurzeit alle Rekorde. **4.** Ich hatte keine Lust, dieses Theaterstück zu sehen, aber es war tatsächlich sehr gut. **5.** Was möchtest du machen? **6.** Ich habe mich noch nicht entschieden.

4 Die Deutschen haben diese Saison noch nicht gewonnen.

Les . . . . n'ont pas . . . . cette saison.

5 Ihr habt keine Lust auszugehen? Nun, dann bleiben wir zu Hause.

Vous n' . . . . pas . . . . . de sortir ? Eh bien, restons à la maison.

Les mots manquants 1. dernière - encore **2.** battra **3.** a encore - demi-heure **4.** Allemands - encore gagné **5.** avez - envie.

LEÇON 11

DOUZIÈME (12ᵉ) LEÇON

Le cinéma

1 La France a une grande tradition en matière de cinéma. (1)
2 Depuis les grands « maîtres » comme Abel Gance, Jean Renoir ou Marcel Carné,
3 jusqu'aux cinéastes de la « Nouvelle Vague » tels Truffaut et Lelouch. (2/3)
4 Le « septième art » doit beaucoup au talent des réalisateurs et des acteurs français. (4)
5 Mais aujourd'hui le cinéma est en crise : les gens vont de moins en moins au cinéma.
6 En mille neuf cent soixante, trois cent cinquante-quatre millions de spectateurs sont passés aux guichets (5)
7 mais en mille neuf cent soixante-dix, ce chiffre n'était que de cent soixante-dix millions,
8 soit la moitié. (6)
9 En moyenne, le Français va trois fois par an voir un film.

ILS ÉTAIENT DEUX MILLE À LA MANIFESTATION

Notes
(1) La matière 'Material, Thema, Gebiet', table des matières 'Inhaltsverzeichnis'. En quelle matière est-il construit ? 'Aus welchem Material ist es gebaut?', la matière grasse 'Fettgehalt'; Il est expert en la matière 'Er ist Experte auf diesem Gebiet'.

12. LEKTION

Das Kino

1 Frankreich hat eine große Kinotradition.
2 Von den großen "Meistern" wie Abel Gance, Jean Renoir oder Marcel Carné
3 bis zu den Filmemachern der "Neuen Welle" wie Truffaut und Lelouch.
4 Die "Siebte Kunst" verdankt viel dem Talent der französischen Regisseure und Schauspieler.
5 Aber heutzutage steckt das Kino in einer Krise: Die Leute gehen immer weniger ins Kino.
6 1960 wurden 354 Millionen Kinobesucher verzeichnet (kamen 354 Millionen Zuschauer an die Schalter),
7 aber 1970 waren es nur 170 Millionen,
8 mit anderen Worten: Die Hälfte.
9 Durchschnittlich geht der Franzose dreimal im Jahr ins Kino.

Notes (suite)

(2) Die Konstruktion **depuis... jusqu'à** kann zeitlich (**depuis le début jusqu'à la fin** 'vom Anfang bis zum Ende') oder örtlich verwendet werden (**depuis la gare jusqu'au bureau** 'vom Bahnhof bis zum Büro'). Hier wird sie zeitlich gebraucht.

(3) "La Nouvelle Vague" war die Bezeichnung für eine Stilrichtung des französischen Kinos in den späten 1950er Jahren. Junge Cineasten und Filmemacher rund um **François Truffaut** und **Jean-Luc Godard** wandten sich gegen die eingefahrene Bildsprache und den vorhersagbaren Erzählfluss des etablierten kommerziellen Kinos.

(4) **Le septième art** ist neben **le cinéma** die gängige Bezeichnung für den Film als eine eigenständige Form künstlerischen Ausdrucks. Der Begriff bezieht sich auf die Einteilung der ästhetischen Künste in den "Vorlesungen über Ästhetik" des Philosophen G.W.F. Hegel und fügt das Filmemachen neben den dort genannten sechs Künsten Architektur, Skulptur, Malerei, Musik, Tanz und lyrische Dichtkunst als eigenständige siebte Kategorie hinzu.

(5) **mille** war früher die Pluralform von **mil**, deshalb erhält das Wort kein -s im Plural: **deux mille**. **mil** wird aber kaum noch verwendet; fast überall trifft man **mille**, auch wenn es nur um 'ein Tausend' geht.

(6) **soit** ist die 3. Person Singular Konjunktiv des Verbs **être**. Es wird in statistischen Angaben verwendet: **Deux cents personnes, soit cinq pour cent de 4.000** '200 Personen, oder mit anderen Worten 5 % von 4.000'. **Deux mille euros, soit la moitié de son salaire** '2.000 Euro oder, anders ausgedrückt, die Hälfte seines Gehalts'. **Soit** bleibt, wie Sie sehen, unveränderlich.

10 Une autre statistique : un Français sur cinq cents mesure plus d'un mètre quatre-vingts

11 mais c'est toujours celui-là qui sera devant vous au cinéma !

12 *(Le Réalisateur :)*
– Votre scénario est excellent, mais il n'est pas du tout original ;

13 c'est la copie exacte des « Enfants du Paradis » de Carné. (7)

14 *(Le jeune auteur :)*
– Et alors ? Ce n'était pas un merveilleux film, « Les Enfants du Paradis » ?

Comprenez-vous ces phrases ?

1. Je te dois vingt euros/francs. – Non, pas à moi, à lui. **2.** Si vous ne trouvez pas le titre, cherchez dans la table des matières. **3.** Un Français sur trois va au cinéma toutes les semaines. **4.** Ils étaient deux mille à la manifestation, soit dix pour cent des habitants. **5.** Depuis le début du (XXème) siècle jusqu'à aujourd'hui, nous avons eu deux guerres mondiales.

Trouvez les mots manquants

1 Bertrand Blier ist der Drehbuchautor von "Die Ausgebufften".

B. Blier est le . . . . "Valseuses".

2 Ich schulde ihm 200 Euro.

Je . . . . deux . . . . . euros.

3 Das war ein großartiger Film.

C' . . . . . un . . . .

4 Er hat ein Taxi vom Flughafen bis nach Hause genommen.

Il a pris un taxi . . . . . . l'aéroport . . . . . '. la maison.

quarante-huit • **48**

10   Eine andere Statistik: Einer von 500 Franzosen (ein Franzose auf 500) ist über 1,80 m groß,
11   aber ausgerechnet er sitzt im Kino immer vor Ihnen!
12   *(Der Regisseur:)* – Ihr Drehbuch ist ausgezeichnet, aber
– ganz und gar nicht originell;
13   es ist eine exakte Nachahmung von "Les Enfants du Paradis" von Carné.
14   *(Der junge Autor:)*
– Na und? War "Les Enfants du Paradis" nicht ein wunderschöner Film?

Notes (**suite**)
(7) Der bestimmte Artikel muss vor Eigennamen, Titeln usw. angeglichen werden: **Elle est du Havre** 'Sie kommt aus Le Havre'. Wenn wir dem Filmtitel **"Les Enfants du Paradis"** (nebenbei bemerkt ein Meisterwerk!) den Teilungsartikel **de** voranstellen, muss er ebenfalls angeglichen werden: ...**copie des "Enfants du Paradis". Il est l'auteur du "Voyou".** 'Er ist der Autor von "Le Voyou" '. Das Wort **paradis** in diesem Titel bezieht sich auf die oberste Zuschauergalerie im Theater.

Avez-vous bien compris ?
1. Ich schulde dir 20 Euro/Francs. – Nein, nicht mir, ihm. **2.** Wenn Sie den Titel nicht finden, suchen Sie im Inhaltsverzeichnis. **3.** Ein Franzose von drei geht jede Woche ins Kino. **4.** 2.000 Leute waren auf der Demo(nstration), mit anderen Worten 10 % der Einwohner. **5.** Vom Beginn des (20.) Jahrhunderts bis heute hatten wir zwei Weltkriege.

5 Schreiben Sie folgende Jahreszahlen in Worten:

Ecrivez . . . . les années suivantes :

6 1789

. . . . . sept . . . . - . . . . . - neuf.

7 2222

. . . . -

Les mots manquants 1. scénariste des **2.** lui dois - cents **3.** était - film merveilleux **4.** depuis - jusqu'à **5.** en toutes lettres **6.** mille - cent quatre-vingt **7.** deux mille deux cent vingt-deux.

LEÇON 12

TREIZIÈME (13ᵉ) LEÇON

Quelques expressions

1 — Ne tournez pas autour du pot. Expliquez-vous tout de suite.
2 — Inutile de continuer ; c'est (comme) chercher une aiguille dans une botte de foin. (1)
3 — Je n'ai pas pu savoir ce qu'il voulait dire ;
il coupe toujours les cheveux en quatre ; (2)
4 et qui plus est, il ment comme un arracheur de dents. (3)
5 — Il va sûrement sortir en ville ce soir ;
il est sur son trente et un. (4)
6 — Elle se sent bien ici ;
elle est comme un poisson dans l'eau ;
7 et qu'est-ce qu'elle travaille bien !
Elle vaut son pesant d'or. (5)
8 — On ne sait pas ce qu'il devient ; on n'a pas de nouvelles.
— Pas de nouvelles, bonnes nouvelles.

Notes
(1) une botte bedeutet 'ein Bündel, ein Bund'; une botte de carottes / radis 'ein Bund Karotten/Radieschen'; une botte de paille 'ein Strohballen'. Des bottes oder une paire de bottes steht für 'Stiefel' bzw. 'ein Paar Stiefel'.
(2) vouloir dire 'sagen wollen, meinen' wird benutzt, wenn man seine Absicht erklärt. Ce n'est pas ce que je voulais dire ! 'Das wollte ich nicht sagen / Das habe ich nicht gemeint!'. Qu'est-ce que vous voulez dire (par là) ? 'Was wollen Sie damit sagen?' Das Verb signifier heißt auch 'bedeuten'. Que signifie ce mot ? 'Was bedeutet dieses Wort?'.

cinquante • **50**

13. LEKTION

Redewendungen

1 — Schleichen Sie nicht wie die Katze um den heißen Brei
 (drehen Sie [sich] nicht um den Topf herum). Sagen Sie gleich,
 was Sie wollen.
2 — Es ist unnötig, weiterzumachen; das ist, als würde man eine
 Stecknadel im Heuhaufen suchen.
3 — Ich konnte nicht herausfinden, was er sagen wollte;
 er betreibt immer Haarspalterei (schneidet die Haare in vier),
4 und außerdem lügt er wie gedruckt (wie ein Zahnklempner /
 "Zahnzieher").
5 — Er geht heute Abend bestimmt aus; er hat sich in Schale
 geworfen (er ist auf seinen 31).
6 — Sie fühlt sich hier wohl; sie ist wie ein Fisch im Wasser;
7 und wie gut sie arbeitet! – Sie ist (ihr Gewicht in) Gold wert.
8 — Wir wissen nicht, was aus ihm geworden ist; wir haben keine
 Nachricht. – Keine Nachrichten sind gute Nachrichten.

Obwohl Sie den Sinn einer idiomatischen Wendung nicht immer aus den einzelnen Wörtern ableiten können, gibt es einige, die im Französischen und im Deutschen etwa das Gleiche bedeuten. Sie finden in dieser Lektion eine Auswahl, und wir haben uns bemüht, in der Übersetzung Entsprechungen zu finden oder ansonsten zusätzlich eine wörtliche Übersetzung in runden Klammern anzugeben.

Note (**suite**)
(3) Die Szene könnte sich auf einem Marktplatz im Mittelalter abspielen.
 Der Zahnklempner steht mit der Zange in seinen blutigen Händen da
 und schreit: 'Komm schon, ich tu' dir nicht weh'. Diese Redewendung
 wird entsprechend für Gewohnheitslügner gebraucht. **Arracher** 'etwas
 bis auf den Grund / bis zur Wurzel herausreißen/-ziehen'. **Je dois
 arracher les mauvaises herbes** 'Ich muss Unkraut jäten'.
(4) **se mettre sur son 31** bedeutet 'sich herausputzen, sich fein machen'.
 Eine mögliche Erklärung für den Ursprung ist diese: Im Mittelalter
 war **le trentain** ein sehr hochwertiges Tuch, dessen Kettfaden aus
 dreißig Hunderterbündeln Faden bestand. **Se mettre sur** hat dieselbe
 Bedeutung wie **revêtir** 'etw. anziehen'.
(5) Sie kennen **qu'est-ce que...** als Frageeinleitung, aber hier ist natürlich klar, dass **qu'est-ce qu'elle travaille bien** keine Frage, sondern
 ein anerkennender Ausruf ist.

9 – Qu'est-ce qu'il m'énerve celui-là. Il fourre son nez partout.
10 – Tiens ! Voilà Henri ! Quand on parle du loup, on en voit la queue !
11 – Il m'a traité de lâche ; j'étais hors de moi ! (6/7)
12 – Ne vous en faites pas pour lui ; il a plusieurs cordes à son arc. (8)
13 – Qu'est-ce que j'avais peur ! J'avais la chair de poule ! (9)

Comprenez-vous ces phrases ?
1. Que voulez-vous dire par cela ? 2. Excuse-moi ! J'avais l'intention de t'écrire, je te l'assure. 3. Ne vous en faites pas comme ça ; 4. il va simplement vous arracher une dent ! 5. Les deux conducteurs se sont traités de tous les noms. 6. Qu'est-ce qu'elle travaille bien !

Trouvez les mots manquants

1 Er ist wie eine Katze um den heißen Brei geschlichen.

Il . . . . autour . . . . . . [comme un chat].

2 Sie betreibt immer Haarspalterei.

Elle . . . . . toujours . . . . en . . . .

3 Er hatte sich gestern Abend in Schale geworfen.

Il s'était mis sur . . . . hier soir.

9 – Wie er mir auf die Nerven geht. Er steckt seine Nase überall hinein.
10 – Ach! Da ist Henri! Wenn man vom Teufel spricht, dann kommt er (wenn man vom Wolf spricht, dann sieht man seinen Schwanz)!
11 – Er hat mich als feige bezeichnet, ich war außer mir!
12 – Machen Sie sich keine Sorgen um ihn, er hat mehrere Eisen im Feuer (Sehnen an seinem Schießbogen).
13 – Was für eine Angst ich hatte! Ich hatte eine Gänsehaut (Hühnerhaut)!

Note (suite)
(6) **traiter** heißt wörtlich 'behandeln'; **Traiter quelqu'un de tous les noms** 'jmdn. übel beschimpfen'.
(7) Beachten Sie die Verwandtschaft von **lâche** 'feige', aber auch 'locker, lose', und dem Verb **lâcher** 'loslassen, lockern'.
(8) **s'en faire** = Kurzform von **se faire du souci** 'sich beunruhigen, sich Sorgen machen'. Es wird meistens mit einer Verneinung gebraucht: **Ne vous en faites pas, tout va aller bien.** 'Seien Sie nicht besorgt, alles wird gut gehen'.
(9) **la chair** 'das Fleisch', **la chair de fruit** 'das Fruchtfleisch', **couleur chair** 'hautfarben, fleischfarben', **bien en chair** 'vollschlank'.

Avez-vous bien compris ?
1. Was wollen Sie damit sagen? **2.** Entschuldige! Ich hatte die Absicht, dir zu schreiben, ich versichere es dir. **3.** Beunruhigen Sie sich nicht so sehr; **4.** er wird Ihnen nur einen Zahn ziehen. **5.** Die beiden Fahrer beschimpften sich übelst (mit allen [möglichen] Namen). **6.** Wie gut sie arbeitet!

4 Das ist, als würde man eine Stecknadel im Heuhaufen suchen.

C'est comme chercher une . . . . dans une . . . . . de . . . . .

5 Sie sind Gold wert!

Vous . . . . . votre . . . . . . d' . . !

Les mots manquants 1. a tourné - du pot **2.** coupe - les cheveux - quatre **3.** son trente et un **4.** aiguille - botte - foin **5.** valez - pesant - or.

LEÇON 13

QUATORZIÈME (14e) LEÇON

Révisions et notes

Schauen wir uns nun einige Dinge etwas ausführlicher an, die in den letzten Lektionen vorgekommen sind. Lesen Sie diese Lektion ruhig mehrmals durch. Vergessen Sie auch nicht, von Zeit zu Zeit einige Lektionen im Buch zurückzublättern und zu wiederholen.

1. Redewendungen mit **beau**

Das Adjektiv **beau** wird in vielen idiomatischen Ausdrücken gebraucht. Folgt ein Infinitiv, drückt **beau** eine länger andauernde bzw. ergebnislose Handlung oder einen erfolglosen Versuch aus:

J'avais beau chercher, je ne trouvais pas. 'Ich konnte so lange suchen, wie ich wollte, ich fand es nicht.'

Oder, wenn die Suche mehr auf der mentalen Ebene stattfindet:
'Ich habe lange gesucht, habe aber keine Antwort/Lösung gefunden.'

Il avait beau crier, elle ne l'entendait pas. 'Er konnte schreien, wie er wollte, sie hörte ihn nicht.'

Vous avez beau courir, vous ne la rattraperez pas.
'Egal wie schnell/lange/weit ... Sie auch laufen, Sie werden sie nicht einholen.'

Legen Sie sich eine Liste der verschiedenen Redewendungen an. Versuchen Sie nicht, sie sofort praktisch anwenden zu wollen. Anhand unserer Beispiele werden Sie allmählich ein Gespür dafür entwickeln.

2. Der Tonfall / die Wortbetonung

Achten Sie immer darauf, dass man auf Französisch vielleicht noch mehr als auf Deutsch durch den Tonfall ein- und demselben Satz verschiedene Bedeutungen geben kann:

Sa mère vient demain. ohne Wörter-/Silbenhervorhebung
Sa mère vient ! Demain.
Sa mère vient, demain !
Sa mère vient demain ? mit ansteigendem Tonfall.
Sa mère vient ? Demain ?

3. Expressions idiomatiques Idiomatische Wendungen

Je öfter wir Französisch hören, sprechen und lesen, desto bewusster wird uns der Unterschied zwischen der gesprochenen und der Schriftsprache.

Aufgrund der individuellen Struktur jeder Sprache ist eine wortgetreue Übersetzung manchmal nicht möglich. Im Deutschen existieren viel mehr Verben der Wahrnehmung. Nehmen wir zum Beispiel das Verb **luire**: Es kann 'leuchten', 'glänzen', 'schimmern' und 'blinken' bedeuten.

In dem Satz 'Der Taxifahrer fährt gegen die Madeleine-Kirche' könnte man im Deutschen auch die Verben 'gegen ... krachen' oder 'gegen ... knallen' benutzen. Im Französischen dagegen wird die Bewegung beschrieben:

rentrer dans oder **s'écraser sur**.

Je mehr wir uns solcher Unterschiede bewusst werden, desto eher können wir Französisch als eine lebendige Sprache assimilieren, und nicht als eine Aneinanderreihung von Übersetzungen.

4. Les nombres Die Zahlen

a. Wann wird an **vingt** und **cent** ein -s angehängt?
Wenn keine Zahl nachfolgt; z. B.

'80' = **quatre-vingts**, aber '83' = **quatre-vingt-trois**;
'200' = **deux cents**, aber '250' = **deux cent cinquante**.

Die Aussprache wird dadurch natürlich nicht verändert.

b. Ab **un million** 'eine Million' muss **de** hingefügt werden:

trois millions de Français '3.000.000 Franzosen'.

c. un milliard = 'eine Milliarde'.

Im Französischen gibt es auch das Wort **billion**, es wird aber selten verwendet, stattdessen wird **mille milliards** benutzt.

d. Die Jahreszahl. Bei ausgeschriebenen Jahreszahlen wird **mil** kaum noch verwendet, man benutzt **mille**.

Es gibt zwei Arten, Jahreszahlen wie zum Beispiel 1789 auszuschreiben und auszusprechen:

mille sept cent quatre-vingt-neuf oder
dix-sept cent quatre-vingt-neuf.

Uns erscheint die erste einfacher, es gibt aber keine feste Regel.

QUINZIÈME (15ᵉ) LEÇON

Au café, Anne-Marie raconte son passé

1 J'avais dix-huit ans et je venais de finir l'école ; je n'avais pas envie d'aller à l'Université. (1)
2 Je connaissais des gens que j'avais rencontrés en vacances à La Baule, (WL1) (2)
3 et qui travaillaient dans une agence de voyages à Paris.
4 Ils venaient de mon pays, mais ils étaient partis pour Paris deux ans auparavant. (3/4)
5 Je ne trouvais pas d'emploi au Havre et je ne voulais pas y rester.
6 Mes amis m'avaient dit que je pouvais trouver du travail avec eux.
7 J'avais économisé de l'argent en travaillant le weekend comme caissière dans un super-marché (5)
8 donc j'ai décidé de tenter ma chance.
9 J'ai demandé à mes parents la permission de partir ; (6)

Notes
(1) Das idiomatische **je viens de** bedeutet 'ich habe/bin gerade ...': **Nous venons d'arriver.** 'Wir sind gerade angekommen'. Vergleichen Sie die Redewendung **venir de** + Infinitiv mit dem wörtlichen Gebrauch in Satz 4. In diesem Text wiederholen wir die Zeitformen der Vergangenheit, achten Sie also auf die Verbformen.

15. LEKTION

Im Café erzählt Anne-Marie von ihrer Vergangenheit

1 Ich war achtzehn und hatte gerade die Schule beendet; ich hatte keine Lust, auf die Universität zu gehen.
2 Ich kannte einige Leute, die ich in den Ferien in La Baule kennengelernt hatte,
3 und die in einem Reisebüro in Paris arbeiteten.
4 Sie kamen aus meiner Gegend, aber sie waren zwei Jahre vorher nach Paris gezogen.
5 Ich fand in Le Havre keine Stelle und wollte nicht dort bleiben.
6 Meine Freunde hatten mir gesagt, dass ich bei ihnen Arbeit finden könnte.
7 Ich hatte Geld gespart, da ich am Wochenende als Kassiererin in einem Supermarkt gearbeitet hatte,
8 so beschloss ich also, mein Glück zu versuchen.
9 Ich bat meine Eltern um die Erlaubnis zu gehen;

Notes (suite)

(2) Das Partizip der Vergangenheit wird dem vorhergehenden Akkusativobjekt angeglichen: **J'ai rencontré des gens**, aber **des gens que j'ai rencontrés**.

(3) **ils venaient de mon pays** meint hier 'aus derselben Region' = **de la même région** bzw. 'aus derselben Gegend' = **du même coin**. In älteren Romanen liest man **un pays** als Synonym für einen 'Landsmann'.

(4) **auparavant** ist ein Adverb und bedeutet 'vorher, früher'. Im Gegensatz zu **avant** kann keine Ergänzung folgen: **avant de sortir**, aber **il me l'avait dit auparavant** 'Er hatte es mir vorher/früher gesagt'. Es wird vor allem in indirekter Rede oder mit dem Plusquamperfekt verwendet.

(5) **la caissière est à la caisse** 'die Kassiererin ist/sitzt an der Kasse'. **La caisse enregistreuse** 'die Registrierkasse'. **Une caisse** kann auch einfach 'eine Kiste/Kassette' oder 'eine Karosserie' sein.

(6) **la permission** und **l'autorisation** sind meistens Synonyme: Um ein Auto fahren zu dürfen, benötigen Sie **une autorisation du propriétaire de la voiture et un permis de conduire**, d.h. 'die Erlaubnis des Fahrzeughalters und einen Führerschein'.

10 ils avaient compris depuis longtemps que je voulais m'en aller, (7)
11 donc, malgré leur inquiétude, ils ont accepté.
12 Alors, j'ai fait mes valises et... me voilà ; je suis ici depuis quatre ans (8)
13 et je m'y plais beaucoup. Et vous ?

Comprenez-vous ces phrases ?
1. Elle s'en est allée trois semaines en vacances. **2.** Il m'en avait parlé auparavant. **3.** Il a trouvé un nouvel emploi et il gagne beaucoup d'argent. **4.** Elle vient de terminer son nouveau roman. **5.** Vas-y ! Tente ta chance ! Tu pourrais gagner ! **6.** Il était là depuis deux mois mais il ne trouvait pas de travail.

Trouvez les mots manquants

1 Das sind die Leute, die ich dort getroffen habe.

Ce sont les gens ... j' .. .. là-bas.

2 Sie hatten ihre Gegend ein Jahr zuvor verlassen.

Ils étaient ...... de .... pays/région un an ....

3 Ich hatte sie um ihre Erlaubnis gebeten.

Je .... la permission/l'autorisation.

4 Wir hatten gerade unser Studium beendet.

Nous .... de finir nos études.

5 Gefällt es Ihnen gut hier?

Vous .... bien ici ?

10 Sie hatten schon lange gemerkt, dass ich weggehen wollte,
11 und so haben sie trotz ihrer Zweifel eingewilligt.
12 Ich habe also meine Koffer gepackt und ... hier bin ich; ich bin seit vier Jahren hier,
13 und es gefällt mir sehr gut.
    Und Ihnen?

Notes (suite)
(7) s'en aller ist ein Synonym für partir, s'éloigner 'weggehen'. Va-t'en ! 'Geh weg!'
(8) voici 'hier ist/sind'; voilà 'dort ist/sind'.

Avez-vous bien compris ?
1. Sie ist für drei Wochen in die Ferien gefahren. **2.** Er hatte mir früher davon erzählt. **3.** Er hat eine neue Stelle gefunden und verdient viel Geld. **4.** Sie hat gerade ihren neuen Roman beendet. **5.** Los! Versuch dein Glück! Du könntest gewinnen. **6.** Er war seit zwei Monaten dort, aber er fand keine Arbeit.

Les mots manquants 1. que - ai rencontrés **2.** partis - leur - auparavant **3.** leur avais demandé **4.** venions juste **5.** vous plaisez.

Le pays ist eigentlich 'das Land' und ein Synonym für l'état oder la nation. Das deutsche 'auf dem Land' im Unterschied zu 'in der (Groß-)Stadt' wird mit à la campagne wiedergegeben.

Les paysans sont des campagnards qui sont soit fermiers, soit cultivateurs, soit éleveurs. 'Paysans sind Landbewohner, die entweder Landwirte, Bauern oder Züchter sind'.

Alle, die nicht aus Paris und Umgebung kommen, wohnen en province und sind aus Pariser Sicht des provinciaux. Für sie wiederum sind die Menschen aus der Pariser Region (Ile de France) allgemein des parisiens, manchmal werden sie parigots genannt.

Les gens des villes sont des citadins ('Städter'), ceux qui habitent des villages, des petits patelins ('kleine Käffer') sont des villageois ('Dorfbewohner').

LEÇON 15

SEIZIÈME (16ᵉ) LEÇON

Quelques questions

1 – Quel âge avait Anne-Marie quand elle a décidé de quitter Le Havre ?
2 – Où avait-elle rencontré ses amis ? Que faisaient-ils ?
3 – Quand étaient-ils partis du Havre ? Pour quoi faire ? (1)
4 – Où Anne-Marie avait-elle travaillé pour gagner de l'argent ?
5 – Quel était l'avis de ses parents sur ses projets ? (2)
6 – Depuis combien de temps était-elle à Paris avant qu'elle ne rencontre Laurent ? (3)

7 – Voici une belle, vieille chanson française ; écoutez bien :

Ses parents n'étaient pas d'accord !

Notes
(1) Beachten Sie den Unterschied zwischen **pourquoi** 'warum' und **pour quoi** ... dem in einer Frage gewöhnlich das Verb **faire** folgt: 'Wofür ... / Für was ...?' Der Unterschied zwischen den beiden ist oft gering, beachten Sie jedoch die unterschiedliche Schreibweise (in einem Aussagesatz): **Je ne sais pas pourquoi elle est venue** 'Ich weiß nicht, warum sie gekommen ist' und **Je ne sais pas pour quoi elle est venue** 'Ich weiß nicht, für was sie gekommen ist.'

16. LEKTION

Einige Fragen

1 – Wie alt war Anne-Marie, als sie beschloss, Le Havre zu verlassen?
2 – Wo hatte sie ihre Freunde getroffen? Was machten sie?
3 – Wann hatten sie Le Havre verlassen? Wozu?
4 – Wo hatte Anne-Marie gearbeitet, um Geld zu verdienen?
5 – Was war die Meinung ihrer Eltern zu ihren Plänen?
6 – Wie lange war sie in Paris gewesen, bevor sie Laurent kennenlernte?

7 – Hier ist ein schönes altes französisches Lied; hören Sie gut zu:

Notes (suite)
(2) **un avis** 'eine Meinung'. **Quel est votre avis ?** 'Was ist Ihre Meinung?'; **Je ne suis pas de son avis** 'Ich bin nicht seiner/ihrer Meinung.' **A votre avis, ça peut coûter combien ?** 'Wie viel könnte das Ihrer Meinung nach kosten?' **L'opinion** bedeutet auch 'Meinung', aber im Sinne von 'Ansicht' oder 'Auffassung'. **Un avis** ist auch eine 'Benachrichtigung/Meldung' wie z.B. eine öffentliche Bekanntmachung am Anschlagbrett eines Rathauses. Wenn ein Einschreibebrief für Sie auf der Post liegt, erhalten Sie **un avis de passage**, der Sie davon unterrichtet.

(3) **avant qu'elle ne rencontre. Avant que** und einigen anderen Konjunktionen folgt immer der Konjunktiv (**subjonctif**). Dieses sog. **ne explétif** ist Gegenstand ausgiebiger Diskussionen zwischen französischen Grammatikern. Es geht darum, dass die Handlung, auf die sich **avant que** bezieht, noch nicht stattgefunden hat und dies irgendwie zum Ausdruck gebracht werden soll. Einige sagen: Fügen wir doch **ne** ein; anderen wiederum genügt der Konjunktiv. **Avant que** mit **ne** ist jedoch die üblichere Form, die wir empfehlen zu verwenden. Sie können das Problem umgehen, indem Sie sagen: ... **avant de rencontrer**; dies ist natürlich nur möglich, wenn das Subjekt der beiden Verben identisch ist.

À la claire fontaine (4)

8 A la claire fontaine, m'en allant promener,
9 J'ai trouvé l'eau si belle que je m'y suis baigné.
10 Il y a longtemps que je t'aime ; jamais je ne t'oublierai.
11 Sur la plus haute branche un rossignol chantait,
12 Chante, rossignol, chante, toi qui as le cœur gai.
13 Il y a longtemps que je t'aime, jamais je ne t'oublierai.
14 – Chantez-la avec nous…

Exercice de formulation
Nous vous donnons ici les réponses aux questions du texte de la leçon. Essayer de reformuler ces questions SANS regarder le texte/les phrases de la page précédente:

1. Elle avait 18 ans quand elle a décidé de quitter Le Havre. **2.** Elle avait rencontré ses amis à La Baule. Ils étaient en vacances. **3.** Ils étaient partis du Havre deux ans auparavant pour travailler dans une agence de voyages. **4.** Ses parents n'étaient pas d'accord avec ses projets. **5.** Elle était à Paris depuis quatre ans avant de rencontrer Laurent.

Trouvez les mots manquants

1 Wir haben Le Havre vor zwei Jahren verlassen.

Nous . . . . deux ans.

2 Als ich Sie traf, arbeiteten Sie in einer Bank.

Quand . . vous . . rencontré, vous . . . . dans une banque.

3 Ich werde niemals vergessen, was Sie mir sagten.

Je . .' . . . . jamais ce que vous . .' . . . .

4 Sie hat darin gebadet.

Elle . .' . . . . baignée.

An der klaren Quelle

8 An der klaren Quelle, ging ich spazieren,
9 Das Wasser war so frisch, dass ich darin badete.
10 So lange schon lieb' ich dich; niemals werde ich dich vergessen.
11 Auf dem höchsten Ast sang eine Nachtigall.
12 Sing, Nachtigall, sing, du, deren Herz fröhlich ist.
13 So lange schon lieb' ich dich, niemals werde ich dich vergessen.
14 – Singen Sie (es) mit uns ...

Notes (suite)
(4) À la claire fontaine ist ein Volkslied, das auf ein anonymes Gedicht aus dem 18. Jh. zurückgeht. Das Lied ist in Frankreich und im frankofonen Teil Kanadas sehr populär. Es existieren viele unterschiedliche Versionen des Liedes, das auch als Kinderlied gilt.

Formulierungsübung
Die Fragen zu den jeweiligen Antworten finden Sie im Lektionstext.

1. Sie war 18, als sie sich entschied, Le Havre zu verlassen. **2.** Sie hatte ihre Freunde in La Baule getroffen. Sie waren dort in Urlaub. **3.** Sie hatten Le Havre zwei Jahre zuvor verlassen, um in einem Reisebüro zu arbeiten. **4.** Ihre Eltern waren mit Ihrem Vorhaben nicht einverstanden. **5.** Sie war schon seit vier Jahren in Paris, als sie Laurent traf.

5 Trinken Sie die Flasche leer, bevor er (an)kommt.

Finissez la bouteille . . . .'. . n'arrive.

6 Ich will/möchte Sie sehen, bevor sie zurückkommen.

Je . . . . avant qu'ils . . . .

Les mots manquants 1. sommes partis du Havre il y a **2.** je - ai - travailliez **3.** n'oublierai - m'avez dit **4.** s'y est **5.** avant qu'il **6.** veux vous voir - ne reviennent.

LEÇON 16

DIX-SEPTIÈME (17ᵉ) LEÇON

S'il vous plaît ... (1)

1 – Excusez-moi, monsieur,
   mais est-ce que cela vous dérange (2)
2 si j'ouvre la fenêtre ? Il fait horriblement chaud ici.
3 – Mais pas du tout, madame.
   Ne bougez pas. Je vais le faire. (3)
4 (Au magasin)
   – Qu'y a-t-il pour votre service, mademoiselle ?
5 – Vous permettez que je regarde ?
   Je cherche un cadeau.
6 – Mais, je vous en prie. (4)
7 – Dites donc !
   Voulez-vous baisser un peu votre chaîne ? (5)
8 – Excusez-moi, monsieur.
   Je vais le faire tout de suite.

Notes
(1) **S'il vous plaît**, das man benutzt, wenn man eine Person siezt, wird oft SVP abgekürzt. **S'il te plaît** sagt man zu einer Person, die man duzt. Die Wendung basiert auf dem Verb **plaire** 'gefallen'.

17. LEKTION

Bitte ...

1 – Entschuldigen Sie, mein Herr, aber stört es Sie,
2 wenn ich das Fenster öffne? Es ist schrecklich heiß hier.
3 – Aber ganz und gar nicht, gnädige Frau. Bemühen Sie sich nicht. Ich werde es machen.

4 (In einem Geschäft)
– Womit kann ich dienen, Fräulein?
5 – Darf ich mich umsehen? Ich suche ein Geschenk.
6 – Aber bitte sehr.
7 – Sagen Sie mal! Werden (wollen) Sie Ihre Anlage etwas leiser stellen?
8 – Entschuldigen Sie, mein Herr. Ich werde es sofort tun.

Notes (suite)

(2) **déranger** bedeutet 'stören'. Im Hotel hängt man das Schild **Ne pas déranger** außen an die Tür, wenn man nicht gestört werden möchte. **En dérangement** heißt jedoch 'defekt, außer Betrieb'. **Hors service** hat ebenfalls die Bedeutung 'außer Betrieb'. Spricht man von Menschen, die erschöpft oder außer Atem sind, kann man die Abkürzung H.S. [*asch-äss*] benutzen: **Il est complètement H.S.** oder einfach **Il est épuisé** 'Er ist erschöpft'.

(3) Durch **aller** + Infinitiv rückt die Handlung näher in die Gegenwart. In Satz 8 unterstreicht der Sprecher dies noch zusätzlich durch **tout de suite** 'sofort'.

(4) Dieser förmliche Ausdruck verschwindet allmählich, ebenso wie **Que puis-je faire pour vous ?**, und wird durch **Vous désirez ?** 'Was wünschen Sie?', **On vous sert ?** 'Werden Sie [schon] bedient?', **Je peux/On peut vous aider ?** 'Kann ich/man (Ihnen) helfen?' ersetzt. Wenn mehrere Personen warten, sagt man eher **À qui le tour ?** oder **C'est à qui (le tour) ?** 'Wer ist an der Reihe?'.

(5) **une chaîne** ist 'eine Kette', wird aber üblicherweise auch in **une chaine hifi** 'Stereoanlage' verwendet, da die verschiedenen Geräte miteinander verbunden sind. Ein Großteil des Hifi-Vokabulars kommt aus dem Englischen: **le tuner** 'Empfangsteil', **le woofer** 'Tieftonlautsprecher', **le tweeter** 'Hochtonlautsprecher' usw.

9 (Au téléphone)
— Allô ? Bonjour, madame, je vous demande pardon, mais suis-je bien chez M. Prévôt ?
— Non, vous faites erreur. (6)

10 — Excusez-moi de vous avoir dérangée.
— Il n'y a pas de quoi.

11 (Dans un bus)
— Pardon, monsieur, mais permettez-vous que je m'assoie à votre place ?

12 Je suis désolée, mais je suis enceinte.
— Mais bien sûr !

13 — Je sais que ça ne se voit pas ; ce n'est que depuis hier, (WL2)

14 mais que c'est fatigant !

Comprenez-vous ces phrases ?

1. Ne bougez pas ! Je vais l'ouvrir. 2. Je vous demande pardon, mais suis-je bien chez M. Lemarc ? 3. Vous permettez que je regarde ? – Je vous en prie. 4. Oh, excusez-moi de vous avoir dérangé. – Il n'y a pas de quoi. 5. Vous êtes malade ? Ça ne se voit pas.

Trouvez les mots manquants

1 Stört es Sie, wenn ich die Tür öffne?

Cela vous . . . . si j' . . . . la porte.

2 Er wird seine Stereoanlage sofort leiser stellen.

Il . . . . sa . . . . . . hifi tout de suite.

3 Erlauben Sie, dass ich mich auf Ihren Platz setze?

. . . . - . . . que je m' . . . . votre place ?

4 Der Fahrstuhl ist außer Betrieb. Es tut mir leid.

L'ascenceur . . . .
Je suis . . . .

9 (Am Telefon)
– Hallo? Guten Tag, gnädige Frau, verzeihen Sie, aber bin ich bei Herrn Prevot?
– Nein, Sie haben sich verwählt.
10
– Entschuldigen Sie die Störung.
– Keine Ursache.
11 (Im Bus)
– Verzeihung, mein Herr, darf ich mich auf Ihren Platz setzen?
12
Es tut mir leid, aber ich bin schwanger.
– Aber natürlich!
13
Ich weiß, dass man es nicht sieht; es ist erst seit gestern,
14
aber es ist so ermüdend!

Notes (suite)
(6) **Allô** und ein anschließendes **Bonjour, Bonsoir** oder Ähnliches wird gebraucht, wenn man sich am Telefon meldet. Privatpersonen melden sich sehr selten mit ihrem Namen oder Vornamen am Telefon. Anders ist dies natürlich bei Unternehmen, Behörden, Geschäften usw.

Avez-vous bien compris ?
1. Bemühen Sie sich nicht! Ich werde es öffnen. **2.** Verzeihen Sie bitte, aber bin ich bei Herrn Lemarc? **3.** Darf ich mich umsehen? – Bitte sehr. **4.** Oh, entschuldigen Sie die Störung. – Keine Ursache. **5.** Sie sind krank? Das sieht man nicht.

5 Gefällt Ihrer (Ehe-)Frau dieses neue Auto?

Est-ce-que .... voiture ..... à votre femme/épouse ?

Les mots manquants 1. dérange - ouvre **2.** va baisser - chaîne **3.** Permettez-vous - assoie à **4.** est en dérangement - désolé **5.** cette nouvelle - plaît.

LEÇON 17

DIX-HUITIÈME (18ᵉ) LEÇON

Incidents

1 – Où vas-tu ?
  – À la poste. Je dois envoyer cette lettre recommandée. (1)
2 – Tu pourrais me prendre des timbres ? Je n'en ai plus.
3 – D'accord. Tu en veux combien ?
  – Oh, prends m'en dix. (2)
4 Je te rembourserai tout à l'heure, O.K. ?
  – O.K. Salut. (3)
5 – Pardon, madame ; je voudrais un renseignement s'il vous plaît.
  – Guichet vingt-deux.
6 – Ah voilà. Excusez-moi, monsieur, pourriez-vous me dire...
  – C'est fermé.
7 – Mais enfin ! Ne pourriez-vous pas me donner un renseignement ? (4)
8 – Je vous en ai donné un : "On est fermé."
  – Ça alors ! (5)

18. LEKTION

Zwischenfälle

1 – Wohin gehst du?
– Auf die Post. Ich muss diesen Einschreibebrief abschicken.
2 – Könntest du mir Briefmarken mitbringen? Ich habe keine mehr.
3 – Gut. Wie viele willst du?
– Oh, nimm (mir davon) zehn [Stück].
4 Ich gebe dir [das Geld] nachher zurück, OK?
– OK. Tschüss.
5 – Verzeihung, gnädige Frau, ich hätte gern eine Auskunft.
– Schalter 22.
6 – Ah, hier ist es. Entschuldigen Sie, mein Herr, könnten Sie mir sagen ...
– Hier ist geschlossen.
7 – Hören Sie mal! Könnten Sie mir nicht eine Auskunft geben?
8 – Die habe ich Ihnen gegeben: "Wir haben geschlossen."
– Na, so was!

Notes

(1) **une lettre recommandée** 'ein Einschreibebrief'. Wenn Sie den Nachweis möchten, dass der Empfänger ihn erhalten hat, verlangen Sie **une lettre recommandée avec accusé de réception**, das heißt, Sie erhalten eine vom Empfänger unterschriebene Empfangsbestätigung zurück. **Accuser réception** bedeutet 'den Empfang bestätigen'. Nicht zu verwechseln mit **une lettre de recommandation** 'ein Empfehlungsschreiben'.

(2) In der Umgangssprache wird oft das u von **tu** vor einem anderen Vokal ausgelassen. **T'en veux combien ?** Dies ist jedoch sehr salopp und existiert nicht in der Schriftsprache.

(3) **Salut !** ist ein Grußwort unter Freunden, das 'Hallo' oder 'Tschüss' bedeuten kann. In einem formellen Kontext sollten sie es nicht verwenden.

(4) **Mais enfin ?!**, kurz **M'enfin ?!**, drückt Unzufriedenheit und Verwunderung über eine Situation oder ein Ereignis aus, das nicht so abläuft wie erwartet bzw. wie geplant: **Comment ? Vous n'en avez plus ? Mais enfin !** 'Was? Sie haben keine mehr? Aber hören Sie mal!'

(5) **Ça alors !** oder **Eh ben, ça alors !** drückt Unglaubigkeit bzw. Zweifel daran aus, dass etwas tatsächlich passiert ist, obwohl es unmöglich oder unwahrscheinlich erscheint: **Il n'y a plus de pain ? – Ça alors !** 'Es gibt kein Brot mehr? – Na, so was! / Was du nicht sagst! / Das ist doch nicht möglich!'

9 Dans un compartiment de wagon-lit, deux hommes essaient de s'endormir. (6)
10 Ou plutôt l'un deux – et il n'y arrive pas car l'autre ne cesse de gémir : (7)
11 – Oh que j'ai soif ! C'est horrible, j'ai si soif !
12 L'autre ne tient plus ; il se lève et va au wagon-bar.
13 Il achète une bouteille d'eau minérale, revient et la donne à l'assoiffé. (WL3)
14 – Maintenant qu'il a bu, je vais dormir, dit-il, en fermant les yeux.
15 Mais il n'y arrive toujours pas car l'autre commence à gémir :
 – Que j'avais soif ! Mon Dieu que j'avais soif ! (8)

Notes (suite)
(6) Nur wenige französische Wörter beginnen mit w; Sie kommen fast alle aus dem Englischen (z.B. un western, un whisky, un weekend). Die Aussprache dieser **mots d'emprunt** 'Lehnwörter' liegt zwischen dem Englischen und dem Französischen: [*wäß-tärn*]/[*uäß-tärn*], [*wiß-ki*]/[*uiß-ki*], [*wik-änd*]/[*uik-änd*].

Comprenez-vous ces phrases ?
1. Combien voulez-vous de bouteilles ? – Prenez m'en trois. 2. Ne pourrais-tu pas me rembourser tout de suite ? 3. Je ne cesse de te répéter que je n'ai plus d'argent. 4. Je ne tiendrai plus s'ils continuent de chanter. 5. Comment ? Vous ne venez pas ? Mais enfin ! 6. J'ai essayé mais je n'y arrive pas. – Ça alors !

Trouvez les mots manquants

1 Jetzt, wo Sie getrunken haben, werde ich einschlafen.

Maintenant . . . vous . . . . . . je . . . . m' . . . .

2 Ich möchte Briefmarken. – Wie viele willst du?

Je veux des timbres. – Combien . . . . - . . ?

3 Bring (nimm) mir etwa zehn mit; ich zahle es dir zurück.

Prends . . . . . une dizaine ; je te . . . .

9   In einem Schlafwagenabteil versuchen zwei Männer einzuschlafen.
10 Oder eher einer der beiden – und es gelingt ihm nicht, denn der andere hört nicht auf zu stöhnen:
11 – Oh, was für einen Durst ich habe! Es ist schrecklich, ich bin so durstig!
12 Der andere hält es nicht mehr aus; er steht auf und geht zum Büffetwagen.
13 Er kauft eine Flasche Mineralwasser, kommt zurück und gibt sie dem Durstigen.
14 – Jetzt, wo er getrunken hat, werde ich schlafen, sagt er [sich], und schließt die Augen.
15 Aber es gelingt ihm immer noch nicht, denn der andere beginnt zu stöhnen:
    – Oh, wie durstig ich war! Mein Gott, wie durstig ich war!

Notes (suite)
(7) Die Konjunktion **car** entspricht 'denn'. **Vous ne le trouverez pas chez lui car il est sorti il y a 10 minutes.** 'Sie werden ihn nicht zu Hause antreffen, denn er ist vor zehn Minuten weggegangen.', Mit **parce que** 'weil' wird der Grund für eine Handlung erklärt: **Elle est tombée parce qu'il y avait du verglas.** 'Sie ist hingefallen, weil es Glatteis gab.' Die beiden sind oft austauschbar.
(8) **Mon dieu !** 'Mein Gott!' wird wie im Deutschen unabhängig von religiösen Gefühlen in der Konversation verwendet.

Avez-vous bien compris ?
1. Wie viele Flaschen wollen Sie? – Bringen (nehmen) Sie mir drei mit. **2.** Könntest du es mir nicht gleich zurückzahlen? **3.** Ich habe dir schon wiederholt gesagt, dass ich kein Geld mehr habe. **4.** Ich halte es nicht mehr aus, wenn sie weitersingen. **5.** Was? Sie kommen nicht? Na hören Sie mal! **6.** Ich habe es versucht, aber es gelingt mir nicht. – Nein, so was!

4 Es gelingt ihm nicht, denn der andere hört nicht auf zu schnarchen.

Il n'y ...... pas ... l'autre ne .....
pas .. ..

5 Könnten Sie mir (nicht) helfen?

Ne ....-... pas .'..... ?

Les mots manquants 1. que - avez bu - vais - endormir **2.** en veux-tu **3.** en moi (m'en) - rembourserai **4.** arrive - car - cesse - de ronfler **5.** pourriez-vous - m'aider.

DIX-NEUVIÈME (19ᵉ) LEÇON

Le pessimiste et l'optimiste

1 L'argent rentre par petites gouttes et s'en va au galop, dit-on souvent.
2 Que l'on touche un bon salaire, des honoraires ou des appointements, (1/2)
3 que l'on reçoive les allocations de chômage ou que l'on joue dans le métro pour gagner son pain, (3/4)
4 il y aura toujours des factures à régler, des relevés à payer et des dépenses à faire. (5)
5 Gagner de l'argent devient de plus en plus dur, d'autant plus que le pouvoir d'achat
6 est rongé par l'inflation, même si on ne jette pas l'argent par la fenêtre.
7 Certes, il y a toujours des banques ou des Caisses d'épargne pour vous conseiller, (6)

Notes
(1) Wir werden den Konjunktiv demnächst ausführlich besprechen. Hier sehen Sie ein Beispiel, in dem zwei Handlungen vom selben Verb abhängen. Im Deutschen benutzen wir: 'Ob ...': Que vous y alliez ou non, vous devrez payer 'Ob Sie hingehen oder nicht, Sie müssen zahlen'; Que vous marchiez ou que vous couriez, vous ne le rattraperez jamais 'Ob Sie gehen oder laufen, Sie werden ihn nie einholen'.

soixante-douze • 72

19. LEKTION

Der Pessimist und der Optimist

1 Das Geld kommt tröpfchenweise herein und fließt wieder (galoppiert) heraus, sagt man oft.
2 Ob man einen guten Lohn bezieht, ein Honorar oder eine Vergütung,
3 ob man Arbeitslosenunterstützung bekommt oder in der Metro Musik macht (spielt), um seine Brötchen (sein Brot) zu verdienen,
4 es gibt immer Rechnungen zu begleichen, Abrechnungen zu bezahlen und Ausgaben zu machen.
5 Geldverdienen wird immer schwerer, um so mehr als die Kaufkraft
6 von der Inflation aufgezehrt wird, selbst wenn man das Geld nicht zum Fenster hinaus wirft.
7 Natürlich gibt es immer Banken und Sparkassen, um Sie zu beraten,

Notes (suite)
(2) Ein Arbeiter erhält **un salaire** 'Lohn', ein Arzt oder Rechtsanwalt **des honoraires** (mask.) 'Honorar', **une femme de ménage** 'Reinigungskraft' **des appointements** 'eine Vergütung". **Un ouvrier** 'Arbeiter', **un salarié** 'Angestellter', **un artisan** 'Handwerker'.
(3) Hier sehen Sie wieder ein Beispiel des unpersönlichen **on**; das Possessivpronomen ist je nach Geschlecht des Substantivs entweder **son** oder **sa**.
(4) Beachten Sie die Ähnlichkeit zwischen **gagner son pain** und dem deutschen 'seine Brötchen verdienen'. **Un gagne-pain** ist eine Beschäftigung, die Geld einbringt, ein 'Broterwerb'. Der Plural lautet **des gagne-pains**.
(5) **un relevé** ist wörtlich 'eine Aufstellung, ein Auszug, eine Abrechnung'. **Un relevé de compte (bancaire)** 'ein Kontoauszug'. **Un relevé d'électricité, de gaz** oder **de téléphone** 'Stromabrechnung'/'Gasabrechnung'/'Telefonrechnung'; **relever le compteur** 'den (Strom- oder Gas-)zähler ablesen'.
(6) **certes** ist die literarische Form von **bien sûr** 'natürlich'.

LEÇON 19

8 ou bien vous pouvez acheter des actions à la Bourse

9 mais, à la fin, on tire toujours le diable par la queue. (7)

10 – Tant pis ! Moi, je suis optimiste. Tiens, je vais manger un plateau d'huîtres.

11 – Mais tu es fauché ! Avec quoi veux-tu les payer, tes huîtres ? (8)

12 – Eh bien, avec la perle que je trouverai dedans ! Salut !

Comprenez-vous ces phrases ?
1. Il est au chômage ; il ne touche pas de salaire depuis six mois. **2.** Il doit tirer le diable par la queue! **3.** Non, il a d'autres gagne-pains, **4.** mais, quand même, il ne jette pas l'argent par la fenêtre. **5.** Des huîtres ? Mais tu es fauché ! – Tant pis ! **6.** Ce mois va être dur ; il faut régler ces factures et payer le relevé de téléphone.

Trouvez les mots manquants

1 Es wird immer neue Ausgaben geben.

Il . . . . . toujours de nouvelles . . . . à faire.

2 Ob du [nun] hingehst oder nicht, *ich* werde gehen!

Que tu y . . . . . . ou non, moi j' . . . . .

3 Es ist schwierig, umso mehr, weil ich gerade mehrere Rechnungen bezahlt/beglichen habe.

C'est dur, d' . . . . que je . . . . . juste de payer/régler . . . . factures.

4 Ob Sie ein Honorar erhalten oder einen Lohn beziehen,

. . . vous . . . . des honoraires ou . . . . un salaire,

8 oder Sie können Aktien an der Börse kaufen,
9 aber am Ende lebt man immer von der Hand in den Mund.
10 – Pech! Ich bin Optimist. Na, ich gehe eine Platte Austern essen.
11 – Aber du bist pleite! Womit willst du sie denn bezahlen, deine Austern?
12 – Nun, mit der Perle, die ich darin finden werde! Tschüss!

Notes (suite)
(7) Dieser bildhafte Ausdruck bedeutet: 'Geldprobleme haben'.
(8) **être fauché** 'pleite/abgebrannt/blank sein' ist ein salopper Ausdruck für **ne pas avoir d'argent**.

Avez-vous bien compris ?
1. Er ist arbeitslos; er bezieht seit sechs Monaten keinen Lohn. **2.** Er muss von der Hand in den Mund leben! **3.** Nein, er hat andere Broterwerbe; **4.** aber er wirft trotzdem das Geld nicht zum Fenster hinaus. **5.** Austern? Aber du bist pleite! – Pech! **6.** Dieser Monat wird hart sein, ich muss diese Rechnungen begleichen und die Telefonrechnung bezahlen.

5 Sie werden Steuern zu bezahlen haben.

vous ..... des impôts à payer.

6 Sein [tägliches] Brot zu verdienen, wird immer schwieriger,

.... devient de ....
dur.

Les mots manquants 1. y aura - dépenses **2.** ailles - irai **3.** d'autant plus - viens - plusieurs **4.** Que - receviez - touchiez **5.** aurez **6.** Gagner son pain - plus en plus.

LEÇON 19

VINGTIÈME (20ᵉ) LEÇON

L'argent (1)

1 – Voilà ; cela vous fait deux cent cinquante francs. Comment voulez-vous régler ? En espèces ? (2)
2 – Non, par chèque s'il vous plaît.
  – Bien. Avez-vous une pièce d'identité ? (3)
3 – Voici mon permis de conduire. À l'ordre de qui dois-je mettre le chèque ?
4 – Oh, laissez-le en blanc ; nous avons un tampon. (4)

€ € €

5 (Vu dans un café)
« Nous avons un accord avec la banque.
6 Ils ne servent pas de vin, et nous n'acceptons pas les chèques. »

€ € €

7 – Je croyais qu'il avait du mal à boucler ses fins de mois (5)
8 mais voilà qu'il m'achète pour quatre cents francs de marchandises et il me règle en espèces ! (6)
9 Il n'y a pas eu un hold-up ces jours-ci ? (7)

Notes
(1) L'argent ist 'das Geld', es bedeutet jedoch auch 'Silber'. **Un plateau en argent** 'ein Silbertablett'. Das Adjektiv **argenté** bedeutet entweder 'silbrig, silberglänzend' oder 'gut betucht sein': **des touristes argentés** 'gut betuchte/zahlungskräftige Touristen'.
(2) Es gibt mehrere Ausdrücke für 'bar zahlen': **payer en espèces / en liquide / en cash**. Die beiden ersten sind geläufiger.
(3) **une pièce d'identité** ist ein amtlich ausgestelltes Dokument: **une carte d'identité** 'Personalausweis', **un passeport** 'Reisepass' oder **un permis de conduire** 'Führerschein'. Es wird auch mitunter bei Kreditkartenzahlungen verlangt. Auf einem Scheck steht **payer à l'ordre de** 'zahlbar an …'. Deshalb fragt man mit **À quel ordre dois-je établir le cheque ?** nach dem Namen des Zahlungsempfängers. Oft wird er aber nicht ausgefüllt, sondern bedruckt oder mit **un tampon** 'einem [Firmen]stempel' versehen. Frankreich ist das einzige europäische Land, in dem vielerorts noch Schecks verwendet werden.

20. LEKTION

Das Geld

1 – So; das macht 250,- Euro/Francs. Wie wollen Sie bezahlen? Bar?
2 – Nein, mit Scheck bitte.
  – Gut. Haben Sie einen Ausweis?
3 – Hier ist mein Führerschein. Auf welchen Namen soll ich den Scheck ausstellen?
4 – Oh, lassen Sie das frei; wir haben einen Stempel.
5 (Gesehen in einem Café)
  "Wir haben ein Abkommen mit der Bank.
6 Sie servieren keinen Wein, und wir nehmen keine Schecks an."
7 – Ich glaubte, er hätte Schwierigkeiten, bis zum Monatsende mit dem Geld auszukommen,
8 und (aber) nun kauft er mir Waren für 400,- Euro/Francs ab und bezahlt in bar!
9 Es gab doch in der letzten Zeit keinen Raubüberfall?

Notes (suite)

(4) **un tampon** 'ein Stempel'. Der Poststempel(aufdruck) heißt wegen seiner runden Form **le cachet de la poste** (**le cachet** 'die Tablette'). **Un tampon (hygiènique)** ist ebenso wie im Deutschen 'ein Tampon'.

(5) **avoir du mal à boucler les fins de mois** = **Avoir du mal à joindre les deux bouts** (**le bout de la fin d'un mois et le début du mois suivant**). Beide Wendungen erinnern an einen Gürtel, den man nicht zuschnallen kann. **la boucle de la ceinture** (**ou du ceinturon**) 'die Gürtelschnalle', aber **la boucle de cheveux** 'die Haarlocke', **les boucles d'oreilles** 'die Ohrringe'.

(6) **Attention**: **Il a acheté des roses à cette femme** kann je nach Kontext bedeuten, dass er Rosen als Geschenk *für* die Dame gekauft hat oder dass er Rosen *von* dieser Frau gekauft hat.

(7) **un hold-up**, wie alle Lehnwörter unveränderlich, ist das allgemein übliche Wort für 'einen Raubüberfall'. Das Verb dazu ist **dévaliser une banque** 'eine Bank ausplündern'. **ces jours-ci** oder **ces mois-ci** bedeutet 'in der letzten Zeit'.

---

*Es erstaunt Sie vielleicht, in diesem Kurs immer wieder Preisangaben und Beträge in Francs anzutreffen, obwohl wir in der EU schon lange den Euro haben. In diesem Buch haben wir das teilweise korrigiert, die Tonträger wurden jedoch kurz vor der Euro-Einführung aufgenommen. Vergessen Sie aber nicht, dass in der Schweiz immer noch mit **Francs (suisses)** '(Schweizer) Franken' bezahlt wird.*

LEÇON 20

10 – Les traites arrivent à échéance à la fin de la semaine ;
11 peut-on faire un virement sur notre compte courant ?
12 – Il vaut mieux, sinon nous allons signer des chèques en bois ! (8)
13 – Je ne veux pas de vos cartes de crédit ici.
14 Je veux être payé rubis sur l'ongle. (9)
15 – L'argent, c'est comme les femmes ; il faut s'en occuper un peu,
16 sinon, il va faire le bonheur de quelqu'un d'autre !

Notes (suite)
(8) un chèque en bois 'ein ungedeckter Scheck'. Die korrekte Bezeichnung ist **un chèque sans provision**, nicht zu verwechseln mit **un chèque en blanc** 'ein Blankoscheck'.
(9) Diese Wendung hat ihren Ursprung im 17. Jh. **Le rubis**, 'der Rubin', ist bei einem Trinkgelage der letzte Tropfen Rotwein. Dieser wurde auf den Daumennagel gekippt und dann abgeleckt. Im Laufe der Zeit nahm der Ausdruck die Bedeutung 'etwas bis zum letzten Centime bezahlen' an.

Comprenez-vous ces phrases ?
1. Vous pouvez régler en espèces, par chèque ou avec une carte de crédit. **2**. Devrais-je faire un virement bancaire ? – Il vaudrait mieux. **3**. Voilà qu'il m'achète un bracelet pour sa femme. **4**. Y a-t-il eu un accident de la circulation récemment ? **5**. Elle a du mal à boucler ses fins de mois, n'est-ce pas ? **6**. Ils ont tamponné mon passeport à la douane.

Trouvez les mots manquants

1 Hat er in letzter Zeit etwas bei Ihnen gekauft?

Vous . .-t'il . . . . . . quelque chose ces jours-ci ?

2 Wir servieren keinen Wein, und sie nehmen keine Schecks an!

Nous ne . . . . pas . . vin, et ils
n'. . . . . pas . . . . !

3 Kann man bar bezahlen? (zwei Alternativen)

. . . . -. . payer/régler en . . . . / . . . . ?

10 — Die Wechsel werden am Ende der Woche fällig;
11   können wir eine Überweisung auf unser Girokonto machen?
12 — Es wäre besser, sonst unterzeichnen wir ungedeckte Schecks!
13 — Ich will Ihre Kreditkarten hier nicht.
14   Ich will bis auf Heller und Pfennig bar auf die Hand bezahlt werden.
15 — Mit Geld ist es wie mit den Frauen; man muss sich ein bisschen darum kümmern,
16   sonst macht es einen anderen glücklich!

Avez-vous bien compris ?
1. Sie können bar bezahlen, mit einem Scheck oder einer Kreditkarte. **2.** Soll ich eine Banküberweisung machen? — Das wäre besser. **3.** Er kauft bei mir ein Armband für seine Frau. **4.** Gab es in letzter Zeit einen Verkehrsunfall? **5.** Sie hat Schwierigkeiten, bis zum Monatsende mit dem Geld auszukommen, nicht wahr? **6.** Sie haben meinen Pass an der Grenze gestempelt.

4 Auf welchen Namen soll ich meinen Scheck ausstellen?

À quel . . . . - . . établir mon chèque ?

5 Die Wechsel sind fällig geworden.

Les . . . . à échéance.

Les mots manquants 1. a - acheté **2.** servons - de - acceptent - de chèques. **3.** Peut-on - espèces/liquide **4.** ordre dois-je **5.** traites sont arrivées.

VINGT-ET-UNIÈME (21ᵉ) LEÇON

Révisions et notes

1. Le plus-que-parfait 'Plusquamperfekt'

… que j'avais rencontrés entspricht dem deutschen 'hatte' + Partizip der Vergangenheit.

À vingt ans, j'avais fini ma formation/mes études.
'Mit 20 hatte ich meine Ausbildung / mein Studium abgeschlossen.'

Elle m'en avait déjà parlé.
'Sie hatte mir bereits davon erzählt.'

Das Muster gilt ebenso für die Verben, die mit **être** konjugiert werden:

J'étais venu la voir.
'Ich war gekommen, um sie zu besuchen.'

Je m'étais réveillé très tôt ce jour-là.
'Ich war an diesem Tag sehr früh aufgewacht.'

In Verbindung mit dem Imperfekt drückt es eine Gewohnheit in der Vergangenheit aus:

Je vous l'avais dit ! sagt man, wenn der Sprecher sieht, dass der andere seinen Ratschlag nicht befolgt hat. Im Deutschen entspricht dies 'Ich habe es dir ja gesagt (aber du wolltest nicht auf mich hören)'.

Das Plusquamperfekt nach Konjunktionen der Zeit (**aussitôt que; dès que; avant que** usw.) werden wir später in Verbindung mit der historischen Vergangenheit besprechen.

2. Ça ne se voit pas

Durch den unpersönlichen Gebrauch des Reflexivpronomens wird das Passiv vermieden. Erinnern Sie sich auch an die Verwendung von **on** 'man' in diesem Sinne. Beachten Sie die folgenden Beispiele:

Il est malade ? Ça ne se voit pas.
'Er ist krank? Das sieht man nicht.'

Il est Allemand ? Cela ne s'entend pas.
'Er ist Deutscher? Das hört man nicht.'

Elle était en colère. Ça se comprend !
'Sie war wütend. Das ist zu verstehen!'

Dire "non" au directeur, ça ne se fait pas.
'Zum Direktor 'Nein' zu sagen, das gehört sich / macht man nicht.'

Beachten Sie, dass se im Deutschen meistens mit 'man' wiedergegeben wird. Ein sehr geläufiger Ausdruck ist **ça/cela ne se dit pas en français**, oder **on ne dit pas ça/cela en français** 'das sagt man nicht auf Französisch'. Er wird oft gebraucht, um Ausländer zu verbessern, wenn sie eine unangebrachte umgangssprachliche Wendung benutzen.

3. Verstärkung mit dem Präfix **a-**

• Bildung von Adjektiven:
soif 'Durst' > **assoiffé / un assoiffé** 'durstig / ein Durstiger'
faim 'Hunger' > **affamé / un affamé** '(sehr) hungrig / ein Hungriger'
triste 'traurig' > **attristé** 'betrübt'

• Bildung von Verben:
ferme 'fest; hart' > **affermir** 'festigen, härter machen'
doux / douce 'sanft, mild, weich' > **adoucir** 'mildern, besänftigen'
grand 'groß' > **agrandir** 'vergrößern'
paix 'Frieden' > **apaiser** 'beruhigen, besänftigen'

Suchen Sie zum besseren Verständnis immer nach der Wurzel eines Wortes:

Il était adossé contre un mur.
Das Stammwort ist **le dos** 'der Rücken'.
> 'Er lehnte sich mit dem Rücken an die Wand.'

Elle est alitée depuis deux semaines.
Das Stammwort ist **le lit** 'das Bett'.
> 'Sie ist seit zwei Wochen bettlägerig.'

4. Verb **acheter**

Beachten Sie einige Konstruktionen mit dem Verb acheter: **Acheter quelque chose à quelqu'un** bedeutet gewöhnlich 'jmdm. etw. abkaufen, etw. bei jmdm. kaufen':

Il a acheté des roses à la fleuriste.
'Er hat bei der Blumenhändlerin Rosen gekauft.'

Oder mit einem Pronomen:
Il lui a acheté des roses. 'Er hat ihr/ihm Rosen abgekauft.'

Aber Achtung: Hier ist der Sinn zweideutig, denn **à** weist auf eine Bewegung zu einer Person oder zu etwas hin:
Elle a acheté un cadeau à son mari.
'Sie hat ein Geschenk für ihren Mann gekauft.'

Ein anderes Beispiel: **Il nous a acheté du chocolat** könnte heißen, dass er Schokolade *bei* uns oder *für* uns gekauft hat.

Der Zusammenhang lässt normalerweise keinen Zweifel zu. Andernfalls würden wir den Satz folgendermaßen formulieren:
Il a acheté un cadeau pour sa femme oder **pour elle.**

VINGT-DEUXIÈME (22ᵉ) LEÇON

Soyez le bienvenu (1/2)

1 – Bonjour, monsieur Perrier; bienvenue à Lyon.
  Avez-vous fait bon voyage ?
2 – Ça a été, je vous remercie.
  Ce train est en effet remarquable. (3/4)
3 – Le T.G.V. ? N'est-ce pas ? Maintenant, on peut
  faire le trajet en deux fois moins de temps. (5/6/7)
4 N'avez-vous pas d'autres bagages? Non ?
  Alors, allons chercher un taxi. (8)
5 – Excusez-moi du retard ! J'aurais été deux fois plus
  vite si j'avais pris un taxi ;
6 je connais mal les rues de Paris et je me suis
  perdu. Et quelle circulation affreuse !
7 – Je vous en prie, ne vous excusez pas.
  L'essentiel est que vous soyez arrivé.

Notes
(1) Soyez... / Sois... (forme familière) ist, wie Sie wissen, der Konjunktiv von être. Er wird auch für den Imperativ gebraucht. Soyez tranquille 'Seien Sie unbesorgt'; Sois sage ! 'Sei brav!'
(2) le bienvenu / la bienvenue stellt auf eine Person ab: 'der/die Willkommene'. Souhaiter la bienvenue (à...) oder Bienvenue (à...) bedeutet jedoch – unabhängig vom Geschlecht – 'willkommen; jmdn. willkommen heißen'. Bienvenue à Munich 'Willkommen in München'. In Quebec sagt man bienvenue anstelle von de rien oder je vous en prie als Antwort auf merci. In diesem Fall ist es die direkte Übersetzung des englischen (You're) welcome! für 'Bitte (schön)'.

22. LEKTION

Willkommen

1 — Guten Morgen, Herr Perrier; willkommen in Lyon. Hatten Sie eine gute Reise?
2 — Ja, sehr gut, danke. Dieser Zug ist wirklich bemerkenswert.
3 — Der TGV? Nicht wahr? Jetzt kann man die Strecke in der Hälfte der Zeit zurücklegen.
4 Haben Sie sonst kein Gepäck? Nein? Gut, sehen wir uns nach einem Taxi um.
5 — Entschuldigen Sie meine Verspätung! Ich wäre doppelt so schnell gewesen, wenn ich ein Taxi genommen hätte;
6 ich kenne die Straßen von Paris nicht so gut und habe mich verlaufen. Und was für ein schrecklicher Verkehr!
7 — Aber ich bitte Sie, entschuldigen Sie sich nicht.
Die Hauptsache ist, dass sie angekommen sind.

Notes (suite)
(3) **Ça a été** ist eine elegantere Art, **merci** zu sagen. Das Verb **remercier** bedeutet 'sich bedanken'.
(4) **en effet** 'in der Tat' nach einem Verb unterstreicht bzw. verstärkt die Aussage, ähnlich dem Adverb 'wirklich'. **Elle a en effet de bonnes idées** 'Sie hat wirklich gute Ideen'.
(5) **le T.G.V.** = **Train à grande vitesse** 'Fernschnellzug'. Das deutsche Pendant ist der ICE.
(6) **N'est-ce pas ?** entspricht dem deutschen 'Nicht wahr?'.
(7) **un trajet (en train / en voiture / à moto / à vélo)** bezeichnet 'eine Fahrstrecke'. **Pendant le trajet** 'während der Fahrt', nicht zu verwechseln mit **un déplacement** (wörtlich 'eine Verschiebung/Umsetzung'): **Il est en déplacement (professionnel)** 'Er ist (beruflich) unterwegs'. Für mehrtägige (Geschäfts-)Reisen sagt man **être en voyage (d'affaires / pour ses affaires)**.
(8) **chercher** 'suchen'; **aller chercher** 'etwas besorgen / etwas holen gehen'. **Le chien va chercher ses pantoufles/charentaises ?** 'Der Hund holt ihm seine Pantoffeln?' Man kann es auch im mentalen Sinne anwenden: **Je n'ai pas encore de solution, mais je vais chercher** 'Ich habe noch keine Lösung, aber ich werde eine suchen'.

8 – Vous êtes bien aimable.
Votre bureau est-il encore loin ?

9 – A une vingtaine de kilomètres.
– Cela vous gênerait-il de conduire ? (9)

10 – Du tout ! Passez-moi les clés.
Hop ! Allons-y. (10/11)

11 – Salut, Jean. Enfin te voilà.
J'espère que tu n'es pas trop fatigué ? (12)

12 – Non, ça va merci.
Où allons-nous maintenant ?

13 – Nous allons prendre le bus pour aller jusqu'à la maison.
C'est tout ce que tu as comme bagages ?

14 – Non, les autres sont à la consigne.
– Bon, allons les chercher. (13)

Comprenez-vous ces phrases ?

1. Ne t'excuse pas ! L'essentiel est que tu sois heureuse. **2.** La circulation est en effet affreuse ! – Mais prenez un taxi. **3.** Elle s'est perdue une bonne vingtaine de fois. **4.** Avez-vous aimé votre repas, madame? – Ça a été, merci. **5.** J'espère que tu n'es pas trop fatigué pour marcher jusqu'à la maison. **6.** Michelle ! Allez me chercher le dossier Rimbaud, s'il vous plaît. **7.** Excusez-moi du retard. – Je vous en prie.

Complétez les phrases suivantes

1 Wenn ich das gewusst hätte, hätte ich ein Taxi genommen.

Si j' . . . . , j' . . . . un taxi.

2 Sie legen zweimal diese Entfernung in der Hälfte der Zeit zurück.

Vous faites . . . . la distance
en . . . . temps.

3 Sie hätte sich verirrt, wenn sie gefahren wäre.

Elle se . . . . si elle . . . .

4 Ist das Geschäft noch offen?

Le magasin . . . - . . . . ouvert ?

5 Deine Koffer sind im Schließfach, nicht wahr?

Tes valises sont . . . . , n' . . . - . . pas ?

8 – Sie sind sehr nett. Ist Ihr Büro noch weit entfernt?
9 – Ungefähr 20 Kilometer.
 – Würde es Sie stören zu fahren?
10 – Gar nicht! Geben Sie mir die Schlüssel. Hopp! Auf geht's.
11 – Hallo Johann. Endlich bist du da. Ich hoffe, du bist nicht zu müde?
12 – Nein, es geht, danke. Wohin gehen wir jetzt?
13 – Wir nehmen den Bus nach Hause. Ist das dein ganzes Gepäck?
14 – Nein, das andere ist in der Gepäckaufbewahrung.
 – Gut, holen wir es.

Notes

(9) Wird das Suffix **-aine** an eine Zahl angehängt, steht dies für eine ungefähre Anzahl: **Il a une trentaine de chemises** 'Er hat ca. 30 Hemden'. Auf eine Person bezogen: **Elle a la soixantaine** 'Sie ist etwa sechzig (Jahre alt)'. Fügt man dann noch **bien sonnée** an, bedeutet es, dass die Person 'gut und gerne' bzw. 'locker 60 Jahre alt' ist. Vergleichen Sie auch **une douzaine** 'ein Dutzend'. **Une quinzaine** bedeutet zwar 'ca. 15', aber in Bezug auf einen Zeitraum wird es (mit **de jours**) für '14 Tage, zwei Wochen' benutzt

(10) Kurz für **Non, pas du tout !** 'Es macht mir überhaupt/gar nichts aus'.

(11) **une clé (clef)**: **fermer à clé** 'abschließen'; **ouvrir** 'öffnen, aufschließen'; **une clé anglaise** 'ein verstellbarer Schraubenschlüssel'. **Un moteur de recherche travaillent principalement avec des mots-cléfs** 'Eine Suchmaschine arbeitet hauptsächlich mit Schlüsselbegriffen'.

(12) Achten Sie auf den vertraulichen Ton in diesem letzten Dialogteil: **Enfin te/vous voilà !**

(13) **une consigne** ist auch eine offizielle Anweisung: **Retenez bien les consignes de sécurité** 'Merken Sie sich die Sicherheitshinweise'. **Une emballage consignée** 'eine Pfand-/Mehrwegverpackung', **une bouteille consignée** 'eine Pfandflasche'.

Avez-vous bien compris ?

1. Entschuldige dich nicht! Die Hauptsache ist, du bist glücklich. **2.** Der Verkehr ist wirklich schrecklich! – Nehmen Sie doch ein Taxi. **3.** Sie hat sich gut zwanzigmal verlaufen. **4.** Hat Ihnen das Essen geschmeckt, gnädige Frau? – Es war gut, danke. **5.** Ich hoffe, du bist nicht zu müde, um bis nach Hause zu laufen. **6.** Michelle! Holen Sie mir bitte die Akte Rimbaud. **7.** Entschuldigen Sie meine Verspätung. – Ich bitte Sie.

Les mots manquants 1. avais su - aurais pris **2.** deux fois - deux fois moins de **3.** serait perdue - avait conduit **4.** est-il encore **5.** à la consigne - est-ce.

VINGT-TROISIÈME (23ᵉ) LEÇON

Un voyage en avion

1 (À l'aéroport)
— Air France annonce le départ de son vol AF 809 à destination de Copenhague.
2 — Embarquement immédiat à la porte numéro 4.
(À la porte)
3 — Mesdames, messieurs, nous allons procéder à l'embarquement. (1)
4 Veuillez ne plus fumer et présenter vos cartes d'accès à bord à l'hôtesse. (2)
5 (Dans l'avion)
— Bienvenue à bord de cet Airbus d'Air France. Nous allons décoller dans quelques instants. (3)
6 Veuillez vérifier que la tablette et le dossier de votre siège sont relevés
7 et éteindre votre cigarette jusqu'à l'extinction du signal lumineux. (4/5/6)

Notes
(1) **Messieurs, Dames** wäre nicht korrekt, da Damen immer der Vorrang gegeben wird. Im Alltag hört man es trotzdem: **Bonjour Messieurs, dames !** / **Messieurs, dames, bonjour !**

(2) **Veuillez...**, Konjunktiv von **vouloir**, wird bei höflichen Aufforderungen verwendet. **Veuillez me suivre, SVP !** 'Folgen Sie mir bitte!'. Es ist kategorischer als **Voulez-vous bien...** und wird selten in der **tu**-Form verwendet. Auf Schildern wird es mitunter durch **Prière de...** 'Bitte ...' ersetzt. **Prière de/Veuillez tenir la main courante** 'Bitte am Handlauf festhalten'.

23. LEKTION

Eine Flugreise

1 (Am Flughafen)
   – Air France kündigt den Start des Fluges AF 809 nach Kopenhagen an.
2 – Letzter Aufruf [für diesen Flug] an Gate 4.
   (Am Gate)
3 – Meine Damen und Herren, wir beginnen gleich mit dem Boarding.
4 Stellen Sie bitte das Rauchen ein, und zeigen Sie der Flugbegleiterin Ihre Bordkarte vor.
5 (Im Flugzeug)
   – Willkommen an Bord dieses Airbus der Air France. Wir werden in wenigen Minuten starten.
6 Bitte überprüfen Sie, dass der Tisch vor Ihnen hochgeklappt und die Rückenlehne Ihres Sitzes aufgerichtet ist,
7 und stellen Sie bis zum Erlöschen des Lichtsignals das Rauchen ein.

Notes

(3) coller 'kleben', la colle 'der Klebstoff'. Also heißt décoller 'ablösen' bzw. 'abheben', und eben dies tut ein Flugzeug au décollage 'beim Abflug'. Das Gegenteil ist un atterrissage 'eine Landung' (vom Verb atterrir).

(4) Noch wirksamer als die höfliche Bitte der Flugbegleiterin, das Rauchen einzustellen, ist womöglich der auf Zigarettenpackungen abgedruckte Warnhinweis, wie Sie ihn am Ende der Seite sehen: 'Rauchen schadet ernsthaft Ihrer Gesundheit und der der Menschen in Ihrer Umgebung'.

(5) Der Konjunktiv lässt sich vermeiden, wenn man den Nebensatz durch ein Substantiv oder einen Infinitiv ersetzt. Sie sehen hier einen temporalen Nebensatz mit jusqu'à ohne Konjunktiv: jusqu'à l'arrêt définitif de l'avion 'bis zum kompletten Stillstand des Flugzeugs'; jusqu'à son arrivée 'bis zu seiner/ihrer Ankunft' = jusqu'à ce qu'il arrive 'bis er ankommt'.

(6) extinction von éteindre 'ausmachen, löschen' (Licht, Feuer, Gerät). un extincteur 'ein Feuerlöscher'.

Fumer nuit gravement à votre santé et à celle de votre entourage

LEÇON 23

8 (En vol)
— Voici votre plateau-repas, monsieur.
  Désirez-vous boire quelque chose ?
9 — Je prendrais bien un jus de fruit.
  Un jus de pamplemousse.
10 Combien vous dois-je ?
— C'est offert, monsieur.
— Merci bien !
11 — Nous allons procéder à la distribution des cartes de débarquement
12 pour tous les passagers qui ne sont pas ressortissants de la C.E.E. (5/6)
13 Mesdames, messieurs, nous allons bientôt atterrir. Veuillez éteindre vos cigarettes
14 et ne plus fumer jusqu'à ce que vous soyez à l'intérieur de l'aérogare.
15 Nous venons d'atterrir à Copenhague où l'heure locale est seize heures vingt.
16 Nous espérons que vous avez passé un agréable moment en notre compagnie (7)
17 et nous souhaitons vous revoir bientôt sur nos lignes. Au revoir.

Comprenez vous ces phrases ?

1. Veuillez ne pas déranger le pilote. **2.** Désirez-vous manger quelque chose ? – Ça coûte combien ? – C'est offert. **3.** Prière de ne rien jeter à terre. **4.** Je la garderai jusqu'à ton retour. **5.** Nous allons atterrir dans quelques instants. Veuillez éteindre vos cigarettes. **6.** J'espère te revoir bientôt.

Complétez les phrases suivantes

1 Ich bewahre es auf, bis du zurückkommst (mit Verb im Konj.).

Je le . . . . jusqu'à . . . . . tu . . . .

2 Überprüfen Sie bitte, dass sie alle geschlossen sind.

. . . . vérifier qu'elles sont . . . . . . fermées.

3 Ich würde gerne einen Tomatensaft nehmen.

Je . . . . bien/volontiers . . . . . de tomate.

quatre-vingt-huit • 88

8 (Während des Fluges)
 – Hier ist Ihr Essen, mein Herr. Möchten Sie etwas trinken?
9 – Ich hätte gerne einen Fruchtsaft. Einen Grapefruitsaft.
10 Wie viel schulde ich Ihnen?
 – Das ist gratis (geschenkt), mein Herr.
 – Danke schön!
11 – Wir geben nun die Landekarten
12 für alle Passagiere aus, die nicht EU-Staatsangehörige sind.
13 Meine Damen und Herren, wir werden bald landen. Machen Sie bitte Ihre Zigaretten aus;
14 und stellen Sie das Rauchen ein, bis Sie im Flughafengebäude angekommen sind.
15 Wir sind soeben in Kopenhagen gelandet, die Ortszeit beträgt 16.20 Uhr.
16 Wir hoffen, Sie hatten eine angenehme Zeit an Bord
17 und würden uns freuen, Sie bald wieder auf unseren Flugstrecken begrüßen zu dürfen. Auf Wiedersehen.

Notes
(5) Das Ausgangswort hier ist **sortir**: **un ressortissant** 'ein Staatsangehöriger'.
(6) Natürlich sprechen wir schon lange nicht mehr von **la C.E.E.** = **la Communauté Economique Européenne** 'die Europäische Wirtschaftsgemeinschaft'. Das Staatenbündnis heißt heute **U.E.**: **l'union européenne**.
(7) **en compagnie** meint hier 'in Gesellschaft/Begleitung von', aber **une compagnie aérienne** 'eine Fluggesellschaft'; **une compagnie théatrale** 'ein Theaterensemble'.

Avez-vous tout compris ?
1. Bitte stören Sie den Piloten nicht. **2.** Möchten Sie etwas essen? – Wie viel kostet das? – Es ist gratis. **3.** Bitte nichts auf den Boden werfen. **4.** Ich hebe es bis zu deiner Rückkehr auf. **5.** Wir landen in wenigen Augenblicken. Machen Sie bitte Ihre Zigaretten aus. **6.** Ich hoffe, dich bald wiederzusehen.

4 Bitte stellen Sie das Rauchen ein.

. . . . ne plus fumer.

5 Ich werde darauf warten, dass er mir einen Vorschlag macht.

J' . . . . qu'il me . . . . . une proposition.

Les mots manquants 1. garderai - ce que - reviennes **2.** Veuillez - toutes **3.** prendrais - un jus **4.** Prière de **5.** attendrai - fasse.

LEÇON 23

VINGT-QUATRIÈME (24ᵉ) LEÇON

Qui s'excuse, s'accuse...

1 Michelle et Claude devaient déjeuner ensemble mais Claude fait envoyer ce mot : (1/2)
2 – Chère Michelle, j'ai enfin trouvé du travail : je commence aujourd'hui même,
3 alors je doute que je puisse me libérer pour déjeuner avec toi et j'en suis désolé,
4 mais ce n'est que partie remise. Je t'embrasse. Claude. (3)
5 Michelle lui envoie la réponse suivante :
6 – Mon cher Claude, que je suis contente pour toi !
7 Bien sûr, je suis désolée que tu ne puisses pas venir,
8 j'avais plein de choses à te raconter mais, comme tu dis,
9 ça sera pour un autre jour. C'est dommage que nous ne nous voyions pas
10 mais je te félicite et je te dis à bientôt. Michelle.
11 Un journaliste de la télévision s'entretient avec un député. (4/5)

Notes
(1) Sie kennen das Imperfekt von **devoir** 'müssen': **Je devais payer l'amende** 'Ich musste die Strafe bezahlen'. Häufig wird synonym **être obligé de** benutzt. **Devoir** + Infinitiv wird aber auch verwendet, wenn 'eigentlich sollen, eigentlich geplant haben zu …' gemeint ist: **Il devait me téléphoner à cinq heures** 'Er wollte mich eigentlich um fünf Uhr anrufen'.

24. LEKTION

Wer sich entschuldigt, ist schuldig …

1 Michelle und Claude wollten [eigentlich] zusammen zu Mittag essen, aber Claude schickt folgende Nachricht:
2 – Liebe Michelle, ich habe endlich Arbeit gefunden: Ich fange heute an;
3 deswegen bezweifle ich, dass ich mich frei machen kann, um heute Mittag mit dir zu essen, es tut mir leid,
4 aber aufgeschoben ist nicht aufgehoben. Viele Grüße. Claude.
5 Michelle schickt ihm folgende Antwort:
6 – Mein lieber Claude, wie froh ich für dich bin!
7 Natürlich tut es mir leid, dass du nicht kommen kannst,
8 ich hatte dir so viel zu erzählen, aber wie du sagst:
9 [dann eben] ein anderes Mal. Es ist schade, dass wir uns nicht sehen,
10 aber ich gratuliere dir und sage: Bis bald. Michelle.
11 Ein Fernsehjournalist unterhält sich mit einem Abgeordneten.

Notes
(2) **un mot** 'ein Wort' kann auch eine kleine Notiz, eine kurze Mitteilung sein. Merken Sie sich in diesem Zusammenhang auch **un texto** oder **un SMS** 'eine SMS, eine Kurzmitteilung'.
(3) **remis**: Partizip von **remettre**, das verschiedene Bedeutungen hat: Il a remis son chapeau 'Er hat seinen Hut wieder aufgesetzt'; Remettez ce vase à sa place ! 'Stellen Sie diese Vase an ihren Platz zurück!'; On m'a remis cette lettre pour vous 'Dieser Brief ist bei mir für Sie abgegeben worden'. Ne remettez jamais à demain ce que vous pouvez faire aujourd'hui 'Was du heute kannst besorgen, das verschiebe nicht auf morgen'. Une partie remise 'ein unentschiedenes Spiel'. In Schaufenstern sieht man mitunter Schilder mit **Remise de 10 %** '10 % Preisnachlass/Rabatt'.
(4) **s'entretenir** 'sich unterhalten mit, verhandeln'. **Les entretiens** 'Gespräche, Unterhaltungen'. Das Verb wird vor allem auf dem Gebiet der Politik, in der Wirtschaft und beim Fernsehen gebraucht. Bei Letzterem hört man auch immer häufiger **interviewer** (Substantiv **une interview**). Das reflexive **s'** ist notwendig, da **entretenir** allein 'pflegen, instandhalten' bedeutet. **Des produits d'entretien** 'Reinigungsprodukte'.
(5) Das französische Parlament ist in **le Sénat** und **l'Assemblée Nationale** unterteilt. **Un sénateur** 'ein Senator', **un député** 'ein Abgeordneter'.

LEÇON 24

12 – Je regrette, Monsieur le Député, mais je comprends mal votre comportement et votre logique :
13 je suis étonné que vous ayez voté contre un projet de loi (6/7)
14 visant à la modernisation des écoles maternelles et primaires
15 et voilà que, deux mois plus tard, vous votez des crédits importants
16 pour l'amélioration de la vie à l'intérieur des prisons. Étonnant, n'est-ce pas ?
17 – Mais pas le moins du monde, répond l'homme politique,
18 je suis même surpris que vous n'y ayez pas songé : (8)
19 c'est simplement qu'il n'y a aucune chance que je retourne à l'école...

Comprenez-vous toutes ces phrases ?

1. Ce n'est que partie remise. Nous nous verrons la semaine prochaine. **2.** J'ai déjà songé à cette solution, mais c'est trop dangereux. **3.** Voilà qu'il m'écrit deux ans plus tard ! **4.** Il n'y a aucune chance pour que tu gagnes au Loto. **5.** Elle est pressée, elle a plein de choses à faire. **6.** Le Président s'est entretenu avec les députés.

Complétez les phrases suivantes

1 Es tut mir sehr leid, dass Sie nicht kommen können.

Je suis . . . . . . , que vous ne . . . . pas venir.

2 Sie war erstaunt, dass du nicht angerufen hast.

Elle était . . . . que tu n' . . . . pas téléphoné.

3 Sie bedauerten es, dass Sie nicht da sind.

Ils . . . . , que vous ne . . . . . pas là.

4 Wie schade, dass sie heute Abend beschäftigt ist.

Quel dommage, qu'elle . . . . ce soir.

5 Er ist überrascht, dass Sie ihm die Frage stellen.

Il est . . . . que vous lui . . . . . . la question.

12 – Ich bedaure, Herr Abgeordneter, aber ich habe Probleme damit, Ihr Verhalten und Ihre Logik zu verstehen:
13 Ich bin erstaunt darüber, dass Sie gegen einen Gesetzentwurf gestimmt haben,
14 der auf die Modernisierung von Kindergärten und Schulen abzielt
15 und zwei Monate später plädieren Sie für hohe Kredite
16 für die Verbesserung der Lebensbedingungen in den Gefängnissen. Erstaunlich, nicht wahr?
17 – Aber nicht im Geringsten, antwortet der Politiker,
18 ich bin sogar überrascht, dass Sie nicht daran gedacht haben:
19 Der Grund ist schlicht und einfach, dass keine Chance mehr besteht, dass ich noch mal in die Schule zurückkehre ...

Notes
(6) **voter** 'wählen, abstimmen'; **une voix** 'eine (Wahl-)Stimme' wird für die Stimmanzahl benutzt, aber für das Wählen im eigentlichen Sinne verwendet man **un vote** 'eine Stimmabgabe', **le droit de vote** 'das Wahlrecht', **participer au vote** 'an einer Wahl teilnehmen'. **On vote pour (ou contre) qqn.** 'Man stimmt für oder gegen jemanden'. **Ils ont tous voté pour elle** 'Sie haben alle für sie gestimmt'. **La loi a été votée/est passée au premier tour** 'Das Gesetz ist im ersten Wahlgang verabschiedet worden'.

(7) **une loi** 'ein Gesetz' ist vor der Verabschiedung **un projet de loi** 'ein Gesetzentwurf'.

(8) **songer**, ursprünglich ein Synonym für **rêver** 'träumen', wird heute eher im Sinne von 'nachdenken, überlegen, sich vorstellen' verwendet: **Je n'y avais pas songé** 'Ich hatte mir das nicht vorgestellt'. **Il ne faut pas y songer !** 'Das ist nicht möglich/vorstellbar!'.

Avez-vous tout compris ?
1. Aufgeschoben ist nicht aufgehoben. Wir werden uns nächste Woche sehen. **2.** Ich habe schon an diese Lösung gedacht, aber es ist zu gefährlich. **3.** Da schreibt er mir doch zwei Jahre später! **4.** Es besteht keine Chance, dass du im Lotto gewinnst. **5.** Sie hat es eilig, sie hat viele Dinge zu erledigen. **6.** Der Präsident hat sich mit den Abgeordneten unterhalten.

Les mots manquants 1. désolé - puissiez **2.** étonnée - aies **3.** regrettaient - soyez **4.** soit occupée **5.** surpris - posiez.

VINGT-CINQUIÈME (25ᵉ) LEÇON

Réclamations (1)

1 – Allô, le Garage Lamotte ? Passez-moi l'atelier, je vous prie.
2 L'atelier ? J'ai déposé ma voiture ce matin pour une révision ;
3 non seulement vous avez oublié de vérifier les freins mais vous ne l'avez pas vidangée. (2)
4 Il faut que j'aie cette voiture demain matin au plus tard ! (3)
5 Je veux que vous m'envoyiez quelqu'un la chercher tout de suite,
6 et j'exige qu'elle soit réparée au plus vite, sinon vous aurez de mes nouvelles ! (4)
7 Voulez-vous que je vous dise ce que je pense de votre entreprise... ?
8 – Merci, non, monsieur, mais par contre, j'aimerais que vous me donniez vos nom et adresse. (5)
 – Oh...

Notes
(1) **réclamer** 'fordern', aber auch 'reklamieren, sich beschweren'. Beschwert man sich über das Wetter oder das Essen, so gebraucht man das Verb **se plaindre**. **Le service des réclamations** 'Beschwerdestelle'; **un service** 'eine Abteilung' (in einem Büro, einem Betrieb ...).

25. LEKTION

Beschwerden

1 – Hallo, KFZ-Betrieb Lamotte?
   Geben Sie mir bitte die Werkstatt.
2 Ist dort die Werkstatt? Ich habe mein Auto heute Morgen
   zur Inspektion abgegeben;
3 Sie haben nicht nur vergessen, die Bremsen zu überprüfen,
   Sie haben auch keinen Ölwechsel gemacht.
4 Ich muss den Wagen spätestens morgen früh haben!
5 Ich will, dass Sie mir sofort jemanden schicken, der ihn abholt,
6 und ich verlange, dass er schnellstens repariert wird, sonst
   werden Sie von mir hören!
7 Soll ich Ihnen sagen, was ich von Ihrer Firma halte?
8 – Nein danke, mein Herr, dagegen hätte ich gerne, dass Sie mir
   Ihren Namen und Ihre Adresse geben.
   – Oh.

Notes
(2) Das Objekt in diesem Teilsatz ist **la voiture**, also muss das Partizip angeglichen werden. **Vidanger**, wörtlich 'leeren', bedeutet in Verbindung mit Autos 'das Öl wechseln'. **Une vidange** 'ein Ölwechsel'.

(3) **au plus tard** 'spätestens' ≠ **au plus tôt** 'frühestens'; **au plus vite** 'schnellstens'.

(4) **On n'a pas eu de ses nouvelles** 'Wir haben nichts von ihm/ihr gehört'. **Donnez-moi de vos nouvelles** 'Lassen Sie von sich / Lasst von euch hören'. **Pas de nouvelles, bonnes nouvelles** 'Keine Nachrichten sind gute Nachrichten'. Sagt man jedoch in drohendem Ton **Vous aurez de mes nouvelles**, dann ist das kein freundliches Versprechen, sondern eine klare Warnung ...

(5) **vos nom et adresse** = **votre nom et votre adresse**. **L'adresse** ist 'die Postadresse, die Anschrift', aber auch 'die Geschicklichkeit' **Quelle adresse !** 'Welch eine Geschicklichkeit!' **Il/elle est très adroit / -e de ses dix doigts** 'Er/sie ist handwerklich sehr begabt'. **Pensez à bien mettre l'adresse** 'Achten Sie darauf, die Anschrift anzugeben'. **Adressez-vous au service après-vente** 'Kontaktieren Sie den Kundendienst'. **Si vous lui adressez la parole, dites toujours Madame la ministre.** 'Wenn Sie sie ansprechen, reden Sie sie immer mit Frau Ministerin an'.

9 – Les Galeries Farfouillette ? (6)
  Passez-moi le service après-vente s'il vous plaît.
  Le poste 20. (7)
10 Allô, monsieur Leblanc est-il là? C'est de la part d'une cliente.
11 – Je regrette, madame, mais monsieur Leblanc s'est absenté quelques instants.
12 Voulez-vous patienter, ou préférez-vous que je vous passe une autre personne ?
13 – Dans ce cas, je préfère laisser un message. Qu'il rappelle madame Béraut. Merci. (8/9)

Notes
(6) **farfouiller** 'durchwühlen, durchstöbern'; **fouiller** 'suchen, wühlen'.
(7) Manche Substantive ändern ihre Bedeutung, je nachdem, ob sie im Maskulinum oder im Femininum gebraucht werden. **La poste (le bureau de poste)** 'die Post, das Postamt', aber **un poste** 'eine Stelle, ein Platz', **un poste de travail** 'ein Arbeitsplatz'. **Elle n'est pas à son poste/à sa place**. 'Sie ist nicht an ihrem Platz (an dem sie normalerweise arbeitet).

Comprenez-vous toutes ces phrases ?

1. Passez-moi l'atelier. C'est de la part d'un client. **2.** Je veux que ce soit fait au plus vite. — Ça sera mardi au plus tôt. **3.** Déposez votre voiture à neuf heures au plus tard pour une vidange. **4.** Non seulement il a fait une réclamation, mais il a écrit à son député. **5.** Elle s'est absentée quelques instants. Voulez-vous patienter ? **6.** J'ai eu de ses nouvelles pas plus tard qu'hier.

Complétez les phrases suivantes

1 Sie sollen mir sagen, wie viele Sie sein werden.

Je .... que vous me ...... combien vous ....

2 Wir müssen bis spätestens morgen eine Antwort haben.

Il .... nous ..... une réponse demain au ....

3 Er hat sich nicht nur beschwert, sondern verlangt,

Non seulement .. s'... .... , mais il a exigé,

quatre-vingt-seize • 96

9 – Hallo, Galeries Farfouillette? Geben Sie mir bitte die Kundendienstabteilung. Platz 20.
10 Hallo, ist Herr Leblanc da? Hier spricht eine Kundin.
11 – Ich bedaure, gnädige Frau, aber Herr Leblanc ist für einige Minuten nicht an seinem Platz.
12 Möchten Sie warten, oder ziehen Sie es vor, dass ich Sie mit jemand anderem verbinde?
13 – In diesem Fall möchte ich lieber eine Nachricht hinterlassen. Er soll/möchte Frau Béraut zurückrufen. Danke.

Notes
(8) que + Konjunktiv wird entweder mit dem Konjunktiv oder mit 'soll + Infinitiv' oder 'möge + Infinitiv' übersetzt. Im täglichen Sprachgebrauch wird diese Form vor allem verwendet, um gegenüber einer dritten Person einen Wunsch zu äußern. **Qu'il me dise s'il veut le billet** 'Er soll mir sagen, ob er die Eintrittskarte will'. ' **Qu'elle m'écrive pour le confirmer.** 'Sie soll es mir schriftlich bestätigen.'
(9) appeler, rappeler, épeler, jeter und andere Verben auf -eler oder -eter verdoppeln den Endkonsonanten vor einem stummen e. Man schreibt zum Beispiel **vous jetez**, weil man das zweite e hören kann, aber **je jette**, da das zweite e stumm ist. **Appelle-moi**, aber **Appelez-moi s'il y avait un problème**.

Avez-vous tout compris ?
1. Verbinden Sie mich mit der Werkstatt. Hier spricht ein Kunde. **2.** Ich möchte, dass es schnellstens gemacht wird. – Das wird frühestens am Dienstag sein. **3.** Geben Sie Ihr Auto spätestens um 9 Uhr zum Ölwechsel ab. **4.** Er hat nicht nur eine Beschwerde eingereicht, sondern auch seinem Abgeordneten geschrieben. **5.** Sie hat für einige Minuten ihren Platz verlassen. Wollen Sie warten? **6.** Ich habe erst gestern von ihm/ihr gehört.

4 dass seine Frau dem Direktor eine E-Mail schreibt.

que sa femme . . . . . . un courriel au directeur.

5 Er soll sich einmal anstrengen. Es ist nicht so schwierig.

. . ' . . . . un effort ! Ce n'est pas si difficile.

Les mots manquants 1. veux - disiez - serez **2.** faut que - ayons - plus tard **3.** il - est plaint **4.** écrive **5.** Qu'il fasse.

LEÇON 25

VINGT-SIXIÈME (26ᵉ) LEÇON

Un cadeau d'anniversaire (1)

1 Un homme vieux et tout rabougri se présente au bureau du directeur d'un grand magasin parisien. (2)
2 – Que puis-je pour vous ? dit la secrétaire.
– Je veux acheter le magasin.
3 – Pardon ?
Je ne suis pas sûre que je vous aie bien compris.
4 Je doute fort que vous puissiez acheter un pareil magasin comme ça.
5 Je ne pense pas qu'il soit à vendre.
Mais l'homme s'obstine :
– Présentez-moi au directeur.
6 Le directeur est tout aussi étonné et il croit à une mauvaise plaisanterie. (3)
7 – Admettons que vous possédiez les moyens, qu'en feriez-vous ? (4)
8 – Cela me concerne, mais disons que c'est un cadeau pour ma femme.

Notes
(1) un anniversaire 'ein Geburtstag', l'anniversaire de mariage 'der Hochzeitstag', le centenaire 'die Hundertjahrfeier', aber auch 'der Hundertjährige', le bicentenaire 'die Zweihundertjahrfeier'. Man sagt auch les vingt-cinq ans de Maryse 'Maryses 25. Geburtstag'.

26. LEKTION

Ein Geburtstagsgeschenk

1 Ein alter und ganz gebeugter Mann begibt sich in das Büro des Direktors eines großen Pariser Warenhauses.
2 – Was kann ich für Sie tun? sagt die Sekretärin.
 – Ich will das Geschäft kaufen.
3 – Verzeihung? Ich bin nicht sicher, ob ich Sie richtig verstanden habe.
4 Ich zweifle sehr daran, dass Sie ein solches Geschäft einfach so kaufen können.
5 Ich glaube nicht, dass es zu verkaufen ist.
 Aber der Mann bleibt hartnäckig.
 – Stellen Sie mich dem Direktor vor.
6 Der Direktor ist ebenso erstaunt und glaubt an einen schlechten Scherz.
7 – Angenommen, Sie besäßen die Mittel, was würden Sie [mit dem Geschäft] tun?
8 – Das ist meine Sache, aber sagen wir, es ist ein Geschenk für meine Frau.

Notes

(2) **un grand magasin** ist nicht nur 'ein großes Geschäft', sondern auch 'ein Warenhaus, ein Kaufhaus'. Jede Abteilung eines Warenhauses wird **un rayon** gennant.

(3) In diesem Text sehen Sie die Verwendungsmöglichkeiten der Verben **croire** und **réfléchir**. **Je crois qu'elle va venir** 'Ich glaube, dass sie kommen wird'. **Il est connu ? – Je crois** 'Ist er bekannt? – Ich glaube ja'. Folgt dem Verb ein indirektes Objekt, verwendet man die Präposition **à**: **Elle croyait à une plaisanterie** 'Sie glaubte, es wäre ein Scherz'. Folgt ein direktes Objekt, benutzt man die Präposition **en**: **Tu crois en Dieu ?** 'Glaubst du an Gott?' (**la croyance** 'der Glaube'). **Réfléchir** (Satz 9): wörtlich 'widerspiegeln'. **Les miroirs/glaces réfléchissent les images** 'Die Spiegel spiegeln die Bilder wider'. Bezogen auf Personen: **Voici ma proposition ; réfléchissez-y** 'Hier ist mein Vorschlag; denken Sie darüber nach'. **Àprès mûre réflexion...** 'Nach reiflicher Überlegung ...'

(4) **admettre** 'annehmen; erlauben, zulassen'. **Les chiens ne sont pas admis dans les magasins d'alimentation** 'Hunde sind in Lebensmittelläden nicht erlaubt'. In einer Unterhaltung hat der Imperativ die Bedeutung '[mal] angenommen ...'. **Admettons que vous ayez raison** 'Nehmen wir mal an, dass sie recht haben'. Der Konjunktiv wird gebraucht, weil die Aussage hypothetisch ist.

9 Le directeur réfléchit et se dit : – Il vaut mieux que je me débarrasse de cet individu. (5)

10 – Bien, dit-il à haute voix. J'accepte de vendre... pour quarante milliards de francs !

11 – Puis-je téléphoner ? répond l'homme.
 – Faites donc.

12 Le vieil homme décroche le combiné et fait un numéro au cadran. (6)

13 – Allo, Sandra ? Oui, c'est moi. Ça marche pour les Galeries Tartempion. (7)

14 Pour le règlement, tu cherches sous le lit. Là, tu trouveras deux valises. C'est entendu ? (8)

15 Bien. Alors, apporte-moi la petite !

Notes
(5) embarrasser 'im Weg sein, hinderlich/lästig sein, stören'. Votre manteau vous embarrasse ; voulez vous que je vous en débarrasse ? 'Ihr Mantel stört Sie; soll ich ihn Ihnen abnehmen?' Es heißt im übertragenen Sinne auch 'unangenehm sein': Tu l'embarrasses avec tes questions 'Du bringst ihn/sie mit deinen Fragen in Verlegenheit'. Débarrassez la table! 'Räumen Sie den Tisch ab!'; le débarras 'der Abstellraum'.

Comprenez vous toutes ces phrases ?
1. Décrochez le combiné et faites votre numéro. 2. Je ne l'ai jamais vue dans un pareil état. 3. Il a réfléchi au problème, mais il n'est pas sûr d'avoir raison. 4. Débarrassez-vous de vos manteaux et puis je vous présenterai au directeur. 5. Je ne crois pas à tout cela. – Bien, c'est votre affaire. 6. Il vaut mieux ne rien dire pour l'instant. – C'est entendu.

Complétez les phrases suivantes
1 Ich glaube nicht, dass er die Mittel hat.

Je ne crois pas qu'il . . .   .

2 Es wäre besser [für] Sie, es loszuwerden.

Il . . . .   vous en . . . .

3 Ich bin nicht sicher, dass er der Mann ist, den Sie suchen.

Je ne suis pas . . .   qu'il . . . .   l'homme que vous recherchez.

9 Der Direktor denkt nach und sagt sich:
– Es wäre besser, dieses Individuum loszuwerden.
10 – Gut, sagt er mit lauter Stimme. Ich bin einverstanden, es zu verkaufen … für vierzig Milliarden Euro/Franken!
11 – Darf ich telefonieren? antwortet der Mann.
– Natürlich.
12 Der alte Mann nimmt den Hörer ab und wählt eine Nummer.
13 – Hallo, Sandra ? Ja, ich bin es.
Es klappt mit den Galeries Soundso.
14 Für die Bezahlung siehst du unter dem Bett nach. Dort findest du zwei Koffer. Verstanden?
15 Gut. Dann bring mir den kleinen!

Notes
(6) **le combiné** 'der Hörer'; **faire/composer le numéro** 'die Nummer wählen'. Achtung: **une combine** ist 'eine Machenschaft'! **Un cadran** 'eine Wählscheibe', **un cadran d'horloge/d'une montre** 'ein Ziffernblatt'.
(7) **Ça marche !** 'Es klappt/funktioniert!' **La radio ne marche plus** 'Das Radio geht nicht mehr'. Die allgemeine Bedeutung ist 'es ist alles in Ordnung'. **Ça marche pour votre projet ?** 'Läuft Ihr Projekt gut an?' **Mettre en marche (un appareil)** '(ein Gerät) einschalten'. **Ça marche pas fort en ce moment pour lui** 'Es läuft zurzeit nicht so gut für ihn.'
(8) **C'est entendu !** 'Einverstanden!'; **Qu'entendez-vous par là ?** 'Was verstehen Sie darunter? / Was meinen Sie damit?' **Ces prix s'entendent TTC (toutes taxes comprises).** 'Diese Preise verstehen sich inklusive Steuern.'

Avez-vous tout compris ?
1. Nehmen Sie den Hörer ab, und wählen Sie die Nummer. **2.** Ich habe ihn/sie noch nie in einem solchen Zustand gesehen. **3.** Er hat über das Problem nachgedacht, aber er ist sich nicht sicher, ob er recht hat. **4.** Legen Sie Ihre Mäntel ab, und dann werde ich Sie dem Direktor vorstellen. **5.** Ich glaube nicht an all das. – Gut, das ist Ihre Sache. **6.** Es ist besser, im Augenblick nichts zu sagen. – Einverstanden.

4 Ich zweifle sehr daran, dass er es so einfach kaufen kann.

Je . . . . . fort, qu'il . . . . . . l'acheter comme ça.

5 Angenommen, Sie haben recht, was würden Sie damit tun?

. . . . que vous . . . . raison,
qu'en . . . . -vous ?

Les mots manquants 1. ait les moyens **2.** vaut mieux - débarrasser **3.** sûr - soit **4.** doute - puisse **5.** Admettons - ayez - feriez.

LEÇON 26

VINGT-SEPTIÈME (27ᵉ) LEÇON

Révisons « avoir » (1)

1 – Votre mari n'a pas bonne mine. (2)
   Quel âge a-t-il ?
2 – J'ai bien peur que vous ne me croyiez pas.
   Il a quinze ans.
3 – Comment, quinze ans ? (3)
   Mais il a l'air beaucoup plus âgé.
4   Comment se fait-il que vous ayez la quarantaine
   et que votre époux ne soit qu'un... gamin ? (4/5)
5 – J'ai honte de vous l'avouer :
   Il est né (dans) une année bissextile
6   et il n'a un anniversaire que tous les quatre ans !
7 – Qu'y a-t-il ? Vous avez l'air souffrant.
   Ça ne va pas ?
8 – Mais si ! Seulement, j'ai froid,
   j'ai sommeil, j'ai mal à la tête...
9   et mal au dos... et, en plus, c'est mon
   anniversaire.
10 – Heureusement qu'il n'a lieu qu'une fois par an ! (6)
11 – J'en ai assez de son soi-disant sens de l'humour !
   Il ne dit que des bêtises. (7)

Notes
(1) In dieser Lektion werden Sie zahlreiche Beispiele sehen, in denen im Französischen **avoir** verwendet wird, im Deutschen hingegen 'sein' oder ein ganz anderes Verb.

(2) avoir bonne/mauvaise mine 'gut/schlecht aussehen'. Normalerweise ist **une mine** 'eine Miene', aber in Bezug auf Personen oder Sachen bedeutet es 'Aussehen': **Faire mine de** bedeutet 'vorgeben, etw. zu tun, so tun als ob''. **Elle a fait mine de me croire** 'Sie gab vor, mir zu glauben.' **Le restaurant ne paie pas de mine** 'Das Restaurant sieht nach nichts aus.'

(3) **Comment ?!** als Ausruf am Satzanfang bedeutet 'Was?' **Comment, vous fermez à cinq heures ?** 'Was? Sie schließen um fünf Uhr?' Es ist eher ein Ausdruck von Ungläubigkeit als eine Frage.

27. LEKTION

Wiederholen wir [das Verb] "haben"

1 – Ihr Mann sieht nicht gut aus. Wie alt ist er?
2 – Ich befürchte wirklich, Sie werden mir nicht glauben. Er ist fünfzehn.
3 – Was, fünfzehn? Aber er sieht viel älter aus.
4   Wie kommt es, dass Sie in den Vierzigern sind, und Ihr Mann ist nur ein ... Kind?
5 – Ich schäme mich, es Ihnen zu gestehen: Er ist in einem Schaltjahr geboren,
6   und er hat nur alle vier Jahre Geburtstag!
7 – Was ist los? Sie sehen so leidend aus. Geht es Ihnen nicht gut?
8 – Aber doch! Mir ist nur kalt, ich bin müde, ich habe Kopfschmerzen ...
9   und Rückenschmerzen ... und außerdem habe ich Geburtstag.
10 – Zum Glück findet er nur einmal im Jahr statt!
11 – Ich habe genug von seinem sogenannten Sinn für Humor! Er sagt nur Dummheiten.

Notes

(4) Comment se fait-il, que... ? ist eine feststehende Wendung: 'Wie kommt es, dass ...?' Comment se fait-il qu'il n'ait jamais d'argent ? 'Wie kommt es, dass er nie Geld hat?' Gewöhnlich folgt der Konjunktiv.

(5) un gamin, une gamine, les gamins war ursprünglich der Begriff für Straßenkinder, inzwischen ist es ein Synonym für un enfant, une enfant, les enfants. Zwei andere geläufige Ausdrücke sind les mômes [*moom*] oder les gosses [*goss*].

(6) un lieu 'ein Platz, ein Ort': C'est un lieu où on peut se détendre 'Das ist ein Ort zum Entspannen.' Avoir lieu 'stattfinden': La réunion annuelle a lieu en juin 'Die Jahresversammlung findet im Juni statt'. Un lieu-dit ist, meist auf dem Land, ein Ort mit einer bestimmten topografischen oder historischen Besonderheit.

(7) une bête 'ein Tier'; dire/faire une bêtise 'etwas Dummes sagen / eine Dummheit machen'. Il est bête ! 'Er ist dumm!', in der Kindersprache il est un peu bébête 'er ist ein bisschen unterbelichtet'.

12 – Mais non, tu te trompes. En réalité, il a beaucoup d'esprit. (8)
13 Il a dit une très belle phrase l'autre jour :
14 « On a toujours tort d'avoir raison. » (9)
Amusant, n'est-ce pas ?

Comprenez-vous toutes ces phrases ?
1. Je me suis trompé de porte et j'ai réveillé les voisins. **2**. Je trouve cet homme fort spirituel. – Moi, je le trouve bête. **3**. Comment, vous ne pouvez pas venir ? Nous ne faisons cette réunion qu'une fois tous les quatre mois ! **4**. Vous avez l'air souffrante, ma chère amie. Ça ne va pas ? **5**. J'en ai assez de ce soi-disant intellectuel. **6**. Sais-tu ce qu'il m'a dit l'autre jour ? Quelle mauvaise plaisanterie !

Complétez les phrases suivantes
1 Neulich abends sah sie nicht gut aus.

Elle n' . . . . . pas . . . . l'autre soir.

2 Ich irre mich immer bei seinem/ihrem Namen, wenn ich mit ihm/ihr spreche.

Je . . . . toujours . . . . . quand je lui parle.

3 Sie sollten sich schämen. Es ist nur ein Kind (Junge).
Vous devriez avoir . . . . . . Ce n'est . . '. . . . .

cent quatre • **104**

12 – Aber nein, du irrst dich. In Wirklichkeit ist er sehr geistreich.
13 Er hat neulich einen sehr schönen Satz gesagt:
14 "Man hat immer Unrecht damit, Recht zu haben."
Amüsant, nicht wahr?

Notes
(8) un esprit ist wörtlich 'ein Geist'; **Elle a beaucoup d'esprit / Elle est très spirituelle** 'Sie ist witzig und kultiviert. / Sie ist geistreich'; **Est-il sain d'esprit ?** 'Ist er klar bei Verstand?' (= geistig gesund), nicht zu verwechseln mit **le Saint-Esprit** 'der Heilige Geist'.
(9) avoir tort 'unrecht haben'; **se tromper** 'sich täuschen, einen Fehler machen'. Mit direktem Objekt: **Elle s'est trompée d'autobus** 'Sie hat den falschen Bus genommen'. **Ils se sont trompés d'heure** 'Sie haben sich in der Uhrzeit geirrt'. **Il n'y a pas à s'y tromper** 'Da ist kein Irrtum möglich'. Als aktives Verb bedeutet **tromper** 'betrügen, jmdm. untreu sein': **Il trompe sa femme** 'Er betrügt seine Frau'.

Avez-vous tout compris ?
1. Ich habe mich in der Tür geirrt und die Nachbarn geweckt. **2.** Ich finde diesen Mann sehr geistreich. – Ich finde ihn dumm. **3.** Was, Sie können nicht kommen? Wir halten diese Versammlung nur alle vier Monate ab! **4.** Sie sehen leidend aus, meine liebe Freundin. Geht es Ihnen nicht gut? **5.** Ich habe genug von diesem sogenannten Intellektuellen. **6.** Weißt du, was er mir neulich gesagt hat? Was für ein schlechter Witz!

4 Er sieht viel älter aus als in der Wirklichkeit.

Il a l' ... bien ....' .. vrai.

5 Er ist gerade 26 Jahre alt, denn er hat dies vor Kurzem gefeiert.

Il a ..... vingt-six ans, car il .... fêter.

Les mots manquants 1. avait - bonne mine **2.** me trompe - de nom **3.** honte - qu'un gamin **4.** air - plus âgé qu'en **5.** juste - vient de les.

LEÇON 27

VINGT-HUITIÈME (28ᵉ) LEÇON

Révisions et notes

1. Der Konditional

In Lektion 22 kam dieser Satz vor:

J'aurais été deux fois plus vite si j'avais pris un taxi.
'Ich wäre doppelt so schnell gewesen, wenn ich ein Taxi genommen hätte.'

Dies ist der Konditional der Vergangenheit. Dem Hilfsverb folgt hier das Partizip der Vergangenheit.

Schauen wir uns den Satz mit leicht verändertem Wortlaut zunächst einmal im Indikativ an:
• Präsens + Futur:
Si vous prenez un taxi, vous aurez votre train.
'Wenn Sie ein Taxi nehmen, werden Sie Ihren Zug erreichen.'

Setzen wir den Satz in den Konditional, gibt es zwei Möglichkeiten:
• Imperfekt + Konditional:
Si vous preniez un taxi, vous auriez votre train.
'Wenn Sie ein Taxi nehmen würden, würden Sie Ihren Zug erreichen.'

• Plusquamperfekt + Konditional der Vergangenheit:
Si vous aviez pris un taxi, vous auriez eu votre train.
'Wenn Sie ein Taxi genommen hätten, hätten Sie Ihren Zug erreicht.'

Im Gegensatz zum Deutschen wird im Nebensatz (**si**...) nie ein Konditional verwendet. Lesen Sie folgende Sätze laut:

Si vous aviez fait comme je vous l'ai dit,
vous n'auriez pas eu ces ennuis.
'Wenn Sie getan hätten, was ich Ihnen gesagt habe,
dann hätten Sie diese Probleme nicht gehabt.'

Elle n'aurait pas pu réussir son examen,
si vous ne l'aviez pas aidée.
'Sie hätte ihre Prüfung nicht geschafft,
wenn Sie ihr nicht geholfen hätten.'

Si j'y avais pensé avant,
j'aurais apporté les photos.
'Wenn ich eher daran gedacht hätte,
hätte ich die Fotos mitgebracht.'

Vorsicht ...
(I) ... bei Verben, die mit **être** konjugiert werden:
Si j'avais su, je serais venu hier.
'Wenn ich das gewusst hätte, wäre ich gestern gekommen.'

(II) ... bei Wendungen, bei denen **si** wegfällt und daher das Präsens des Konditionals verwendet wird:
Elle serait venue plus tôt, elle aurait vu mon frère.
'Wäre sie früher gekommen, hätte sie meinen Bruder gesehen.'

Diese Form ist jedoch nicht sehr elegant. Wir führen sie nur auf, damit Sie nicht überrascht sind, wenn sie Ihnen begegnet.

J'aurais été deux fois plus vite si j'avais pris un taxi.

2. Artikel von Eigennamen

Da Französisch (meist) eine logische Sprache ist, werden Eigennamen auf logische Art behandelt. Spricht man von Automarken, sagt man **une Renault** [*röno*], weil man 'das Auto' im Französischen weiblich ist (**une voiture/une auto**(**mobile**)) und **une Renault** quasi die Kurzform von **une voiture/auto de la marque Renault** ist.

Es heißt **une côte** 'eine Küste, ein Abhang', aber in Bezug auf Wein sagen wir **un Côtes du Rhône**, da **le vin** männlich ist, und es die Kurzform von **un vin des Côtes du Rhône** ist. Also stehen die Artikel und die Adjektive der Markennamen in Abhängigkeit vom Geschlecht des Gegenstands, auf den sie sich beziehen.

Man sagt **un Airbus**, weil ein Flugzeug **un avion**, also männlich, ist. Aber **une Honda** [*on-da*] 125, weil es **une moto** heißt oder **une moto de la marque Honda**.

Denken Sie auch daran, dass Eigennamen unveränderlich sind. Wir schreiben **une Citroën** [*ßitro-än*], aber **des Citroën neuves** – nur das Adjektiv wird angeglichen.

3. Le subjonctif Der Konjunktiv

Der Gebrauch dieses Aspekts verwirrt Lerner des Französischen oft ein wenig. Abgesehen von den uns bekannten obligatorischen Verwendungsweisen – nach zeitlichen Konjunktionen und unpersönlichen Wendungen wie z. B. **Il faut que...** – wird **le subjonctif** im Französischen gebraucht nach

- Wunsch, Befehl, Verbot > **souhait / désir, ordre, interdiction**
- Gefühlsäußerung, Zweifel > **sentiment, doute / incertitude**
- Vorschlag oder Wahrscheinlichkeit. > **proposition ou hypothèse**

In all diesen Fällen gibt es zwei Verben im Satz.

Lesen Sie diesen Absatz noch einmal durch, und betrachten Sie dann die nachstehenden Beispiele:

Je veux que vous veniez à dix heures.
'Ich will, dass Sie um zehn Uhr kommen.'

Voulez-vous que je vous dise ce que je pense ?
'Soll ich Ihnen sagen, was ich denke?'

J'aimerais que vous me fassiez ce travail.
'Ich hätte gerne, dass Sie diese Arbeit für mich erledigen.'

Qu'il me téléphone.
'Er soll mich anrufen."

Qu'elle ne dise rien.
'Sie soll nichts sagen.'

Je suis désolé que tu ne puisses pas venir.
'Es tut mir leid, dass du nicht kommen kannst.'

Nous sommes surpris que nous n'ayons pas de ses nouvelles.
'Wir sind überrascht, dass wir noch nichts von ihm gehört haben.'

C'est dommage qu'ils soient obligés de partir.
'Es ist schade, dass sie schon gehen müssen.'

Ses parents ne désirent pas qu'elle y aille seule.
'Ihre Eltern wünschen nicht, dass sie allein hingeht.'

Qu'ils le veuillent ou non, j'irai !
'Ob sie es wollen oder nicht, ich werde gehen!'

Le prof de géo est le seul qui puisse t'aider.
'Der Erdkundelehrer ist der Einzige, der dir helfen kann.'

Ce/Il n'est pas encore vraiment sûr que soyons obligés d'aller le voir.
'Es ist noch nicht ganz sicher, dass wir ihn besuchen sollen.'

Il vaut mieux que vous arriviez de bonne heure.
'Es ist besser, wenn Sie früh ankommen."

Wird z.B. ein Verb wie **craindre** 'befürchten' verwendet (**Je crains que...** 'Ich befürchte, dass ...), wird im Aussagesatz mitunter **ne** vor dem Verb im Konjunktiv eingefügt, das in diesem Fall ein Füllwort ist und keine negative Bedeutung hat. In der Umgangssprache wird es oft weggelassen.

Je crains qu'il ne soit trop cher = Je crains qu'il soit trop cher.
'Ich fürchte, das ist zu teuer.'

On craint que le petit nouveau fasse preuve de mauvaise volonté.
'Man befürchtet, dass es dem Neuling an gutem Willen fehlt.'

Je ne suis pas sûr qu'il (ne) soit à vendre.
'Ich bin nicht sicher, dass er/es zu verkaufen ist.'

Je doute que vous (ne) puissiez (jamais) acheter cet appartement.
'Ich bezweifle, dass Sie (je) diese Wohnung kaufen können.'

Dies sind gute Beispiele, die Ihnen das Prinzip verdeutlichen und zum Üben dienen können. Versuchen Sie, diese Sätze umzuformulieren, indem Sie andere Pronomen verwenden (z.B. **Elle doute que je puisse acheter...**).

Fällt Ihnen auf, dass das Verb im Konjunktiv die Idee der Ungewissheit oder Abhängigkeit ausdrückt? Genau dies ist die Funktion des Konjunktivs, der Möglichkeitsform:

Das zweite Verb hängt immer vom ersten ab. Der Gebrauch des Konjunktivs wird durch die Situation bestimmt. Schauen Sie mal, ob Sie in anderen Lektionen weitere Beispiele für den Konjunktiv entdecken.

Es ist zunächst einmal wichtig, dass Sie Konjunktivsätze richtig verstehen, wenn Sie sie antreffen. Wenn Ihnen der richtige Gebrauch des Konjunktivs immer noch zu schwer erscheint, versuchen Sie, Ihre Sätze anders zu formulieren. Hier sehen Sie, wie das gelingen kann. Wir geben hier einige Beispiele:

Vous devrez venir à dix heures.
Vous n'avez qu'à venir à dix heures.

Permettez-moi de vous dire ce que je pense.
Vous avez envie d'entendre ce que je pense ?

Je désire vous donner ce travail à faire.
Voulez-vous bien faire ce travail pour moi.

etc.

Man könnte beanstanden, dass diese Sätze nicht immer 1:1 dem Original entsprechen. Es sind jedoch praktische Möglichkeiten, den Gebrauch des Konjunktivs elegant zu umgehen, denn Infinitivsätze sind in solchen Fällen immer sehr praktisch.

VINGT-NEUVIÈME (29ᵉ) LEÇON

Un petit peu d'histoire (1)

1 Lisons les notes que Laurent a prises pendant un cours d'histoire sur la Révolution française : (2)
2 « Hiver 1789: mauvaises récoltes, chômage, froid exceptionnel – et le trésor royal vide. (3)
3 Le roi Louis XVI va réunir les Etats Généraux (il y a trois « états », avec 300 députés chacun (4)
4 pour la noblesse et le clergé, et 600 pour les paysans et les bourgeois : (5)
5 on appelle ce dernier état « Le tiers état »). (6)
6 Les États discutent sans résultat, les députés du Tiers état se séparent des autres en juin 1789. (7)
7 Ils se proclament « Assemblée Nationale » ; le roi s'y oppose d'abord mais finit par accepter.
8 Avec l'accord de Louis, ils forment l'Assemblée Constituante. Le 9 juillet, la monarchie absolue n'existe plus.

Notes
(1) Hier handelt es sich um Aufzeichnungen; der Schreiber verwendet das Präsens. In mündlichen Berichten und modernen Romanen wird **le présent historique** 'das *historische* Präsens' verwendet, um den Zuhörer oder Leser in die Ereignisse einzubeziehen. Sie werden noch erfahren, wie dies in einem Bericht oder in Geschichtsbüchern gehandhabt wird.
(2) **un cours** ist 'eine Unterrichtsstunde, eine Vorlesung', **une leçon** 'eine Lektion, eine Unterrichtsstunde'; **une leçon de musique/dessin** 'eine Musik-/Zeichenstunde'. **Ça lui servira de leçon !** 'Das wird ihm eine Lektion sein!'

cent dix • 110

29. LEKTION

Ein wenig Geschichte

1 Lesen wir die Aufzeichnungen, die Laurent während der Geschichtsstunde über die französische Revolution geschrieben (genommen) hat:
2 "Winter 1789: schlechte Ernten, Arbeitslosigkeit, extreme Kälte – und die königliche Schatzkammer leer.
3 König Ludwig XVI. wird die Generalstände versammeln (es gibt drei "Stände" mit jeweils 300 "Abgeordneten")
4 für den Adel und den Klerus und 600 für die Bauern und die Bourgeoisie.
5 Der letzte Stand wird "der dritte Stand" genannt).
6 Die Stände diskutieren ohne Ergebnis, die Abgeordneten des dritten Standes trennen sich im Juni 1789 von den anderen.
7 Sie rufen sich selbst als "Nationalversammlung" aus; der König widersetzt sich ihr zunächst, willigt aber schließlich doch ein.
8 Mit dem Einverständnis von Ludwig bilden sie die Konstituierende Versammlung. Am 9. Juli existiert die absolute Monarchie nicht mehr.

Notes
(3) **un trésor** 'ein Schatz'; **le trésor royale** 'die Staatskasse'; **le Trésor Public** ist 'die Finanzverwaltung'. **Des problèmes de trésorerie** sind für eine Firma 'Liquiditätsprobleme'. Das deutsche 'ein Tresor' jedoch heißt **un coffre-fort**, und **mon (petit) trésor** heißt 'mein Schätzchen'.
(4) **Louis XVI = Louis Seize**, **Charles I = Charles Premier**. Beachten Sie, dass hier im Französischen keine Ordinalzahlen verwendet werden. **Le roi Charles Quint = Charles V.** Den Wörtern **roi** und **reine** wird meist der bestimmte Artikel **le/la** vorangestellt.
(5) **le bourgeois** ist ursprünglich **le citoyen d'un bourg** 'der Bürger einer Stadt'. Diese genossen im Mittelalter gewisse Privilegien. Das Wort bedeutet heute 'Mittelklasse', häufig auch 'engstirnig, konservativ': **la petite bourgeoisie**. Diese negative Bedeutung herrscht noch immer vor, aber das Adjektiv wird auch positiv verwendet: **une maison bourgeoise** 'ein stattliches Haus', **la cuisine bourgeoise** 'die gutbürgerliche Küche'. **Attention ! Les faubourgs ne sont pas des faux bourgs** '... sind keine falschen Städte', sondern der 'Vorstadt', der 'Stadtrand', heutzutage auch **la proche banlieue** genannt.
(6) **Le tiers état** [*lö tiär-se-ta*] > **un tiers** = 1/3 'ein Drittel'; **une majorité des deux tiers** 'eine Zweidrittelmehrheit'. **tiers** kann auch Adjektiv sein: **le tiers-monde** 'die dritte Welt'. **Un tiers** bedeutet in der Rechtssprache 'eine Drittperson', **une assurance au tiers** 'eine Haftpflichtversicherung (gegenüber Drittpersonen)'; **un état tiers** 'ein Drittstaat'.
(7) Manche Verben werden mit oder ohne Reflexivpronomen verwendet: **Les parents séparent les deux amis** 'Die Eltern trennen die beiden Freunde'. Der Aktion des Trennens folgt hier ein Akkusativobjekt. Aber: **Leurs parents se sont séparés.** 'Ihre Eltern haben sich getrennt.'

LEÇON 29

9 Mais Louis veut se venger.
Le 11 juillet, il rappelle ses troupes à Paris (8)
10 et il renvoie le ministre Necker. (9/10)
11 Les Parisiens sont furieux ; ils se rassemblent pour donner l'assaut à la Bastille. (11)
12 Ils l'attaquent, libèrent les prisonniers et le gouverneur est décapité.
13 Le roi reprend Necker, accepte la cocarde bleu, blanc, rouge. (12)
14 En octobre, la foule va à pied jusqu'à Versailles et force Louis à venir résider à Paris.
15 L'Ancien Régime est terminé. »

Notes
(8) Il va venger sa mère. 'Er wird seine Mutter rächen.' Il va se venger de sa mère. 'Er wird sich an seiner Mutter rächen.' **se venger de qqch.** 'sich für etw. rächen'.
(9) Achtung! **le ministre** 'der Minister' ≠ **le ministère** 'das Ministerium'.
(10) **renvoyer** heißt wörtlich 'zurückschicken' **Il a renvoyé la lettre à l'expéditeur** 'Er hat den Brief an den Absender zurückgeschickt'. Im erweiterten Sinne bedeutet es 'jmdn. aus einer Arbeitsstelle entlassen', aber in der modernen Sprache finden wir häufiger das Verb **licencier**. Ein sehr bildhafter Ausdruck ist **renvoyer l'ascenseur** (wörtl. den Aufzug zurückschicken) für 'einen Gefallen erwidern'.

Comprenez-vous ces phrases ?
1. Voici les notes que j'ai prises et voilà les livres que j'ai lus. **2.** Je m'y suis opposé d'abord mais j'ai fini par accepter. **3.** Ils se vengeront de l'insulte, vous verrez. **4.** Elle veut venir habiter Paris. **5.** Ils se sont séparés l'année dernière. **6.** Je me suis servi d'un dictionnaire pour faire le test.

Trouvez les mots manquants
1 Hast du dir viele Notizen gemacht? — Ja, eine Menge.

As tu .... beaucoup de notes ? Oui, ...

2 Sie ging im Wald spazieren und hat sich verirrt.

Elle s'... .... en forêt et s'... ..... .

3 Sie haben noch nicht ihr Einverständnis gegeben.

Ils n'ont pas .... leur ....

cent douze • 112

9 Aber Ludwig will sich rächen. Am 11. Juli ruft er seine Truppen nach Paris zurück,
10 und er entlässt den Minister Necker.
11 Die Pariser sind wütend; sie versammeln sich zum Sturm auf die Bastille.
12 Sie greifen sie an, befreien die Gefangenen, und der Gouverneur wird enthauptet.
13 Der König nimmt Necker zurück [und] akzeptiert die blauweißrote Kokarde.
14 Im Oktober marschiert die Menge bis nach Versailles und zwingt Ludwig, in Paris zu wohnen.
15 Das **Ancien Régime** ist beendet."

Notes

(l1) Mit der Erstürmung der **Bastille**, dem berühmt-berüchtigten Gefängnis und Symbol für den "Despotismus" und die Willkür des **Ancien Régime** (Alte Ordnung) am 14.7.1789 begann die Französische Revolution. Es war jedoch keineswegs so, dass Hunderte von Gefangenen von der rachsüchtigen Menge freigelassen wurden, es waren in der Tat nur die sieben, die sich zu dem Zeitpunkt in dem Gefängnis befanden: zwei Geistesgestörte, ein Sittenverbrecher und vier Betrüger. Die jährlichen Feierlichkeiten zu diesem Anlass werden ganz einfach **le quatorze juillet** oder **la Fête Nationale** genannt.

(l2) **une cocarde** 'eine Kokarde' ist ein rosettenförmiges oder rundes Hoheitszeichen. Die Kokarde des Königs war weiß, die Farbe des Hauses von Bourbon. Rot und blau waren die Farben von Paris, und der König erlaubte, dass seine Farbe von denen der Hauptstadt eingerahmt wurde. **Le (drapeau) tricolore** 'die Trikolore', 'die französische Fahne'.

Avez-vous compris les phrases ?

1. Hier sind die Notizen, die ich geschrieben habe, und da die Bücher, die ich gelesen habe. **2.** Zuerst habe ich mich widersetzt, aber schließlich habe ich doch eingewilligt. **3.** Sie werden sich für diese Beleidigung rächen, Sie werden sehen. **4.** Sie möchte in Paris wohnen. **5.** Sie haben sich letztes Jahr getrennt. **6.** Ich habe ein Wörterbuch verwendet, um den Test zu machen.

4 Wo sind die Nüsse, die du auf dem Markt gekauft hast?

Où sont les . . . . as achetées au marché ?

5 Sie zwangen ihn, seinen Wohnsitz in Paris einzurichten.

Ils l' . . . . résider à Paris.

Les mots manquants 1. pris - pas mal **2.** est promenée - est perdue **3.** encore donné - accord **4.** noix que tu **5.** ont forcé à venir.

LEÇON 29

TRENTIÈME (30ᵉ) LEÇON

Les débuts de la Révolution

1 Laurent veut vérifier ses notes,
   aussi il prend un livre d'histoire
   et l'ouvre au chapitre correspondant :
2 — La situation en cet hiver de 1789 était
   catastrophique ;
3 le chômage et les mauvaises récoltes,
   aggravés par un froid exceptionnel,
   sapaient le moral du peuple. (1/2)
4 Le roi Louis XVI réunit alors les Etats Généraux ;
   ces trois assemblées (WL1)
5 comptaient 300 députés chacune
   pour le clergé et la noblesse, (3)
6 et 600 pour la bourgeoisie et les paysans :
   le Tiers état.
7 Les Etats discutèrent des réformes mais sans
   résultat et, en juin 1789,
8 les députés du Tiers état se séparèrent des autres.
9 Ils se proclamèrent « Assemblée Nationale ». Le roi
   s'y opposa mais dut finir par accepter. (4)
10 Avec l'accord de Louis, les députés formèrent
   l'Assemblée Constituante et, le 9 juillet,
11 la monarchie absolue cessa d'exister.
12 Mais Louis voulait se venger de son humiliation : le
   11 juillet, il rappela ses troupes à Paris
13 et il renvoya Necker, le ministre qui lui avait conseillé
   la modération. (5)

Notes

(1) saper 'untergraben, unterminieren'. **Les sapeurs-pompiers** ist die offizielle Bezeichnung für 'die Feuerwehrleute'; in der Umgangssprache sagt man **les pompiers**.
(2) Verwechseln Sie nicht **le moral** 'die Stimmung, die Gesinnung' (**Cela m'a remonté le moral** 'Das hat mich sehr aufgebaut') und **la morale** 'die Moral' (**C'est contraire à la morale** 'Das ist unmoralisch'). **Faire la morale** 'Moral predigen'. **Moral, morale, moraux** und **immoral, immorale, immoraux** sind Adjektive. **La moralité** 'Moral (einer Geschichte), Fazit'.

cent quatorze • **114**

30. LEKTION

Die Anfänge der Revolution

1 Laurent will seine Notizen überprüfen, also nimmt er ein Geschichtsbuch und öffnet es beim entsprechenden Kapitel:
2 – Die Lage in jenem Winter 1789 war katastrophal;
3 die Arbeitslosigkeit und die schlechten Ernten, durch extreme Kälte verschlimmert, untergruben die Stimmung des Volkes.
4 König Ludwig XVI. rief also die Generalstände zusammen; diese drei Versammlungen
5 zählten jeweils 300 Abgeordnete für die Geistlichkeit und den Adel
6 und 600 für die Bourgeoisie und die Bauern: der dritte Stand.
7 Die Stände diskutierten über Reformen, aber ohne Ergebnis, und im Juni 1789
8 trennten sich die Abgeordneten des dritten Standes von den anderen.
9 Sie riefen sich selbst als "Nationalversammlung" aus. Der König widersetzte sich ihr zuerst; musste aber schließlich doch einwilligen.
10 Mit dem Einverständnis von Ludwig bildeten die Abgeordneten die Konstituierende Versammlung, und am 9. Juli
11 hörte die absolute Monarchie auf zu existieren.
12 Aber Ludwig wollte sich für seine Erniedrigung rächen: am 11. Juli rief er seine Truppen nach Paris zurück
13 und er entließ Necker, den Minister, der ihm zu Mäßigung geraten hatte.

Notes

(3) **compter** 'zählen, rechnen'. **(Re-)comptez la monnaie !** 'Zählen Sie das Wechselgeld (nach)!'; **La comptabilité** 'die Buchhaltung', auch **la compta** genannt; **un comptable** 'ein Buchhalter'; das **p** ist stumm. Nicht zu verwechseln mit **(ra)conter** 'erzählen'.

(4) Die historische Vergangenheit von **devoir** > **je dus, tu dus, il dut, nous dûmes, vous dûtes, ils durent.** Beachten Sie den **accent circonflexe** bei der 1. und 2. Person Plural. Beim Partizip der Vergangenheit im Maskulinum Singular finden Sie ebenfalls ein **accent circonflexe: l'argent dû** 'das geschuldete Geld', aber **en bonne et due forme** 'vorschriftsgemäß, in aller Form'.

(5) Beachten Sie die Konstruktion: **Je lui ai conseillé la prudence** 'Ich habe ihr/ihm zu Vorsicht geraten'.

LEÇON 30

14 Les Parisiens furent excédés ; la foule se rassembla place Royale et se dirigea vers la forteresse de la Bastille,

15 où elle donna l'assaut ; les prisonniers furent libérés et le gouverneur, de Launay, fut décapité.

16 Louis, ému par la violence, reprit Necker et accepta la cocarde tricolore. (6)

17 En octobre, la foule se rendit à pied au palais de Versailles « chercher le boulanger, la boulangère et le petit mitron ». (7)

18 Louis dut venir habiter la capitale ; l'Ancien Régime n'existait plus. (8)

Notes
(6) **ému**: Partizip von **émouvoir** 'gerührt sein', ein Verb, das selten in der Aktivform verwendet wird. **Elle était très émue par sa mort** 'Sie war von ihrem/seinem Tod sehr berührt'. Beachten Sie, dass das Partizip in der Passivform angeglichen wird, da es dann einem Adjektiv entspricht. **Il parla d'une voix émue** 'Er sprach mit bewegter Stimme'.

Comprenez-vous ces phrases ?
1. Le peuple n'a pas de pain. – Qu'ils mangent de la brioche ! **2.** On lui a conseillé la modération. J'espère qu'il a écouté. **3.** Penses-tu qu'on peut lui remonter le moral ? **4.** Ne comptez pas sur lui si vous avez un problème. **5.** Il était excédé par son patron ; il n'en pouvait plus. **6.** Vous avez l'air tout ému. Que s'est-il passé ?

Trouvez les mots manquants

1 Er rief seine Truppen zurück und entließ Necker.

Il . . . . ses troupes et . . . . Necker.

2 Sie wurden entlassen und mussten das Gebiet verlassen.

Ils . . . . . . licenciés et . . . . . . quitter la région.

3 Der Direktor rief den Vorstand zusammen.

Le directeur . . . . le Conseil d'Administration.

14 Die Pariser waren verärgert; die Menge versammelte sich an der Place Royale und marschierte in Richtung der Festung der Bastille,
15 wo sie den Angriff begann; die Gefangenen wurden befreit und der Gouverneur de Launay wurde enthauptet.
16 Ludwig, bewegt durch diese Gewalttat, nahm Necker zurück und akzeptierte die dreifarbige Kokarde.
17 Im Oktober marschierte die Menge zum Palast von Versailles, "um den Bäcker, die Bäckersfrau und den Bäckerjungen zu suchen".
18 Ludwig musste in die Hauptstadt ziehen; das **Ancien Régime** existierte nicht mehr.

Notes
(7) Eine Anspielung auf Königin Marie-Antoinettes berühmte Äußerung, als sie hörte, dass das Volk kein Brot zu essen hatte: **"Qu'ils mangent de la brioche."** 'Dann sollen sie doch Hefegebäck essen!' (**brioche** ist vergleichbar mit unserem 'Stuten'.) Entsprechend sind mit dem Bäcker und seiner Frau Ludwig XVI. und Marie-Antoinette gemeint, und **le petit mitron** 'der kleine Bäckerjunge/-gehilfe' steht für Ludwig XVII., der **Dauphin** 'Kronprinz'.
(8) Hier wird das **imparfait** und kein **passé simple** verwendet, weil hier ein andauernder Zustand beschrieben wird. Im Satz **la monarchie cessa d'exister** steht das Verb **cesser** 'aufhören' im **passé simple**, da diese Aktion zu einem bestimmten Zeitpunkt in der Vergangenheit stattfand.

Avez-vous compris les phrases ?
1. Das Volk hat kein Brot. – Dann sollen sie doch Hefegebäck essen!
2. Man riet ihm zu Mäßigung. Ich hoffe, er hat zugehört. **3.** Glaubst du, wir können ihn aufheitern? **4.** Zählen Sie nicht auf ihn, wenn Sie ein Problem haben. **5.** Er war verärgert über seinen Chef; er konnte nicht mehr. **6.** Sie sehen ganz gerührt aus. Was ist passiert?

4 Er diskutierte über das Projekt und entschied sich dafür.

Il . . . . du projet et . . . . y être favorable.

5 Die Menge versammelte sich und begab sich zu Fuß nach Versailles.

La . . . . rassembla et se . . . . à Versailles.

Les mots manquants 1. rappela - renvoya **2.** furent - durent **3.** réunit **4.** discuta - déclara **5.** foule se - rendit à pied.

LEÇON 30

TRENTE-ET-UNIÈME (31ᵉ) LEÇON

Hors de Paris, il n'y a point de salut... (1)

1 – Ah, vous êtes Français ?
Vous êtes donc de Paris !
2 Combien de fois ai-je entendu cette réflexion ? Pour bon nombre d'étrangers, la France, c'est Paris.
3 Remarquez,
les Français eux-mêmes n'aident en rien :
ils divisent leur pays en « Paris » et « la province ».
4 On entend à la radio : « L'autoroute A 6 est bouchée dans le sens Paris-province »;
5 ou encore : – « Jean-Pierre ? Oh, il habite la province. »
6 Il peut vivre à Marseille dans le Midi,
à Strasbourg en Alsace, (WL2)
7 au Havre dans le Nord
ou encore au diable vauvert (2)
8 mais c'est encore et toujours la province !
9 Cependant, les régions de France sont riches en histoire, en traditions, en couleur locale ; (3)
10 un Bourguignon ou un Breton,
un Basque ou un Provençal
11 vous parleront de leur « pays » et en effet, ils sont bien plus que de simples « régions » ; (4)

Notes
(1) Das satirische Zitat stammt aus einem Theaterstück von Molière: Hors de Paris, il n'y a point de salut pour les honnêtes gens. Le salut 'das Heil', l'Armée du Salut 'die Heilsarmee'. Salut ! kann als Begrüßung oder zum Abschied unter Freunden und Bekannten benutzt werden. Hingegen wird Tchao ! – die französische Version von 'Ciao!' – nur als Abschiedsgruß verwendet.

31. LEKTION

Außerhalb von Paris gibt es kein Heil ...

1 – Ah, Sie sind Franzose? Sie kommen also aus Paris!
2   Wie oft habe ich diese Bemerkung (Überlegung) gehört?
    Für viele Ausländer ist Frankreich Paris.
3   Wohlgemerkt, die Franzosen selbst tragen dazu bei:
    Sie unterteilen ihr Land in "Paris" und "die Provinz".
4   Im Radio hört man: "Auf der Autobahn A6 gibt es einen Stau
    von Paris in Richtung Provinz";
5   oder auch: – "Jean-Pierre? Oh, der wohnt in der Provinz."
6   Er mag in Marseille im Süden, in Straßburg im Elsass,
7   in Le Havre im Norden oder in Hintertupfingen wohnen,
8   aber es ist und bleibt "die Provinz"!
9   Die Regionen Frankreichs sind jedoch reich an Geschichte,
    an Traditionen und Lokalkolorit;
10 ein Burgunder oder ein Bretone,
    ein Baske oder ein Provenzale
11 werden Ihnen von ihrem "Land" erzählen, und es sind in
    der Tat mehr als bloße "Regionen";

Notes

(2) Der Ursprung dieses Ausdrucks ist ziemlich umstritten, seine Bedeutung ist aber klar: 'am Ende der Welt, ganz weit draußen'. Franzosen haben für abgelegene, uninteressante Orte weitere fantasievolle Namen: **Pétaouchnok**, **Trifouillis/Trifouilly les Oies**, **trou perdu** und viele andere, oder sehr familiär **au trou du cul du monde**, was dem deutschen 'am Arsch der Welt' entspricht.

(3) Während man im Deutschen in einer Aufzählung 'und' vor das letzte Element setzt, ist **et** im Französischen nicht unbedingt notwendig, vor allem kann man damit betonen, dass eine Aufzählung länger sein könnte und nicht unbedingt vollständig ist.

(4) **Ils ont ôté leur casquette** 'Sie haben Ihre Mütze abgenommen'. **Ils éteignirent leur portable** 'Sie haben ihre Handys ausgemacht'. Das Possessivpronomen und das dazugehörige Substantiv stehen wie im Deutschen im Singular, sonst würde es bedeuten, dass jeder mehrere Mützen trüge und mehrere Handys besitzen würde. Wenn wir jedoch eine gewisse Vielfalt unterstreichen wollen, verwenden wir den Plural: **Les commerçants ouvrirent leurs boutiques à neuf heures** bedeutet, dass es verschiedene Arten von Händlern gab und entsprechend verschiedene Arten von Geschäften. Der Plural wird auch gebraucht, um lächerliche Situationen zu vermeiden: **Les femmes peuvent amener leurs maris** heißt natürlich, dass jede Frau ihren jeweiligen Ehemann mitbringen kann.

12 ils font de la France l'un des pays les plus diversifiés d'Europe. (5)
13 Si vous le permettez, nous allons partir de Paris ensemble pour découvrir cette « province »
14 dont on parle tant et que l'on connaît si mal. (6)
15 Vous verrez que, comme a dit un auteur français,
16 La France est le seul pays du monde où, si vous ajoutez dix citoyens à dix autres, (7)
17 vous ne faites pas une addition mais vingt divisions.

Comprenez-vous ces phrases ?
1. Combien de fois ai-je entendu cette réflexion ! 2. Bon nombre d'étrangers pensent que la France, c'est Paris. 3. L'année dernière, il est allé en Allemagne, en Angleterre, au Danemark et au Portugal. 4. Si vous le permettez, nous allons changer de sujet. 5. Nous sommes partis au diable vauvert chercher sa maison. 6. C'est un pays dont on parle beaucoup mais qu'on connaît mal.

Trouvez les mots manquants

1 Diese Regionen machen Frankreich zu einem sehr abwechslungsreichen Land.

Ces régions . . . . . . la France un pays très diversifié.

2 Bevor sie eintraten, haben sie ihren Mantel ausgezogen.

Ils ont enlevé . . . . avant d'entrer.

3 Er ist viel mehr als ein einfacher Musiker.

Il . . . . qu' . . . . musicien.

12 sie machen Frankreich zu einem der abwechslungsreichsten Ländern Europas.
13 Wenn Sie einverstanden sind, werden wir gemeinsam Paris verlassen, um diese "Provinz" zu entdecken,
14 von der man so viel spricht, aber über die man so wenig weiß.
15 Sie werden sehen, dass, wie ein französischer Autor sagte,
16 Frankreich das einzige Land auf der Welt ist, in dem man, wenn man zehn Bewohner zu zehn anderen hinzufügt,
17 keine Addition, sondern zwanzig Divisionen, erhält.

Notes
(5) Beachten Sie die Konstruktion **Qu'est-ce que tu vas faire de ce vieux truc ?** 'Was wirst du mit diesem alten Ding tun?' oder **Il a fait de sa société l'une des plus grandes entreprises du pays** 'Er hat seine Firma zu einem der bedeutendsten Unternehmen des Landes gemacht.' **Ils ont fait de ce restaurant une merveille de la nouvelle cuisine** 'Sie haben aus diesem Restaurant ein Wunder der nouvelle cuisine gemacht.' Achten Sie auf die Wortstellung.

(6) In der Umgangssprache kann man anstelle von ... **que l'on connaît si mal** auch ... **qu'on connaît si mal** sagen.

(7) ... oder **le seul pays au monde**.

Avez-vous compris les phrases ?
1. Wie oft habe ich diese Bemerkung gehört! **2**. Zahlreiche Ausländer denken, dass Frankreich Paris ist. **3**. Letztes Jahr ist er nach Deutschland, nach England, nach Dänemark und nach Portugal gereist. **4**. Wenn Sie einverstanden sind, dann wechseln wir das Thema. **5**. Wir sind bis ans Ende der Welt gegangen, um sein/ihr Haus zu finden. **6**. Das ist ein Land, von dem man viel spricht, aber das man wenig kennt.

4 Das ist ein Film, über den man viel gesprochen hat.

C'est un film . . . . beaucoup . . . .

5 Wenn Sie einverstanden sind (es erlauben), dann werden wir Paris verlassen.

Si . . . . nous allons sortir de Paris.

Les mots manquants 1. font de **2**. leur manteau **3**. est bien plus - un simple **4**. dont on a - parlé **5**. vous le permettez.

LEÇON 31

TRENTE-DEUXIÈME (32ᵉ) LEÇON

La Bretagne

1 Nous vous avions promis de visiter quelques regions de France. Eh bien, pour notre premier voyage, allons en Bretagne. (1)
2 Cette péninsule, située au Nord-Ouest de la France, lui fut rattachée en 1491.
3 Cette année-là, la duchesse Anne de Bretagne épousa le roi de France, Charles VIII, puis, plus tard, Louis XII. (2)
4 Elle apporta la Bretagne en dot ; ce fut un cadeau magnifique. (3)
5 Terre relativement pauvre, mais splendide, de landes et de granit, peuplée de Celtes ombrageux et romantiques, (4)
6 la Bretagne est surtout un pays de marins. Ils furent corsaires, pirates, découvreurs, (5/6)
7 ils restent parmi les meilleurs pêcheurs du monde.
8 Qu'ils soient des champs (artichauts/oignons/choux-fleurs), ou de bord de mer (pêche et tourisme),
9 les Bretons sont fiers et secrets, se réfugiant volontiers dans le particularisme de leur langue et de leur culture.

Notes

(1) Gelegentlich finden Sie ein Plusquamperfekt, wo Sie eigentlich ein passé composé erwarten würden. Es gibt zwei Ausdrucksmöglichkeiten mit dem Verb promettre: Je vous ai promis de le faire 'Ich habe Ihnen versprochen, es zu tun' oder Je vous ai promis que je le ferais.

(2) marier 'jmdn. trauen, verheiraten' ist ein transitives Verb: Le curé maria le couple 'Der Priester traute das Paar'. Es wird aber auch reflexiv gebraucht: Ils se sont mariés à l'église 'Sie haben kirchlich geheiratet'. Wir sagen auch: Jean s'est marié avec la fille du maire 'Jean hat die Tochter des Bürgermeisters geheiratet'. Hier ist es jedoch einfacher, das Verb épouser zu verwenden: Elle épousa le roi de France 'Sie hat den König von Frankreich geheiratet'. Für 'ein Gemahl/eine Gemahlin' kann man un époux/une épouse verwenden, was jedoch in der Umgangssprache immer weniger geläufig ist.

32. LEKTION

Die Bretagne

1 Wir hatten Ihnen versprochen, einige Regionen Frankreichs zu besuchen. Gut, fahren wir also für unsere erste Reise in die Bretagne.
2 Diese Halbinsel, im Nordwesten Frankreichs gelegen, wurde Frankreich 1491 angegliedert.
3 In jenem Jahr heiratete die Herzogin Anne aus der Bretagne den König von Frankreich, Karl VIII. und später König Ludwig XII.
4 Sie brachte die Bretagne als Mitgift mit; das war ein wunderschönes Geschenk.
5 Mit einem relativ armen Boden, aber herrlich [bewachsen mit] Heide und [reich an] Granit, bevölkert von misstrauischen und romantischen Kelten,
6 ist die Bretagne vor allem ein Land der Seeleute. Sie waren Freibeuter, Piraten und Entdecker,
7 sie gehören nach wie vor zu den besten Fischern der Welt.
8 Ob sie auf dem Feld arbeiten (Artischocken, Zwiebeln, Blumenkohl) oder vom Meer leben (Fischfang und Tourismus),
9 die Bretonen sind stolz und geheimnisvoll und suchen gerne Zuflucht bei den Eigenheiten ihrer Sprache und ihrer Kultur.

Notes

(3) **une dot** (gesprochen [*dot*]!) 'eine Mitgift'. Zwar bedeutet **doter** wörtlich 'jmdn. ausstatten mit'. Sie finden es aber häufig in folgendem Zusammenhang (besonders in der Form **doté**): Cette école est dotée d'un laboratoire de langues 'Diese Schule ist mit einem Sprachlabor ausgestattet'.

(4) **une ombre** 'ein Schatten'; **sans l'ombre d'un doute** 'ohne den leisesten Zweifel'. Il a **trente degrés à l'ombre** 'Es sind 30 Grad im Schatten'; **ombragé** 'schattig'. Das Adjektiv **ombrageux** 'argwöhnisch, misstrauisch' beschreibt Menschen, die schnell etwas übel nehmen.

(5) Der unbestimmte Artikel wird vor Berufsbezeichnungen meist weggelassen: **Il a été nommé directeur** 'Er wurde zum Direktor ernannt'; **Comme directeur il est très efficace** 'Als Direktor ist er sehr effizient'. Ebenso vor Nationalitätsbezeichnungen: **Sa femme est Argentine** 'Seine Frau ist Argentinierin'. Beachten Sie die beiden Möglichkeiten **Il est Anglais** oder **C'est un Anglais**.

(6) **un corsaire** hat nichts mit **la Corse** 'Korsika' zu tun. Es ist das alte Wort für **un coursier** 'ein Laufbursche'. **Le corsaire** war ein (Privat-)Schiff, das die Genehmigung hatte, feindliche Schiffe zu kapern oder zu zerstören. Der Gewinn wurde zwischen dem König, dem Kapitän und der Mannschaft aufgeteilt. Später bezeichnete das Wort **corsaires** die Mannschaftsmitglieder.

10 Assez réservés, si vous savez les comprendre et les apprivoiser, vous vous en ferez des amis fidèles, joyeux, mais... susceptibles ! (7)
11 Tous les Bretons emploient le français dans la vie quotidienne.
12 Voici, cependant, deux mots bretons utiles qui vous procureront un petit succès à coup sûr : (8)
13 Démad déoc'h 'Bonjour à vous' et Kénavo 'au revoir'.

Comprenez-vous ces phrases ?

1. C'est un Français et sa femme est Espagnole. **2.** La voiture est dotée d'un équipement très sophistiqué. **3.** Elle reste parmi les régions les plus pauvres. **4.** Prenez le cheval et faites-en ce que vous pouvez : essayez de l'apprivoiser. **5.** Il serait volontiers parti avec nous s'il avait pu. **6.** Ils arriveront après le match à coup sûr !

Complétez les phrases suivantes

1 Anne heiratete den König und brachte die Bretagne als Mitgift mit; das war ein herrliches Geschenk.

Anne . . . . . . le roi et . . . . la Bretagne en dot. . . . . . . un cadeau splendide.

2 Er ist der Direktor der Fabrik, und (er ist) ein sehr tüchtiger Direktor.

Il . . . . de l'usine et . . ' . . . . . directeur très efficace.

3 Sie versprachen uns, dass sie kommen würden.

Ils . . . . qu'ils . . . .

4 Vorgestern waren es in Südfrankreich 40 Grad im Schatten.

Avant-hier il . . . . . . 40° à . . ' . . . . . dans le Midi.

5 Egal, was er macht, er sera toujours critiqué.

Quoi . . ' . . . . , il sera toujours critiqué.

10 Sie sind ziemlich zurückhaltend, aber wenn Sie sie verstehen und für sich gewinnen können, werden Sie in ihnen treue, fröhliche, aber ... empfindsame Freunde finden!
11 Alle Bretonen verwenden im Alltagsleben Französisch.
12 Hier sind jedoch zwei nützliche bretonische Ausdrücke, die Ihnen ganz sicher einen kleinen Erfolg verschaffen werden:
13 Démad déoc'h 'Guten Morgen' und Kénavo 'Auf Wiedersehen'.

Notes
(7) Auf Tiere bezogen bedeutet **apprivoiser** 'zähmen'; in Bezug auf Personen bedeutet es 'jmdn. für sich gewinnen, jmdn. umgänglich machen".
(8) Eine andere Verwendung von **coup**. **Il gagnera à coup sûr** 'Er gewinnt ganz bestimmt'. Im Allgemeinen finden wir diesen Ausdruck in Verbindung mit dem Futur.

Avez-vous bien compris les phrases ?
1. Er ist Franzose, und seine Frau ist Spanierin. **2.** Das Auto ist mit einer sehr ausgeklügelten Einrichtung ausgestattet. **3.** Sie bleibt eine der ärmsten Regionen. **4.** Nehmen Sie das Pferd, und machen Sie damit, was Sie können: Versuchen Sie, es zu zähmen. **5.** Er wäre gerne mit uns gegangen, wenn er gekonnt hätte. **6.** Sie werden ganz sicher nach dem Spiel ankommen!

Les mots manquants 1. épousa - apporta - Ce fut **2.** est directeur - c'est un **3.** nous ont promis - viendraient **4.** faisait - l'ombre **5.** qu'il fasse.

TRENTE-TROISIÈME (33ᵉ) LEÇON

Une question de mots

1 J'ai des problèmes, vous savez. Je suis non seulement myope mais (aussi) daltonien ; (1)
2 en plus j'ai une calvitie avancée - c'est pourquoi je porte une perruque. (2)
3 Malgré des consultations hebdomadaires chez un spécialiste, ça ne s'améliore pas. (3/4/5)
4 La dernière fois, il m'a défendu de boire du café lyophilisé ! (6)
5 En conduisant par temps neigeux, n'oubliez pas de regarder souvent dans le rétroviseur (7)
6 et de rétrograder avant de freiner ; cela vous évitera des accrochages. (8/9)
7 Tu parles d'une distraction! Nous devons sortir ce weekend (10)
8 et j'ai le choix entre un concours hippique,
9 une exposition d'horticulture ou une exposition canine. (11)

Das Französische hat – wie bereits erwähnt – einen klassischen Ursprung: Viele Wörter stammen aus dem Lateinischen und manche aus dem Griechischen (Vorsilben, Nachsilben usw.). Im Deutschen haben wir für ein französisches Wort oft zwei Wörter: eines mit germanischen Wurzeln und eines mit lateinischen oder griechischen. Dies lässt die französische Sprache manchmal etwas förmlich erscheinen. In dieser Lektion werden wir Sie mit einigen geläufigen Ausdrücken vertraut machen.

Notes

(1) Die deutschen Wörter 'Myopie' und 'Daltonismus' (vom engl. Chemiker John Dalton, der seinen eigenen Fall beschrieben hat) werden nur im wissenschaftlichen Bereich verwendet. Das Gegenteil von myope ist presbyte 'weitsichtig'.

(2) être chauve 'kahl sein'. Die lateinische Wurzel ist *calvus*, also ist la calvitie 'die Kahlköpfigkeit'. Aveugle bedeutet 'blind' und kommt aus dem Griechischen, aber das lateinische Wort ist *coecus*, also ist 'die Blindheit' la cécité.

(3) consulter un médecin 'einen Arzt konsultieren/aufsuchen'.

33. LEKTION

Eine Frage von Wörtern

1 Ich habe Probleme, wissen Sie. Ich bin nicht nur kurzsichtig, sondern auch farbenblind;
2 und außerdem werde ich kahl – deswegen trage ich eine Perücke / ein Toupet.
3 Trotz wöchentlicher Konsultationen bei einem Spezialisten wird es nicht besser.
4 Das letzte Mal hat er mir verboten, gefriergetrockneten [löslichen] Kaffee zu trinken!
5 Wenn Sie bei Schnee fahren, vergessen Sie nicht, oft in den Rückspiegel zu sehen
6 und vor dem Bremsen herunterzuschalten; dadurch werden Sie Auffahrunfälle vermeiden.
7 Du sprichst von Abwechslung! Wir wollten eigentlich dieses Wochenende ausgehen,
8 und ich habe die Wahl zwischen einer Pferdeschau,
9 einer Gartenschau und einer Hundeausstellung.

Notes

(4) hebdomadaire 'wöchentlich' vom griechischen *hebdomas* 'eine Woche'; un hebdomadaire 'eine Wochenzeitschrift/-zeitung'; quotidien 'täglich'; mensuel 'monatlich'; annuel 'jährlich'.

(5) s'améliorer 'sich verbessern, besser werden' vom lateinischen *melior* 'besser' (meilleur auf Französisch).

(6) Das Adjektiv lyophilisé aus zwei griechischen Wörtern beschreibt ein Verfahren, mit dem man z.B. Pulverkaffee herstellt. Zuerst wird er gefroren, dann getrocknet – daher 'gefriergetrocknet'.

(7) rétro- '(zu)rück-' + vidéo 'ich sehe' = un rétroviseur 'ein Rückspiegel'. Wie Sie vielleicht schon gemerkt haben, sind Lateinkenntnisse von großer Hilfe, aber selbst wenn Sie kein Latein können, ist es einfach, einige Vor- und Nachsilben zu lernen, und die Wurzeln vieler Wörter sind wie im Deutschen.

(8) rétro + *gressus* 'gehen' = rétrograder 'zurückschalten'. une vitesse 'ein Gang'; la boîte de vitesses 'die (Gang-)Schaltung'; passer une/les vitesses '(in einen anderen Gang) schalten'.

(9) un accrochage ist etwas salopper für 'ein leichter (Auto-)Unfall'.

(10) la distraction 'die Ablenkung, Abwechslung, Unterhaltung', aber auch 'die Unaufmerksamkeit, Zerstreutheit'.

(11) Die Deutschen vermeiden lateinische oder griechische Wörter in der Alltagssprache: Sie sagen 'eine Pferde-, eine Garten-, eine Hundeausstellung' und dies, obwohl wir im Deutschen auch die Wörter 'Hippodrom', 'Hortikultur' und 'Kaniden' haben.

LEÇON 33

10 Faites attention !
L'eau dans les trains n'est pas potable. (I2)

11 J'ai acheté un service de couteaux
en acier inoxydable. (I3)

12 La police a relevé des empreintes digitales
sur les lieux du crime.

13 C'est un pays qui doit se situer quelque part
en Afrique australe. (I4)

14 Tous ces mots peuvent vous paraître bien compliqués
15 mais ne vous en faites pas ;
rappelez-vous ce qu'on dit :

16 « Ce n'est qu'une question de mots.
Il n'y en a jamais eu d'autres en France. » (I5)

Comprenez-vous ces phrases ?
1. Malgré des améliorations, il y a encore beaucoup à faire. 2. Tu parles d'une distraction ! La pièce était franchement ennuyeuse. 3. Je devais sortir ce weekend, mais j'ai la grippe. 4. Pourquoi portez-vous des lunettes ? Êtes-vous myope ou presbyte ? 5. Il faut être prudent en conduisant par temps pluvieux. 6. Attention ! Cette eau n'est pas potable.

Trouvez les mots manquants

1 Sie verboten ihm, nach acht Uhr abends auszugehen.

Ils . . . . de sortir après vingt heures.

2 Es mag Ihnen sonderbar erscheinen, aber es ist wahr.

Ça . . . . vous . . . . curieux, mais c'est vrai.

3 Sorge dich nicht um ihn; er wird es schaffen.

Ne t' . . . . . . pas pour lui ; il se débrouillera.

cent vingt-huit • **128**

10 Passen Sie auf! Das Wasser im Zug ist kein Trinkwasser.
11 Ich habe einen Satz rostfreie Stahlmesser gekauft.
12 Die Polizei hat Fingerabdrücke am Ort des Verbrechens genommen.
13 Das ist ein Land, das irgendwo im Süden Afrikas liegen muss.
14 All diese Wörter erscheinen Ihnen vielleicht sehr kompliziert,
15 aber seien Sie nicht beunruhigt: Erinnern Sie sich an Folgendes (was man sagt):
16 "Es ist nur eine Frage von Wörtern.
Es hat niemals andere auf Französisch (in Frankreich) gegeben."

Notes
(12) **l'eau potable** 'Trinkwasser'. **potable** bedeutet 'gefahrlos trinkbar'. Ein anderes Wort für 'trinkbar' ist **buvable**; es meint, dass etwas geschmacklich in Ordnung ist bzw. gut schmeckt: **un vin buvable** 'ein wohlschmeckender Wein'.
(13) **la rouille** 'der Rost, die Oxydierung'; **l'acier inoxydable** 'rostfreier Stahl', in der Umgangssprache einfach **l'inox**.
(14) Wir kennen **le Nord, le Sud, l'Ouest** und **l'Est**, aber in den Adjektiven finden wir den lateinischen Ursprung: **septentrional** 'nördlich', **austral** 'südlich', **oriental** 'östlich' und **occidental** 'westlich'. Bei Ländernamen benutzt man jedoch die erste Form: **l'ex Allemagne de l'Est** 'das ehemalige Ostdeutschland', **l'Afrique du Sud** 'Südafrika', **la Corée du Nord** 'Nordkorea'.
(15) Zitat des Dramatikers und Journalisten **Robert de Flers** (1872-1927).

Avez-vous tout compris ?
1. Trotz einiger Verbesserungen gibt es noch viel zu tun. **2.** Du sprichst von Unterhaltung! Das Stück war wirklich langweilig. **3.** Ich wollte eigentlich an diesem Wochenende ausgehen, aber ich habe eine Grippe. **4.** Warum tragen Sie eine Brille? Sind Sie kurz- oder weitsichtig? **5.** Man muss vorsichtig sein, wenn man bei Regen fährt. **6.** Achtung! Dieses Wasser ist kein Trinkwasser.

4 Denken Sie daran, was ich Ihnen gesagt habe.

. . . . -vous . . . . . je vous ai dit.

5 Es hat nie Probleme mit seiner Gesundheit gegeben.

Il n' . . jamais . . de problèmes avec sa santé.

Les mots manquants 1. lui ont défendu **2.** peut - paraître **3.** en fait **4.** Rappelez - ce que **5.** y a - eu.

LEÇON 33

TRENTE-QUATRIÈME (34ᵉ) LEÇON

Il n'y a pas toujours d'équivalent

1 Dans chaque langue, il existe des mots qui désignent des choses ou des coutumes (1)
2 propres à chaque pays et pour lesquels il n'y a pas toujours d'équivalent. Regardez ces phrases : (2)
3 Présentez-vous à la mairie avec votre carte d'identité, votre livret de famille et un extrait de casier judiciaire. (3)
4 Pour téléphoner, faut-il des jetons ou des pièces? (4)
5 N'oublie pas de t'arrêter à la charcuterie en revenant ; il nous faut des cochonnailles pour ce soir. (5)
6 Pour acheter la vignette de votre voiture, vous devez vous rendre dans un bureau de tabac (6/7)
7 avec la carte grise de votre véhicule. (8)
8 Pouvez-vous mettre un peu de chauffage ? Je suis frileux. (9)
9 L'entreprise sera fermée le vendredi 22 ; les employés font le pont. (10)

Notes

(1) Beachten Sie, dass das Verb **exister** im Singular gebraucht wird, wenn es *vor* dem Subjekt steht: **Il existe des mots.** Wenn es *dahinter* steht, wird es angeglichen: **des mots existent**.

(2) propre 'eigen': **mon propre appartement** 'meine eigene Wohnung'; **Il a ses propres chaussures de ski** 'Er hat seine eigenen Skischuhe'. Der Ausdruck **propre à** (der ebenfalls angeglichen wird) bedeutet 'typisch für, ihm/ihr eigen': **Il a un style propre à lui** 'Er hat seinen eigenen Stil.'

(3) **une carte d'identité** 'ein Personalausweis'. Ausländische Bürger haben eine **carte de séjour** 'Aufenthaltsgenehmigung'. Bei einer Heirat erhält man **un livret de famille** 'ein Familienstammbuch'.

(4) **un jeton** ist eine Spiel- oder Wertmarke (oft für Automaten, früher auch für das Telefonieren). Das Wort wird oft [*sch'ton*] ausgesprochen. **Avoir les jetons** bedeutet aber 'Angst haben, Manschetten vor etw. haben': **Il m'a flanqué les jetons** 'Er hat mich erschreckt'. **Un faux-jeton** ist 'ein Scheinheiliger, eine heuchlerische Person'.

34. LEKTION

Es gibt nicht immer den entsprechenden Ausdruck

1 In jeder Sprache gibt es Wörter, die Dinge oder Gebräuche bezeichnen,
2 die jedem Land eigen sind und für die es nicht immer eine Entsprechung gibt. Sehen Sie sich diese Sätze an:
3 Sprechen Sie im Rathaus mit Ihrem Personalausweis, Ihrem Familienstammbuch und Ihrem polizeilichen Führungszeugnis vor.
4 Braucht man zum Telefonieren Automatenmünzen oder Geldmünzen?
5 Vergiss nicht, auf dem Rückweg bei der Wurstwarenhandlung haltzumachen; wir brauchen Aufschnitt für heute Abend.
6 Um die Steuermarke für Ihr Auto zu kaufen, müssen Sie in einen Tabakladen gehen
7 und Ihren Kraftfahrzeugbrief mitnehmen.
8 Können Sie ein wenig die Heizung anstellen? Ich friere so leicht.
9 Die Firma wird am Freitag, den 22., geschlossen sein; die Angestellten haben ein verlängertes Wochenende.

Notes
(5) **la charcuterie** ist sowohl das Geschäft, in dem Sie Wurstwaren kaufen, als auch ein Sammelbegriff für alle leckeren 'Schweinereien', **les cochonnailles**, wie z. B. **du pâté, des saucissons, du jambon de pays, du fromage de tête** 'Pastete, (Trocken-)Wurst, Landschinken, Sülze'.
(6) In der Schweiz müssen Fahrzeughalter **une vignette** 'eine Steuermarke' kaufen, um die Autobahnen benutzen zu können. Sie wird **sur le pare-brise** 'auf die Windschutzscheibe' geklebt. In Frankreich ist die Vignette für alle Privatfahrzeuge ab dem Jahr 2000 nach und nach abgeschafft worden.
(7) Diese Einrichtung wird einfach **un tabac** genannt; es ist oft **un café** 'eine Kneipe, ein Bistrot' mit einer Spezialtheke für Tabakwaren und manchmal auch für Pferdewetten, **P.M.U. (Pari Mutuel Urbain), Loto** und **un point presse** (für Zeitungen und Zeitschriften).
(8) **la carte grise (du véhicule)** entspricht unserem '(Kraftfahrzeug)brief'.
(9) Im Französischen gibt es einige Adjektive, die einen länger andauernden Zustand beschreiben. Man sagt z. B. **il a froid** für 'er/sie friert', aber **il/elle est frileux/frileuse** für eine Person, die leicht friert. Andere Beispiele: **il a peur** 'er/sie hat Angst', aber **il/elle est peureux/peureuse** 'er/sie ist ein ängstlicher Mensch'.
(10) Die offiziellen Feiertage heißen **les jours fériés**. Wenn sie auf einen Dienstag oder Donnerstag fallen, ist es üblich, den davor liegenden Montag bzw. den nachfolgenden Freitag freizunehmen. Man nennt dies **faire le pont** 'einen Brückentag nehmen'.

10 Surtout ne va pas voir ce dentiste ; il prend très cher et il n'est pas conventionné. (11/12)
11 Il ne gagne pas gros. Il est payé au SMIC, (13)
12 mais il fait des économies à la maison ; c'est un bricoleur-né. (14)
13 – Désirez-vous prendre l'apéritif ?
  – Non, merci.
  – Alors, nous passerons tout de suite aux hors-d'oeuvre.

Comprenez-vous ces phrases ?
1. J'ai acheté des jetons pour le téléphone mais il est en panne. 2. N'oubliez pas de prendre le journal en revenant. 3. Il doit se rendre à la mairie à trois heures. 4. Ne lui racontez pas des histoires de fantômes. Elle est peureuse. 5. Surtout ne lui dites pas que j'ai oublié d'acheter la vignette ! 6. Ce sont des coutumes propres à son pays.

Trouvez les mots manquants

1 Es existieren drei verschiedene Modelle.

. . . . trois modèles différents.

2 Ich bin zum Museum gegangen, aber es war geschlossen.

Je . . . . au musée, mais il était fermé.

3 Braucht man für den Kaffeeautomaten Marken oder Münzen?

Pour la machine à café . . . . - . . des . . . . . .
ou des . . . . . . ?

10 Geh nur nicht zu diesem Zahnarzt; er verlangt sehr viel Geld und richtet sich nicht nach der kassenärztlichen Tarifliste.
11 Er verdient nicht viel. Er bekommt den Mindestlohn,
12 aber er spart zu Hause; er ist handwerklich sehr begabt (ein geborener Handwerker).
13 – Wünschen Sie einen Aperitif?
   – Nein, danke.
   – Dann beginnen wir gleich mit der Vorspeise.

Notes
(I1) **Il m'a pris vingt euro pour la réparation** 'Er hat 20 Euro für die Reparatur verlangt'. Ist etwas sehr teuer, können Sie sagen: **Ça coûte une fortune** 'Das kostet ein Vermögen'.
(I2) **une convention** 'eine Vereinbarung, ein Abkommen'. Die meisten französischen Ärzte richten sich nach einer vom Staat vorgegebenen Tarifliste. Sie werden **médecins conventionnés** genannt.
(I3) **le SMIC** steht für **le salaire minimum interprofessionnel de croissance** 'der tarifliche Mindestlohn'.
(I4) Eine typische Freizeitbeschäftigung ist **le bricolage** 'das handwerkliche Arbeiten zu Hause'; **des bricoleurs-né/des bricoleuses-nées** 'geborene Handwerker/-innen'. Achten Sie auf den **trait d'union** 'Bindestrich' zwischen den beiden Elementen.

Avez-vous bien compris?
1. Ich habe Münzen für das Telefon gekauft, aber es ist defekt. **2.** Vergessen Sie nicht, auf dem Rückweg die Zeitung mitzunehmen. **3.** Er muss sich um drei Uhr zum Rathaus begeben. **4.** Erzählen Sie ihr keine Geistergeschichten. Sie ist ängstlich. **5.** Sagen Sie ihm nur nicht, dass ich vergessen habe, die Steuermarke zu kaufen! **6.** Dies sind Gebräuche, die seinem/ihrem Land eigen sind.

4 Er verlangte zu viel für seine Arbeit.
Il . . . . pour son travail.

5 Sprechen Sie mit Ihrer Aufenthaltsgenehmigung im Rathaus vor.
Présentez-vous . . . . avec votre . . . . .
de . . . .

Les mots manquants 1. Il existe **2.** me suis rendu **3.** faut-il - jetons - pièces **4.** prenait trop cher **5.** à la mairie - carte - séjour.

LEÇON 34

TRENTE-CINQUIÈME (35ᵉ) LEÇON

Révisions et notes

> Da Sie bereits fortgeschritten sind, sind die Übersetzungen der Texte teilweise etwas freier formuliert. Bestimmt kommen Sie damit gut zurecht. Dieser Kurs präsentiert Ihnen die Sprache so, wie die Franzosen sie im Alltag sprechen. Schauen Sie den Franzosen, wenn Sie mit ihnen kommunizieren, ruhig sehr genau "aufs Maul".

1. Historische Vergangenheit

Dies ist die letzte wichtige Zeitform, die Sie kennen sollten. Sie wird in der gesprochenen Sprache nie gebraucht, und auch in der modernen Schriftsprache wird sie immer seltener. Diese Zeitform der Vergangenheit hat mehrere Namen (**le prétérit**, **le passé simple**, **le passé défini**), wir nennen sie 'historische Vergangenheit'. Wie wird sie gebildet?

Nehmen wir als Beispiel das Verb **donner** 'geben':

je	donn-**ai**
tu	donn-**as**
il/elle	donn-**a**
nous	donn-**âmes**
vous	donn-**âtes**
ils/elles	donn-**èrent**

Besonderheiten:

a) Es gibt keine Ausnahmen.

b) Beachten Sie den **accent circonflexe** bei der Endung der 1. und 2. Person Plural.

c) Endet der Stamm…

… auf **g** (z. B. **manger** 'essen'), setzt man ein **e** vor das **a**, um den Laut [ʃ] zu erhalten:
- je mangeai,
- il mangea, usw.

… auf **c** (z. B. **commencer** 'beginnen'), wird der Laut [ß] erhalten, indem unter das **c** eine Cedille gesetzt wird:
- il commança,
- nous commençâmes, usw.

Bei Verben wie **vendre** 'verkaufen' und **finir** 'beenden' (2. Gruppe) werden die folgenden Endungen an den Stamm angefügt:

je	fin-**is**
tu	fin-**is**
il/elle	fin-**it**
nous	fin-**îmes**
vous	fin-**îtes**
ils/elles	fin-**irent**

a) Ausnahmen: lire, mourir, se faire, connaître, courir. Sie haben die gleichen Endungen wie die Verben der 3. Gruppe, also die Verben auf -oir: -us, -us, ut, -ûmes, -ûtes, -urent.
b) Beachten Sie immer den **accent circonflexe** bei der Endung der 1. und 2. Person Plural.
c) Schlagen Sie in der Liste der unregelmäßigen Verben am Ende des Buches nach, dort finden Sie die Konjugationen der Verben **venir** und **avoir**.

Hier die **Passé-simple**-Formen unregelmäßiger Verben wie **boire** und **vouloir**:

je	b-**us**		je	voul-**us**
tu	b-**us**		tu	voul-**us**
il	b-**ut**		il	voul-**ut**
nous	b-**ûmes**		nous	voul-**ûmes**
vous	b-**ûtes**		vous	voul-**ûtes**
ils	b-**urent**		ils	voul-**urent**

Ausnahmen: s'asseoir und voir werden wie die Verben der 2. Gruppe, also die Verben auf -ir, konjugiert.

Diese Auflistung mag Ihnen etwas trocken erscheinen, aber sie bietet Ihnen einen kleinen Überblick über die Bildung dieser Zeitform.

Wenden wir uns noch der Frage zu, wann die historische Vergangenheit gebraucht wird.

Eine einfache Antwort wäre: In der Schriftsprache ersetzt sie das **passé composé**. Das ist richtig, aber sie kommt vor allem in der Sprache der klassischen Literatur vor. Sie beschreibt Handlungen oder Ereignisse, die in der Vergangenheit stattfanden.

Il se leva, prit la bouteille, se versa un verre et le but.
'Er stand auf, nahm die Flasche, goss sich ein Glas ein und trank es.'

Seien Sie jedoch vorsichtig!
Man verwendet die historische Vergangenheit nicht, um eine Situation oder einen Zustand zu beschreiben. Stattdessen benutzt man das Imperfekt:

Il faisait froid et une légère brume tombait sur la ville.
'Es war kalt, und ein leichter Nebel lag über der Stadt.'

Lesen Sie den folgenden Auszug aus einem Kriminalroman. Er gibt Ihnen eine bessere Vorstellung vom Gebrauch der verschiedenen Zeiten.

> Il faisait noir. Legrand attendait impatiemment l'arrivée de l'inspecteur. Il était caché derrière une armoire. Soudain, il entendit des bruits – une voiture s'arrêta, une porte claqua et quelqu'un vint* vers la maison. Legrand voulut crier mais il retint son souffle.** La porte de la chambre s'ouvrit et le truand*** entendit la voix du policier. « Legrand » cria-t-il « j'ai reçu ton message et je suis venu te voir. Que veux-tu ? »

* venir: je vins/tu vins/il vint/nous vîmes/vous vîntes/ils vinrent
** retenir son souffle 'den Atem anhalten'
*** le truand 'der Ganove'.

Lesen Sie den Absatz noch einmal, um sicher zu sein, dass Sie ihn verstanden haben. Achten Sie auf die Verben, die eine Situation oder die Umgebung beschreiben (**imparfait**), auf diejenigen, die die Erzählung fortsetzen (**passé simple**) und auf die Verben im Dialog (**passé composé**).

Sie selbst werden diese Zeitform (außer in Übungen) kaum gebrauchen, und Sie werden sie auch höchstens mitunter in veralteten Redewendungen wie **Il fut un temps...** 'Es war einmal ...' hören. Merkwürdigerweise wird häufig bei der Synchronisierung ausländischer Filme die historische Vergangenheit im Französischen verwendet. So kann es passieren, dass ein Ganove aus Chicago wie Chateaubriand spricht ...

2. Ortsbezeichnungen und ihre Präpositionen

Je nach Ländername werden für 'nach, in, auf' usw. verschiedene Präpositionen benutzt. Hier eine Übersicht:

• Vor weiblichen Ländernamen (Endung -e)* wird **en** verwendet:
Elle va/habite en Allemagne/en Suisse/en Australie.

* Ausnahme: Le Mexique ist männlich > **au Mexique**.

• Vor männlichen Ländernamen (sie enden nicht auf -e) steht **au**, vor Pluralnamen **aux**:
Elle va/habite au Japon, au Portugal, aux États-Unis.

• Auch für die Regionen Frankreichs wird **en** benutzt:
Elle va/habite en Normandie/en Provence (Fem.).

• Für die Namen der Departements wird **dans** benutzt, außerdem muss der bestimmte Artikel stehen:
dans la Nièvre, dans l'Aisne…

Ist der Name des Departements eine Zusammensetzung, wird hingegen **en** verwendet:
en Seine-et-Marne…

• Für die Inseln gibt es keine stringenten Regel.
Meist wird **à** verwendet, aber es gibt auch Ausnahmen. Am besten merken Sie sich die Beispiele jeweils als Einheit:

en Corse, en Sardaigne,
à la Martinique, à la Réunion,
à St-Barthélémy, à Malte, à Chypre…

Es ist nicht schlimm, wenn Sie hier Fehler machen; viele Franzosen sind selbst unsicher bei der Wahl der richtigen Präposition. Wenn Sie häufig Französisch hören und lesen, werden Sie dies mit der Zeit wie von selbst assimilieren. Hier einige Variationen, die Sie antreffen könnten:

(umgangssprachlich)

résider en Corse,	
habiter en Corse,	habiter la Corse
habiter sur l'Île de Beauté,	habiter l'Île de Beauté
aller en Corse	
résider à/sur Belle-Île,	
habiter à/sur Belle-Île,	habiter Belle-Île
aller à/sur Belle-Île	

sur (wörtlich 'auf') ist sonst nicht so genau:
Il habite sur Paris = Es kann sein, dass er direkt in Paris wohnt, es ist aber auch möglich, dass er bei Paris (in einem Vorort) wohnt.

TRENTE-SIXIÈME (36ᵉ) LEÇON

Pas un grand succès... (1)

1 Laurent amena Anne-Marie dans un restaurant qu'il ne connaissait pas
2 mais dont il avait lu une critique élogieuse une semaine auparavant. (2)
3 – Dites-moi, que veut dire : « Homard S.G. » ? demanda Anne-Marie.
   – Ca veut dire que le prix dépend de la grosseur ; (3)
4 plus il est gros, plus il est cher, mais dis-moi « tu », je t'en prie.
   – Si vous... si tu veux. (WL1)
5 A ce moment, le garçon arriva.
   – Que prenez-vous ?
   – Un homard à l'armoricaine pour mademoiselle (4)
6 et une langouste pour moi. Rien avant.
7 – Bien, monsieur. Et que boirez-vous ?
   – Montrez-moi la carte des vins s'il vous plaît.

Notes
(1) Das Adjektiv **grand** wird nicht immer mit 'groß' übersetzt (**un homme grand** 'ein großer Mann'). Kommt jedoch noch ein weiteres Adjektiv hinzu, steht **grand** vor dem Substantiv: **un grand homme blond**, aber **des grandes jambes** 'lange Beine'. **Les grandes vacances** 'die Sommerferien'; **un objectif grand(-)angle** 'ein Weitwinkelobjektiv'; **de grandes pluies** 'heftiger Regen'. **Grand** bedeutet auch 'groß' im Sinne von 'bedeutend': **un grand homme** 'ein bedeutender Mann'. Beachten Sie hier die Position des Adjektivs. **À son grand regret** 'zu seinem/ihrem großen Bedauern'.

36. LEKTION

Kein großer Erfolg …

1 Laurent führte Anne-Marie in ein Restaurant, das er nicht kannte,
2 über das er aber in der Woche zuvor eine schmeichelhafte (lobende) Kritik gelesen hatte.
3 – Sagen Sie, was bedeutet: "Hummer S.G."?
   fragte Anne-Marie.
   – Das bedeutet, dass der Preis gewichtsabhängig ist;
4 je größer er ist, um so teurer ist er,
   aber sag bitte "du" zu mir.
   – Wenn Sie … wenn du willst.
5 In diesem Augenblick kam der Kellner.
   – Was nehmen Sie?
   – Einen Hummer "à l'armoricaine" für die Dame
6 und eine Languste für mich. Nichts vorher.
7 – Gut, mein Herr. Und was möchten Sie trinken?
   – Zeigen Sie mir bitte die Weinkarte.

Notes

(2) Sie haben schon einige Substantive gesehen, deren Bedeutung vom Geschlecht abhängt: **une critique** 'eine Kritik' oder 'eine Rezension'; **un critique** 'ein Kritiker'; **critiquer** oder **faire des critiques** 'kritisieren'; **écrire une critique** 'rezensieren'.

(3) **S.G.** steht für **selon grosseur** 'je nach Größe'. **Gros** bedeutet wörtlich 'dick', es kann aber auch einen Umfang oder eine Größe beschreiben. **Un gros salaire** 'ein hohes Gehalt'; **un gros morceau** 'ein großes Stück'; **un gros pullover** 'ein dicker Pullover'; **acheter en gros** 'in großen Mengen / im Großhandel einkaufen'; **un gros mot** 'ein Schimpfwort'. **La taille** verwendet man für ein Ausmaß; **la longueur** 'die Länge'; **la largeur** 'die Breite/Weite'; **l'épaisseur** 'die Dicke/Höhe', **un brouillard épais** 'ein dichter Nebel'.

(4) **l'Armorique** ist der alte Name für Britannien bzw. **la Bretagne**. Manche Restaurants versuchen, diese Spezialität in der 'Neuen Welt' anzusiedeln, indem sie das Gericht **homard à l'américaine** nennen! Im Französischen werden aus den Namen der Regionen Adjektive oder Substantive gebildet: **un Girondin** ist jemand aus der Gegend von **Bordeaux** im Departement **Gironde**, **un Cévenol** kommt aus **les Cévennes**; **un Savoyard** aus **la Savoie**. Scheuen Sie sich nicht zu fragen, welches Departement gemeint ist, denn nicht jeder ist gut in Geografie! Noch verwirrender kann es sein, wenn dasselbe mit Städtenamen geschieht. Diese abgeleiteten Substantive werden häufig im Radio und Fernsehen verwendet, wenn der Sprecher über Sportmannschaften spricht: **Les Bitterois on gagné hier** '(die Mannschaft aus) Béziers hat gestern gewonnen.'

8 Une demi-heure plus tard le repas arriva...
et il était froid. Laurent s'énerva :
9 – Monsieur, s'il vous plaît. Voulez-vous bien ramener
ceci à la cuisine. Les deux plats sont froids.
10 Pour un restaurant de cette catégorie, ce n'est
franchement pas très sérieux ! (5)
11 Le repas se termina dans un silence glacial...
12 jusqu'au moment où arriva l'addition. (6)
13 – Garçon ! Je crois qu'il doit y avoir une erreur.
– Vraiment ?
14 – Ou bien c'est une erreur ou vous avez inscrit ma
date de naissance.
15 Veuillez vérifier s'il vous plaît. (7)

Notes
(5) Ein typisch französisches Adjektiv mit der wörtlichen Bedeutung 'seriös/ernst', aber gemeint ist meist 'tüchtig, 'gewissenhaft, geschäftskonform, zuverlässig': **une école sérieuse** 'eine gute Schule' **une société sérieuse** 'eine zuverlässige Firma', **un écolier sérieux** 'ein gewissenhafter Schüler'. Im Kontext ist die Bedeutung meistens leicht zu erkennen. Laurents Beschwerde **Ce n'est pas sérieux !**, könnte man im Deutschen etwa mit 'So etwas darf nicht vorkommen!' wiedergeben. **Garder son sérieux** 'ernst bleiben'.

Comprenez-vous ces phrases ?
1. Ce manteau est trop petit. Avez-vous la taille au dessus ? **2.** La boîte fait six centimètres de longueur et cinq d'épaisseur. **3.** Tu peux leur faire confiance; c'est une firme très sérieuse. **4.** Il y a un grand bruit dans le moteur. **5.** C'est une période où on est très calme ; ce sont les grandes vacances. **6.** Veuillez vérifier votre monnaie à la caisse.

Complétez les phrases suivantes
1 Er hat lange Arme, riesige Hände und dicke Finger.

Il a de . . . . . . bras, d'énormes mains et de . . . . doigts.

2 Napoleon war ein bedeutender Mann, aber er war nicht groß!

Napoléon fût un . . . . . homme mais il n'était pas . . . . . !

3 Er lud sie zum Abendessen ein und führte sie in ein gutes Restaurant,

Il l' . . . . . . à dîner, et l' . . . . . dans un grand restaurant

cent quarante • **140**

8 – Eine halbe Stunde später kam das Essen ... und es war kalt. Laurent wurde wütend:
9 – Entschuldigen Sie bitte. Würden Sie dies bitte in die Küche zurückbringen. Beide Gerichte sind kalt.
10 Für ein Restaurant dieser Kategorie ist das wirklich nicht in Ordnung (nicht ernst)!
11 Die Mahlzeit wurde in eisigem Schweigen beendet ...
12 bis zu dem Moment, als die Rechnung kam.
13 – Herr Ober! Ich glaube, hier muss ein Irrtum vorliegen.
    – Wirklich?
14 – Entweder ist es ein Irrtum, oder Sie haben mein Geburtsdatum aufgeschrieben.
15 Überprüfen Sie das bitte.

Notes
(6) Die Konjunktion **où** wird in Verbindung mit Orts- und Zeitangaben benutzt: **L'endroit où il est né** 'Der Ort, an dem er geboren wurde'; **le jour où elle passa l'examen** 'der Tag, an dem sie die Prüfung ablegte'. Verwechseln Sie **où** nicht mit dem Fragewort **ou ?** 'wo?'

(7) Schauen Sie sich den Text und die verschiedenen Wendungen erneut an, mit denen Laurent den Kellner anspricht. Er beginnt höflich: **Voulez-vous bien...** und endet ziemlich forsch: **Veuillez...** Stellen Sie sich die verschiedenen Situationen vor, in denen die jeweilige Wendung angebracht ist.

Avez-vous bien compris?
1. Dieser Mantel ist zu klein. Haben Sie ihn in der nächstgrößeren Größe? **2.** Die Schachtel ist sechs Zentimeter lang und fünf Zentimeter hoch. **3.** Du kannst ihnen vertrauen; es ist eine sehr zuverlässige Firma. **4.** Der Motor macht ein lautes Geräusch. **5.** Das ist ein Zeitraum, in dem man sehr ausgeglichen (ruhig) ist: Es sind Sommerferien. **6.** Überprüfen Sie Ihr Wechselgeld bitte an der Kasse.

4 über das er eine Woche zuvor eine Kritik gelesen hatte.

. . . .   il   . . . .   une critique une semaine auparavant.

5 Was ist das? fragte sie. – Ein Hummer, antwortete er.

Qu'est-ce que c'est ? . . . .-t-. . . . ?
Un homard . . . .-. . .

Les mots manquants 1. grands - gros **2.** grand - grand **3.** invita - amena **4.** dont - avait lu **5.** demanda - elle - répondit - il.

LEÇON 36

TRENTE-SEPTIÈME (37ᵉ) LEÇON

Les râleurs (1)

1 Malheureusement, il n'y avait pas d'erreur dans l'addition et Laurent était furieux.
2 C'était se payer la tête du monde ! Un guet-apens pareil ! (2/3)
3 Non seulement leur cuisine était froide, mais en plus c'était le coup de fusil ! (4)
4 Anne-Marie était, elle aussi, en colère, mais pour une toute autre raison :
5 – Comment ? Tu m'invites à dîner et tu passes toute la soirée à râler comme ça ?
6 Quel mufle ! Raccompagne-moi s'il te plaît.
7 Soudain Laurent éclata de rire et lui dit :
– Ça fait deux fois qu'on se dispute
8 et on se connaît depuis deux jours seulement ! Un bon début, n'est-ce pas ?
9 Anne-Marie se permit un sourire et répondit
– Je boirais bien un café... (5)

Ils se sont battus à coups de poing et à coups de pied

Notes

(1) un **râleur** ist ein notorischer Nörgler, und was macht er? Il **râle** 'er nörgelt/meckert/motzt'.

(2) Die Redewendung **se payer la tête de qqn.** bedeutet 'jmdn. zum Narren halten, sich über jmdn. lustig machen'. **Les passants se sont payé la tête de l'agent** 'Die Passanten haben sich über den Polizisten lustig gemacht'. Alternativ können **se foutre du monde** 'sich über jmdn. lustig machen, jmdn. auf die Schippe nehmen' verwenden.

37. LEKTION

Die Nörgler

1 Leider lag kein Fehler in der Rechnung vor, und Laurent war wütend.
2 Hier wird man wirklich zum Narren gehalten! So eine Abzocke (Hinterhalt)!
3 Ihr Essen war nicht nur kalt, sondern sie haben auch noch gepfefferte Preise!
4 Anne-Marie war auch wütend, aber aus einem ganz anderen Grund:
5 – Was? Du lädst mich zum Essen ein und verbringst den ganzen Abend damit, so zu nörgeln?
6 Was für ein Flegel! Bring mich bitte nach Hause.
7 Plötzlich brach Laurent in Lachen aus und sagte:
 – Jetzt haben wir uns schon zweimal gestritten,
8 und wir kennen uns erst seit zwei Tagen! Ein guter Anfang, nicht wahr?
9 Anne-Marie erlaubte sich ein Lächeln und antwortete:
 – Ich würde gern einen Kaffee trinken ...

Notes

(3) **guet-apens** (Aussprache [*get-apeñ*]) bedeutet eigentlich 'Hinterhalt', wird aber oft für überteuerte Restaurants oder Geschäfte verwendet. Der Plural ist **des guets-apens**. Ein ähnlicher Ausdruck ist **un attrape-nigaud/des attrape-nigauds** 'Bauernfängerei, Gaunerei, Schwindel', **un nigaud** 'ein Depp, Einfaltspinsel'.

(4) Eine sehr bildhafte Wendung: **un coup de fusil** (das l am Ende wird nicht gesprochen!) 'ein Gewehrschuss'; **tirer (un coup de fusil)** 'einen Schuss abgeben' meint hier, dass man 'kalt erwischt' wurde. **Un coup** wird sehr vielfältig gebraucht: **un coup de téléphone/de fil** 'ein Telefonanruf'; **un coup de soleil** 'ein Sonnenbrand'; **un coup de pied** 'ein Fußtritt'; **un coup de poing** 'ein Faustschlag'. Es gibt so viele Verwendungsmöglichkeiten, dass es eine Weile dauern wird, bis Sie alle angetroffen haben werden. Hier sind noch zwei idiomatische Redewendungen: **donner un coup de main à qqn.** 'jmdm. zur Hand gehen/helfen' und **faire les 400 coups** 'immer wieder Dummheiten machen, ständig Mist bauen'. Merken Sie sich auch **un coup d'État** 'ein Staatsstreich'.

(5) **Je mangerais bien qqch.** 'Ich würde gerne etwas essen'; **Je fumerais bien un bon cigare** 'Ich würde gerne eine gute Zigarre rauchen'; **J'irais bien voir ce film** 'Ich würde gerne diesen Film ansehen'. Anstelle der Konditionalform **J'aimerais bien...** + Infinitiv (**J'aimerais bien aller...**) können Sie das Verb selbst in den Konditional setzen.

LEÇON 37

10 Dans un bar très chic, un client commande un magnum de champagne.
11 Une demi-heure après, il commande quelque chose de plus petit et on lui apporte une bouteille.
12 L'ayant terminée, il demande qu'on lui apporte une demi-bouteille. (6/7/8)
13 Tout à coup, d'une voix furieuse il crie :
– Mais c'est un scandale !
14 Garcon ! Expliquez comment cela se fait (9)
15 que moins je bois, plus je suis saoul? (10/11)

Kleine Flaschen- und Champagner-Kunde

Bei Champagner entspricht **un magnum** zwei "normalen" Flaschen bzw. 1,5 Liter. Es gibt noch größere Flaschen:
un Jéroboam = 3 litres ou 4 bouteilles
un Mathusalem = 6 litres ou 8 bouteilles
un Salmanazar = 9 litres ou 12 bouteilles
un Balthazar = 12 litres ou 16 bouteilles
un Nabuchodonosor = 15 litres ou 20 bouteilles

Die kleineren Flaschen sind:
une fillette ou demi-bouteille = 0,375 litres
un quart = environ 0,20 litres

Le Champagne ist ein Schaumwein aus der gleichnamigen Region westlich von Paris, **La Champagne**. La méthode champenoise ist die traditionelle Art und Weise, auf die dieser Schaumwein gekeltert wird. Weine aus anderen Weinanbaugebieten, die auf ähnliche Art gekeltert werden, dürfen sich nicht **Champagne** nennen und werden mit **méthode traditionnelle** etikettiert, was der deutschen 'Flaschengärung' entspricht. Weitere hochwertige französische Schaumweine sind z.B. **Les Crémants**… de Bourgogne, de Loire, d'Alsace, etc.

Die meisten Champagner und französischen Schaumweine werden **brut** 'trocken' angeboten. Steht **sec** auf dem **étiquette**, bedeutet dies, dass der Champagner doppelt so viel (Rest-)Zucker hat. Die Varianten **demi-sec** 'halb-trocken' und **doux** 'süß/weich' sind sehr bzw. sehr, sehr lieblich … À votre santé !

à consommer avec modération…

10 In einer sehr eleganten Bar bestellt ein Kunde eine große Flasche Champagner.
11 Eine halbe Stunde später bestellt er eine etwas kleinere [Flasche], und man bringt ihm diese.
12 Nachdem er sie ausgetrunken hat, bittet er darum, dass man ihm eine halbe Flasche bringt.
13 Plötzlich schreit er mit wütender Stimme:
— Aber das ist ein Skandal!
14 Kellner! Erklären Sie [mir], wie es kommt,
15 dass ich umso betrunkener werde, je weniger ich trinke?

Notes
(6) Vergleichen Sie die Verwendung von **on** in den Sätzen 11 und 12 mit der in den Sätzen 7 und 8. In der gesprochenen Sprache ersetzt **on** häufig **nous**; die korrekte Verwendung ist jedoch die unpersönliche Form wie hier: **on** bezieht sich auf das Personal der Bar.

(7) Denken Sie daran, dass der Konjunktiv gebraucht wird, wenn die jeweilige Handlung noch nicht stattgefunden hat und sie vom Wunsch oder Willen einer anderen Person abhängt (L. 28, Kapitel 3). **Elle lui a demandé son nom** 'Sie hat ihn nach seinem Namen gefragt'. **Elle a demandé que nous arrivions de bonne heure** 'Sie hat uns gebeten, früh zu kommen'. **Nous avons demandé qu'on nous réveille tôt** 'Wir haben darum gebeten, dass man uns frühzeitig wecken soll / frühzeitig geweckt zu werden'. Auf **demander que...** folgt immer ein Pronomen oder ein Substantiv.

(8) Da **demi** vor dem Substantiv steht, wird es nicht angeglichen. **Une demi-heure**, aber **une heure et demie** (nach dem Substantiv). Es gibt auch das unveränderliche **mi-**, das immer durch einen Bindestrich mit dem nachfolgenden Substantiv verbunden ist. **La mi-août** 'Mitte August' und im Sport **la mi-temps** 'die Halbzeit'. **Attention**: Man sagt jedoch **au milieu de l'été, de l'automne, de l'hiver**, etc. ...

(9) **comment cela (ça) se fait que...** ? entspricht 'Wie kommt es, dass ... ?' **Comment se fait-il qu'il n'ait pas le dossier ?** 'Wie kommt es, dass er die Akte nicht hat?' Es steht immer mit dem Konjunktiv. **Comment se faisait-il qu'ils soient armés ?** 'Wie kommt es, dass sie bewaffnet waren?'

(10) **Plus j'essaie, moins je réussis** 'Je mehr ich es versuche, desto weniger Erfolg habe ich'. Vor **plus** oder **moins** steht nie der bestimmte Artikel. Mithilfe dieses Sprichworts können Sie sich die Konstruktion vielleicht besser merken: **Plus on est de fous, plus on rit** 'Je mehr Verrückte da sind, desto lustiger wird es'.

(11) **saoul** [*ßu*] 'betrunken' ist ein Homonym von **sous** 'unter' und der alten Münzeinheit **sou**. Die weibliche Form ist **saoule** [*ßul*].

LEÇON 37

Comprenez-vous ces phrases ?

1. J'ai faim ! Je mangerais bien un sandwich. – Comment ? Tu viens de déjeuner ! **2.** J'avais perdu mon permis – ils se sont payé ma tête au commissariat. **3.** Ne mange pas au nouveau restaurant chinois... c'est le coup de fusil ! **4.** Quel mufle de m'emmener dans un attrape-nigaud pareil. **5.** Nous nous connaissons depuis deux ans et nous nous sommes disputés une fois seulement. **6.** Ils se sont battus à coups de poing et à coups de pied.

Complétez les phrases suivantes

1 Ich habe darum gebeten, dass Sie die Antwort sofort erhalten.

J'ai demandé ... vous .... la réponse tout de suite.

2 Ich würde das Theaterstück gern noch einmal sehen.

J'..... ... . la pièce.

3 Je mehr Sie darauf bestehen, desto weniger Chancen haben Sie, dass es gelingt.

.... vous insistez ..... vous avez de chances de ....

4 Auch Jean war wütend: Die Preise (der Preis) der Speisen waren einfach schockierend.

Jean était, ..., furieux : Le .... des plats était tout simplement scandaleux.

5 Nachdem er die erste ausgetrunken hatte, bestellte er eine weitere Flasche.

Ayant .... / .. la première, il .... / .... une autre bouteille.

6 Achten Sie immer darauf (wissen Sie), unsere Produkte maßvoll zu genießen (verbrauchen).

...... toujours consommer ... . avec modération.

cent quarante-six • 146

Avez-vous tout bien compris ?
1. Ich habe Hunger! Ich würde gern ein Sandwich essen. – Was? Du hast gerade zu Mittag gegessen! **2**. Ich hatte meinen Führerschein verloren; sie haben sich auf dem Polizeirevier über mich lustig gemacht. **3**. Iss nicht in dem neuen chinesischen Restaurant ... sie haben Wucherpreise! **4**. Was für ein Flegel, mich in so einen Schwindel hineinzuziehen. **5**. Wir kennen uns seit zwei Jahren, und wir haben uns erst einmal gestritten. **6**. Sie haben sich mit den Fäusten geschlagen und sich Fußtritte versetzt.

Les mots manquants 1. que - ayez **2**. irais bien revoir **3**. Plus - moins - réussir **4**. lui aussi - prix **5**. terminé / bu - demanda / commanda. **6**. Sachez - nos produits.

Quelques abréviations

Hier eine kleine Auswahl von Abkürzungen, die Sie – auch in diesem Buch – antreffen können.

adj.	=	adjectif ou adjective
adv.	=	adverbe
c.o.d.	=	complément d'objet direct 'Akkusativobjekt'
ex.	=	exemple (auch für exemplaire)
No, N°, no, n°	=	numéro
n. f. / n. m.	=	nom féminin / nom masculin
p.	=	page
pb	=	problème
pr.	=	pronom
qcq.	=	quelconque
qq.	=	quelque
qqch.	=	quelque chose
qqf, qqf.	=	quelquefois
qqn.	=	quelqu'un
qté / qté	=	quantité
sing.	=	singulier
pl.	=	pluriel
m. / masc.	=	masculin
f. / fém.	=	féminin

Les abréviations sont à utiliser avec modération…

LEÇON 37

TRENTE-HUITIÈME (38ᵉ) LEÇON

Il faut s'y faire (1)

1 Nous connaissons bien ce verbe faire ;
  mais nous allons en apprendre d'autres utilisations.
  Lisez plutôt :
2 Quand il fait beau, Paul se lève tôt et va faire
  un tennis au parc à côté. (2/3)
3 Après avoir fait sa toilette, il se fait un café
  et il s'en va.
4 Comme il fait un peu frais aujourd'hui,
  Paul prend sa voiture
5 pour faire les deux kilomètres jusqu'aux
  courts de tennis.
6 Malheureusement, aujourd'hui il y a beaucoup
  de monde et Paul n'a pas fait de réservation.
7 Il va voir le préposé qui, lui, fait le sourd
  et ne répond pas. (4/5/6)
8 Alors Paul n'a qu'à attendre, il n'y a rien à faire. (7/8)

Vous n'y arriverez pas comme ça, laissez moi faire

Notes
(1) Das Verb **faire** kann vielseitig eingesetzt werden; seine Verwendungsmöglichkeiten sind meist leicht herauszufinden und zu behalten, wenn man einige der Grundprinzipien verstanden hat. Sehen Sie sich den Titel an: **se faire à** (beachten Sie die Postposition, und vergleichen Sie mit dem rückbezüglichen Gebrauch in Satz 3) bedeutet 'sich an etw. gewöhnen'. **C'était difficile au début mais je m'y suis fait petit à petit** 'Es war anfangs schwierig, aber ich habe mich allmählich daran gewöhnt'.

38. LEKTION

Man muss sich daran gewöhnen

1 Wir kennen das Verb **faire** 'machen/tun' gut; aber wir werden andere Verwendungsmöglichkeiten lernen.
  Lesen Sie weiter:
2 Wenn das Wetter schön ist, steht Paul früh auf und geht im nahe gelegenen Park Tennis spielen.
3 Nachdem er sich gewaschen und rasiert hat, macht er sich einen Kaffee und geht.
4 Da es heute ein bisschen kühl ist, nimmt Paul das Auto,
5 um die zwei Kilometer bis zum Tennisplatz zu fahren.
6 Leider sind heute viele Leute da, und Paul hat nicht reserviert.
7 Er sucht den Platzwart (Vorsteher) auf, der sich jedoch taub stellt und nicht antwortet.
8 Also kann Paul nur warten, es ist nichts zu machen.

Notes

(2) **faire** wird für fast alle Wendungen in Bezug auf das Wetter benutzt. Einige kennen Sie bereits. Hier sind weitere: **Il fait frisquet** 'Es ist frisch/kühl'; **Il fait un temps maussade** 'Es ist trist'; **Il fait/Il y a du brouillard** 'Es ist neblig'.

(3) Viele Wörter aus dem Bereich des Sports stammen aus dem Englischen. Anstelle des Verbs **jouer** 'spielen' wird oft **faire** + ein englisches Substantiv verwendet: **Tu vas faire un footing/ton jogging ?** 'Gehst du joggen?'.

(4) **un/-e préposé/-e** ist 'ein/e Angestellte/-r' mit einem bestimmten Zuständigkeitsbereich: **le préposé des postes** 'der Briefträger', eher bekannt als **le facteur**; **le préposé des douanes/le douanier** 'der Zollbeamte', **la préposée au vestiaire** 'die Garderobenfrau'.

(5) Das Pronomen **lui** wird hier zur Präzisierung gebraucht, d. h. um zu verdeutlichen, welche Person gemeint ist. Es wird sowohl in der gesprochenen als auch in der geschriebenen Sprache verwendet.

(6) **faire le sourd/faire la sourde oreille** 'sich taub stellen'. Eine weitere Verwendung von **faire** ist 'sich verstellen, so tun als ob': **Ne fais pas l'idiot** 'Stell dich nicht dumm'. Oder auch **Elle ne fait pas ses cinquante ans/son âge** 'Sie sieht nicht wie fünfzig aus / Man sieht ihr ihr Alter nicht an'.

(7) **Vous n'avez qu'à attendre** 'Sie können nur warten'. **Tu n'as qu'à lui demander, il t'aidera** 'Du brauchst ihn/sie nur zu fragen, er/sie wird dir helfen.'

(8) **Il n'y a rien à faire; c'est déjà trop tard** 'Da ist nichts zu machen; es ist schon zu spät'; **Je lui ai demandé, mais il n'y a rien à faire, tu dois y aller** 'Ich habe ihn/sie gefragt, aber es gibt keine Alternative, du musst hingehen'.

9 Enfin il peut jouer. Il fait un bon match et rentre chez lui, content.
10 Sa femme l'attend à la porte. Elle fait la tête. (9)
11 – Fais-moi plaisir, chéri, lui dit-elle. La prochaine fois,
12 ne pars pas sans avoir fait un peu de ménage. (10)

❖❖❖

13 Jacques Prévert ne fut pas seulement un poète sublime ; il avait un sens de l'humour très développé : (11)
14 voici un de ses conseils : Si quelqu'un vous dit: « Je me tue à vous dire... » (12)
15 laissez-le faire ! (13)

Notes
(9) **faire la tête** 'schmollen'. *Ne faites pas la/cette tête !* 'Seien Sie nicht (so) eingeschnappt!' *Pourquoi fait-il sa mauvaise tête aujourd'hui ?* 'Warum ist er heute schlecht gelaunt?' Ein weiterer Ausdruck für 'schmollen' ist **bouder** oder in Bezug auf Kinder **faire du boudin** 'die beleidigte Leberwurst spielen'. **Bouder** bedeutet auch 'meiden, etw. fernbleiben': *Pourquoi boude-t-il tout tes cours ?* 'Warum nimmt er an keiner deiner Unterrichtsstunden teil?'

(10) **faire le ménage** bedeutet 'putzen' und auch 'aufräumen'. *Un ménage* 'ein Haushalt'; *une ménagère* 'eine Hausfrau', aber *une femme de ménage* 'eine Putzfrau'.

Comprenez-vous ces phrases ?
1. J'ai fait vite parce qu'il fait frisquet ce soir. **2.** Il ne fait pas du tout son âge. Il fait beaucoup plus vieux. **3.** Vous êtes fauché ? Vous n'avez qu'à sortir moins souvent. **4.** Faites-moi plaisir. Aidez-moi à faire le ménage. **5.** Vous n'y arriverez pas comme ça. Laissez-moi faire. **6.** Prévert est né en 1900 à Neuilly.

Complétez les phrases suivantes
1 Es war schwierig, aber sie hat sich an ihre Arbeit gewöhnt.

C'était dur mais elle . ' . . . . son travail.

2 Du brauchst nur früher zu kommen; das wird einfacher sein.

Tu . ' . . . . ' . venir plus tôt ; ça sera plus facile.

3 Wird es morgen so kühl (frisch) wie heute sein?

. . . . -.-. . aussi . . . . . demain . . 'aujourd'hui ?

cent cinquante • **150**

9 Schließlich kann er spielen.
   Er spielt ein gutes Match und geht zufrieden nach Hause.
10 Seine Frau erwartet ihn an der Tür. Sie zieht ein Gesicht.
11 – Tu mir einen Gefallen, Liebling, sagt sie zu ihm.
   Das nächste Mal
12 geh nicht weg, ohne ein bisschen aufgeräumt zu haben.

❖❖❖

13 Jacques Prévert war nicht nur ein überragender Dichter; er hatte auch einen stark entwickelten Sinn für Humor:
14 Hier ist einer seiner Ratschläge: Wenn jemand zu Ihnen sagt "Ich bringe mich um damit, Ihnen [immer wieder] zu sagen ..."
15 dann lassen Sie es ihn tun!

Notes
(11) Die Werke des bekannten Dichters und Drehbuchautors **Jacques Prévert** (1900-1977) sind relativ leicht zu lesen. Versuchen Sie sich an seiner bekanntesten Sammlung "**Paroles**", und wenden Sie so Ihre erworbenen Französischkenntnisse in der Praxis an.
(12) Die Übersetzung ist hier natürlich nicht wörtlich zu nehmen. **Se tuer à** bedeutet 'sich mit etw. abmühen, sich große Mühe geben'; **se tuer à répéter la même chose** 'sich den Mund fusselig reden'.
(13) **Laisse-moi faire** 'Lass es mich (auf meine Weise) machen; Lass mich helfen'. **Elle veut (juste) aider ; laissez-la faire** 'Sie will (nur) helfen; lassen Sie sie'. Beachten Sie, dass sich das Pronomen auf die Person und nicht auf die Handlung bezieht.

Avez-vous tout bien compris ?
1. Ich habe mich beeilt, weil es heute Abend kühl ist. **2.** Man sieht ihm sein Alter überhaupt nicht an. Er sieht viel älter aus. **3.** Sie sind pleite? Sie brauchen nur weniger auszugehen. **4.** Tun Sie mir einen Gefallen. Helfen Sie mir, die Hausarbeit zu machen. **5.** Sie werden es so nicht schaffen. Lassen Sie es mich machen. **6.** Prévert wurde im Jahr 1900 in Neuilly geboren.

4 Nachdem er das Bett gemacht hat, hat er sich einen Tee gemacht.
. . . . le lit, il . . ' . . . . . . un thé.

5 Ziehen Sie nicht so ein Gesicht, ich werde Ihnen helfen.
Ne . . . . . . pas . . . . , je vous . . . .

Les mots manquants 1. s'est faite à **2.** n'as qu'à **3.** Fera-t-il - frais - qu' **4.** Après avoir fait - s'est fait **5.** faites - la tête - aiderai.

LEÇON 38

TRENTE-NEUVIÈME (39ᵉ) LEÇON

Et encore « faire »

1 Nous avons surpris cette conversation entre deux boxeurs à propos d'un ami. (1)
2 – Dis donc ! Tu sais que Bébert a fait fortune et a pris sa retraite. (2)
3 – Quoi, Bébert ?
Ce grand bon à rien qui ne faisait que perdre ?
Il était toujours K.O. ! Ne me fais pas rire. (3/4)
4 – C'est bien lui. Il a fait graver des slogans publicitaires sur les semelles de ses chaussures ! (WL2)

✉ ✉ ✉

5 – Ne range pas la lettre de Michel.
Ta fille ne l'a pas encore lue.
6 – Je la lui ferai lire demain;
je l'ai fait lire à tout le monde sauf à elle. (5)

☺ ☺ ☺

7 A propos, quelle heure est-il ?
  – Qu'est-ce qu'elle a, ta montre ?
8 – Je ne sais pas. Je l'ai fait réparer,
mais elle ne marche toujours pas.

Notes
(1) à propos de ist ein nützlicher Ausdruck. Je voulais vous parler. – À propos de quoi ? 'Ich wollte mit Ihnen sprechen. – Worüber?' A propos de votre fils ? 'Betrifft es Ihren Sohn? Un propos 'eine Bemerkung'; des propos désobligeants 'üble Nachrede'; des propos méchants 'böses Gerede'. Am Ende eines Zeitungsinterviews lesen Sie häufig: **Propos recueillis par...** 'Das Gespräch führte ...' (wörtlich 'Äußerungen gesammelt von ...') .

39. LEKTION

Und noch einmal "faire"

1 Wir haben dieses Gespräch zweier Boxer über einen Freund mit angehört.
2 – Sag mal! Weißt du, dass Bébert reich geworden ist und sich zur Ruhe gesetzt hat?
3 – Was, Bébert? Dieser große Taugenichts, der immer nur verloren hat? Er wurde immer K.O. geschlagen! Bring mich nicht zum Lachen.
4 – Das ist typisch für ihn. Er hat sich Werbeslogans auf die Schuhsohlen gravieren lassen!
5 – Räum den Brief von Michel noch nicht weg. Deine Tochter hat ihn noch nicht gelesen.
6 – Ich werde ihn ihr morgen zum Lesen geben; ich habe ihn schon allen gezeigt (alle lesen lassen), nur ihr nicht.
7 Übrigens, wie viel Uhr ist es?
– Was ist mit deiner Uhr?
8 – Ich weiß nicht. Ich habe sie reparieren lassen, aber sie geht immer noch nicht.

Notes
(2) **prendre sa retraite** 'in Rente/in den Ruhestand gehen', **un/une retraité/-e** 'ein/e Rentner/-in'. Alternativ kann man **se retirer** 'sich zurückziehen' (oder 'zurückweichen') benutzen.

(3) Sie kennen die Negation **ne... que** 'nur, nichts anderes als ...' mit Substantiven: **Il n'a qu'un frère** 'Er hat nur einen Bruder'. Soll **ne... que** in Kombination mit einem Verb verwendet werden, muss man **faire** hinzufügen: **Je ne fais que travailler** 'Ich tue nichts anderes als zu arbeiten, ich arbeite nur noch'. **Il ne fait que passer** 'Er kommt nur schnell vorbei'. **Nous ne faisons qu'essayer** 'Wir versuchen es nur / probieren es nur an'.

(4) Es wurde bereits erwähnt, dass sich im Französischen ein umfangreiches Sportvokabular aus dem Englischen findet: **un court de tennis** 'ein Tennisplatz' oder Wörter wie **le ring, le round, l'uppercut** 'Kinnhaken' und sogar **K.O.**, was im übertragenen Sinne auch 'völlig erschöpft' oder 'todmüde' bedeuten kann: **Je suis K.O., j'ai trop travaillé**. Aber **le coup de poing** 'der Faustschlag'; **les gants de boxe** 'die Boxhandschuhe' und **l'arbitre** 'der Schiedsrichter'.

(5) **Je lui ferai lire la lettre/Je la lui ferai lire** 'Ich werde sie/ihn den Brief lesen lassen'. Folgt dem Infinitiv – hier **lire** – ein Akkusativobjekt, wird das Objekt von **faire** zu einem Dativobjekt: **Je ferai remplir le formulaire par l'intéressé** 'Ich lasse das Formular von dem Interessenten ausfüllen', aber **Je lui ferai remplir le formulaire** oder **Je le lui ferai remplir** 'Ich werde es ihn (franz. 'ihm') ausfüllen lassen'.

LEÇON 39

9 – Jean-Jacques fait installer une piscine
dans son salon, tu sais ?
10 – Mais il n'aime pas nager.
Il est vraiment sot, ce garçon ! (6)
11 – Du tout ! C'est beaucoup moins cher que de faire
réparer le toit. (7)

🙪🙪🙪

12 Et connaissez-vous ce joli jeu de mots
du grand gourmet Curnonsky ?
13 Il a dit que le bifteck peut être de la viande
que les restaurateurs font cuire (8)
14 ou du cuir que les restaurateurs font viande ! (9)

Notes

(6) Den Charme der französischen Sprache machen die zahlreichen Homonyme aus, d.h. gleichlautende Wörter mit unterschiedlicher Schreibweise und verschiedenen Bedeutungen. Hier ein schönes Beispiel: un sot 'ein Dummkopf'; un seau 'ein Eimer'; un saut 'ein Sprung'; un sceau 'ein Siegel'.

(7) Die komplette Form ist Pas du tout ! oder Non, pas du tout !

Comprenez-vous ces phrases ?

1. Dites donc ! Avez-vous lu le journal aujourd'hui? **2**. A propos de votre femme, va-t-elle mieux ? **3**. J'aime la viande saignante. Faites cuire mon bifteck très peu, s'il vous plaît. **4**. Il est d'une sottise incroyable. – Pas du tout ! **5**. Qu'est-ce qu'elle a, votre montre? **6**. Il a pris sa retraite le mois dernier.

Complétez les phrases suivantes

1 Ich wiederhole nur, was ich gehört habe.

Je .. .. répéter .. .... j'ai entendu.

2 Wie lustig er ist! Er bringt mich immer zum Lachen.

Qu'il est drôle ! Il .. .... toujours ..... .

3 Ich habe das Dach reparieren lassen.
Wir werden solche Probleme nicht mehr haben.

J'. . ... le toit/la toiture.
On n'aura plus ce genre de ....

9 – Jean-Jacques lässt in seinem Wohnzimmer ein Schwimmbad einbauen, wusstest du das?
10 – Aber er schwimmt doch nicht gern. Er ist wirklich dumm, dieser Junge!
11 – Gar nicht! Das ist viel billiger, als das Dach reparieren zu lassen.

12 Und kennen Sie dieses hübsche Wortspiel von dem berühmten Feinschmecker Curnonsky?
13 Er hat gesagt, dass ein (Beef)Steak entweder ein Stück Fleisch ist, das Restaurantbesitzer braten (kochen)
14 oder ein Stück Leder, das Restaurantbesitzer [zu] Fleisch machen!

Notes
(8) **le bifteck** ist die offizielle Schreibweise auf Französisch, obwohl Sie auf Speisekarten alle möglichen anderen Schreibweisen finden werden. In der Umgangssprache bedeutet **gagner son bifteck** 'seinen Unterhalt / seine Brötchen verdienen'.
(9) Haben Sie das Wortspiel (**le jeu de mots**) verstanden? **cuire** 'kochen / braten' und **le cuir** 'das Leder' werden beide [*küir*] ausgesprochen, daher kann man **que les restaurateurs font cuire** auch als 'aus dem die Gastronomen Leder machen' verstehen. Hier zwei weitere **bon mots** 'geistreiche Aussprüche' von Curnonsky: **La cuisine, c'est quand les choses ont le goût de ce qu'elles sont** und **Et surtout, faites simple !** Letzteres gilt auch für Ihr Französischstudium ...

Avez-vous tout bien compris ?
1. Sagen Sie mal! Haben Sie heute die Zeitung gelesen? **2.** Was ist mit Ihrer Frau, geht es ihr besser? **3.** Ich mag das Fleisch gerne englisch (nicht durchgebraten/blutig). Braten Sie mein Steak bitte nur ganz kurz. **4.** Er ist so unglaublich dumm. – Gar nicht! **5.** Was ist mit Ihrer Uhr? **6.** Er ist letzten Monat in Rente gegangen.

4 Vorgestern waren es in Südfrankreich 40 Grad im Schatten.

Avant-hier il . . . . . . 40° à . ' . . . . . dans le Midi.

5 Wo ist Omas Ansichtskarte? Ich hatte keine Zeit sie zu lesen.

Où est la carte postale de . . . . / . . . . . ?
Je . ' . . . . temps de la lire.

Les mots manquants 1. ne fais que - ce que **2.** me fait - rire **3.** ai fait réparer - problèmes **4.** faisait - l'ombre **5.** mémé/mamie - n'ai pas eu le.

QUARANTIÈME (40ᵉ) LEÇON

S.V.P.

1 Les sigles et les initiales sont très usités en français parlé et écrit ; regardez ces exemples :
2 Il a une belle situation ; il est P.D.G. d'une grosse société qui s'appelle SOFACOM S.A. (1/2)
3 Aux abords de la ville, il y avait des cités d'H.L.M. et de tristes villes-dortoirs. (3)
4 – Zut ! Il y a la grève des P.T.T. Le télégramme n'arrivera jamais à temps. (4)
5 Le taxi l'a déposée devant la gare S.N.C.F. deux minutes avant que le train ne parte. (5/6)
6 Seul le S.M.I.C. n'est pas touché par le blocage des prix et des salaires. (7)
7 La R.A.T.P. annonce l'ouverture d'une nouvelle ligne R.E.R. entre Châtelet et Roissy. (8)

Man kann es fast als eine "Unart" der modernen französischen Sprache bezeichnen, dass die Medien inzwischen auf allen Ebenen in Initialen sprechen, so dass diese Gewohnheit auch in die Alltagssprache übergegangen ist.

In dieser Lektion stellen wir Ihnen die häufigsten mit einer deutschen Entsprechung vor. Zögern Sie nicht, sie im Internet oder in Nachschlagewerken nachzuschauen oder einen Muttersprachler zu fragen, falls Sie auf andere Abkürzungen stoßen sollten.

Notes

(1) **le P.D.G.** (président-directeur général) 'der Unternehmensleiter; Generaldirektor'; **le président** 'der Vorsitzende, Leiter, Präsident'; **un directeur** 'ein Direktor'; **la direction** 'die Direktion, die Geschäftsführung'. Wenn Sie auf einem Schild an einem Restaurant oder Geschäft **changement de direction** oder **changement de propriétaire** lesen, bedeutet das nur, dass sich die Geschäftsführung oder der Besitzer geändert hat.

(2) **une S.A.** (société anonyme) 'eine Aktiengesellschaft', **une S.A.R.L.** (société anonyme à responsabilité limitée) 'GmbH; Gesellschaft mit beschränkter Haftung'. Denken Sie daran, dass die Gesetzgebung von Land zu Land variiert und es daher nicht immer eine 1:1-Entsprechung bei den Unternehmensformen gibt.

40. LEKTION

Bitte ...

1 Akronyme und Initialen sind im gesprochenen und geschriebenen Französisch weit verbreitet; sehen Sie sich diese Beispiele an:
2 Er ist gut gestellt; er ist Unternehmensleiter bei einer großen Firma namens SOFACOM AG.
3 In den Randgebieten der Stadt gab es Siedlungen mit Sozialwohnungen und traurige Schlafstädte.
4 – Mist! Bei der Post wird gestreikt.
Das Telegramm wird niemals rechtzeitig ankommen.
5 Das Taxi hat sie zwei Minuten vor der Abfahrt des Zuges vor dem Bahnhof abgesetzt.
6 Nur der Mindestlohn bleibt von dem Preis- und Lohnstopp unberührt.
7 Die Pariser Verkehrsbetriebe kündigen die Eröffnung einer neuen regionalen Schnellzugstrecke zwischen Châtelet und Roissy an.

Notes
(3) une H.L.M. (habitation à loyer modéré) bezeichnet Wohnungen, die von der Regierung oder der Gemeide zur Verfügung gestellt werden und für die ein herabgesetzter Mietpreis gilt. Un loyer 'eine Miete', un locataire 'ein Mieter', le propriétaire 'der Eigentümer/Vermieter'.

(4) P.T.T. stand ursprünglich für Postes, Télégraphes et Téléphones, später nur noch für Postes et Télécommunications. Seit 1991 heißt es LA POSTE 'die Post'. Es gab bis Mai 2018 tatsächlich in Frankreich noch einen einfachen Telegrammdienst: Er wurde von der Firma ORANGE, einem Ableger von France Telecom, angeboten.

(5) La S.N.C.F. – Société Nationale des Chemins de fer Français 'die französische Eisenbahngesellschaft'.

(6) ne wird hier als Füllwort verwendet, d. h. es hat keine negative Bedeutung. Wir finden es nach avant que und in Verbindung mit einem Komparativ, dem ein Verb folgt. Il est plus grand que moi aber il est plus grand que tu ne penses 'Er ist größer als du denkst'. Ils gagnent moins que vous ne croyez 'Sie verdienen weniger, als Sie denken.'

(7) le S.M.I.C. – Salaire Minimum Interprofessionnel de Croissance wurde früher S.M.I.G. genannt. Das G. stand für garanti.

(8) La R.A.T.P. – Régie Autonome des Transports Parisiens 'die Pariser Verkehrsbetriebe'. Une régie ist ein Rechtsbegriff und wird für staatliche Unternehmen verwendet. R.E.R. steht für Réseau Express Régional, das regionale Schnellbahnnetz im Pariser Raum. Un réseau 'ein Netz(werk)' ≠ la toile 'das Internet, das Netz'.

8 Les négociations P.S.-P.C. sont arrivées aujourd'hui au point mort, un porte-parole du P.S. l'a fait savoir. (9/10/11)
9 Après les émeutes de la semaine dernière, le ministre des DOM-TOM est arrivé ce matin dans l'île (12)
10 où une compagnie de C.R.S. est déjà en place. (13)
11 – Monsieur Richard vous appelle en P.C.V. de Bordeaux ; acceptez-vous de payer ? (14)
12 Visites des égouts de Paris.
R.V. à 10 heures, pont de l'Alma.
13 A partir de certains sigles, nous fabriquons même des noms : (15)
14 Bien qu'il soit smicard, il n'est pas syndiqué, mais son grand-père est cégétiste depuis belle lurette. (16/17/18)
15 Un énarque est un homme qui utilise plus de mots qu'il ne faut (19)
16 pour en dire plus long qu'il ne sait.

Notes

(9) Le P.S. – **Parti Socialiste** und le P.C.(F.) – **Parti Communiste (Français)**. Politische Parteien werden wie bei uns meistens nur mit ihren Anfangsbuchstaben benannt.

(10) **un porte-parole** 'ein (Presse)Sprecher'. Viele Substantive gehen Zusammensetzungen mit **porte-** ein, das die Idee 'Träger, Stütze, Halter' usw. vermittelt. In der Regel sind sie männlich und unveränderlich (schlagen Sie jedoch im Zweifelsfall in einem Wörterbuch nach): **un porte-documents** 'ein Aktenkoffer'; **un porte-conteneurs** 'ein Containerschiff', aber **un portemanteau/des portemanteaux** 'Kleiderständer'.

(11) **faire savoir** 'wissen lassen', **faites-le moi savoir au plus vite** 'Informieren/benachrichtigen Sie mich so schnell wie möglich'. Ohne Akkusativobjekt bedeutet es 'bekannt machen'. **Le ministre a fait savoir que les augmentations de prix ne toucheraient pas les plus défavorisés** 'Der Minister hat angekündigt, dass die Preiserhöhungen die benachteiligteren Bürger nicht betreffen werden'.

(12) les **D.O.M.-T.O.M.** – **départements et territoires d'outre-mer** sind die französischen Überseegebiete wie **Guadeloupe, Martinique, la Guyane, Saint-Pierre et Miquelon** usw. Die Presse spricht oft von Ereignissen, die **outre-Manche** 'jenseits des Kanals', d. h. in Großbritannien; stattfinden, **outre-Rhin** 'jenseits des Rheins', also in Deutschland, oder **outre-Atlantique** 'jenseits des Atlantiks', d. h. in Nord-Amerika.

8	Die Verhandlungen zwischen den Sozialisten und den Kommunisten sind heute zum Stillstand gekommen, berichtete ein Sprecher der PS.
9	Nach den Unruhen der letzten Woche ist der Minister der Überseegebiete heute Morgen auf der Insel angekommen,
10	wo Sondereinheiten der Polizei schon an Ort und Stelle sind.
11	– Monsieur Richard ruft Sie per R-Gespräch von Bordeaux an. Nehmen Sie es an?
12	Besichtigung der Pariser Kanalisation. Treffen um 10 Uhr auf der Pont de l'Alma.
13	Aus manchen Akronymen machen wir sogar Substantive:
14	Obwohl er den Mindestlohn verdient, ist er nicht in der Gewerkschaft, aber sein Großvater ist seit ewigen Zeiten Mitglied der C.G.T.
15	Jemand, der von der [Hochschule] ENA kommt, ist ein Mann, der mehr Worte als nötig verwendet,
16	um mehr zu sagen als er weiß.

Notes

(13) **les C.R.S. – Compagnies Républicaines de Sécurité** sind Sondereinheiten, die vor allem bei Demonstrationen oder Massenkundgebungen eingesetzt werden. **Un C.R.S.** 'ein Mitglied der C.R.S.'

(14) **un appel en P.C.V. – Paiement Contre Vérification** 'ein R-Gespräch', bei dem der Angerufene die Telefonkosten übernimmt. Dieser Service ist seit 2014 innerhalb Frankreichs eingestellt, existiert aber weiterhin für Anrufe aus dem Ausland nach Frankreich. In Kanada heißt diese Anrufform **Appel à frais virés** (Anruf mit überwiesenen Kosten).

(15) **un nom** ist 'ein Name' und in der Grammatik 'ein Substantiv'. Manche Substantive sind aus Akronymen entstanden. Sie kennen schon **le S.M.I.C.** 'der Mindestlohn', daher nennt man eine Person, die den Mindestlohn verdient, **un smicard**.

(16) **un syndicat** 'eine Gewerkschaft'; **un syndicaliste** 'ein Gewerkschaftler'; **se syndiquer** 'einer Gewerkschaft beitreten' oder 'eine Gewerkschaft bilden', **être syndiqué(e)** 'einer Gewerkschaft angehören'.

(17) **la C.G.T. – Confédération Générale du Travail** 'der Gewerkschaftsbund' steht traditionell der PCF relativ nahe. Ein Mitglied der **C.G.T.** wird **cégétiste** genannt.

(18) **depuis belle lurette** 'seit Jahren' ist eine saloppe Ausdrucksweise für **depuis très longtemps**.

(19) **L'E.N.A. – l'Ecole Nationale d'Administration** ist eine Hochschule, aus der sich Frankreichs Spitzenpolitiker und hohe Beamte rekrutieren. Man nennt sie während und nach ihrer Ausbildung **les énarques**, und sie stehen in dem Ruf, gerne lange und ausschweifend zu reden.

Comprenez-vous ces phrases ?

1. Dépêchez-vous ; il est plus tard que vous ne pensez. **2**. Je voudrais vous parler avant que vous ne partiez. **3**. Ils me l'ont fait savoir par télégramme. **4**. Les prix vont augmenter à la sortie du blocage des prix et des salaires. **5**. Quel est le nom du ministre de l'Intérieur ? **6**. A partir de demain, vous ne pourrez plus appeler en P.C.V. d'ici.

Complétez les phrases suivantes

1 Er streikt nicht, obwohl er einer Gewerkschaft angehört.

Il ne fait pas . . . . , ...'il . . . . syndiqué.

2 Lasst uns die Pariser Kanalisation(en) besichtigen, bevor wir wegfahren.

Allons visiter les . . . . . . de Paris . . . .
nous . . . .

3 Wir sind seit Ewigkeiten Freunde.

Nous . . . . depuis . . . .

4 Geben Sie ihm/ihr nicht mehr Daten, als (wirklich) nötig sind, um das Problem zu lösen.

Ne . . . . pas plus d'informations, qu'il
. . . . . . pour résoudre le problème.

cent soixante • **160**

Avez-vous tout bien compris ?
1. Beeilt euch; es ist später als ihr denkt. **2.** Ich möchte Sie sprechen, bevor Sie weggehen. **3.** Sie haben mich per Telegramm benachrichtigt. **4.** Die Preise werden infolge des Preis- und Lohnstopps steigen. **5.** Wie lautet der Name des Innenministers? **6.** Ab morgen können Sie von hier aus kein R-Gespräch mehr führen.

Die vom **Conseil Supérieur de l'Éducation** vorgeschlagenen orthografischen Korrekturen in der französischen Sprache wurden am 3.5.1990 von der **Académie Française** genehmigt. Sie sind nur als Empfehlungen zu betrachten und haben keinen verpflichtenden Charakter.

Ziel war es, die Schreibweise bestimmter Wörter zu berichtigen, ohne die Orthografie komplett zu reformieren, und Zweifel an der Aussprache einiger Wörter auszuräumen sowie eine logischere Pluralbildung, speziell bei zusammengesetzten Wörtern und Lehnwörtern aus anderen Sprachen, festzuschreiben.

In der Lückentextübung und am Ende von Lektion 41 finden Sie einige konkrete Beispiele.

---

5 Die Pressesprecher der wichtigsten Parteien gaben es gestern während einer Pressekonferenz bekannt.

Hier, les . . . . . - . . . . . (.) des principaux partis
l' . . . . lors d'une conférence de presse.

6 Die Rugby-Spieler spielten jedes (alle) Wochenende ein oder zwei Spiele.

Les . . . . / . . . . jouaient tous les
. . . . (-) . . . . un ou deux . . . . . (.) . .

Les mots manquants 1. la grève - bien qu' - soit **2.** égouts - avant que - ne partions **3.** sommes amis - belle lurette **4.** lui donnez - ne faut **5.** porte-parole(s) - ont fait savoir **6.** rugbymen/rugbymans - week(-)ends - match(e)s.

LEÇON 40

QUARANTE-ET-UNIÈME (41ᵉ) LEÇON

La conjoncture (1)

1 Le dossier qui défraye la chronique cette semaine est celui du débat à l'Assemblée sur le budget. (2)
2 Monsieur Salin, député de la Marne, a accusé le gouvernement d'avoir mis la charrue avant les bœufs avec les nouvelles mesures contre le chômage. (3)
3 — Le ministre, a-t-il dit, a voulu dorer la pilule en annonçant de nouvelles indemnités, (4/5)
4 mais ce sont les contribuables qui en feront les frais. (6/7)
5 Le premier projet gouvernemental est tombé à l'eau, faute de préparation et maintenant nous attendons impatiemment des solutions concrètes. (8/9)
6 Je sais bien, a continué le député, que les parlementaires ont du pain sur la planche mais, après tout, (10)
7 n'est-ce pas pour cela qu'ils ont été élus ?

Notes

(1) la conjoncture 'die Konjunktur, Wirtschaftslage'; étant donné la conjoncture économique...'angesichts der aktuellen Wirtschaftslage'.

(2) Eine Alternative für **défrayer la chronique** 'Schlagzeilen machen, im Mittelpunkt der Diskussion stehen, von sich reden machen' ist **faire la une** 'auf der Titelseite stehen'. Die Grundbedeutung von **défrayer** ist 'für jmdn. die Kosten übernehmen'.

(3) Beachten Sie die Aussprache von **les bœufs** [*le-bö*]; die Endung -fs wird nicht ausgesprochen.

(4) **l'or** (mask.) 'das Gold'; **dorer** 'vergolden'; **dorer la pilule**, wörtlich 'die Pille vergolden' bedeutet, jemandem etwas Unangenehmes schmackhaft machen. **Prendre la pilule** 'die Pille nehmen'; **une pilule** 'eine Pille' ≠ **un cachet** 'eine Tablette'.

(5) Mit **indemnité** ist immer eine Form von Ausgleichszahlung gemeint. **Indemnité de chômage** 'Arbeitslosengeld'; **indemnité de licenciement** 'Abfindung, Kündigungsprämie'.

(6) Nach der Revolution von 1879 wurde die Bezeichnung **l'impôt** 'die Steuer' in **la contribution** 'der Beitrag' geändert. Dieser Begriff wird in offiziellen Formularen benutzt, ansonsten spricht man von **les impôts** 'die Steuern', entsprechend ist **un(e) contribuable** 'ein(e) Steuerzahler(in)'.

41. LEKTION

Die Konjunktur

1 Die Schlagzeile dieser Woche ist die Debatte im Parlament über den Haushalt.
2 Monsieur Salin, Abgeordneter des Departement Marne, hat die Regierung beschuldigt, durch die neuen Maßnahmen gegen die Arbeitslosigkeit das Pferd vom Schwanz aufgezäumt (den Pflug vor die Ochsen gespannt) zu haben.
3 — Der Minister, sagte er, wollte die bittere Pille durch die Ankündigung neuer Sozialleistungen (Ausgleichszahlungen) versüßen,
4 aber es sind die Steuerzahler, die die Kosten tragen werden.
5 Der erste Regierungsentwurf ist aufgrund unzureichender Vorbereitung ins Wasser gefallen, und nun warten wir mit Ungeduld auf konkrete Lösungen.
6 Ich weiß natürlich, fuhr der Abgeordnete fort, dass die Parlamentarier viel um die Ohren haben, aber
7 sind sie nicht deswegen gewählt worden?

Notes
(7) **faire les frais de quelque chose** 'für etw. bezahlen müssen, für etw. herhalten/büßen müssen; etw. ausbaden müssen'; **les frais** 'die (Un-)kosten'. **Nous avons fait les frais de sa dernière idée** 'Wir haben die Konsequenzen seiner letzten Idee tragen müssen'.

(8) **faute de** und das Gegenteil, **grâce à**, sind sehr nützliche Ausdrücke. **Il a dû abandonner, faute de provisions** 'Er musste wegen unzureichender Vorräte aufgeben'. **Faute de beurre, j'ai utilisé de la margarine** 'Da ich keine Butter hatte, habe ich Margarine genommen'. **Prenez ceci, faute de mieux** 'Nehmen Sie zur Not dies' (wir haben nichts besseres)'. **Grâce à lui, nous avons pu finir** 'Dank seiner konnten wir es beenden'.

(9) Zur Bildung eines Adverbs hängt man **-ment** an die weibliche Form des Adjektivs an: **heureux > heureusement, lent > lentement**. Ausnahmen sind: **énorme > énormément, précis > précisément, profond > profondément, aveugle > aveuglément** 'blindlings', **gentil > gentiment**. Endet ein Adjektiv auf einen Vokal und unterscheidet sich die weibliche Form daher phonetisch nicht, wird direkt **-ment** angehängt **vrai > vraiment**. Bei Adjektiven, die auf **-nt** enden, wird **-mme-** vor dieser Endung hinzugefügt: **impatient > impatiemment, constant > constamment. C'est évident pour vous ? — Évidemment !**

(10) **avoir du pain sur la planche** bedeutete ursprünglich, dass man sich nach getaner Arbeit ausruhen kann (man verfügte über genügend Brotreserven auf dem Wandbrett). Heutzutage bedeutet es eher 'viel Arbeit/viel um die Ohren haben'.

8 Ses remarques, semble-t-il, ont fait mouche
car c'est le ministre du Budget lui-même
qui, étonné, a répondu : (11/12/13)

9 – Monsieur le député, vos critiques à notre égard sont quelque peu tirées par les cheveux et manquent d'honnêteté. (14)

10 On vous pose une question et vous, vous sautez du coq à l'âne pour éviter de donner des réponses exactes, n'est-ce pas vrai ? (15)

11 Car, vous le savez pertinemment,
c'est le gouvernement qui veille au grain, (16/17)

12 c'est votre gouvernement qui vous fera sortir de l'ornière (18)

13 et c'est pour cela que je dis aux Françaises et aux Français de soutenir le gouvernement dans son action. Il faut nous soutenir ! (19)

14 – Mais, monsieur le Ministre,
n'avez-vous pas oublié le dicton qui dit

15 qu'un gouvernement que l'on soutient
est un gouvernement qui tombe ?

Notes

(11) **faire mouche** 'ins Schwarze / den Nagel auf den Kopf treffen'; **une fine mouche** 'eine pfiffige/scharfsinnige Person'; **un mouchard** 'ein Spitzel'.

(12) In **le budget (de l'état)** 'der Staatshaushalt' sehen Sie wieder ein Wort aus dem Englischen, das französisch ausgesprochen wird: [*büdjä*]. Sein Ursprung ist das altfranzösische Wort **la bougette** 'ein kleines Ledersäckchen', das als Reisegeldbörse diente. **Dans ce couple, c'est elle qui tient les cordons de la bourse** 'Bei diesem Ehepaar ist sie es, die die Haushaltskasse (die Kordeln des Geldbeutels) verwaltet'.

(13) Die einfache Nennung des Adjektivs als Einschub verhindert, dass man einen vollständigen Nebensatz bilden muss. **Confus, il ne savait que dire** 'Er war so verwirrt, dass er nicht wusste, was er sagen sollte'. **Surpris, il se mit à bégayer** 'Er war so überrascht, dass er zu stottern begann'.

(14) **être tiré par les cheveux** wird für Argumente oder Erklärungen benutzt, die weit hergeholt sind. Nicht zu verwechseln mit **être tiré à quatre épingles** 'herausgeputzt, wie aus dem Ei gepellt, schnieke', so als sei die Kleidung mit vier Nadeln gespannt und wie glatt gebügelt.

8 Seine Äußerungen scheinen ins Schwarze getroffen zu haben, denn der Finanzminister selbst antwortete erstaunt:
9 – Herr Abgeordneter, Ihre Kritik uns gegenüber ist ein wenig an den Haaren herbeigezogen und lässt es an Ehrlichkeit fehlen.
10 Man stellt Ihnen eine Frage, und Sie wechseln abrupt das Thema, um präzise Antworten zu umgehen, ist es nicht so?
11 Denn Sie wissen es ganz genau: Es ist die Regierung, die auf der Hut ist,
12 es ist Ihre Regierung, die Ihnen neue Wege eröffnen wird
13 und deswegen fordere ich alle Französinnen und Franzosen auf, die Regierung in ihrer Aktion zu unterstützen. Wir brauchen Ihre Unterstützung!
14 – Aber Herr Minister, Sie haben nicht das Sprichwort vergessen, das sagt:
15 Eine Regierung, die man unterstützt, ist eine Regierung, die stürzt?

Notes

(15) **sauter du coq à l'âne**, wörtlich 'vom Hahn zum Esel springen' bedeutet 'von einem Thema zum nächsten springen'. Der Ursprung dieser Redewendung ist unklar und hat wahrscheinlich nichts mit den Bremer Stadtmusikanten zu tun, was Sie jedoch nicht davon abhalten sollte, dies als Eselsbrücke zu benutzen, um sie sich zu merken.

(16) Das Adverb **pertinemment** ist abgeleitet vom Adjektiv **pertinent/e** '(zu)treffend, relevant, stichhaltig'. Das Substantiv ist **la pertinence** 'die Relevanz, die Stichhaltigkeit' ≠ **l'impertinence** 'die Unverschämtheit'; **impertinent/-e**; **impertinemment** 'unverschämt'.

(17) **veiller au grain** 'auf der Hut sein, die Augen offenhalten' ist ursprünglich ein Ausdruck aus der Seefahrt, **le grain** ist eine 'Bö'. **Veiller** bedeutet nicht nur 'auf etw. achten' (**un veilleur de nuit** 'ein Nachtwächter'), sondern auch 'wach bleiben, aufbleiben': **J'ai veillé jusqu'à trois heures** 'Ich bin bis drei Uhr aufgeblieben'. **Veillez bien à vos affaires !** 'Achten Sie gut auf Ihre Sachen!' als auch '... auf die Erhaltung Ihrer Sachen (damit sie nicht kaputt gehen). **La veille** 'der Vorabend'; **le réveil** 'das Aufwachen; das Wecken; der Wecker'; **la nuit du réveillon** 'der Vorabend / die Nacht vor Heiligabend/ Silvester'.

(18) **sortir de l'ornière** 'sich aus dem Schlamassel befreien; aus dem alten Trott ausbrechen, ausgetretene Pfade verlassen'; **l'ornière** 'Rad-/Wagenspur'. Ähnlich: **remettre sur les rails** 'wieder aufs rechte Gleis bringen'.

(19) **Françaises, Français !** Der berühmteste Vertreter dieser rhetorischen Anrede war **le Général de Gaulle**, er hat seitdem viele Nachahmer gehabt!

Comprenez-vous ces phrases ?
1. Non seulement il saute du coq à l'âne mais ses arguments sont tirés par les cheveux. **2.** Faute de crème vous pouvez utiliser du lait. **3.** Ce sont eux qui ont raison et vous le savez pertinemment. **4.** Fatigué, il s'est couché dès son retour. **5.** C'est vous qui êtes le coupable, n'est-ce pas vrai ? **6.** Ce n'est pas important ! Ne mettez pas la charrue avant les bœufs.

Complétez les phrases suivantes

1 Das sollte genügen, aus Mangel an etwas Besserem.

Ça .... suffire, ...

2 Achten Sie darauf, dass alles gut abgeschlossen ist.

Veillez .. .. tout .... bien fermé à clé.

3 Haben Sie nicht etwas vergessen?

.'....-.... ... oublié quelque chose ?

4 Der Rechtsanwalt hat (erfolgreich) seine Mandantin aus dem Gefängnis herausbekommen.

L'avocat a réussi à .... sa cliente de prison.

5 Bei diesem Sauwetter (Hundewetter) läuft unsere kleine Wanderung Gefahr, ins Wasser zu fallen.

Avec ce temps de chien, notre petite .... risque de ....'... .

6 Seit sehr langer Zeit glaubt niemand mehr den Versprechen dieses Politikers.

Il y a .... que personne ne croit plus les .... de cet homme politique.

Les mots manquants 1. devra - faute de mieux **2**. à ce que - soit **3**. N'avez-vous pas **4**. faire sortir **5**. excursion - tomber à l'eau **6**. belle lurette - promesses.

Avez-vous tout bien compris ?

1. Er wechselt nicht nur abrupt die Themen, [auch] sind seine Argumente an den Haaren herbeigezogen. **2.** Wenn Sie keine Sahne haben, können Sie Milch verwenden. **3.** Sie haben recht, und das wissen Sie ganz genau. **4.** Da er müde war, ging er gleich nach seiner Rückkehr zu Bett. **5.** Sie sind der Schuldige, ist das etwa nicht wahr? **6.** Das ist nicht wichtig! Zäumen Sie das Pferd nicht vom Schwanz auf.

Empfehlungen für die Orthografie aus dem Jahr 1990
Einige Beispiele:

Die einzelnen Elemente von Zahlwörtern, auch solche über '100', werden nun durch Bindestriche voneinander getrennt: cent-vingt-et-un.

Bei der Pluralbildung zusammengesetzter Wörter wird nun auch das zweite Element in den Plural gesetzt: (alt > neu)
un / des brise-glace > un brise-glace / des brise-glaces
un / des sans-abri > un sans-abri / des sans-abris
usw.

Beim Plural von Lehnwörtern war es üblich, die Originalpluralbildung anzuwenden. Jetzt ist auch die s-Pluralbildung erlaubt (alt > neu)
un businessman > des businessmen / des businessmans
un ferry > des ferries / des ferrys
un remix > des remixes / des remix (kein -s nach einem x)
usw.

Es wird auch empfohlen, **week-end** 'Wochenende' ohne Bindestrich zu schreiben > un weekend / des weekends.

QUARANTE-DEUXIÈME (42ᵉ) LEÇON

Révisions et notes

1. Tutoyer et vouvoyer - Duzen und Siezen

Wann man welche Form verwendet und wann man vom Siezen zum Duzen übergeht, ist wie bei uns eine Frage, die ein wenig Fingerspitzengefühl erfordert. Normalerweise ist es der Ältere, der dem Jüngeren das 'Du' anbietet:

Tu peux me tutoyer.
'Du kannst mich duzen'
oder
Dis-moi tu.
'Sag 'du' zu mir.'

Unter Gleichaltrigen oder wenn die Situation es erlaubt, kann man vorschlagen:

On pourrait peut-être se tutoyer...
'Wir könnten uns duzen …'

Et si on se tutoyait ?
'Wie wäre es, wenn wir uns duzen?'

On se dit tu ?
'Wollen wir uns duzen?'

Cela/Ça vous dérangerait si on se tutoyait ?
'Würde es Sie stören, wenn wir uns duzen würden?'

Wenn jemand Sie duzt, können Sie höflich betonen, dass das Siezen Ihnen lieber wäre:

Je préfêrerai que l'on se vouvoit...
'Ich fände es besser, wenn wir uns siezen.'

oder entschieden sagen:
Je vous prie de me vouvoyer !
'Ich bitte Sie, mich zu siezen!'

Manche Franzosen fügen in so einem Fall den sehr saloppen Satz hinzu:
On n'a... / Nous n'avons pas gardé les cochons ensembles !
Wörtlich 'Wir haben nicht die Schweine gemeinsam gehütet.'
Entspricht unserem 'Wir waren nicht zusammen im Sandkasten.'

2. Faire mit dem Infinitiv

Im Deutschen gibt es zwei verschiedene Arten von Situationen:

1. 'Sie bringen mich zum (machen mich) Lachen': Eine Person löst bei einer anderen Person eine Reaktion aus.

2. 'Ich lasse mir einen Anzug machen': Eine Person veranlasst eine andere Person zu einer bestimmten Handlung.

Im Französischen verwendet man in beiden Fällen **faire** und den Infinitiv:

1. Vous me faites rire.

2. Je me fais faire un costume.

Das macht das Leben im Französischen einfacher, **n'est-ce pas ?**
Schauen Sie sich die weiteren Beispiele an:

Cela me fait penser à mon enfance.
'Das erinnert mich an meine Kindheit.'

Le vent faisait claquer les volets.
'Der Wind ließ die Fensterläden schlagen.'

Voilà la maison qu'il fait construire.
'Hier ist das Haus, das er bauen lässt.'

Il fera faire des travaux quand il aura de l'argent.
'Er wird Bauarbeiten machen lassen, wenn er Geld hat.'

Beachten Sie die folgenden Sätze (s.a. Lektion 1, Anmerkung 2):
Il se fait comprendre.
'Er macht sich verständlich.'

Elle se fait respecter.*
'Sie verschafft sich Respekt.'

Je les ai fait photocopier.
'Ich habe sie fotokopieren lassen.'

Achtung:
Konstruktionen im Deutschen mit 'machen' + Adjektiv werden im Französischen mit **rendre** formuliert:

Cela me rend très heureux/triste…
'Das macht mich sehr glücklich/traurig…'

* = Elle ne se laisse pas faire. 'Sie lässt nicht alles mit sich machen.'

3. Subjonctif - Konjunktiv

Der Konjunktiv wird auch nach verschiedenen Konjunktionen gebraucht. Sehen Sie sich diese Beispiele an:

Ils resteront **jusqu'à ce que** nous arrivions.
'Sie werden bleiben, bis wir ankommen.'

D'ici **à ce qu'**il dise la vérité, nous avons le temps.
'Bis er mit der Wahrheit herausrückt, wird es eine Weile dauern (werden wir viel Zeit haben).'

Il parle fort **de façon qu'**on le comprenne.
'Er spricht laut, damit man ihn versteht.'

Prenez un verre, **à moins que** vous ne soyez pressé.
'Trinken Sie ein Glas, es sei denn, Sie haben es eilig.'

Elle est arrivée **sans que** je le sache.
'Sie ist angekommen, ohne dass ich es wusste.'

Pourvu qu'il arrive vite… j'ai faim.
'Hoffentlich kommt er bald, ich habe Hunger.'

Afin que tu puisses nettoyer ta chambre, je t'ai sorti l'aspirateur.
'Damit du in deinem Zimmer putzen kannst, habe ich (für dich) den Staubsauger herausgeholt.'

Bien qu'il vienne seulement de commencer à apprendre cette langue, il (la) parle très bien.
'Obwohl er erst angefangen hat, diese Sprache zu lernen, spricht er (sie) schon sehr gut.'

Der Konjunktiv wird ebenfalls verwendet nach **afin que** 'damit', **ce n'est pas que** 'es ist nicht so, dass', **pour que** 'so dass, damit'.

In der nächsten Lerneinheit werden Sie noch weitere Ausdrücke kennenlernen, denen der Konjunktiv folgt.

Beachten Sie, dass im Konjunktiv die Handlung in allen Fällen nicht endgültig ist, sie ist hypothetisch, unsicher, nur beabsichtigt, und sie steht in Abhängigkeit von der ersten Handlung / dem ersten Verb.

Anmerkung:
avant que 'bevor', **de peur/crainte que** 'aus Furcht, dass' werden mit dem Füllwort **ne** gebraucht.

4. Les acronymes - Kurzwörter

Hier finden Sie die gebräuchlichsten Kurzwörter:

ADN	Acide DésoxyriboNucléique 'DNA'
BD	Bande Dessinée 'Comic'
BCBG	ursprünglich **Bon Chic Bon Genre**' 'schnieke/piekfein', inzwischen auch **Beau Cul, Belle Gueule**
CA	Chiffre d'Affaires 'Umsatz'
CDD	Contrat à Durée Déterminée 'befristeter Arbeitsvertrag'
CDI	Contrat à Durée Indéterminée 'unbefristeter Arbeitsvertrag'
CV	Curriculum Vitae 'Lebenslauf'
CV	Cheval Vapeur 'PS' / 'Pferdestärke'
GPS	Global Positioning System (système global de positionnement)
HLM	Habitation à Loyer Modéré 'Sozialwohnung'
HS	Hors Service 'defekt', im übertragenen Sinn 'sehr müde'
IVG	Intervention Volontaire de Grossesse 'Abtreibung'
JT	Journal Télévisé entspricht dem deutschen 'Heute journal'
MDR	Mort De Rire = das englische "LOL"
MST	Maladie Sexuellement Transmissible = maladie vénériennes 'sexuell übertragbare Krankheiten'
OGM	Organisme Génétiquement Modifié 'gentechnisch modifiziert ...'
ONG	Organisation Non Gouvernementale 'NGO'
ONU	Organisation des Nations Unies 'UNO'
ORL	Oto-Rhino-Laryngologiste 'Hals-Nasen-Ohren-Arzt'
OTAN	Organisation du Traité de l'Atlantique Nord 'NATO'
OVNI	Objet Volant Non Identifié 'UFO'
PAF	Paysage audiovisuel français 'Medienlandschaft'
PV	Procès-Verbal 'Strafzettel'
QG	Quartier Général 'Hauptquartier'
QI	Quotient Intellectuel 'IQ'
RAS	Rien à Signaler 'Nichts zu berichten'
RMI	Revenu Minimum d'Insertion 'Sozialhilfe' (Mindestsatz)
RSA	Revenu de Solidarité Active vgl. Hartz IV
SA	Société Anonyme 'AG = Aktiengesellschaft'
SARL	Société à Responsabilité Limité 'GmbH'
SAV	Service Après Vente 'Kundendienst(abteilung)'
SAMU	Service d'Aide Médicale Urgente 'mobiler Notarztdienst'
SDF	Sans Domicile Fixe 'Obdachlose(r)' ('ohne festen Wohnsitz')
SIDA	Syndrome d'Immuno-Déficience Acquise 'AIDS'
TGV	Train à Grande Vitesse 'französischer ICE'
TVA	Taxe sur la Valeur Ajoutée 'MwSt.'
VPC	Vente Par Correspondance 'Versandhandel'
VTT	Vélo Tout Terrain 'Geländefahrrad'/ 'Mountain Bike'
4x4	(quatre-quatre) 'Geländewagen mit Allradantrieb / SUV'

QUARANTE-TROISIÈME (43ᵉ) LEÇON

Ah, les vacances…

1 Décidément, nos amis Laurent et Anne-Marie n'ont pas de chance !
Ou peut-être Laurent aime-t-il se plaindre.
2 Toujours est-il qu'ils s'en allèrent en vacances dans un grand hôtel sur la Côte-d'Azur (1)
3 où ils restèrent trois semaines.
Quand ils furent repartis, Laurent adressa cette lettre au directeur de l'établissement:
4 Monsieur le Directeur, Je voudrais vous faire part des conditions dans lesquelles s'est déroulé notre séjour dans votre hôtel. (2/3)
5 D'abord, j'ai fait une réservation par lettre pour une chambre double avec salle de bains ;
6 quand mon amie et moi, nous sommes arrivés, on nous a dit qu'on n'avait pas reçu la lettre et qu'il ne restait que des chambres simples.
7 Nous avons dû accepter, mais ces chambres – exiguës de surcroît – se trouvaient à côté de la cage de l'ascenseur.
8 Pis encore, les portes ne fermaient pas à clé. (4/5)

Notes
(1) Je ne sais pas si elle est belge ou suisse, toujours est-il qu'elle parle un excellent français 'Ich weiß nicht, ob sie Belgierin oder Schweizerin ist, jedenfalls spricht sie ausgezeichnet Französisch'. Der Ausdruck **toujours est-il que** entspricht **en tout cas** 'auf jeden Fall'. Es kann auch 'wie dem auch sei, wie immer es auch sei" bedeuten. Il t'a peut-être dit qu'il passera ; toujours est-il que moi je ne l'ai pas vu 'Er hat dir vielleicht gesagt, dass er vorbeischauen wird; wie dem auch sei, ich habe ihn nicht gesehen'.

cent soixante-douze • 172

43. LEKTION

Ah, Ferien ...

1 Unsere Freunde Laurent und Anne-Marie haben wirklich kein Glück! Oder vielleicht mag Laurent es, sich zu beschweren.
2 Sie sind jedenfalls in ein großes Hotel an der Côte d'Azur in die Ferien gefahren,
3 wo sie drei Wochen blieben. Nach ihrer Abreise schickte Laurent folgenden Brief an den Direktor des Hauses:
4 Sehr geehrter Herr Direktor, ich möchte Sie über die Bedingungen informieren, unter denen unser Aufenthalt in Ihrem Hotel abgelaufen ist:
5 Zunächst einmal habe ich schriftlich ein Doppelzimmer mit Bad reserviert;
6 als meine Freundin und ich ankamen, sagte man uns, dass man den Brief nicht erhalten habe und dass nur noch Einzelzimmer frei seien (blieben).
7 Wir mussten dies akzeptieren, aber diese Zimmer – die überdies winzig klein waren – lagen neben dem Aufzugschacht.
8 Was noch schlimmer war: Die Türen konnten nicht abgeschlossen werden.

Notes

(2) **faire part à qqn. de qqch.**, wörtlich 'jmdn. an etw. teilhaben lassen' ist förmlicher als **informer** oder einfach **parler de** 'informieren, mitteilen'. **Elle m'a fait part de ses projets** 'Sie hat mir von ihren Plänen erzählt'. **Un faire-part** (männlich und unveränderlich, obwohl **une part** 'ein Stück' weiblich ist) ist 'eine Familienanzeige' (zu Geburt, Hochzeit, Tod ...) in Form einer Karte. Am Telefon sagt man auch: **C'est de la part de qui ?** 'Wer spricht?'.

(3) **La manifestation s'est déroulée dans le calme** 'Die Demonstration ist ruhig abgelaufen'. Wörtlich bedeutet **dérouler** 'abwickeln, abrollen', es wird aber häufig bei Beschreibungen von Ereignissen benutzt.

(4) **Pis** oder **pire** 'schlimmer' finden Sie in Ausdrücken wie **de mal en pis/de pire en pire** 'immer schlimmer/schlechter'. **Pis/Pire encore** 'was noch schlimmer ist ...'. Erinnern sich an **Tant pis ! Non?** Halb so schlimm, wir erklären es Ihnen gern noch einmal: 'Was soll's?; Das macht nichts; Nicht schlimm.'

(5) **fermer à clé** 'abschließen'; **une serrure** 'ein Schloss'; **serrer** 'festmachen, festziehen, zusammenschnüren'.

LEÇON 43

9 Quant à la cuisine gastronomique dont vous vous enorgueillissiez dans votre brochure, (6)
10 il suffit de dire que les prestations apportées ne valaient même pas ce que l'on peut trouver dans des restaurants self-service. (7/8)
11 Le sous-directeur, à qui je me suis adressé, nous a accordé une réduction sur le prix des chambres
12 mais il n'en reste pas moins que nous avons payé fort cher pour un désastre ! (9)
13 J'espère que vous jugerez bon de me dédommager et, dans cette attente, je vous prie d'agréer, Monsieur le Directeur, l'expression de mes sentiments distingués... (10)

✉ ✉ ✉

14 Dès qu'il eut pris connaissance des commentaires de Laurent, le directeur envoya la réponse suivante : (WL1)

15 – Monsieur, suite à votre courrier du 20 courant, je me suis renseigné auprès de mes employés (11)
16 et il semble qu'il y a eu effectivement quelques difficultés.

Un désastre !

Notes
(6) Der Infinitiv ist **s'enorgueillir** 'stolz sein auf, sich mit etw. brüsten'; **l'orgueil** (männlich) 'der Hochmut'; **la fierté** 'der Stolz'. Il est fier de sa situation 'Er ist stolz auf seine Position'.

cent soixante-quatorze • 174

9   Was Ihre (gastronomische) Küche anbetrifft, der Sie sich in Ihrer Broschüre rühmen,
10 so braucht man nur zu sagen, dass die Qualität noch nicht einmal der entsprach, wie man sie in Selbstbedienungsrestaurants findet.
11 Der stellvertretende Direktor, mit dem ich gesprochen habe, hat uns eine Ermäßigung auf den Zimmerpreis zugestanden,
12 aber das ändert nichts daran, dass wir für katastrophale Bedingungen teuer bezahlt haben!
13 Ich hoffe, Sie werden es für angemessen halten, mich zu entschädigen. In Erwartung dessen verbleibe ich mit freundlichen Grüßen ...
14 Sobald er von Laurents Äußerungen Kenntnis genommen hatte, schickte der Direktor folgende Antwort:
15 – Sehr geehrter Herr, Bezug nehmend auf Ihr Schreiben vom 20. dieses Monats habe ich bei meinen Angestellten Erkundigungen eingezogen,
16 und es scheint tatsächlich einige Schwierigkeiten gegeben zu haben.

Notes
(7) **une prestation** 'eine Leistung' findet man meist im Dienstleistungsbereich. Eine Reiseagentur, die eine Pauschalreise organisiert, ist verantwortlich für **les prestations terrestres**, d.h. die Leistungen am "Boden" (Hotel, Transporte, Reiseführer, usw.). In unserem Fall geht es um die Leistungen des Hotels, speziell die der Küche.
(8) Wieder ein Anglizismus, der oft zu **un self** verkürzt wird. Das französische Äquivalent wäre **un restaurant libre-service**.
(9) **Il nous a fait une réduction mais il n'en reste pas moins que nous avons payé trop cher** 'Er hat uns eine Ermäßigung gewährt, aber das ändert nichts daran, dass wir zu viel bezahlt haben.' Durch diesen Ausdruck wird **bien que** + Konjunktiv vermieden. **Bien qu'il nous ait fait une réduction, nous avons payé trop cher** 'Obwohl er uns eine Ermäßigung gewährt hat ...'
(10) **les dommages et intérêts** 'Schadenersatz, finanzielle Entschädigung'; **dédommager** 'entschädigen'. **Les dégâts** bedeutet 'Sachschaden, materieller Schaden'; **un dégât des eaux** 'ein Wasserschaden'.
(11) **du mois courant** 'des laufenden Monats' oder einfacher **le 20 de ce mois**. **Virez jusqu'à nouvel ordre 100 € le 20 du mois** 'Überweisen Sie bis auf Widerruf am 20. des Monats 100 €'.

17 Entre autres, notre Chef de cuisine était malade et son remplaçant n'était pas encore rodé. (12)
18 Je vous envoie avec la présente un chèque de 300 Euros/Francs et j'espère, malgré ces incidents, vous revoir dans notre établissement. (13)
19 Je vous prie d'agréer, Monsieur, l'expression de mes sentiments distingués... (14)
20 Comme quoi, tout est bien qui finit bien.

Notes
(12) Die Grundbedeutung von **roder** ist '(ein Fahrzeug) einfahren, etw. einschleifen'. Gemeint ist hier, dass der neue Koch noch nicht genügend Erfahrungen sammeln konnte und das Team noch nicht eingespielt war. Es gibt das Verb noch einmal mit **accent circonflexe**: rôder 'umherstreifen, streunen'. **Les voisins ont aperçu des rôdeurs dans les parages** 'Die Nachbarn haben beobachtet, dass sich Personen in der Gegend herumtreiben.'

(13) **la présente** (**lettre**) 'der (vorliegende) Brief'.

Comprenez vous ces phrases ?
1. Ils s'en sont allés en vacances sur la Côte-d'Azur. **2.** Je me suis adressé au sous-directeur qui m'a accordé une réduction. **3.** Oui, mais il n'en reste pas moins que nos vacances ont été gâchées. **4.** Je vous aiderais volontiers mais c'est que je n'ai pas le temps. **5.** Ils s'enorgueillissent de leur bel appartement. **6.** Comme quoi, tout est bien qui finit bien.

Complétez les phrases suivantes

1 Sobald er die Reklamation erhalten hatte, schickte er einen Scheck.

. . . . . 'il avait . . . . la réclamation, il . . . . . . un chèque.

2 Nachdem (als) er die Geschichte erzählt hatte, brachen alle in Lachen aus.

Quand il . . . . l'histoire, tout . . . . éclata de rire.

3 Nachdem sie ihre Arbeit beendet hatten, fuhren sie in die Ferien.

Après . . 'ils . . . . . . fini leur travail, ils s' . . . . en vacances.

cent soixante-seize • 176

17 Unter anderem war unser Chefkoch krank und sein Stellvertreter war noch nicht eingearbeitet.
18 Ich übersende Ihnen anbei einen Scheck über 300 Euro/Francs/Franken und hoffe, Sie trotz dieser Vorfälle in unserem Hause wiederzusehen.
19 Mit freundlichen Grüßen ...
20 Was zeigt: Ende gut, alles gut.

Notes
(I4) **agréer** 'annehmen, akzeptieren': Die Formulierung ist eine sehr verbreitete Abschiedsfloskel in formellen Briefen. Varianten sind: **Veuillez agréer chère madame / cher monsieur / Mesdames / Messieurs...** In E-Mails können Sie folgende **formules de politesse** 'Höflichkeitsfloskeln' verwenden: **Sincères salutations / Cordiales salutations / Cordialement / Bien à vous**. Sehen Sie die Verwandtschaft zwischen **agréer** und **agréable** 'angenehm' bzw. **désagréable** 'unangenehm'?

Avez-vous bien compris?
1. Sie sind in den Urlaub an die Côte-d'Azur gefahren. **2.** Ich habe mich an den stellvertretenden Direktor gewandt, der mir eine Ermäßigung gewährt hat. **3.** Ja, das ändert aber nichts daran, dass unsere Ferien verdorben waren. **4.** Ich würde Ihnen gerne helfen, aber das Problem ist, dass ich keine Zeit habe. **5.** Sie rühmen sich ihrer schönen Wohnung. **6.** Das zeigt: Ende gut, alles gut.

4 Sie befürchteten Gewalt, aber alles ist gut abgelaufen.

Ils craignaient de la violence, mais .... s'est bien ....

5 Ich werde mich bei meinen Angestellten erkundigen.

Je vais .. .. mes employés.

Les mots manquants 1. Dès qu - reçu - envoya **2.** eût raconté - le monde **3.** qu - eurent - en allèrent **4.** tout - déroulé **5.** me renseigner auprès de.

LEÇON 43

QUARANTE-QUATRIÈME (44ᵉ) LEÇON

L'humour

1 Les Français ont une longue tradition humoristique qui remonte aux œuvres paillardes de Rabelais (1)
2 et qui a continué au fil des années pour produire des esprits tels qu'Alphonse Allais ou Sacha Guitry (2/3)
3 pour ne citer que deux des plus sémillants. Allais était un spécialiste de l'humour noir : (4)
4 "l'argent aide à supporter la pauvreté" et de l'observation pointue, par exemple :
5 « Plus les galets ont roulé, plus ils sont polis. Pour les conducteurs, c'est le contraire... » (5)
6 Guitry maniait un humour corrosif, souvent aux dépens de la femme.
7 Il disait : « Le meilleur moyen de faire tourner la tête à une femme, c'est de lui dire qu'elle a un beau profil ». (6)

Notes
(1) **François Rabelais**: Mönch und Arzt im 15. Jahrhundert. Er ist bekannt für seine Werke **Gargantua** und **Pantagruel**; sein Name steht für Zügellosigkeit und Ausschweifung, die die philosophische Natur seiner Satiren manchmal vergessen lassen.

44. LEKTION

Humor

1 Die Franzosen haben eine lange humoristische Tradition, die bis zu den anstößigen Werken von Rabelais zurückgeht
2 und die Jahre hindurch angedauert und geistreiche Menschen wie Alphonse Allais oder Sacha Guitry hervorgebracht hat,
3 um nur zwei der schillerndsten zu nennen. Allais war ein Spezialist des schwarzen Humors:
4 "Mit Geld lässt sich Armut besser ertragen" und scharfsinniger Wahrnehmung, z. B.:
5 "Je mehr Kieselsteine gerollt sind, desto mehr glänzen sie. Mit Autofahrern ist das umgekehrt ..."
6 Guitry bediente sich eines beißenden Humors, oft auf Kosten der Frauen.
7 Er sagte: "Die beste Art und Weise, einer Frau den Kopf zu verdrehen, ist, ihr zu sagen, dass sie ein schönes Profil hat".

Notes

(2) **Alphonse Allais** (1855-1901) ist bekannt für einen anekdotenhaften schwarzen Humor.

(3) **Sacha Guitry** (1885-1957), Sohn des Schauspielers **Lucien Guitry**, wurde in Russland geboren. Er bleibt der beste Beobachter der Lebensweise der Bourgeoisie. Sowohl seine Filme als auch seine Theaterstücke sprühen so sehr vor Witz, dass die traurige Seite seiner Beobachtungen oft ein wenig im Hintergrund bleibt.

(4) **l'humour noir** (mask.) 'der schwarzer Humor'. Nicht zu verwechseln mit **d'une humeur noire** 'schlechte Laune'. **Ne dérange pas ton oncle ; il est d'une humeur noire ce matin** 'Stör deinen Onkel nicht; er ist heute Morgen sehr schlecht gelaunt'; **Ils sont de bonne/mauvaise humeur** 'Sie sind gut/schlecht gelaunt.'

(5) Wortspiele zu verstehen, gehört oft zu den schwierigsten Dingen beim Erlernen einer Fremdsprache. Haben Sie dieses Wortspiel verstanden? **Rouler** bedeutet neben 'rollen' auch 'ein Auto fahren', und **poli** bedeutet außer 'glänzend' auch 'höflich' ...

(6) **faire** vor einem weiteren Verb bedeutet 'veranlassen, dafür sorgen, dass'. Mit **faire tourner** ist also gemeint, dass man die Frau veranlasst, den Kopf zu drehen. Aber: **j'ai tourné la tête pour ne pas le voir** 'Ich habe den Kopf (weg)gedreht, um ihn nicht zu sehen'.

LEÇON 44

8 Mais il était aussi un peu philosophe dans son genre : quelqu'un qui peut dire :

9 « Quand on donne un baiser à quelqu'un, c'est qu'on a envie d'être embrassé soi-même » (7)

10 est sans doute moins cynique qu'il n'en a l'air. (8)

11 La littérature française est parsemée d'auteurs humoristiques et l'un des plus grands plaisirs qu'il y a à parler une langue
12 est de pouvoir rire avec les gens du pays... et à la fin, faire quelque plaisanterie soi-même. (9)

13 Mais cet humour ne se borne pas aux belles lettres, il est présent aussi dans la vie quotidienne. (10)
14 Tout amusant qu'il est, il comporte toujours une pointe de réalisme qui lui est propre. (11)

15 J'ai entendu un jour le propos d'un plombier qui répondait à une cliente qui chantait les louanges de la vie parisienne. (12)
16 Il lui répliqua :
« Paris, c'est la seule ville en France où on est réveillé par le bruit des oiseaux qui toussent ». (13)

Notes

(7) **donner un baiser** 'einen Kuss geben' ist meist leidenschaftlicher als **faire une bise** (wörtl. 'einen Kuss machen'). Beide sind Synonyme für **embrasser** 'küssen'. **Se faire la bise** heißt, sich mit – je nach Region – einem, zwei, drei oder sogar vier Küsschen zu begrüßen oder zu verabschieden. **S'embrasser** hat ursprünglich die Bedeutung 'sich umarmen', wird aber heute fast ausschließlich im Sinne von 'sich küssen' verwendet ('sich umarmen' = **s'enlacer**). Falls Sie den Drang verspüren, jemanden zu küssen oder darüber zu berichten, dass Sie jemanden geküsst haben, benutzen Sie nur die Formen, die Sie bis jetzt angetroffen haben. Das Verb **baiser** hingegen sollten Sie unbedingt vermeiden; es ist ein Slangausdruck mit sehr schlüpfriger Bedeutung!

8 Aber er war auch auf seine Weise ein wenig Philosoph:
Jemand, der sagen kann

9 "Wenn man jemandem einen Kuss gibt, dann bedeutet das,
dass man selbst geküsst werden will"

10 ist zweifellos nicht so zynisch, wie er scheint.

11 Die französische Literatur ist übersät mit humoristischen
Autoren, und eines der größten Vergnügen, eine Sprache zu sprechen,

12 ist, mit den Leuten des Landes lachen zu können ... und
schließlich auch selbst den einen oder anderen
(irgendwelchen) Witz machen zu können.

13 Aber dieser Humor beschränkt sich nicht nur auf die Literatur,
sondern er ist auch im Alltagsleben gegenwärtig.

14 So lustig wie er ist, enthält er doch immer einen Hauch von
Realismus, der ihm eigen ist.

15 Ich habe einmal die Bemerkung eines Klempners gehört, der
einer Kundin antwortete, die Lobeshymnen auf das Pariser
Leben sang.

16 Er erwiderte: "Paris ist die einzige Stadt in Frankreich,
in der man durch das Geräusch hustender Vögel geweckt
wird."

Notes

(8) **moins... qu'il n'en a l'air** = **moins qu'il n'y parait** heißt 'viel weniger ... als es (auf den ersten Blick) erscheint'. **Ne faites pas attention au chien, il est bien moins méchant qu'il n'en a l'air** 'Achten Sie nicht auf den Hund, er ist nicht so böse wie er aussieht'; **Cette personne ne manque pas d'air** oder umgangssprachlicher **il/elle est gonflé/-e** (wörtl. 'aufgeblasen') meint 'er/sie ist unverschämt'. **Des propos en l'air** sind unbegründete Argumente, auch **des arguments/propos non fondés ou sans fondements**.

(9) **une plaisanterie** oder **une blague** 'ein Witz'. Beachten Sie den Unterschied zwischen **raconter des blagues** 'Witze erzählen' und **faire des blagues** 'scherzen'; **un (petit) plaisantin** 'ein Scherzkeks'.

(10) **les belles-lettres** 'Belletristik' ist ein Synonym für **la litérature**.

(11) **tout** vor einem Adjektiv kann im Sinne von 'wie ... auch immer' benutzt werden: **Tout intelligents qu'ils sont, ils ne réussiront jamais l'examen** 'So intelligent sie auch sind, sie werden die Prüfung niemals bestehen'. **Tout** ist hier unveränderlich.

(12) **le plombier** 'der Klempner'; **le plomb** 'das Blei'; **les plombs ont encore sauté** 'die Sicherungen sind wieder herausgesprungen'. **Mon plombage vient de sauter** 'Ich habe gerade eine Zahnfüllung verloren'.

(13) **tousser** 'husten'; **un sirop/des pastilles pour la toux** 'Hustensaft, Hustenbonbons'. Beachten Sie, dass man hier als Präposition **pour** verwendet, obwohl **contre** 'gegen' passender wäre.

17 Ou bien cette enseigne qui orne la plupart des cafés se trouvant devant les cimetières : (I4)
18 « Quoi qu'on dise, quoi qu'on fasse,
on est mieux ici qu'en face » !
19 Parfois on rit jaune, mais au moins on rit. (I5/I6/I7)

Notes
(I4) l'enseigne du local vous renseigne... 'das Schild an dem Lokal informiert Sie über ...'; enseigner 'lehren, unterrichten', l'enseignant/-e 'der Lehrer / die Lehrerin'; le corps enseignant 'der Lehrkörper, die Lehrkräfte'. Nicht zu verwechseln mit un insigne 'ein Abzeichen' und un signe 'ein Zeichen'.

(I5) rire 'lachen', un rire 'das Lachen', un sourire 'ein Lächeln'. Les mariés essayent de se retenir de rire, mais leurs témoins, eux, pouffent de rire 'Die Braut und der Bräutigam versuchen, das Lachen zurückzuhalten, aber ihre Trauzeugen brechen in Lachen aus'. Un rire jaune ist 'ein unnatürliches, gekünsteltes Lachen'.

Comprenez vous ?
1. Plus vous insistez, plus il vous dira non. **2.** Je ne vous citerai que les plus connus. **3.** Elle est un peu artiste dans son genre. **4.** Ne vous bornez pas à vos études ; essayez de faire autre chose en plus. **5.** Quoi qu'on en dise, je trouve qu'il écrit très bien. **6.** Qu'est-ce qu'il a ri jaune quand il a lu le rapport !

Complétez les phrases suivantes

1 Er ist nicht so böse, wie er aussieht.

Il n'est pas ..... méchant qu' .. .' .. a l' ... .

2 So lustig sie auch sind, sie arbeiten gewissenhaft!

.... amusants ..'... .... ils travaillent sérieusement.

3 Was immer man tut, es ist zum Scheitern verurteilt.

.... ..'.. ..... c'est voué à l'échec.

4 Noch ein Anflug von Humor, der ihm eigen est.

...... une pointe d'humour qui ... ...

5 Alle seine Erfolge sind ihm zu Kopf gestiegen.

Tous ses succès lui sont ...... à .. .. .

cent quatre-vingt-deux • **182**

17 Oder dieses Schild, das die meisten Cafés, die sich
   gegenüber von Friedhöfen befinden, ziert:
18 "Was immer man sagt, was immer man tut,
   hier ist es besser als gegenüber!"
19 Manchmal lacht man gezwungen, aber wenigstens lacht man.

Notes
(16) **moins** 'weniger, minus', **au moins** 'mindestens, wenigstens'; **plus** 'mehr, plus', aber **au plus** 'höchstens': **On lui donne au plus** (oder **au maximum**) **20 ans, mais elle a au moins** (oder **au minimum**) **30 ans** 'Sie sieht höchstens wie 20 aus, sie ist aber mindestens 30 Jahre alt.'
(17) Beenden wir diesen Dialog mit einer passenden Redewendung: **Rira bien qui rira le dernier** 'Wer zuletzt lacht, lacht am besten'.

Aviez-vous bien compris ?
1. Je mehr Sie darauf bestehen, desto mehr wird er Nein sagen. **2.** Ich werde Ihnen nur die bekanntesten zitieren. **3.** Sie ist auf ihre Weise ein wenig eine Künstlerin. **4.** Beschränken Sie sich nicht auf Ihr Studium; versuchen Sie, noch etwas anderes zu machen. **5.** Was immer man sagt, ich finde, dass er sehr gut schreibt. **6.** Wie gekünstelt er gelacht hat, als er den Bericht gelesen hat!

Les mots manquants 1. aussi - il n'en a - air **2.** Tout - qu'ils sont **3.** Quoi qu'on fasse **4.** Encore - lui est propre **5.** montés - la tête.

LEÇON 44

QUARANTE-CINQUIÈME (45ᵉ) LEÇON

Il ou elle ? (WL4)

1 Sous un beau soleil printanier un touriste anglais s'assit à une terrasse de café, commanda un thé et se mit à lire son journal. (1)
2 Quelques minutes plus tard, le garçon lui apporta la consommation ; l'Anglais s'apprêtait à la boire quand il se rendit compte (2/3)
3 qu'un insecte flottait à la surface.
Il héla le serveur :
« Garçon, s'il vous plaît, fit-il avec un fort accent,
4 il y a **un** mouche dans mon thé ! »
Un Français assis à une table voisine,
voulut aider l'étranger qui semblait ignorer
la langue de Racine. (4/5)
5 Il se pencha, tapota l'Anglais sur l'épaule et lui dit :
« Monsieur, je vous prie de m'excuser, mais c'est **une** mouche ». (6/7)

Notes
(1) printanier 'Frühlings-': Adjektiv zu le printemps. Été 'Sommer' > estival 'sommerlich'; automne 'Herbst' > automnal 'herbstlich'; hiver 'Winter' > hivernal 'winterlich'; un an/une année 'ein Jahr' > annuel 'jährlich'.
(2) Nationalitätsbezeichnungen werden nur großgeschrieben, wenn es um die Einwohner des Landes geht. Le français 'die französische Sprache'; un Français / une Française 'ein Franzose / eine Französin'.

45. LEKTION

Er oder sie

1 Unter einem schönen Frühlingshimmel setzte sich ein englischer Tourist auf die Terrasse eines Cafés, bestellte einen Tee und begann, seine Zeitung zu lesen.
2 Einige Minuten später brachte ihm der Ober das Getränk; der Engländer war im Begriff zu trinken, als er bemerkte,
3 dass auf der Oberfläche ein Insekt schwamm.
Er rief den Kellner herbei:
"Herr Ober, bitte, sagte er mit starkem Akzent,
4 "da ist *ein* Fliege in meinem Tee!"
Ein Franzose, der an einem Nachbartisch saß,
wollte dem Ausländer helfen, der die Sprache Racines nicht [gut] zu kennen schien.
5 Er beugte sich vor, klopfte dem Engländer auf die Schulter und sagte:
"Mein Herr, bitte entschuldigen sie, aber es ist *eine* Fliege".

Notes
(3) **Il s'apprêtait à partir quand son portable a sonné** 'Er machte sich gerade zum Gehen fertig, als sein Handy klingelte'. Dieses Verb kommt vom Adjektiv **prêt** 'bereit/fertig sein', **s'apprêter à** bedeutet je nach Situation 'sich vorbereiten auf, im Begriff sein'. **Je m'apprêtais à me coucher, quand je l'ai entendu arriver.** 'Ich war im Begriff ins Bett zu gehen, als ich ihn kommen hörte.'

(4) Anstelle von **ignorer** könnte man hier auch **mal maîtriser** 'schlecht beherrschen' benutzen.

(5) **La langue de Racine** ou **la langue de Molière** umschreibt die französische Sprache (wie immer sind die Franzosen sich nicht ganz einig ...) und entspricht etwa dem deutschen Ausdruck 'die Sprache Goethes'.

(6) **tapoter**: Verniedlichungsform von **taper** 'antippen'. Für **parler** sagt man auch **papoter** 'plaudern, schwatzen', für **toucher** hören Sie mitunter **tripoter** 'anfassen, befummeln', für **murmurer** 'flüstern' gibt es das lautmalerische Synonym **chuchoter**.

(7) 'Fliege' ist, wie im Deutschen, ein weibliches Wort. Der Brite müsste also eigentlich **une mouche** sagen. Auch wenn es wahrscheinlich männliche Fliegen gibt, existiert *un* mouche nicht, allerdings heißt 'die kleine (Essig)Fliege' **le moucheron**. Achtung: **se moucher** bedeutet 'sich schnäuzen, sich die Nase putzen', und **un mouchoir (en papier ou en tissu)** ist 'ein Taschentuch' (aus Papier oder Stoff).

LEÇON 45

6 L'autre était éberlué. Il regarda son voisin d'un air admiratif et s'exclama : « Monsieur, quelle vue extraordinaire ! » (8/9)

7 Il s'agit là, bien sûr, d'une plaisanterie, mais vous qui parlez bien le français, vous vous rendez compte de l'importance des genres.

8 Certes, vous ne croyez plus que « l'ascenseur » est féminin mais c'est d'autant plus important (10)

9 qu'il y a des mots qui changent de sens selon qu'ils sont au masculin ou au féminin. (11)

10 Vous en connaissez déjà certains, mais regardez bien les exemples suivants :

11 Passez-moi le ***mode*** d'emploi pour le lave-vaisselle,
MAIS : (12)
Elle suit toujours la ***mode*** pour s'habiller.

12 Elle ne craint pas la ***mort***,
MAIS :
L'accident a fait un ***mort*** et deux blessés. (13)

13 Il a un beau ***physique***,
MAIS : La ***physique*** nucléaire est
la science de l'avenir. (14)

14 Ils habitent une grande ***tour*** Place d'Italie à Paris,
MAIS :
Qui a gagné le ***Tour*** de France cette année ? (15)

Notes

(8) éberlué ist ein Synonym zu ébahi oder très étonné oder ahuri (Lektion 10) 'verblüfft, perplex, erstaunt'.

(9) la vue kann 'die Aussicht / der Blick' bedeuten: **Une pièce avec (la) vue sur la mer** 'ein Zimmer mit Meeresblick'. Aber auch: **Quel est son point de vue ?** 'Was ist seine/ihre Ansicht?'; à première vue 'auf den ersten Blick'; **Je l'ai perdu de vue** 'Ich habe ihn aus den Augen verloren'. Die zweite Bedeutung ist 'die Sehkraft, das Augenlicht': **J'ai une très bonne vue** 'Ich habe sehr gute Augen'; **Il a perdu la vue après un accident de chasse** 'Er ist nach einem Jagdunfall blind geworden'. **Une longue-vue** ist 'ein Fernrohr'.

(10) Oft ist es schwer, das Geschlecht von Substantiven zu erkennen, die mit einem Vokal beginnen, da ihnen ein l' vorausgeht. Vor allem bei Wörtern mit a- muss man aufpassen. Ein unerfahrenes Ohr wird anstelle von l'ascenceur "la censeur" hören und das Substantiv als weiblich ansehen und vielleicht sogar missdeuten: **un censeur** 'ein Zensor'. ▶▶▶

6 Der andere war verblüfft. Er sah seinen Nachbarn mit einem bewundernden Gesichtsausdruck an und rief aus: "Mein Herr, welch ausgezeichnetes Sehvermögen!"

7 Es handelt sich hier natürlich um einen Witz, aber Sie, die Sie gut Französisch sprechen, sind sich der Bedeutung der [grammatischen] Geschlechter bewusst.

8 Natürlich glauben Sie nicht mehr, dass **l'ascenseur** (der Aufzug) weiblich ist, aber das ist um so wichtiger,

9 als es Wörter gibt, die ihre Bedeutung verändern, je nachdem, ob sie männlich oder weiblich sind.

10 Sie kennen schon einige davon, aber sehen Sie sich gut die folgenden Beispiele an:

11 Geben Sie mir die Betriebsanleitung für den Geschirrspüler, ABER: In ihrer Kleidung folgt sie immer der Mode.

12 Sie fürchtet sich nicht vor dem Tod, ABER: Der Unfall hat einen Toten und zwei Verletzte gefordert.

13 Er hat einen schönen Körperbau, ABER: Die Nuklearphysik ist die Wissenschaft der Zukunft.

14 Sie wohnen in einem großen Hochhaus an der Place d'Italie in Paris, ABER: Wer hat dieses Jahr die Tour de France gewonnen?

Notes

▶ Achten Sie ganz besonders auf dieses Problem, und versuchen Sie, sich die Substantive immer mit dem jeweiligen Artikel zu merken.

(l1) **le sens** 'die Richtung' oder 'die Bedeutung', **le sens unique** 'die Einbahnstraße', **le bon sens** kann zweierlei bedeuten: 'die richtige Richtung' oder 'der [gesunde] Menschenverstand'; **les cinq sens** 'die fünf Sinne': **la vue, l'ouïe, l'odorat, le gout, le toucher.**

(l2) **le lave-vaisselle** oder **la machine à laver la vaisselle** 'der Geschirrspüler' ist nicht zu verwechseln mit **la machine à laver** (**le linge**) 'die Waschmaschine', die mit **le sèche-linge** 'der (Wäsche-)Trockner' in **la buanderie** 'die Waschküche' steht.

(l3) **la mort** 'der Tod' ≠ **le mort** 'der Tote'/**une morte** 'eine Tote'.

(l4) **le physique** 'der Körperbau, das Äußere, das Aussehen, die Gestalt'; **la physique** 'die Physik' (als Fach, Wissenschaft, ...).

(l5) **une tour** 'ein Turm/Hochhaus'; **un tour** 'eine Tour, eine Rundfahrt', aber auch 'ein kleiner Spaziergang': **il est parti faire un tour** = **il est parti se promener**; **un tour de magie** 'ein Zaubertrick'; **le tour du potier** 'die Töpferscheibe'; **le premier tour** 'der erste Wahlgang': **La députée sortante est arrivée en tête au premier tour, mais il y aura un second tour** 'Die bisherige Abgeordnete führt nach dem ersten Wahlgang, es wird jedoch eine Stichwahl (einen zweiten Wahlgang) geben'.

LEÇON 45

15 Ces *moules* sont-elles fraîches ?
MAIS : Elle a besoin d'un *moule* à tarte pour faire le gâteau. (I6)

16 Donnez- moi une *livre* de betteraves,
MAIS :
Son nouveau *livre* vient de paraître. (I7)

17 Vous voyez que ce n'est pas bien compliqué.
Il faut simplement faire un petit peu attention. (I8)

Notes
(I6) une moule 'eine Muschel' ≠ un moule 'eine Form'; un moule á gateau(x) 'eine Backform', un moule à tarte 'eine Tortenform'. Bei un pantalon/jeans moulant oder une robe/jupe moulante wird moulant verwendet, weil die Kleidungsstücke sehr eng am Körper liegen und die Körperformen betonen.

(I7) une livre (500 g) 'ein Pfund' ≠ un livre 'ein Buch'.

Comprenez vous ?
1. Ils s'apprêtaient à téléphoner quand leurs amis arrivèrent. **2.** Ne te penche pas par la fenêtre ! **3.** Ne vous énervez pas ! Il s'agit d'une plaisanterie. **4.** Le mot est différent selon qu'il est au masculin ou au féminin. **5.** Il faut le lui rendre ; c'est d'autant plus important que ce n'est pas à moi. **6.** Il m'a regardé d'un air éberlué.

Complétez les phrases suivantes

1 Die Ethnologie erforscht weltweit die verschiedenen Lebensarten.

L'ethnologie étudie ... . de vie à travers le monde.

2 Ein modernes Kochrezept "Torte mit kleinen Muscheln und Petersilie": Nehmen Sie eine Tortenform, …

Recette à .. .... "la tarte aux .... moules persillées (ou au persil)": Prenez un moule à tarte, …

3 Der neue Lehrer für Physik und Chemie hat ein eher unattraktives (undankbares) Aussehen.

Le nouveau prof de physique - ...... a .. .. plutôt ingrat.

cent quatre-vingt-huit • 188

15 Sind diese Muscheln frisch? ABER: Sie braucht eine Kuchenform, um den Kuchen zu machen.
16 Geben Sie mir ein Pfund rote Beete. ABER: Sein/Ihr neues Buch ist gerade herausgekommen.
17 Sie sehen, dass das nicht wirklich schwierig ist. Man muss nur ein bisschen aufpassen.

Notes
(18) **compliqué** 'schwierig, kompliziert'; **la situation se complique** 'die Lage wird schwieriger'; **une complication** 'eine Komplikation': **L'opération chirurgicale s'est bien passée, mais il y a eu ensuite des complications bénignes** 'Der chirurgische Eingriff ist problemlos verlaufen, aber anschließend gab es kleinere Komplikationen'.

Aviez-vous bien compris ?
1. Sie waren gerade im Begriff zu telefonieren, als ihre Freunde ankamen. **2**. Lehn dich nicht zum Fenster hinaus! **3**. Regen Sie sich nicht auf! Es handelt sich um einen Witz. **4**. Das Wort ist nicht das gleiche, je nachdem, ob es männlich oder weiblich ist. **5**. Man muss es ihm zurückgeben; das ist umso wichtiger, als es nicht mir gehört. **6**. Er sah mich mit einem verdutzten Gesichtsausdruck an.

4 Man hat ihm/ihr gerade ein Kochbuch und 250 Gramm schwarze Trüffeln geliefert.

On vient de lui . . . . . . un . . . . . de cuisine avec une . . . . . - . . . . . de truffes noires.

5 Der Töpfer formt auf seiner Töpferscheibe einen Eiffelturm! Das ist genauso kompliziert wie ein Zaubertrick.

Le potier sur . . . . forme . . . . . . Eiffel ! C'est aussi . . . . qu' . . . . . de magie.

Les mots manquants 1. les différents modes **2.** la mode - petites **3.** chimie - un physique **4.** livrer - livre - demi-livre **5.** son tour - une Tour - compliqué - un tour.

LEÇON 45

QUARANTE-SIXIÈME (46ᵉ) LEÇON

Singulier ou pluriel ?

1 – As-tu entendu la nouvelle ?
   Jean-Pierre s'est marié avec une Anglaise ! (1/2)
2 – Parle-t-elle français ?
   – Oui, elle a fait d'énormes progrès
   depuis deux mois.
3   Et elle a une chance inouïe :
   C'est son mari qui lui fait la cuisine.
   Une bonne cuisine française ! (3/4)
4 – Mais comment cela se fait-il ?
   Autrefois, il brûlait même les œufs au plat ! (5/6)
5 – Je vais te donner un conseil :
   Ton mari ferait pareil si tu avais fait comme elle.
   – Ah bon ?
6 – Oui. Le premier soir elle lui a dit : Viens, chéri, je
   vais te faire bouillir un steak. Et depuis lors... (7/8)

Notes

(1) Zu **une nouvelle** 'eine Neuigkeit/Nachricht' gibt es wie im Deutschen eine Singular- und eine Pluralform. **Pas de nouvelles, bonnes nouvelles** 'Keine Nachrichten sind gute Nachrichten'. **J'ai un cognac dont vous me direz des nouvelles** 'Ich habe einen Cognac, von dem Sie begeistert sein werden' (wörtl. 'von dem Sie mir Neuigkeiten geben werden'). 'Die Nachrichten' im Rundfunk und Fernsehen werden entweder **les actualités** oder **les informations** genannt. Wie **nouvelle(s)** kann auch **information(s)** im Singular und Plural verwendet werden: **J'ai une information pour vous** 'Ich habe eine Information für Sie'.

(2) **une Anglaise** avec un A majuscule ist streng genommen eine Frau aus England, **Anglais/-e** wird oft fälschlicherweise für einen Briten / eine Britin angewandt. Stammt eine Person aus Schottland, Wales oder Nordirland, so sollte man sie **un Britannique** oder **un Écossais, un gallois, un Irlandais** nennen.

(3) **la chance** 'das Glück'. **Il/elle a de la chance** oder **il/elle est vraiment chanceux/chanceuse ces derniers temps**. Das Antonym ist **le risque** 'die Gefahr, das Risiko'. **Avec un peu de chance elle va avoir le job** 'Mit ein bisschen Glück wird sie die Stelle bekommen' und **Le risque de se faire voler des bagages dans un train a augmenté** 'Die Gefahr, dass einem im Zug das Gepäck gestohlen wird, hat zugenommen'.

46. LEKTION

Singular oder Plural?

1 – Hast du die Neuigkeit gehört? J.P. hat eine Engländerin geheiratet!
2 – Spricht sie Französisch? – Ja, sie hat in den letzten beiden Monaten große Fortschritte gemacht.
3 Und sie hat unglaubliches Glück: Ihr Mann kocht für sie. Gute französische Küche!
4 – Aber wie kommt das? Früher ließ er sogar Spiegeleier anbrennen!
5 – Ich werde dir einen Rat geben: Dein Mann würde das Gleiche tun, wenn du es so gemacht hättest wie sie.
– Wirklich?
6 – Ja. Am ersten Abend hat sie zu ihm gesagt:
Komm Liebling, ich werde dir ein Steak kochen. Und seitdem ...

Notes

(4) Sie haben gesehen, das **la vue** 'das Sehvermögen, das Sehen' ist; **l'ouïe** [*lu-i*] ist 'das Gehör'. Also bedeutet **inouï** [*inui*] 'unerhört', d. h. unglaublich, weil man es noch nicht gehört hat.

(5) **Comment cela se fait-il...?** oder umgangssprachlich **Comment ça se fait que... ?** sind feststehende Wendungen für 'Wie kommt es, dass ...' / 'Wie konnte das geschehen?'.

(6) Das Kochvokabular ist sehr bildhaft: **un œuf "sur le"** oder **"au" plat** 'Ein Spiegelei'; **un œuf à la coque** 'ein weichgekochtes Ei' (**la coque** 'die Schale'); **un œuf mollet** wird länger gekocht, ist aber noch weich in der Mitte; **un œuf dur** 'hartgekochtes Ei'; **un œuf poché** 'pochiertes Ei'. Die Redewendung (**Si cela ne te/vous plait pas...**) **Va te/Allez-vous faire cuire un œuf !** ist nicht sehr nett und meint '(Wenn es dir/Ihnen/euch nicht gefällt/passt ...) Geh/Gehen-Sie/Geht dir/Ihnen/euch woanders ein Ei kochen'.

(7) **faire bouillir** heißt 'in Wasser kochen'. 'Kochen' allgemein ist **faire la cuisine**. **Faire** wird für die meisten Tätigkeiten verwendet, die mit Kochen zu tun haben: **faire frire** 'in Öl braten, frittieren', **faire rotir** 'braten', **faire (cuire) au four** 'im Ofen backen'.

(8) Das Zeitadverb **lors** ist eine abgekürzte Form von **alors**: **Lors de leur déménagement, ils ont perdu beaucoup de choses** 'Im Verlauf ihres Umzugs haben sie viele Dinge verloren' (**lors de** kann durch **pendant** ersetzt werden). **Depuis lors, je ne les ai jamais revus** 'Seit damals habe ich sie nie wieder gesehen' (**depuis lors** kann durch **depuis ce temps-là** ersetzt werden). Eine ähnliche Form ist **dès lors** 'seitdem'. **Il s'est caché et dès lors il est devenu suspect** 'Er hat sich versteckt, und seitdem ist (wird) er verdächtigt'.

7 – J'ai un travail pour toi :
Peux-tu déplacer ce meuble pour le mettre derrière la porte ? (9/10)

8 – N'éteins pas la télévision après les informations : je voudrais voir la météo. (11)

9 – A quoi bon ?
Tu sais bien que, quoi qu'ils disent,
il fera un temps de chien ce weekend. (12/13)

10 – Quelle belle chanson !
– Oui, c'est une vieille poésie française
mais sur une musique très moderne. (14)

11 – Il a un comportement bizarre depuis quelque temps, notre Michel. Il doit travailler trop.

12 – Tu sais, il essaie de gagner plus d'argent que sa femme n'en dépense. (15)

Notes
(9) les meubles oder le mobilier meint 'die Möbel' als Sammelbegriff. Un meuble 'ein Möbelstück'; un appartement meublé 'eine möblierte Wohnung', se meubler 'sich einrichten'; un bien immobilier 'eine Immobilie'; une agence immobilière 'eine Immobilienagentur'.

(10) la porte 'die Tür', la porte du garage 'das Garagentor', le portail 'das Eingangsportal'. Le portier ist meist der 'Hotel(nacht)portier', geht es um Fußball, ist es ein Synonym für le goal 'der Torwart'. Aber le portable 'das Handy'. Das Adjektiv portable wird für Sachen benutzt, die man alleine tragen kann. Braucht man die Hilfe anderer Personen oder sogar ein Fahrzeug oder einen Anhänger, würde man eher transportable verwenden.

7 – Ich habe eine Arbeit für dich: Kannst du dieses Möbelstück wegrücken und es hinter die Tür stellen?
8 – Schalte den Fernseher nach den Nachrichten nicht aus: Ich möchte den Wetterbericht sehen.
9 – Wozu soll das gut sein? Du weißt genau, dass, was immer sie auch sagen, das Wetter am Wochenende scheußlich sein wird.
10 – Was für ein schönes Lied!
  – Ja, es ist ein altes französisches Gedicht, aber mit einer sehr modernen Melodie.
11 – Er hat seit einiger Zeit ein sonderbares Verhalten, unser Michael. Er muss wohl zu viel arbeiten.
12 – Weißt du, er versucht, mehr Geld zu verdienen als seine Frau ausgibt.

Notes
(11) **la météo** ist die Abkürzung für **les prévisions météorologiques** 'die Wettervorhersage'. **Comment est la météo?** oder **Quel est le temps prévu pour aujourd'hui/demain ?** 'Wie wird das Wetter heute/morgen?'

(12) Sie haben gesehen, dass **quoi que** mit dem Konjunktiv gebraucht wird: **Quoi qu'il dise** 'Was immer er sagt', **Quoi qu'il arrive** 'Was immer geschieht', **Quoi qu'il en soit** 'Wie dem auch sei'. Andere Relativpronomen können auf dieselbe Weise gebraucht werden: **Qui que vous soyez, vous ne pouvez entrer** 'Wer immer Sie auch sind, Sie dürfen nicht hereinkommen'. **Où que vous alliez, gardez ceci sur vous** 'Wo immer Sie hingehen, behalten Sie dies bei sich'. Verwechseln Sie **quoi que** nicht mit der Konjunktion **quoique** (in einem Wort). Sie steht auch mit dem Konjunktiv und bedeutet 'obwohl': **Quoiqu'ils ne soient pas très riches, ils sont très heureux** 'Obwohl sie nicht (sehr) reich sind, sind sie sehr glücklich'. Ein Synonym für **quoique** ist **bien que**.

(13) **un temps de chien** oder **un temps à ne pas mettre un chien dehors** = **un temps épouvantable**: Alle Wendungen beschreiben ein nasses, ungemütliches Wetter. Ist es dagegen sehr kalt, würde man eher **un froid de canard** ('eine Entenkälte') benutzen. Der Hund muss noch für eine andere Wetterlage herhalten: **la canicule** 'die Hundstage' (die Hochsommertage, an denen eine extreme Hitze herrscht).

(14) **la poésie** 'die Poesie', **une poésie** oder **un poème** 'ein Gedicht' > **un poète / une poétesse** 'ein Dichter / eine Dichterin'. **La musique** 'die Musik', **une musique** oder **un air** 'eine Melodie'; **un musicien / une musicienne** 'ein/-e Musiker/-in'.

(15) Eine einfachere Formulierung wäre **Tu sais, il essaie/essaye de gagner plus (d'argent) que ce que sa femme/son épouse dépense.** Beachten Sie die beiden möglichen Schreibweisen: **il essaie** [éßè]/**il essaye** [éßèj] die Sie bei Verben wie **payer, rayer** etc. finden.

LEÇON 46

Comprenez vous ?
1. Si tu as faim, je vais te faire cuire des œufs au plat. 2. Depuis quelque temps, il a une chance inouïe au casino : il gagne tout le temps. 3. Si j'avais su cela, j'aurais fait pareil. 4. Je vais m'expliquer avec le policier. – A quoi bon ? Tu devras toujours payer l'amende. 5. Quoi qu'il en soit, je vais essayer: on ne sait jamais. 6. Tu vois, je n'ai pas eu d'amende ! – Comment ça se fait ? – Non, je vais en prison !

Singulier ou pluriel ?

Complétez les phrases suivantes

1 Keine Nachrichten sind gute Nachrichten.

Pas de . . . .

2 Wenn ich diese ganze Arbeit beendet habe, werde ich dir helfen.

Quand .'. . . . . terminé tout . . . ., je .'. . . . .

3 Das Wetter war scheußlich am letzten Wochenende.

Il . . . . de . . . . . le weekend dernier.

4 Sie hat Unterrichtsstunden genommen, und seitdem hat sie große Fortschritte gemacht.

Elle a pris des cours et, ... a fait d'. . . . .

5 Was immer er tut, seine Frau gibt mehr aus, als er verdient.

. . . .'. . . . . . . sa femme dépense plus d'argent . .'. . . . .

Aviez-vous bien compris ?
1. Wenn du Hunger hast, mache ich dir Spiegeleier. **2.** Seit einiger Zeit hat er unerhörtes Glück im Spielkasino: Er gewinnt die ganze Zeit. **3.** Wenn ich das gewusst hätte, hätte ich das Gleiche getan. **4.** Ich werde das mit dem Polizisten klären. – Wozu soll das gut sein? Du wirst trotzdem das Bußgeld zahlen müssen. **5.** Wie dem auch sei, ich werde es versuchen: Man kann nie wissen. **6.** Siehst du, ich habe kein Bußgeld bekommen! – Wie kommt das? – Nein, ich gehe ins Gefängnis!

Einige französische Wörter wie beispielsweise die für die fünf Sinne haben keine Pluralform. Andere wiederum werden Sie nur im Plural antreffen:

les condoléances 'Beileid'

les dommages et intérêts 'Schadenersatz' (Schaden u. Zinsen)

les entrailles 'die Innereien'

les environs 'die Umgebung'

les fiançailles 'die Verlobung'

les funérailles 'die Beerdigung, das Begräbnis'

les gens 'die Leute'

les latrines 'die Toiletten' (z.B. in einer Kaserne)

les lunettes* (oder une paire de lunettes) 'die Brille'

les mœurs 'die Gebräuche, die Sitten'

les retrouvailles 'das Wiedersehen, das Wiederentdecken'

les rillettes 'französische Spezialität aus Schmalzfleisch'

les semailles 'die Zeit der Aussaat'

les ténèbres 'die Finsternis'

les toilettes 'das WC' (aber in Belgien la toilette)

les vacances* 'die Ferien'

* Diese Wörter haben eine Singularform mit abweichender Bedeutung: la lunette 'das Fernrohr; la lunette arrière 'die Heckscheibe'; la vacance 'die unbesetzte Stelle'.

Les mots manquants 1. nouvelles bonnes nouvelles **2.** j'aurai - ce travail - t'aiderai **3.** a fait un temps - chien **4.** depuis lors - énormes progrès **5.** Quoi qu'il fasse - qu'il ne gagne.

LEÇON 46

QUARANTE-SEPTIÈME (47ᵉ) LEÇON

Les critiques

1 Un peintre abstrait invita un critique d'art à sa maison de campagne pour le weekend. (1)
2 Quand il fut rentré, sa femme lui demanda comment il avait passé son temps. (2)
3– C'était fort agréable : calme, détendu mais quand même stimulant intellectuellement. (3)
4 Vois-tu, lui passait ses journées à peindre et sa femme était toujours fourrée à la cuisine. (4/5)
5 Le soir, ils se mettaient à table dans l'atelier et chacun essayait de deviner ce qu'avait fait l'autre. (6)

Notes
(1) un critique/une critique 'ein/e Kritiker/-in' rezensiert Bücher, Filme, usw., un critique gastronomique testet Restaurants und schreibt darüber in Zeitschriften oder in einem Restaurantführer. Die Rezension eines literarischen Werkes ist une critique 'eine Rezension'. Die Gastronomie als Kunst wird als l'art culinaire bezeichnet.
(2) passer son temps à… 'seine Zeit mit … verbringen'. Mon grand-père passe son temps à jouer à l'ordinateur 'Mein Opa verbringt seine Zeit mit Computerspielen'. Un passe-temps 'ein Zeitvertreib', un hobby [*obi*] oder un loisir 'ein Hobby, eine Freizeitbeschäftigung', auch un violon d'Ingres genannt, vom Porträtisten Jean-Auguste Dominique Ingres (1780-1867), dessen Lieblingsbeschäftigung das Geigenspiel war.

cent quatre-vingt-seize • 196

47. LEKTION

(Kunst-)Kritiker

1 Ein Maler abstrakter Bilder lud einen Kunstkritiker für das Wochenende in sein Landhaus ein.
2 Nachdem er zurückgekehrt war, fragte ihn seine Frau, wie er seine Zeit verbracht hatte.
3 – Es war sehr angenehm: ruhig, entspannt, aber trotzdem geistig stimulierend.
4 Siehst du, er verbrachte seine Tage mit Malen, und seine Frau steckte die ganze Zeit in der Küche.
5 Am Abend setzten sie sich an den Tisch im Atelier, und jeder versuchte zu erraten, was der andere gemacht hatte.

Notes
(3) **intellectuellement** vom Adjektiv **intellectuel/intellectuelle**; das Nomen ist **un intellectuel/une intellectuelle**: Son discours s'adresse plus aux travailleurs manuels qu'aux intellectuels 'Seine Rede richtet sich mehr an Arbeiter als an Akademiker.' Beachten Sie den Unterschied zwischen **un travailleur manuel** 'ein Arbeiter', **un artisan** 'ein Handwerker', **un manœuvre** 'ein Hilfsarbeiter' und **un manutentionnaire** 'ein Lagerarbeiter'.
(4) **lui** stellt hier den Gegensatz zwischen den Beschäftigungen der beiden Personen heraus. **Ma prof aime le jazz mais son fils, lui, préfère le rock** 'Meine Lehrerin mag Jazz, wohingegen ihr Sohn Rockmusik bevorzugt'. **Chez eux, elle fait la cuisine et lui fait et essuit la vaisselle** 'Bei ihnen zu Hause kocht sie, und er spült und trocknet das Geschirr ab'. Natürlich ist es auch korrekt, den Nominativ **il/ils** etc. zu verwenden: **Ils sont Allemand et, eux, ils sont Anglais**. Das Pronomen **eux** betont, dass von unterschiedlichen Personen die Rede ist.
(5) **fourrer qqch. dans qqch.** 'hineinstecken, -stopfen, -füllen' wird in dem familiären Ausdruck **être fourré** 'rumhängen' benutzt: **Il est toujours fourré devant la télé** 'Er hängt immer vor dem Fernseher herum'. **Fourré** ist verwandt mit **la fourrure** 'das Fell, der Pelz' und **le four** 'der Ofen'. Bestimmt kennen Sie **des petit(-)fours**, köstliches 'gefülltes Kleingebäck' aus dem Ofen, das meist als **un amuse-gueule/amuse-bouche** 'ein Appetithäppchen' gereicht wird.
(6) Beachten Sie, wie der Kritiker in den letzten Sätzen dieser Seite über mehrere Abende spricht, indem er das Imperfekt benutzt, um die Wiederholung derselben Handlungen auszudrücken.

6 Il semblerait que les critiques passent leur temps à démolir des pauvres artistes:
7 – La première pièce qu'on ait joué dans le Théatre de la Ville à Paris en 1950 était une pièce de Jean Dupont.
8 ... et pourtant le théâtre est toujours là !
9 A propos d'un barbier (7)
qui s'était converti en acteur
– d'un talent et d'une sensibilité discutables – (8)
10 un critique écrivit :
Cet acteur minaudier se permet maintenant
11 d'écorcher les auteurs qu'il rasait autrefois !
(9/I0/II)
12 C'est à croire parfois que ces malotrus sont inspirés du diable... selon les artistes. (I2/I3/I4)

Notes
(7) Der Beruf des **barbier** (m.) hätte mit der Erfindung des **rasoir** (m.) **électrique** 'elektrischen Rasierapparats' und der **rasoirs jetables** 'Wegwerfrasierer' aussterben können ... Mais non, le métier de barbier revient à la mode et a encore de beaux jours devant lui. '... und der Beruf hat noch eine rosige Zukunft vor sich'.

(8) Das Adjektiv **discutable** 'fragwürdig, zweifelhaft' bezieht sich auf beide Substantive und muss daher angeglichen werden. **Des faits indiscutables** 'unbestreitbare Fakten'. **La langue et la littérature françaises** 'Die französische Sprache und Literatur'.

(9) **minaudier** 'affektiert, geziert', das eher selten verwendet wird, kommt von **minauder** 'sich zieren, kokettieren, affektiert sein'. **Il a bonne / mauvaise mine** 'er sieht gut/schlecht aus'; **la mine** 'Gesichtsausdruck, Miene'. **Faire mine de rien** 'so tun als ob nichts wäre'. **Elle l'a vu copier sur son voisin, mais elle fait mine de rien** 'Sie hat gesehen, wie er/sie bei seinem Nachbarn abschrieb, aber sie hat sich nichts anmerken lassen'.

(I0) **écorcher** 'das Fell / die Haut abziehen; zerkratzen, zerschrammen; entstellen'. **Arrêtes cette musique, elle m'écorche** (alternativ **me casse**) **les oreilles** 'Mach diese Musik aus, sie tut mir in den Ohren weh'. **Écorcher** ist nicht zu verwechseln mit **écorcer** 'die Schale entfernen' (**une écorce** 'eine Baumrinde', aber auch 'die Schale' von Zitrusfrüchten). Dann gibt es noch **écosser/enlever la cosse** (**des petits pois ou des haricots**) '(Erbsen oder Bohnen) aus den Schoten pulen'. Für 'die Käserinde' benutzt man übrigens **la croute du fromage**!

6 Es sieht so aus, als ob Kritiker ihre Zeit damit verbringen, die armen Künstler zugrunde zu richten (zu zerstören):
7 – Das erste Stück, das 1950 im "Théâtre de la Ville" in Paris gespielt wurde, war ein Stück von Jean Dupont.
8 ... und das Theater steht immer noch!

9 Über einen Barbier, der Schauspieler wurde – und dessen Talent und Feinfühligkeit zweifelhaft waren –
10 schrieb ein Kritiker:
Dieser affektierte Schauspieler erlaubt sich jetzt,
11 die Autoren zu verschandeln, die er einst rasierte!
12 Man könnte manchmal glauben, dass diese Flegel vom Teufel inspiriert werden – nach Meinung der Künstler.

Notes
(11) **raser** kann neben 'rasieren' auch 'anöden, langweilen' bedeuten, ebenso wie **barber**: Cela me barbe ! / C'est barbant ! (auch C'est rasant !) oder La barbe ! 'Das ödet mich an! / Ist das langweilig!'. Nous espérons ne pas trop vous raser avec nos explications…

(12) **malotru** 'Flegel, Rüpel, ungehobelter Kerl' kommt vom lateinischen *mal* und *astrosus* 'unter einem schlechten Stern geboren'. Es wird für Erwachsene benutzt; für Kinder verwendet man eher **mal élevés**. Nicht zu verwechseln mit **un maladroit/une maladroite** 'eine ungeschickte Person'; **adroit/-e** 'geschickt, gewandt'. Seien Sie vorsichtig bei der Verwendung von Schimpfwörtern, so lange Sie ihre Bedeutung und Verwendungsweise nicht 100%ig kennen.

(13) **inspiré** vom Verb **inspirer** 'anregen, beeinflussen', aber auch 'einatmen': Le docteur m'a demandé d'inspirer d'abord, d'expirer pour écouter mes poumons 'Der Arzt hat mich aufgefordert, zuerst einzuatmen und dann auszuatmen, um meine Lungen abzuhören'. Der Erfinder Thomas Edison sagte: 'Le génie c'est 1% d'inspiration et 99% de transpiration, in der englischen Originalversion 'Genius is one per cent inspiration, ninety-nine per cent perspiration.' La transpiration 'das Schwitzen, der Schweiß'.

(14) **le diable** 'der Teufel'; **diabolique** 'teuflisch'. Bezeichnet man eine Person als **un bon petit diable**, so meint man hiermit augenzwinkernd einen durchtriebenen, aber dennoch liebenswerten 'Satansbraten'. **Un pauvre diable** ist jemand, für den man Mitleid empfindet. Und letztendlich ist **un diable** auch 'eine Sackkarre'!

LEÇON 47

13 Un auteur dont l'œuvre avait été ridiculisée
par un critique particulièrement acide,
l'invita à dîner pour s'expliquer avec lui. (15)
14 – Mais, vous n'avez donc aucune âme, aucun sens
de la religion, si vous critiquez mes pièces.
15 Ne croyez-vous pas dans *l'au-delà* ? (16)
16 Le critique regarda autour de lui
le beau décor du restaurant somptueux
17 et répondit :
– Non, je crois que je préfère *le vin d'ici*. (17)

Notes
(15) Je voudrais m'expliquer 'Ich möchte mich äußern / meinen Standpunkt darlegen'. **Expliquez-vous !** 'Äußern Sie sich!' Aber **s'expliquer avec qqn.** 'sich aussprechen, die Dinge klären'. **Il s'est expliqué avec la contractuelle** 'Er hat die Angelegenheit mit der Politesse geklärt'.

Comprenez vous ?
1. Une fois rentré, il a raconté son weekend à sa femme. **2.** On ne le trouve jamais, celui-là : il est toujours fourré chez ses amis. **3.** Lui passait son temps à écrire, elle à peindre. **4.** Il n'a pas deviné ce qu'avait fait sa femme. **5.** Ses photos de vacances ! La barbe ! **6.** C'est à croire qu'il le fait exprès.

Complétez les phrases suivantes

1 Das ist die einzige Chance, die du hast, aus der Sache herauszukommen.

C'est la seule . . . . . . que tu as de . . ' . . sortir.

2 Die erste Frau, die ich geliebt habe, war eine Französin.

La première femme que . . ' . . . . était
une Française.

3 Wir unterrichten die französische Sprache und Literatur.

Nous . . . . la langue et la . . . .
françaises.

deux cent • **200**

13   Ein Autor, dessen Werk von einem besonders scharfen
     Kritiker lächerlich gemacht worden war, lud diesen zum Essen
     ein, um sich mit ihm auszusprechen.
14 – Also haben Sie keine Seele, keinen Sinn für Religion, wenn
     Sie meine Stücke kritisieren.
15   Glauben Sie nicht ans Jenseits?
16   Der Kritiker betrachtete um sich herum die hübsche
     Ausstattung des prachtvollen Restaurants
17   und antwortete:
     – Nein, ich glaube, dass ich den hiesigen Wein vorziehe.

Notes
(I6) au-delà als Präposition bedeutet 'jenseits, darüber hinaus': **Leur école est au-delà du carrefour** 'Ihre Schule ist jenseits der Kreuzung'. Das Substantiv **l'au-delà** heißt 'das Jenseits'.
(I7) Worin liegt der Witz? Nun, liest man **l'au-delà** in Satz 15, ohne es geschrieben zu sehen, so könnte man es auch als **l'eau de là** 'das Wasser von dort' verstehen. Und da bevorzugt der Sprecher doch eher 'den Wein von hier' ...

Avez-vous bien compris?
1. Sobald er zurückgekommen war, erzählte er seiner Frau von seinem Wochenende. **2.** Man findet den nie: Er hängt immer bei seinen Freunden rum. **3.** Er verbrachte seine Zeit mit Schreiben und sie ihre mit Malen. **4.** Er hat nicht erraten, was seine Frau gemacht hatte. **5.** Seine Urlaubsfotos! Wie langweilig! **6.** Man könnte glauben, er macht es mit Absicht.

4 Er verbrachte seine Zeit damit, andere zu kritisieren.

Il . . . . son temps . . . . les autres.

5 Bist du direkt vor dem Zaun? – Nein, viel weiter.

Tu es . . . . la clôture ? –
Non, bien . . - . . . . .

Les mots manquants 1. chance - t'en **2.** j'ai aimée **3.** enseignons - littérature **4.** passait - à critiquer **5.** juste devant - au-delà.

LEÇON 47

QUARANTE-HUITIÈME (48ᵉ) LEÇON

L'inspecteur mène l'enquête

1 La scène était bien sinistre.
  Dans la cuisine d'un pavillon vétuste,
  un homme était affalé sur la table, mort. (1)
2 Un revolver était à côté de sa main.
  Il y avait en plus un couvert,
  une assiette et une salière renversée. (2)
3 Le sergent de police faisait son rapport à un inspecteur en civil :
  « Il s'agit d'un certain Paul Houssard,
  âgé de cinquante ans. (3)
4 Il était peintre, mais sans grande réussite, d'après ce que j'ai pu apprendre. (4)
5 Il y a deux mois environ, il a eu une crise cardiaque et il s'est retiré dans cette maison.
6 J'en ai conclu qu'il n'avait plus de raison de vivre ; il s'est fait un dernier repas et ensuite,
  il s'est donné la mort. (5)
7 Mourir comme ça, quelle horreur !
  Qu'en pensez-vous, monsieur l'inspecteur ? » (6/7)

Notes

(1) Die meisten Menschen in französischen Städten leben in Wohnungen. Viele träumen davon, am Stadtrand in **un pavillon** – einem eigenen Haus – zu leben. **Ils se font construire un pavillon en banlieue** 'Sie lassen gerade ein Haus in einem Vorort bauen'. Das Wort beschreibt nur das Gebäude, nicht die Idee eines Heims. Selbst wenn Sie in einer Wohnung leben, können Sie sagen: **Venez à la maison ce soir** 'Kommen Sie heute Abend zu uns nach Hause.'

(2) **un couvert** (vom Verb **couvrir**) kann 'ein Gedeck' bezeichnen, zu dem Teller, Besteck, Serviette usw. gehören, aber auch 'ein Besteck'. **Mettre le couvert/Mettre la table** 'den Tisch decken'. **Il y avait deux couverts de préparés** 'Es war für zwei Personen gedeckt'. Wenn Sie in einem Restaurant einen Tisch reservieren, fragt man Sie meist: **Combien de couverts?** 'Für wie viele Personen?'

(3) Der Ausdruck **un sergent de police** zeigt, dass sich die Szene wahrscheinlich in Kanada abspielt. In Frankreich, Belgien und auch in der Schweiz würde man **un agent de police** sagen; die höheren Dienstränge sind **un inspecteur** und **un commissaire** (de police).

48. LEKTION

Der Inspektor leitet die Untersuchung

1 Die Szene war wirklich düster.
  In der Küche eines baufälligen Hauses lag ein Mann zusammengesunken auf dem Tisch, tot.
2 Ein Revolver lag neben seiner Hand. Es lagen auch ein Besteck, ein Teller und ein umgefallener Salzstreuer da.
3 Der Polizeiwachtmeister berichtete einem Inspektor in Zivilkleidung:
  "Es handelt sich um einen gewissen Paul Houssard, 50 Jahre alt.
4 Er war [Kunst-]Maler, aber ohne großen Erfolg, nach dem, was ich erfahren konnte.
5 Vor ungefähr zwei Monaten hatte er einen Herzinfarkt und hat sich in dieses Haus zurückgezogen.
6 Ich habe daraus geschlossen, dass er keinen Lebensinhalt (Grund) mehr hatte; er hat sich ein letztes Essen gekocht und sich dann das Leben genommen.
7 Wie schrecklich, so zu sterben!
  Was denken Sie, Herr Inspektor?"

Notes

(4) **D'après ce que** 'gemäß, nach ...' **D'après ce qu'il m'a dit, la maison serait déjà louée** 'Nach dem, was er mir erzählt hat, soll das Haus schon vermietet sein'. **D'après ce que j'ai pu comprendre** 'Nach dem, was ich verstehen konnte'. Der Teilungsartikel **d'** ist sehr wichtig, sonst hätte der Satz temporale Bedeutung: **Après ce qu'il m'a dit, je ne remettrai plus les pieds chez lui** 'Nach dem, was er zu mir gesagt hat, werde ich sein Haus nie wieder betreten'.

(5) **se donner la mort** 'sich das Leben nehmen (den Tod geben)' ist ein Synonym für **se suicider**. Dagegen wird **attraper la mort** verwendet, wenn jemand durch Leichtsinn seine Gesundheit riskiert: **Si ils sortent par ce temps froid et humide ils vont attraper la mort** 'Wenn sie bei diesem kalten und nassen Wetter hinausgehen, werden sie sich den Tod holen'.

(6) Der Infinitiv kann als Ausruf benutzt werden. **Fumer comme ça ! Mais c'est dangereux !** 'So [viel] zu rauchen! Das ist doch gefährlich!' **Conduire si vite ! C'est stupide !** 'So schnell zu fahren! Das ist dumm!'

(7) Bei offiziellen Anlässen wird dem Titel einer Person (z. B. **commissaire, directeur, ministre** usw.) stets **monsieur le...** oder **madame la...** vorangestellt. Die korrekte Anrede für einen Polizisten ist **monsieur l'agent** (es gibt keine verbindlichen Regeln hinsichtlich der Groß- oder Kleinschreibung von **monsieur** bzw. **madame**.)

LEÇON 48

8 Les deux policiers étaient en manches de chemise car il faisait une chaleur torride.

9 – C'est la seule hypothèse que vous ayez pu retenir ? répondit l'inspecteur. Peut-être y a t-il des indices que vous avez négligés. (8/9)

10 Bien qu'il ait été dans la misère pendant longtemps une galerie venait de lui commander vingt tableaux. (10)

11 Regardons cette pièce à présent. Voyons voir, un couvert. (11/12)

12 Il s'approcha de l'évier où il trouva une assiette, un verre et une fourchette propres.

13 – Regardez ; ici on a jeté les restes du repas, mais il n'y a pas trop longtemps, vu la chaleur.

14 – Là-dessus, j'ai une théorie, dit le sergent. C'était un homme méticuleux et il ne voulait pas laisser sa maison sale.

15 – Pensez-vous !
Il débarrasse la table, fait la vaisselle et ensuite il se tire une balle dans le crâne ? (13)

Notes
(8) retenir 'zurückhalten'. Ce détail a retenu mon attention 'Dieses Detail hat meine Aufmerksamkeit erregt'. Retenir un mot c'est facile, mais tous les retenir c'est dur 'Ein Wort zu behalten ist leicht, aber sie sich alle zu merken ist schwer'. Retenez nous une table 'Reservieren Sie uns einen Tisch'. Je ne te retiens pas. Vas-y. 'Ich halte dich nicht auf. Geh'.

8   Die beiden Polizisten waren in Hemdsärmeln, denn es herrschte eine brütende Hitze.
9 – Ist das die einzige Hypothese, die Sie aufstellen (behalten) konnten? antwortete der Inspektor.
    Vielleicht gibt es Indizien, die Sie übersehen (vernachlässigt) haben.
10 Auch wenn er seit Langem in Armut lebte, hat eine Galerie gerade 20 Gemälde bei ihm bestellt.
11 Lassen Sie uns jetzt diesen Raum hier ansehen.
    Mal sehen: ein Gedeck.
12 Er näherte sich dem Spülbecken, in dem er einen Teller, ein Glas und eine Gabel fand – alles sauber.
13 – Sehen sie; hier hat man die Essensreste weggeworfen; aber angesichts der Hitze kann es noch nicht allzu lange her sein.
14 – Dafür habe ich eine Theorie, sagte der Polizist.
    Er war ein gewissenhafter Mann, und er wollte sein Haus nicht schmutzig hinterlassen.
15 – Wo denken Sie hin? Er räumt den Tisch ab, spült das Geschirr und schießt sich dann eine Kugel in den Kopf?

Notes
(9) **un indice** 'ein Indiz, ein Hinweis' ≠ **une preuve** 'ein Beweis(mittel)'; **un indic** ist die Kurzform von **un indicateur** 'ein Spitzel', nicht zu verwechseln mit **un lanceur d'alerte** 'Whistleblower, Informant'. **Un indicateur** kann auch 'ein Anzeiger, ein Indikator, ein Gradmesser' sein; **des indicateurs économiques** 'Konjunkturdaten'.

(10) **un tableaux** 'ein Gemälde', **des tableaux de statistiques** 'Statistiktabellen'; **le tableau de bord** 'das Armaturenbrett (eines Fahrzeugs)'.

(11) **Avez-vous retenu les différents sens du mot "pièce" ?** 1. 'Münze', 2. 'Zimmer, Raum', 3. 'Teil, Stück', 4. 'Theaterstück'. Mit **les différents sens** meinen wir hier 'die verschiedenen Bedeutungen'. Mais le mot **sens** a d'autres sens: 'Sinn' (**les cinq sens**) und 'die Richtung': **Cette photo est dans le mauvais sens, elle est à l'envers.**

(12) **à présent** 'jetzt, in diesem Moment'. **Vous êtes prêts ? Partons à présent** 'Sind Sie fertig? Gehen wir jetzt gleich.'

(13) **Pensez-vous ! / Penses-tu !** ist eine freundliche Erwiderung auf eine Frage oder eine Äußerung, die nicht den Tatsachen entspricht. **Tu as passé de bonnes vacances ? – Penses-tu ! Il a plu tout le temps** 'Hast du schöne Ferien gehabt? – Wo denkst du hin? Es hat die ganze Zeit geregnet'. **Elle m'a dit qu'elle serait là à neuf heures. – Pensez-vous ! Elle est toujours en retard.** 'Sie hat mir gesagt, sie wäre um neun Uhr da. – Wo denken Sie hin! Sie kommt immer zu spät'.

16 Quelles que fussent ses habitudes, il ne serait pas allé jusqu'à ce point. (14)

17 Non, regardez bien. Il avait invité quelqu'un à déjeuner et c'est cet invité qui l'a tué !

18 Ensuite, il a voulu effacer les traces de sa visite.
Non, il ne s'agit pas d'un suicide...
mais d'un meurtre ! (15)

19 Comment l'inspecteur a-t-il pu déduire la présence d'une autre personne ?
Relisez les indices.
Vous trouverez la solution à la leçon 49 ! (16)

Notes
(14) Auch **quel que...** 'was auch immer' steht mit dem Konjunktiv. Im Gegensatz zu **qui que** 'wer auch immer, gleich wer' oder **quoi que** 'was auch immer' muss **quel** dem Substantiv angeglichen werden: **Quelles que soient vos opinions...** 'Was auch immer Ihre Ansichten sind ...' Réveillez-moi **quelle que soit l'heure** quand il arrivera 'Wecken Sie mich, wann immer er auch kommt'. **Quels que soient ses espoirs...** 'Was immer auch seine/ihre Hoffnungen sind. ...'

Comprenez vous ?
1. De quoi s'agit-il ? **2.** D'après ce qu'on me dit, il est parti sans laisser d'adresse. **3.** Fumer une pipe ! Quelle horreur ! **4.** Il faisait tellement chaud qu'ils étaient en manches de chemise. **5.** Voici le seul indice que j'aie pu trouver. **6.** Alors, c'est un vrai play-boy ? – Penses-tu ! Il est marié avec quatre enfants !

Complétez les phrases suivantes

1 Ich werde es trotzdem tun, was auch immer Ihre Ansichten sind.

Je le . . . . . quand même, ... vos opinions.

2 Er mag ihn/sie sehr, obwohl sie sehr unterschiedliche Vorstellungen haben.

Il l'. . . . . , ... 'ils aient des idées fort différentes.

3 Nach dem, was ich über ihn gehört habe, lege ich keinen Wert darauf, ihn wiederzusehen.

. . . . j'ai appris à son sujet, je ne tiens pas . . . .

16 Was auch immer seine Gewohnheiten waren, er wäre nicht so weit gegangen.
17 Nein, passen Sie auf. Er hat jemanden zum Essen eingeladen, und dieser Gast hat ihn umgebracht!
18 Danach wollte er die Spuren seines Besuchs beseitigen. Nein, es handelt sich nicht um einen Selbstmord ... sondern um einen Mord!
19 Woraus konnte der Inspektor die Anwesenheit einer anderen Person ableiten?
    Lesen Sie die Indizien noch einmal durch.
    Sie finden die Auflösung in Lektion 49!

Notes
(15) **s'agir de** 'sich handeln um, betreffen, gehen um' usw. oder einfach eine Form von 'sein'.
(16) **déduire** kann 'abziehen, subtrahieren' oder '(schluss-)folgern, ableiten' bedeuten: **Vous pouvez déduire cette somme de vos revenus sur votre déclaration d'impot** 'Sie können diesen Betrag von Ihrem Einkommen auf Ihrer Steuererklärung abziehen'. **Il en déduit que le meurtrier ne peut être que le jardinier** 'Er schlussfolgert, dass der Mörder nur der Gärtner sein kann'.

Avez-vous bien compris?
1. Worum geht es? **2.** Laut dem, was man mir gesagt hat, ist er gegangen, ohne eine Adresse zu hinterlassen. **3.** Pfeife rauchen! Wie schrecklich! **4.** Es war so heiß, dass sie in Hemdsärmeln waren. **5.** Hier ist das einzige Indiz, das ich finden konnte. **6.** Er ist also ein richtiger Playboy? – Wo denkst du hin? Er ist verheiratet und hat vier Kinder.

4 Er muss es versuchen, was immer sein Problem ist.

Il doit essayer . . . . son problème.

5 Was immer die Leute erzählen, es handelt sich sicherlich um einen Mord.

. . . . les gens . . . . . . , il .' . . . . certainement d'un meurtre.

Les mots manquants 1. ferai - quelles que soient **2.** aime bien - quoi qu' **3.** Après ce que - à le revoir **4.** quel que soit **5.** Quoi que - disent - s'agit.

LEÇON 48

QUARANTE-NEUVIÈME (49ᵉ) LEÇON

Révisions et notes

> In dieser Wiederholungslektion widmen wir uns unter anderem dem Thema der Zeitenfolge (**la concordance des temps**), für die es im Deutschen nicht in allen Fällen eine Entsprechung gibt, und wir werden hierzu auch noch genauer auf die Unterschiede zwischen der geschriebenen und der gesprochenen Sprache eingehen.

1. Zeitenfolge

Wenden wir uns noch einmal Satz 14 von Lektion 43 zu:

Dès qu'il eut pris connaissance des commentaires de Laurent, le directeur envoya la réponse suivante...

Der erste Satzteil wird mit einer Zeitkonjunktion eingeleitet (weitere sind z.B. **quand**, **après que**, usw.), und das Verb steht im sog. **passé antérieur** 'Vorvergangenheit'. Das Verb im zweiten Satzteil steht im **passé simple**. Das **passé antérieur** wird heutzutage nur in der Schriftsprache verwendet. Wir übersetzen es im Deutschen mit dem Plusquamperfekt; das **passé simple** wird im Deutschen mit der einfachen Vergangenheit, dem Imperfekt, wiedergegeben.

Weitere Beispiele:
Quand il eut fini de parler, il regagna sa place.
'Als er zu Ende gesprochen hatte, ging er auf seinen Platz zurück.'

Dès qu'ils eurent raconté leur histoire, tout le monde applaudit.
'Sobald sie ihre Geschichte erzählt hatten, applaudierten alle.'

Die Bildung der Zeitform **passé antérieur** erfolgt, wenn das Hauptverb mit **avoir** konjugiert wird, mit den Zeitformen von **avoir** im **passé simple** plus dem Partizip Perfekt des Hauptverbs:
j'eus, tu eus, il/elle eut, nous eûmes, vous eûtes, ils eurent.

Wird das Verb mit **être** konjugiert, verwendet man die **passé-simple**-Formen von **être**:

> je fus,
> tu fus,
> il/elle/on fut,
> nous fûmes,
> vous fûtes,
> ils/elles furent.

Sie wissen, dass das **passé antérieur** und das **passé simple** nur in der Schriftsprache gebraucht werden. In der gesprochenen Sprache würden die Sätze daher folgendermaßen lauten:

Quand il a eu fini de parler, il a regagné sa place.
Dès qu'ils ont eu raconté leur histoire, tout le monde a applaudi.

Hier noch einige Beispiele für Sätze in den genannten Zeitformen in der geschriebenen und der gesprochenen Sprache:

Dès qu'il eut terminé le livre... / Dès qu'il a eu terminé le livre...
À peine fut-elle partie... / À peine a-t-elle été partie...

(Beachten Sie die Inversion nach **à peine!**)
Après que nous fûmes rentrés... / Après que nous soyons rentrés...

Diese Formen werden nur nach temporalen Konjunktionen verwendet. Liegt keine temporale Konjunktion vor, wird das Plusquamperfekt benutzt:

À cinq heures, il avait déjà fini.
'Um fünf Uhr war er schon fertig.'

2. Briefe

Beim Lesen französischer Briefe fallen Ihnen zunächst die langen und umständlichen Anrede- und Schlussfloskeln auf. Im Deutschen gehen wir viel direkter vor und fassen uns kurz; für einen Franzosen würde das unhöflich klingen. Sehen wir uns diese Floskeln etwas genauer an:

• Die Anredefloskel

Üblicherweise beginnt man, wenn man den Nachnamen nicht kennt, mit ...

(Cher) Monsieur,
(Chère) Madame,
(Chère) Mademoiselle*, usw.
Ist der Name bekannt, schreibt man ...
Cher Monsieur X,
Chère Madame X,
Chère Mademoiselle*,

Der Gebrauch von **Cher...** /**Chère...** beschränkt sich nicht nur auf die Korrespondenz mit vertrauten Personen, engen Bekannten und Freunden, sondern wird mitunter wegen ihres vertraulichen Charakters auch z. B. in Werbebriefen o. ä. benutzt.

* **Mademoiselle** wird zunehmend vermieden.

Die Anrede für Personen, die man mit dem Vornamen anspricht, aber dennoch siezt, wäre …
Cher Philippe, …
Chère Sophie, …

In sehr formellen Schreiben an offizielle Personen schließt man den Titel in die Anrede mit ein:

Monsieur le Directeur, …
Madame la Directrice, …
Monsieur le Ministre, …
Madame la Ministre, …
usw.

• Die Schlussfloskel
Dort, wo wir meist 'Mit freundlichen Grüßen' oder 'Hochachtungsvoll' benutzen, verwenden die Franzosen eine für unser Verständnis recht ausschweifende Formulierung:

Je vous prie de bien vouloir agréer, Monsieur, l'expression de mes sentiments les meilleurs …
oder
Veuillez agréer, Monsieur le Directeur, l'expression de mes sentiments (les plus) respectueux …

Falls Sie einmal einen offiziellen Brief schreiben müssen, so könnte es für Sie hilfreich sein, sich zuvor im Internet Musterbriefe mit Formulierungsbeispielen anzusehen.

In einem privaten und informellen Kontext gibt es eine reiche Auswahl an Schlussfloskeln:

Sinceres salutations
'Mit freundlichen Grüßen/Beste Grüße'

amicalement/je t'embrasse/je vous embrasse
'liebe Grüße'

cordialement
'herzliche Grüße'

grosses bises / bisous
'Gruß und Kuss' / 'Küsschen'

oder man wünscht sich ganz einfach
bonne journée,

bonne soirée,

bon courage

usw.

3. quelque

Es existiert **quelque** in der Singularform, das meist unserem 'irgendein, -e' entspricht, ebenso wie **quelques** in der Pluralform. Die Pluralform, 'einige, mehrere', ist Ihnen vielleicht geläufiger:

Donnez-moi quelques prunes.
'Geben Sie mir einige Pflaumen.'

Quelque haben Sie in Lektion 46, Satz 11, in **depuis quelque temps** 'seit einiger Zeit' und in Satz 12 von Lektion 44 kennengelernt:

… et à la fin, faire quelque plaisanterie soi-même.
'und schließlich auch selbst den einen oder anderen (irgendwelchen) Witz machen zu können '.

Ein weiteres Beispiel:

Avez-vous quelque ami qui puisse vous aider?
'Haben Sie irgendeinen Freund, der Ihnen helfen kann?'

Quelque kann auch, wenn es in Verbindung mit einer Zahl, einer Menge, einem Betrag usw. benutzt wird, 'circa, ungefähr' bedeuten:

Elle gagne quelque cinq mille euros.
'Sie verdient rund 5.000 Euro.'

4. Genus der Substantive

Es gibt einige Faustregeln, mit denen man sich das grammatische Geschlecht der Substantive besser merken kann, und zwar betrifft dies die Endungen:

Männlich sind Substantive
> mit den Endungen
  -age, -ail, -eau, -ège, -eil, -ier, -oir, -our
> Namen von Bäumen
> Namen von Metallen
> Monatsnamen, Tage und Jahreszeiten
> Sprachen sowie Städte und Länder, die nicht auf -e enden.

Weiblich sind Substantive
> mit den Endungen
  -ade, -aille, -aison, -ance, -ée, -eille, -enne, -esse, -ette, -ie, -ière, -ille, -ion, -ise, -té, -tié, -tion, -tude, -ue, -ure
> Namen von Blumen und Früchten
> Wissenschaften sowie Länder, die auf -e enden.

Selbstverständlich gibt es einige Ausnahmen, aber diese sind selten, und wir wollen uns in diesem Stadium damit nicht belasten.

Manche Substantive haben nur eine Form, aber der Artikel ändert sich, je nachdem, ob die Person weiblich oder männlich ist:

un / une élève 'ein Schüler' / 'eine Schülerin';
un / une enfant 'ein (männliches/weibliches) Kind';
un / une secrétaire 'ein Sekretär' / 'eine Sekretärin';
un / une pilote (d'avion, de Formule 1, de rallye); 'ein Pilot/Fahrer' / 'eine Pilotin/Fahrerin';
un / une fonctionnaire 'ein Beamter' / 'eine Beamtin';
un / une bibliothécaire 'ein Bibliothekar' / 'eine Bibliothekarin';
un / une fleuriste 'ein Blumenhändler' / 'eine Blumenhändlerin';
un / une libraire 'ein Buchhändler' / 'eine Buchhändlerin';
un / une photographe 'ein Fotograf' / 'eine Fotografin';
un / une spécialiste 'ein Experte' / 'eine Expertin'.

Dasselbe gilt für

un / une artiste 'ein Künstler' / 'eine Künstlerin';
un / une esclave 'ein Sklave' / 'eine Sklavin';
un / une hypocrite 'ein Heuchler' / 'eine Heuchlerin'.

Berufstitel sind meist männlich, und sie werden auch in dieser Form benutzt, wenn es um eine Frau geht:

un médecin 'eine Ärztin',
un écrivain 'eine Schriftstellerin',
un professeur 'eine Lehrerin' usw.

Elle est un excellent médecin. 'Sie ist eine hervorragende Ärztin.'

Vous voyez cette dame ? C'est le professeur de français de ma fille. 'Sehen Sie diese Dame? Sie ist die Französischlehrerin meiner Tochter.'

Manche Berufsbezeichnungen werden gleich ausgesprochen, aber anders geschrieben:

un attaché de presse / une attachée de presse 'ein Pressesprecher' / 'eine Pressesprecherin';
un employé / une employée 'ein Angestellter' / 'eine Angestellte';
un délégué / une déléguée du personnel 'ein Belegschaftsvertreter' / 'eine Belegschaftsvertreterin'.

Seit langer Zeit kämpft die Frauenbewegung für Gleichberechtigung hinsichtlich weiblicher Pendants zu den männlichen Berufsbezeichnungen. So tauchen in Standardwörterbüchern Jahr für Jahr neue Wörter auf:

une consule = Madame le consul 'Frau Konsulin'
une auteure / une écrivaine = une femme de lettres 'eine Literatin'
une policière = une femme policier / une femme agent de police 'eine Polizeibeamtin'.

5. Subjonctif – Konjunktiv

Le subjonctif steht nach Superlativen und in Konstruktionen wie le premier... que, le dernier... que, le seul... que usw.

La première chanson que j'aie jamais entendue était en français.
'Das erste Lied, das ich (je) gehört habe, war auf Französisch.'

Il est le dernier qui soit venu ici, il n'est pas resté deux jours.
'Er ist der letzte, der hierher kam, er ist nicht mal zwei Tage geblieben.'

C'est le plus beau film que j'aie jamais vu.
'Das ist der schönste Film, den ich je gesehen habe.'

Le seul qui sache quelque chose de l'affaire est Monsieur Blanc.
'Der Einzige, die etwas über die Angelegenheit weiß, ist Herr Blanc.'

Il est possible que vous soyez surpris, mais c'est la vérité.
'Es erstaunt Sie womöglich, aber es ist die Wahrheit.'

Le plus important est que vous veniez tout de suite.
'Das Wichtigste ist, dass ihr sofort kommt.'

6. Konstruktionen mit Relativpronomen

Wiederholen wir noch einmal einige Ausdrücke mit Relativpronomen:

qui que vous soyez
'wer auch immer Sie sind / sein mögen'

quoi qu'ils disent
'was auch immer sie sagen'

où que vous alliez
'wo auch immer Sie hingehen'

quel que soit votre nom
'wie auch immer Ihr Name ist'.

quoi que vous croyez
'egal was Sie glauben/ihr glaubt'.

Qu'est-ce que vous vouliez ?
'Was wollten Sie?'

7. Auflösung des Rätsels aus Lektion 48

Quelqu'un ayant souffert d'une crise cardiaque n'aurait jamais mis du sel sur la table pour lui-seul ; c'était donc pour son invité – celui qui l'a assassiné.

CINQUANTIÈME (50ᵉ) LEÇON

De l'histoire de la langue

1 Que savons-nous de cette langue que nous parlons tous les jours ? Quelles sont ses origines, d'où viennent sa grammaire et ses mots ?
2 Pendant les premiers siècles après Jésus-Christ, les envahisseurs romains, les colons et les marchands apportèrent une langue latine, (1)
3 bien différente de celle des poètes et penseurs de l'Empire romain. Étant plus populaire, (2/3)
4 elle supplanta petit à petit les langues régionales gauloises et devint le gallo-romain. (4)
5 Plus tard, vers le Xᵉ siècle, on retrouve deux groupes de langues à peu près séparés par le cours de la Loire : (5)
6 la langue d'oc dans le sud du pays et la langue d'oïl dans le nord, ces deux mots correspondant aux différentes façons de dire « oui ». (6)
7 Lentement mais sûrement, ce fut la langue d'oïl celle parlée en Île-de-France et par la famille royale qui prit le dessus.

Notes

(1) Die Aussprache von **Jésus Christ** lautet [*jesü kri*] (sprechen Sie das **j** wie in Journal). **Avant Jésus-Christ** 'vor Jesus Christus'; **après Jésus-Christ** 'nach Jesus Christus'. Ein 'Christ' ist **un chrétien**, aber 'das Christentum' ist **le Christianisme**.

(2) **être différent de** 'anders sein, sich unterscheiden': **Les deux frères sont très/fort différents** 'Die beiden Brüder sind ganz unterschiedlich'. **Différentes personnes = plusieurs personnes = de nombreuses personnes** sind Formulierungen, die als unbestimmte Pluralformen verwendet und mit 'mehrere/zahlreiche Personen' übersetzt werden. **Un différé** ist 'eine aufgezeichnete Sendung' (**différé** 'zeitversetzt') ≠ **une émission en direct** 'eine Live-Sendung'.

(3) Etymologisch stammt **populaire** vom lateinischen Wort für 'das Volk' ab. Es bedeutet 'volkstümlich, beim Volk beliebt, populär'. **Les classes populaires** sind die 'Arbeiterklassen', **une manifestation populaire** ist eine 'Massenkundgebung', **une chanson populaire** ist ein 'Volkslied' usw. **Se rendre populaire** 'sich beliebt machen'. In Meinungsumfragen spricht man von **la cote de popularité** 'der Beliebtheitswert, der Sympathiewert'.

deux cent quatorze • 214

50. LEKTION

Über die Geschichte der Sprache

1 Was wissen wir über diese Sprache, die wir jeden Tag sprechen? Wo sind ihre Ursprünge, woher kommen ihre Grammatik und ihr Vokabular?
2 Während der ersten Jahrhunderte nach Jesus Christus brachten die römischen Invasoren, die Siedler und die Händler eine lateinische Sprache mit,
3 die sehr von der der Dichter und Denker des Römischen Reiches abwich. Da sie eher die Sprache des Volkes war,
4 verdrängte sie nach und nach die regionalen gallischen Sprachen und bildete sich zur galloromanischen Sprache heraus.
5 Später, gegen das 10. Jahrhundert, findet man zwei Sprachgruppen, die ungefähr durch den Lauf der Loire getrennt wurden:
6 Die "**langue d'oc**" im Süden des Landes und die "**langue d'oïl**" im Norden; diese beiden Wörter entsprechen den verschiedenen Arten, "ja" zu sagen.
7 Langsam aber sicher gewann die "**langue d'oïl**", die in der Île-de-France und von der königlichen Familie gesprochen wurde, die Überhand.

Notes
(4) **romain** bezeichnet alles, was zum Römischen Reich gehört: **l'année romaine**, **l'empereur romain** usw. Das Adjektiv **roman/-e** wird für die Völker und Zivilisationen verwendet, die von den Römern erobert wurden. **LES LANGVES ROMANES SONT ECRITES EN CARACTERES ROMAINS** '... werden in römischen Buchstaben geschrieben.'
(5) Bei **un cours** denken Sie vielleicht spontan an 'ein Kurs, eine Unterrichtsstunde': **un cours du soir** 'Abendunterricht'. Hier bezeichnet es den 'Lauf' eines Flusses: **le cours du Rhône** 'der Lauf der Rhône'. Eine weitere Verwendungsweise: **l'examen est en cours** 'die Prüfung ist im Gange', **au cours de l'été** 'im Verlauf des Sommers'. Nicht verwechseln mit **la cour** 'der Hof' (Hinterhof, Bauernhof oder auch Königs- oder Gerichtshof). Hier macht mal wieder das Geschlecht den großen Unterschied!
(6) Obwohl die **langue d'oïl** [doil] die offizielle Sprache Frankreichs wurde, finden wir im Süden und Südwesten Frankreichs fünf Departements, die die **Région Languedoc** bilden und in denen weiterhin neben Französisch die Regionalsprache **l'occitan** 'Okzitanisch' gesprochen wird. Diese auch **le languedocien** genannte Sprache ist noch stark verbreitet, und sie ist verwandt mit weiteren Regionalsprachen wie **le provençal**, **le limousin**, **le gascon**, **le catalan** und **le roman**.

8 Mais le français n'était pas encore fixé, il n'y avait
pas d'orthographe officielle, le même mot
étant orthographié de plusieurs façons. (7)

9 Enfin, au XVIe siècle, Malherbe vint ;
ce poète et auteur commença l'œuvre de la fixation
de la langue. (8/9)

10 Un autre grand événement fut la fondation de
l'Académie française en 1635 :
le français était en train de devenir la langue
que nous connaissons aujourd'hui.

11 Justement, on parle aujourd'hui d'une "crise du
français", d'invasion de mots étrangers :

12 il n'en est rien, sinon peut-être un manque de
souplesse de la part de ceux qui décident de ce qui
est "bon" et de ce qui est "mauvais". (10)

13 Cette langue qui fut celle des cours royales
étrangères reste de nos jours celle de la diplomatie,
de la mode, de la cuisine,
des arts... certains diraient de l'amour !

Notes
(7) Sie kennen das Verb **épeler** 'buchstabieren': Voulez-vous m'épeler votre nom s'il vous plaît ? 'Könnten Sie mir bitte Ihren Namen buchstabieren?'. Hier sehen Sie das Verb **orthographier** 'etw. richtig schreiben'. Es bezieht sich ausschließlich auf die Schreibweise eines Wortes. **Une faute d'orthographe** 'ein Rechtschreibfehler'; **un autographe** 'ein Autogramm, eine Unterschrift'; **l'écriture (manuscrite)** 'die Handschrift'; **une lettre manuscrite** 'ein handgeschriebener Brief'.

8 Aber das Französische war noch nicht festgeschrieben, es gab noch keine offizielle Orthografie, ein und dasselbe Wort wurde auf verschiedene Weise geschrieben.
9 Im 16. Jahrhundert kam endlich Malherbe; dieser Dichter und Schriftsteller begann das Vorhaben, die Sprache zu fixieren.
10 Ein anderes großes Ereignis war die Gründung der Académie française im Jahr 1635: Das Französische wurde zu der Sprache, die wir heute kennen.
11 In der Tat spricht man heute von einer "Krise des Französischen", von der Invasion von Fremdwörtern:
12 Dem ist nicht so, höchstens gibt es vielleicht einen Mangel an Flexibilität von Seiten derer, die darüber entscheiden, was "richtig" und was "falsch" ist.
13 Diese Sprache, die man an ausländischen Königshöfen sprach, ist heute immer noch die der Diplomatie, der Mode, der Küche, der Künste ... manche würden sagen der Liebe!

Notes
(8) **Enfin Malherbe vint** ist ein Zitat des französischen Dichters und Autors **Nicolas Boileau**. Er legte im 16. Jh. die Sprache und die Versformen teilweise fest. Durch die Gründung der **Académie française** durch **Cardinal de Richelieu** sieben Jahre nach dem Tod Malherbes wurde die französische Sprache endgültig institutionalisiert. **L'Académie**, deren Mitglieder **les Immortels** 'die Unsterblichen' genannt werden, existiert noch immer. Die Existenz einer so offiziellen Einrichtung hat es in den letzten Jahren schwierig gemacht, die französische Sprache den modernen Bedürfnissen, vor allem auf technischem Gebiet, anzupassen.

(9) la fixation 'die Festlegung/Bestimmung/Fixierung'. **La fixation des nouveaux prix/tarifs pour la cantine de l'école relève de la Mairie** 'Die Festlegung der neuen Tarife für die Schulkantine wird im Rathaus vorgenommen'.

(10) mauvais = pas bon/pas bien oder 'falsch' wird hier verwendet im Sinne von incorrect 'nicht korrekt'. Mauvais ist das Adjektiv, das Adverb lautet **mal**: Sehen Sie sich die unterschiedliche Funktion von Adjektiv und Adverb in den folgenden Sätzen an: **Un café mal préparé est toujours mauvais. – Il a cherché sur Internet, mais il a quand même mal traduit ce mot, il a choisi la mauvaise traduction. – Une personne bien intentionnée t'aidera, une personne mal intentionné sera toujours de mauvais conseil.**

14 Elle est précise, juste et claire – un auteur célèbre a écrit :
"ce qui n'est pas clair n'est pas français", (II/I2)
15 mais elle est aussi une langue littéraire magnifique, souple et sensuelle. Nous allons vous présenter quelques-uns des meilleurs auteurs avec des extraits de leur œuvre.) (I3)

Notes
(II) Das Adjektiv **juste** (*eine* Form für beide Geschlechter) bedeutet 'genau, gerecht, richtig, korrekt, passend': **Tu as l'heure juste ?** 'Hast du die genaue Uhrzeit?' **Il a trouvé les mots justes** 'Er hat die passenden Worte gefunden'. **Juste** ist auch ein Adverb: **Elle vient juste de trouver le mot manquant** 'Sie hat genau das fehlende Wort gefunden'. **Elle a juste trouver deux mots manquants** 'Sie hat nur zwei fehlende Wörter gefunden'. **La justice** 'die Justiz, die Gerichtsbarkeit', **ajuster** 'anpassen'.

Comprenez vous ces phrases ?

1. Parlons de l'affaire des diamants : qu'en savez-vous ? **2.** Ces deux étudiants sont à peu près au même niveau. **3.** Lentement mais sûrement, c'est le plus petit qui a pris le dessus. **4.** Ils ont prétendu que les diamants avaient été volés. Il n'en est rien. **5.** Ce fut la langue des cours royales, maintenant c'est celle de la diplomatie. **6.** Certains diraient que c'est une langue très sensuelle.

Trouvez les mots justes

1 Nach und nach wird das Französische die Regionalsprachen verdrängen.

. . . . le français supplantera les

. . . .

2 Von der französischen Sprache schrieb Boileau: "Endlich kam Malherbe".

. . la langue française, Boileau . . . . :
« . . . . Malherbe . . . . ».

3 Die gallischen Sprachen wurden durch die galloromanischen ersetzt.

Les langues gauloises . . . . par le Gallo-romain.

14 Sie ist präzise, genau und klar – ein berühmter Schriftsteller schrieb:
"Das, was nicht klar ist, ist nicht Französisch",
15 aber es ist auch eine wunderbare literarische Sprache, flexibel und sinnlich. Wir werden Ihnen einige der besten Schriftsteller mit Auszügen aus ihren Werken vorstellen.

Notes
(I2) **et claire** klingt wie **éclaire** 'Blitz, Leuchten'. Zwar sind gleichlautende Satzelemente ein Problem im Französischen, aber glücklicherweise gibt es ja noch den Kontext ...
(I3) **un extrait** hat hier die Bedeutung 'ein Auszug'. **Un extrait de naissance** 'eine Geburtsurkunde'. **Un extrait** kann auch 'ein Ausschnitt' sein (vom Verb **extraire** 'herausziehen'): **Je n'en ai vu / entendu qu'un extrait, mais cela me plait beaucoup** 'Ich habe nur einen Ausschnitt davon gesehen/gehört, aber es gefällt mir sehr'. **Il a du mal à extraire le bouchon** 'Er hat Schwierigkeiten, den Korken herauszuziehen'.

Avez-vous bien compris?
1. Sprechen wir über die Sache mit den Diamanten: Was wissen Sie darüber? **2.** Diese beiden Studenten sind ungefähr auf dem gleichen Niveau. **3.** Langsam aber sicher hat der Kleinere die Überhand gewonnen. **4.** Sie behaupteten, die Diamanten seien gestohlen worden. Dem ist nicht so. **5.** Es war die Sprache der Königshöfe, jetzt ist es die der Diplomatie. **6.** Manche würden sagen, dass es eine sehr sinnliche Sprache ist.

4 Diese Schülerin macht viel zu viele Rechtschreibfehler.

. . . . . élève fait beaucoup trop de . . . . . .
.' . . . .

5 Man spricht von einer Krise des Französischen; dem ist nicht so!

. . . . d'une crise du français ; il . .' . .
. . . . !

Les mots manquants 1. Petit à petit - langues régionales **2.** De - écrivit - Enfin - vint **3.** furent remplacées **4.** Cette - fautes d'orthographe **5.** On parle - n'en est rien.

LEÇON 50

CINQUANTE-ET-UNIÈME (51ᵉ) LEÇON

> Wir stellen Ihnen nun nach und nach einige wichtige literarische Persönlichkeiten Frankreichs in Kurzporträts sowie Auszüge aus klassischen Werken der französischen Literatur vor. ▶ ▶ ▶

La vie de Victor Hugo

1 Victor Hugo fut la plus grande figure de la littérature française du XIXᵉ siècle; son œuvre était très diversifiée – romans, drames, poésie, (1)
2 et il réussit dans tous ces genres, étant un homme à la fois politique, populaire et le témoin de son temps.
3 Sa vie oscillait entre la gloire publique et la tragédie personnelle – et tout fut reflété dans une production artistique prodigieuse.
4 Hugo naquit à Besançon en 1802 et eut une enfance heureuse. Il effectua plusieurs séjours à l'étranger (en Italie et en Espagne) en suivant son père qui était général et comte de l'Empire. (2)
5 Il montra très jeune non seulement sa vocation littéraire mais aussi cette vision de l'homme et de l'artiste qui allait diriger sa vie. (WL3)
6 "Je veux être Chateaubriand ou rien !" écrivit-il en 1816. (3)
7 Deux années plus tard, il publia son premier roman dont le succès convainquit son père de son talent alors que celui-ci le destinait à une carrière académique.
8 En 1819, avec ses frères, il fonda un journal et, en même temps, il tomba amoureux d'Adèle Foucher, qu'il épousa en 1823.

Notes
(1) **un drame** kann allgemein 'ein Theaterstück' und auch 'ein Drama' sein, sowohl als Literaturgattung als auch im Sinne eines dramatischen Ereignisses. **Il ne faut pas en faire un drame !** 'Man muss kein Drama daraus machen!' Etwas schwächer ist der Ausdruck **la tragédie** 'die Tragödie'.

51. LEKTION

> Sie finden weiterhin die benötigten Informationen zu Wortschatz und Grammatik in den Anmerkungen sowie die gewohnten Übungsformen.

Das Leben von Victor Hugo

1 Victor Hugo war die bedeutendste Figur der französischen Literatur des 19. Jahrhunderts; sein Werk war sehr vielfältig: Romane, Theaterstücke, Poesie,
2 und er hatte in all diesen Gattungen Erfolg, war er doch gleichzeitig ein politischer und volksnaher Mensch und ein Zeitzeuge.
3 Sein Leben schwankte zwischen öffentlichem Ruhm und persönlicher Tragödie – und alles spiegelte sich in einer außergewöhnlichen künstlerischen Produktion wider.
4 Hugo wurde 1802 in Besançon geboren und hatte eine glückliche Kindheit. Er unternahm mehrere Auslandsreisen (nach Italien und Spanien), auf denen er seinen Vater, der General und Graf des Reichs war, begleitete.
5 Er zeigte sehr jung nicht nur seine literarische Berufung, sondern auch jenes Bild des Mannes und Künstlers, das sein Leben bestimmen sollte.
6 "Ich will Chateaubriand sein oder nichts!" schrieb er 1816.
7 Zwei Jahre später veröffentlichte er seinen ersten Roman, dessen Erfolg seinen Vater von seinem Talent überzeugte, während dieser ihn für eine akademische Laufbahn bestimmt hatte.
8 1819 gründete er mit seinen Brüdern eine Zeitung und verliebte sich zur gleichen Zeit in Adèle Foucher, die er 1823 heiratete.

Notes
(2) effectuer 'ausführen, tätigen, leisten'. **Effectuer un paiement** 'eine Zahlung leisten'. **Le scientifique effectua plusieurs expériences** 'Der Wissenschaftler führte mehrere Experimente durch'.

(3) **François-René de Chateaubriand** (1768-1848) war Victor Hugos Vorbild als Schriftsteller, Politiker und Mann der Tat: Sein Leben war bestimmt von seinem Sinn für Pflicht und Ehre.

9 Sa carrière de poète débuta la même année, et il publia aussi deux autres romans. C'était l'époque du schisme entre le classicisme et le romantisme.

10 Hugo se déclara d'abord conciliateur entre ces deux tendances, mais il était en fait plus tourné vers le romantisme.

11 Entre 1827 et 1830, il publia trois pièces de théâtre dont la dernière « Hernani » provoqua une vraie bataille entre le monde littéraire traditionnel et une nouvelle vague de jeunes écrivains.

12 Ces derniers, en soutenant la pièce, en assurèrent le succès et, enfin, le triomphe du romantisme et de l'art nouveau. (4)

13 Hugo commença alors à connaître la gloire artistique – et le drame personnel ; son salon était devenu le rendez-vous du "Tout Paris" littéraire, (5)

14 mais sa femme Adèle commença à avoir une liaison avec l'auteur (et l'ami d'Hugo) Sainte-Beuve.

15 Hugo, à son tour, s'éprit de Juliette Drouet, qui devint sa maîtresse et sa compagne fidèle. (6)

16 Ce fut à cette époque qu'il écrivit l'un de ses chefs-d'œuvre : « Notre-Dame de Paris ». (7)

Notes

(4) **soutenir** 'stützen': Ces colonnes soutiennent le bâtiment 'Diese Säulen stützen das Gebäude.' Es wird auch im übertragenen Sinne für 'unterstützen' verwendet: Les députés de l'opposition ont soutenu la motion de censure 'Die Abgeordneten der Opposition haben den Misstrauensantrag unterstützt.' Das Verb **supporter** wird in der Bedeutung 'dulden, ertragen' verwendet: Je ne peux plus le supporter. 'Ich kann ihn nicht mehr ertragen'. Achtung: **un supporteur / un supporter** ist 'ein Anhänger, ein Fan', aber **un souteneur** ist 'ein Zuhälter'!

9   Seine dichterische Laufbahn begann im selben Jahr, und er veröffentlichte auch zwei weitere Romane. Es war die Zeit der Spaltung zwischen Klassizismus und Romantik.
10 Hugo stand den beiden Tendenzen zunächst ausgeglichen gegenüber, aber er war eigentlich mehr der Romantik zugewandt.
11 Zwischen 1827 und 1830 veröffentlichte er drei Theaterstücke, von denen das letzte, "Hernani", eine regelrechte Schlacht zwischen der traditionellen Literaturwelt und einer neuen Welle junger Schriftsteller auslöste.
12 Diese Letzteren stellten, indem sie das Stück unterstützten, seinen Erfolg und schließlich den Sieg der Romantik und der neuen Kunst sicher.
13 Hugo begann, künstlerischen Ruhm zu erfahren – und im Privatleben das Drama; sein Salon war zum Treffpunkt der literarischen [Prominenz] von ganz Paris geworden,
14 aber seine Frau Adèle begann ein Verhältnis mit dem Schriftsteller (und Freund Hugos) Sainte-Beuve.
15 Hugo seinerseits verliebte sich in Juliette Drouet, die seine Geliebte und treue Gefährtin wurde.
16 Zu jener Zeit schrieb er eines seiner Meisterwerke: "Notre-Dame de Paris".

Notes

(5) Städtenamen sind mal weiblich, mal männlich; klare Regeln fehlen leider ... Man kann das Problem mit der Wendung **la ville de...** 'die Stadt XYZ' umgehen. Sagen Sie **La ville de Berlin est très belle** oder **Berlin est une très belle ville**, so meinen Sie die *Stadt*, sagen Sie jedoch **Tout Berlin fêtait la victoire en finale de la "Mannschaft".** 'Ganz Berlin feierte den Finalsieg der Nationalmannschaft', so beziehen Sie sich auf die *Menschen*. **Par cette chaleur dimanche tout Paris avait quitté la capitale** 'Bei dieser Hitze hatten am Sonntag alle Pariser die Hauptstadt verlassen'. Ein bestimmter Artikel und ein Bindestrich ändern alles: **le Tout-Paris** 'die Pariser Oberschicht'.

(6) **s'éprendre de qqn.** ist ein fantasiereicherer Ausdruck als **tomber amoureux de quelqu'un** : **s'éprendre de qqch.** 'sich für etw. begeistern'.

(7) Beachten Sie bei **chefs-d'œuvres**, dass das **-fs** von **chefs** nicht gesprochen wird.

LEÇON 51

17 Sa vie – toujours partagée entre la célébrité et la souffrance – connut une nouvelle tragédie en 1843 lorsque le premier de ses quatre enfants – Léopoldine – se noya dans un accident de bateau. (8)

18 Peut-être fut-ce à cause de cette perte cruelle qu'il se lança dans la vie politique. (9/10)

19 Nommé pair de France en 1845, il combattit en libéral pour les droits des peuples. Il essaya de soulever le peuple de Paris contre le prince Louis-Napoléon

20 mais en vain, et, craignant l'arrestation, il fuit le pays en décembre 1851.

21 Hugo l'exilé, d'abord à Bruxelles, se réfugia enfin dans les îles anglo-normandes ; du haut des falaises de Guernesey, il put contempler les côtes de France (11)

22 et il ressentit le besoin de s'expliquer, de se venger.

23 Il publia une série de pamphlets et d'écrits sur la situation politique dans son pays – et c'est à Guernesey aussi

24 qu'il acheva son roman peut-être le plus célèbre : « Les Misérables ».

25 En 1870, Victor Hugo put regagner Paris, mais la tristesse guettait toujours son bonheur : sa femme mourut en 1868 et son fils, Charles, trois ans après.

Notes

(8) **se partager** 'sich (auf)teilen'. **Elle se partage entre son travail et sa famille et s'occupe aussi de ses vieux parents** 'Sie teilt sich zwischen ihrem Beruf und ihrer Familie auf und kümmert sich auch um ihre alten Eltern': **Les retardataires devront se partager les restes** 'Die Nachzügler werden die (Essens-)Reste unter sich aufteilen müssen'.

(9) **peut-être** 'vielleicht, möglicherweise'. Hier ist der Bindestrich wichtig, um das Adverb zu erkennen. **C'est peut-être mouillé** 'Es ist vielleicht nass' ≠ **Ça peut être mouillé** 'Es kann nass sein'. Beim letzten Satz geht es um eine Verbgruppe, und das **t** wird NICHT ausgesprochen. **Peut-être** als Adverb beinhaltet immer einen Anflug von Spekulation: **Peut-être est-elle malade** ist spekulativer als **Elle est peut-être malade**.

(10) **se lancer** 'sich an etw. wagen, sich trauen; sich in etw. stürzen'. **Ils se sont lancés à fond dans leur nouveau projet** 'Sie haben sich mit voller Energie in ihr neues Prokekt gestürzt'.

17 Sein Leben – immer geteilt zwischen Ruhm und Leiden – erfuhr eine erneute Tragödie im Jahr 1843, als das erste seiner vier Kinder – Leopoldine – bei einem Schiffsunglück ertrank.
18 Vielleicht war es aufgrund dieses grausamen Verlusts, dass er sich in das politische Leben stürzte.
19 1845 zum "Pair" von Frankreich ernannt, kämpfte er als Liberaler für die Rechte des Volkes. Er versuchte, das Volk von Paris gegen Prinz Ludwig-Napoleon aufzuwiegeln,
20 aber es war vergeblich, und so flüchtete er aus Furcht vor der Inhaftierung im Dezember 1851 aus seinem Land.
21 Hugo, der Verbannte, hielt sich zuerst in Brüssel auf und suchte schließlich auf den anglo-normannischen Inseln Zuflucht; von den Felsen [der Insel] Guernesey aus konnte er die französische Küste betrachten,
22 und er empfand das Bedürfnis, sich zu erklären, sich zu rächen.
23 Er veröffentlichte eine Reihe von Pamphleten und Schriften über die politische Situation seines Landes, und es war ebenfalls auf Guernesey,
24 wo er seinen wahrscheinlich berühmtesten Roman vollendete: **Les Misérables**.
25 1870 konnte Victor Hugo nach Paris zurückkehren, aber die Traurigkeit trübte (belauerte) immer wieder sein Glück: Seine Frau starb 1868, und sein Sohn Charles drei Jahre später.

Notes
(II) un/l'exil 'eine/die Verbannung'; un exilé/une exilée 'eine im Exil lebende Person'; un exil doré 'ein goldenes Asyl' (das mit Annehmlichkeiten versüßt wurde). Après être parti en exil au canada, il a demandé l'asile [a-sil] politique à la Norvège 'Nachdem er nach Kanada ins Exil gegangen ist, hat er in Norwegen politisches Asyl beantragt'.

26 Toujours actif en littérature et en politique,
Hugo décéda en 1885, écrivain du siècle
et écho de son époque. (I2)

27 « Ce siècle est à la barre
et je suis son témoin. » (I3/I4)

Notes
(I2) un écho/l'écho 'ein/das Echo, ein/der Widerhall'. Einige Zeitungen und Zeitschriften tragen dieses Wort in ihrem Namen, z. B. eine der bekanntesten Comic-Zeitschriften, **L'écho des Savanes**, 1972 von **Claire Bretecher** (**Les frustrés**), **Gotlib** und **Nikita Mandryka** gegründet. **Son projet de loi n'a pas eu beaucoup d'échos dans la presse** 'Sein Gesetzentwurf hat in der Presse nicht viel Resonanz hervorgerufen'. **Une échographie** 'eine Ultraschalluntersuchung'.

Comprenez-vous ces phrases ?
1. Un drame s'est produit hier dans la capitale : un homme a été assassiné. **2.** Il l'ignorait mais cette jeune fille allait devenir sa femme. **3.** Il a écrit trois pièces dont la dernière était une grande réussite. **4.** Monsieur, je vous assure de mon soutien entier. **5.** Il fut nommé directeur de la société. **6.** Ils ont effectué plusieurs séjours à l'étranger pendant leur enfance.

Trouvez les mots justes

1 Vielleicht war dies der Grund, warum er das Land verlassen hatte.

. . . . .-. . . . était-ce . . . . qu'il avait quitté le pays.

2 Nach zwanzig Jahren hatte er drei Meisterwerke vollendet.

Au bout de vingt ans, il avait . . . . . . trois
. . . . .-.'. . . . . / . . . .

3 Wir werden zuerst une gewisse Anzahl von Experimenten durchführen.

Nous allons d'abord . . . . un certain nombre
d' . . . .

26 Immer noch aktiv in der Literatur und der Politik starb Hugo 1885 als Schriftsteller des Jahrhunderts und Echo seiner Zeit.
27 "Dieses Jahrhundert steht vor Gericht,
und ich bin sein Zeuge."

Notes
(I3) une barre ist zunächst 'ein Holzbalken', à la barre meint 'vor Gericht', da hier früher ein Holzbalken den Bereich, in dem die Richter saßen, von den Prozessbeteiligten und dem Publikum trennte. **J'appelle le témoin de la défense à la barre** 'Ich rufe den Zeugen der Verteidigung in den Zeugenstand'. **à la barre** kann auch 'am Ruder' und 'an der Stange' in einem Ballettsaal heißen.
(I4) Dieses Zitat stammt aus Victor Hugos 1872 erschienenen Gedichtband **"L'Année Terrible"**, in dem bildhaft das Jahr 1870 geschildert wird, in dem Frankreich nicht nur einen Krieg gegen Preußen führte, sondern auch in Paris der Bürgerkrieg tobte.

Avez-vous bien compris ?
1. Ein schreckliches Ereignis hat sich gestern in der Hauptstadt zugetragen: Ein Mann ist ermordet worden. **2.** Er wusste es nicht, aber dieses junge Mädchen sollte seine Frau werden. **3.** Er hat drei Theaterstücke geschrieben, von denen das letzte ein großer Erfolg war. **4.** Mein Herr, ich sichere Ihnen meine volle Unterstützung zu. **5.** Er wurde zum Direktor der Gesellschaft ernannt. **6.** Sie haben während ihrer Kindheit mehrere Auslandsreisen gemacht.

4 Er war sich dessen nicht bewusst, aber seine Liebschaften sollten großen Einfluss auf sein Werk haben.

Il ne le savait pas, mais ses amours . . . .
une grande influence sur son œuvre.

5 Er schrieb einen Roman, dessen Erfolg seinen Vater von seinem Talent überzeugte.

Il . . . . un roman . . . . le succès
. . . . son père de son talent.

Les mots manquants 1. Peut-être - à cause de cela **2.** achevé - chefs-d'œuvre/oeuvre **3.** effectuer - expériences **4.** allaient avoir **5.** écrivit - dont - convainquit.

LEÇON 51

QUARANTE-DEUXIÈME (52ᵉ) LEÇON

Les Misérables (1)

1 (Gavroche, panier à la main, va chercher des munitions sur les cadavres gisant devant la barricade – en pleine vue des soldats.) (2)
2 « Il rampait à plat ventre, galopait à quatre pattes, prenait son panier aux dents, se tordait, glissait, serpentait d'un mort à l'autre
3 et vidait la giberne ou la cartouchière comme un singe ouvre une noix. (3)
4 De la barricade, dont il était encore assez près, on n'osait lui crier de revenir, de peur d'appeler l'attention sur lui. (4)
5 À force d'aller en avant, il parvint au point où le brouillard de la fusillade devenait transparent, (5)
6 si bien que les tirailleurs, massés à l'angle de la rue, se montrèrent soudainement quelque chose qui remuait dans la fumée.
7 Au moment où Gavroche débarrassait de ses cartouches un sergent gisant près d'une borne, une balle frappa le cadavre.
8 Fichtre ! fit Gavroche.
Voilà qu'on me tue mes morts.

Notes
(1) Les Misérable 'die Elenden' (la misère 'das Elend') aus dem Jahr 1862 ist sicher Victor Hugos bekanntestes Werk.
(2) Es gibt einige Verben, die Sie nur in ganz wenigen Formen antreffen werden; es sind die sog. 'unvollständigen Verben'. **Gésir** 'begraben liegen' ist eines von ihnen. Es existiert nur im Partizip Präsens, **gisant**, und in der 3. Person Singular als Grabinschrift **ci-gît** 'hier ruht' und manchmal im Imperfekt. **Un gisant** ist 'eine ruhende Grabfigur'.
(3) Beachten Sie, wie hier durch den Gebrauch des Imperfekts für die Abfolge der Bewegungen – fast wie Pinselstriche auf einer Leinwand – der Gesamtablauf der Handlung geschildert wird.
(4) **dont** wird hier verwendet, da **près** mit der Präposition **de** benutzt wird. Elle est près du mur oder Le mur (au)près duquel elle est.

deux cent vingt-huit • 228

52. LEKTION

Les Misérables (Die Elenden)

1 (Gavroche, einen Korb in der Hand, sucht bei den
  Leichen, die vor den Barrikaden liegen, nach
  Munition – vor den Augen der Soldaten.)
2 "Er kroch flach auf dem Bauch, sprang auf allen Vieren,
  nahm seinen Korb zwischen die Zähne, wand sich,
  glitt und schlängelte sich von einem Toten zum anderen
3 und leerte Patronentasche oder -gurt,
  wie ein Affe eine Nuss öffnet.
4 Von der Barrikade aus, in deren Nähe er noch immer war,
  wagte man nicht, ihn zurückzurufen, aus Angst, die Auf-
  merksamkeit auf ihn zu ziehen.
5 Durch beständiges Vordringen kam er an einem Punkt an,
  an dem der Rauch des Gewehrfeuers durchsichtig wurde,
6 so dass die Schützen, die an der Straßenecke zusammen-
  gedrängt waren, plötzlich etwas ausmachen konnten,
  das sich im Rauch bewegte.
7 In dem Augenblick, als Gavroche einem Unteroffizier,
  der tot in der Nähe eines Steinpfostens lag, die Patronen
  wegnahm, traf eine Kugel den Leichnam.
8 Donnerwetter! sagte Gavroche.
  Jetzt töten sie sogar meine Toten.

LE BROUILLARD ÉTAIT DEVENU TRANSPARENT SI BIEN QUE
NOUS AVONS PU RETROUVER LA ROUTE

Notes
(5) à force de 'durch ständiges ..., vor lauter' wird bei wiederholt ausge-
führten oder regelmäßigen Handlungen benutzt: **à force de
demander, il a reçu la permission** 'nach wiederholtem Fragen hat er
die Erlaubnis erhalten' **à force de travail, il a eu son bac** (baccalau-
réat). 'durch harte/regelmäßige Arbeit hat er das Abitur geschafft.'

LEÇON 52

9 Une deuxième balle fit étinceler le pavé à côté de lui. Une troisième renversa son panier.
Gavroche regarda et vit que cela venait des tirailleurs de la banlieue. (6/7)

10 Il se dressa tout droit, debout, les cheveux au vent, les mains sur les hanches, l'œil fixé sur les gardes nationaux qui tiraient, et chanta : (8)

11 "On est laid à Nanterre, C'est la faute à Voltaire
Et bête à Palaiseau, C'est la faute à Rousseau."

12 Puis il ramassa son panier, y remit, sans en perdre une seule, les cartouches qui en étaient tombées, et, avançant vers la fusillade, alla dépouiller une autre giberne.

13 Là, une quatrième balle le manqua encore.
Gavroche chanta [...]. Cela continua ainsi quelque temps.

14 Le spectacle était épouvantable et charmant. Gavroche, fusillé, taquinait la fusillade. Il avait l'air de s'amuser beaucoup [...]. On le visait sans succès, on le manquait toujours.

15 Il se couchait, puis se redressait, s'effaçait dans un coin de porte, puis bondissait, disparaissait, reparaissait, se sauvait, revenait, ripostait à la mitraille par des pieds de nez. [...] (9)

16 La barricade tremblait ; lui, il chantait. Ce n'était pas un enfant, ce n'était pas un homme; c'était un étrange gamin fée. [...]

17 Les balles couraient après lui, il était plus leste qu'elles. Il jouait on ne sait quel effrayant jeu de cache-cache avec la mort.

18 Une balle pourtant, mieux ajustée ou plus traître que les autres, finit par atteindre l'enfant feu follet.
On vit Gavroche chanceler, puis il s'affaissa.

Notes

(6) faire des étincelles 'Funken schlagen'; une étincelle 'ein Funken'. Im übertragenen Sinne und bezogen auf Personen bedeutet es 'brillieren, bei etw. glänzen': Les vendeurs font des étincelles en ce moment, notre C.A. (chiffre d'affaires) a doublé la semaine dernière 'Unsere Verkäufer sind zurzeit hervorragend, unsere Umsätze haben sich letzte Woche verdoppelt.'

9	Eine zweite Kugel schlug Funken auf dem Pflaster neben ihm. Eine dritte kippte seinen Korb um. Gavroche schaute sich um und sah, dass es von den Vorortschützen kam.
10	Er richtete sich auf, stand da mit seinen Haaren im Wind, die Hände auf den Hüften, die Augen auf die Nationalgarden gerichtet, die auf ihn zielten, und sang:
11	"Sie sind hässlich in Nanterre, das ist die Schuld von Voltaire. Und dumm in Palaiseau, das ist die Schuld von Rousseau."
12	Dann hob er seinen Korb auf, und ohne eine einzige zu verlieren, legte er alle Patronen hinein, die herausgefallen waren, und während er in Richtung des Gewehrfeuers ging, leerte er noch eine Patronentasche aus.
13	Da verfehlte ihn noch eine vierte Kugel. Gavroche sang [...]. Dies ging einige Zeit so weiter.
14	Das Schauspiel war entsetzlich und bezaubernd zugleich. Gavroche, unter Beschuss, machte sich über das Gewehrfeuer lustig. Er schien sich gut zu amüsieren. [...] Man zielte ohne Erfolg auf ihn, man verfehlte ihn immer.
15	Er legte sich nieder, sprang wieder auf, versteckte sich in einem Türeingang, dann sprang er hervor, verschwand, tauchte wieder auf, rannte fort, kam wieder, und machte als Antwort auf den Kugelhagel lange Nasen. [...]
16	Die Barrikade bebte; er jedoch sang. Das war kein Kind, das war kein Mann; das war ein eigenartiger feenhafter Bengel.
17	Die Kugeln pfiffen ihm nach, er war flinker als sie. Er spielte wer weiß welch schreckliches Versteckspiel mit dem Tod.
18	Eine Kugel jedoch – besser gezielt oder heimtückischer als die anderen – traf schließlich das kleine Irrlicht. Man sah Gavroche schwanken, dann sank er zu Boden.

Notes

(7) un pavé ist 'ein Pflasterstein'. 1968 war einer der Slogans der Studenten **Sous les pavés, la plage !** 'Unter den Pflastersteinen ist der Strand!' (= die Freiheit). In der Gastronomie ist un pavé (de bœuf) 'ein dickes Stück Rindersteak'.

(8) Die Kämpfe ereigneten sich zwischen den Republikanern und den Streitkräften Ludwig-Philippes während der ersten Aufstände 1832 (die sich 1834 wiederholten). Die Soldaten, die die Rebellion niederschlugen, kamen aus verschiedenen Vorortregimentern. In unserem Textabschnitt sind es **Les Gardes Nationaux de la Banlieue de Paris**.

(9) la mitraille 'der Kugelhagel'. Im modernen Französisch ist une mitrailleuse 'ein Maschinengewehr' und une mitraillette 'eine Maschinenpistole'. In Belgien ist une mitraillette ein längs aufgeschnittenes Stück Baguette mit Fleischstücken, Pommes frites und verschiedenen Saucen.

19 Toute la barricade poussa un cri ; mais Gavroche n'était tombé que pour se redresser ; [...] un long filet de sang rayait son visage,
20 il éleva ses deux bras en l'air, regarda du côté d'où était venu le coup, et se mit à chanter :
21 "Je suis tombé par terre,
c'est la faute à Voltaire. (10)
Le nez dans le ruisseau, c'est la faute à ..."
22 Il n'acheva point. Une seconde balle du même tireur l'arrêta court. Cette fois, il s'abattit la face contre le pavé, et ne remua plus.
23 Cette petite grande âme venait de s'envoler. » (11/12)

Notes
(10) C'est la faute à Voltaire et c'est la faute à Rousseau waren Parolen gegen die 1789er Revolution. Durch die Nennung der Pariser Vororte Nanterre und Palaiseau in Satz 11 macht sich Gavroche über seine Feinde und die Einwohner der Vororte lustig.

Comprenez vous ces phrases ?
1. Le club dont il est membre est très exclusif. **2.** À force de pratiquer la langue tous les jours, vous la maîtriserez très vite. **3.** Le brouillard était devenu transparent si bien que nous avons pu retrouver la route. **4.** Ah ce bruit ! Voilà qu'on m'empêche de travailler ! **5.** Ils habitent je ne sais quelle banlieue de Paris. **6.** Une balle a fini par atteindre Gavroche en pleine figure.

Trouvez les mots justes

1 In dem Moment, als Gavroche dem Unteroffizier, der in der Nähe eines Steinpfostens tot dalag, die Patronen wegnahm,

Au . . . . Gavroche . . . . de . . . . sergent gisant près d'une borne,

2 traf eine Kugel den Leichnam.

une . . . . le . . . .

3 Dann hob er seinen Korb auf [und]

Puis il . . . . ,

deux cent trente-deux • 232

19 Die gesamte Barrikade stieß einen Schrei aus, aber Gavroche war nur gestürzt und richtete sich sogleich wieder auf; [...] ein (langes) Netz aus Blut rann über sein Gesicht,

20 er hob beide Arme zum Himmel, schaute in die Richtung, aus der der Schuss gekommen war und begann zu singen:

21 "Ich bin zu Boden gefallen, das ist die Schuld Voltaires. Die Nase in der Gosse, das ist die Schuld ..."

22 Er beendete [seinen Satz] nicht. Eine zweite Kugel desselben Schützen tötete ihn. Dieses Mal schlug sein Gesicht auf das Pflaster, und er bewegte sich nicht mehr.

23 Diese junge große Seele war fortgeflogen.

Notes
(11) Die Verwendung von **petite** schwächt hier nicht die Aussage ab, dass es sich bei Gavroche trotz allem um eine mutige, wehrhafte und starke Persönlichkeit handelte.

(12) **Les Misérables** – ein epischer Roman mit wunderbar beschriebenen Szenen – ist auch ein Lehrstück, das Bildung und Erziehung, soziale Gerechtigkeit und Nächstenliebe als die einzigen Waffen gegen Armut und Unwissenheit definiert. Die Szene, in der Gavroche stirbt, gehört zu den bekanntesten des Buches.

Avez-vous bien compris?
1. Der Club, in dem er Mitglied ist, ist sehr exklusiv. **2.** Durch beständiges Üben der Sprache werden Sie sie sehr schnell beherrschen. **3.** Der Nebel hatte sich so geklärt, dass wir die Straße wieder sehen konnten. **4.** Oh, dieser Lärm! So werde ich von der Arbeit abgehalten! **5.** Sie wohnen in ich weiß nicht welchem Vorort von Paris. **6.** Eine Kugel traf Gavroche schließlich mitten ins Gesicht.

4 legte, ohne eine einzige fallen zu lassen (zu verlieren),

y remit, ... une seule,

5 [alle] Patronen, die herausgefallen waren, zurück.

les cartouches . . . .

Les mots manquants 1. moment où - débarrassait - ses cartouches un **2.** balle frappa - cadavre **3.** ramassa son panier **4.** sans en perdre **5.** qui en étaient tombées.

LEÇON 52

CINQUANTE-TROISIÈME (53e) LEÇON

Les Régions de France – Le Sud-Ouest

1 Nous continuons notre périple à travers la France et la Navarre en faisant un saut dans le Sud-Ouest. (1/2/3)
2 La région commence sur la côte de l'océan Atlantique (de Bordeaux à la frontière espagnole vers Biarritz) (4)
3 et, en suivant les Pyrénées enneigées, elle atteint la mer Méditerranée et va presque jusqu'au port de Marseille.
4 Basques, Occitans, un peu Sarrasins, un peu Catalans, un peu Espagnols,
5 les habitants du Sud-Ouest sont fiers, bagarreurs et très sympathiques. (D'Artagnan, le héros des Trois Mousquetaires, était de ce pays.) (5/6)
6 Les industries sont variées : vins à Bordeaux, technologie et avions à Toulouse, pruneaux à Agen, foie gras et truffes à Périgueux... (7)

Notes
(1) un **périple** ist eine längere Fahrt oder Reise. Handelt es sich um 'einen kurzen Ausflug / eine Fahrt / einen Rundgang / einen Spaziergang', so benutzt man **un tour**. Je vais faire le tour du jardin/du pâté de maisons 'Ich werde einen Rundgang durch den Garten / einen Spaziergang um den Häuserblock machen.'

53. LEKTION

Die Regionen Frankreichs – Der Südwesten

1 Wir setzen unsere Reise durch Frankreich und die Navarra mit einem Abstecher in den Südwesten fort.
2 Die Region beginnt an der Küste des Atlantischen Ozeans (von Bordeaux bis an die spanische Grenze bei Biarritz),
3 erreicht entlang der schneebedeckten Pyrenäen das Mittelmeer und geht fast bis zum Hafen von Marseille.
4 Basken, Okzitanen, einige (ein wenig) Sarazenen, einige Katalanen, einige Spanier:
5 Die Einwohner des Südwestens sind stolz, streitlustig und sehr sympathisch. (D'Artagnan, der Held der "Drei Musketiere", stammte aus dieser Region.)
6 Die Industrie ist vielfältig: Wein in Bordeaux, Technologie und Flugzeuge in Toulouse, Backpflaumen in Agen, Gänseleberpastete und Trüffel in Périgueux ...

Notes
(2) Das Königreich Navarra, das jetzt zu Spanien gehört, wurde einst annektiert und Frankreich angegliedert. Später, im 16. Jh., wurde es Teil Spaniens, während die **basse Navarre** französisch wurde. Der Ausdruck **de France et de Navarre** bedeutet 'in ganz Frankreich'.
(3) **faire un saut** 'einen Abstecher machen, vorbeischauen'. **Je ferai un saut en voiture pour venir te voir** 'Ich werde kurz mit dem Auto bei dir vorbeischauen'; **Faites un saut si vous avez le temps** 'Kommen Sie auf einen Sprung vorbei, wenn Sie Zeit haben'. Nicht zu verwechseln mit 'auf dem Sprung sein', was man auf Französisch mit **être sur le départ** oder **être sur le point de partir** ausdrückt.
(4) Hier hätte man auch einfach **la côte Atlantique** schreiben können.
(5) **se bagarrer** ist eine familiäre Wendung für **se battre**: **Les deux supporteurs se sont bagarrés.** Das Substantiv lautet **une bagarre**; **un bagarreur** ist eine streitlustige oder kämpferische Person, wobei dies positiv gemeint sein kann oder auch im Sinne von 'Rowdy'. Es kommt immer auf den Zusammenhang an!
(6) **sympathique** hat die Kurzform **sympa** 'nett, freundlich, höflich, lieb, sympathisch'.
(7) Verwechseln Sie nicht **une prune** 'eine Pflaume' mit **un pruneau** 'eine Backpflaume'. **Une prune** ist auch ein Slangausdruck für 'einen Strafzettel': **Comme il se gare n'importe où, il se prend régulièrement des prunes (des amendes/des PVs)**. 'Da er überall (irgendwo) parkt, kriegt er regelmäßig Strafzettel'.

7 Et tourisme partout : neige, plages, cheval, campagne, pêche sportive, surf
et, si vous préférez, gastronomie. (8)

8 Goûtez les fameux cassoulets, le foie gras frais, les petits vins du pays ! (9/10/11)

9 Et, si vous "sentez" bien le pays,
vous allez pouvoir parler de religion
avec les gens du Sud-Ouest.

10 De leur religion évidemment :

Le Rugby ! (12)

11 Et ils le prennent au sérieux !
Lors d'un match de coupe
entre Béziers et Narbonne,

12 l'ailier narbonnais réussit une percée spectaculaire
et, prenant ses jambes à son cou,
marqua un essai magnifique.

13 Un petit homme dans la foule
applaudit très fort en criant :
– Bravo ! Oh ! Bravo !
Mais son accent le trahit, il n'était pas du pays !

14 Un énorme supporteur biterrois se retourna vers l'intrus :
– Vous êtes Narbonnais ? fit-il. (13)

Notes
(8) Durch die Auslassung des bestimmten Artikels wird vermittelt, dass diese Aktivitäten an verschiedenen Orten ausgeübt werden können; sie sind nicht mehr näher bestimmt, sondern allgemein. **Neige** bedeutet also hier nicht nur 'Schnee', sondern alles, was man mit Schnee verbindet, ebenso ist es mit **cheval** 'Reiten, Ponyhof' usw. Und **surf**? Das ist einfach das französische Wort für 'Surfen'!

(9) Es ist wichtig, die Bedeutung zu verstehen, die die Franzosen dem Essen beimessen. Jede Region hat ihre Spezialitäten, und jeder Ort behauptet, seine Art der Zubereitung sei die beste ...

7 Und überall Tourismus: Schnee, Strände, Reiten, ländliche Gegenden, Angelwettbewerbe, Surfen und, wenn Sie es vorziehen, Gastronomie.
8 Probieren Sie die berühmten Cassoulets, frische Gänseleberpastete, die (kleinen) Landweine!
9 Und wenn Sie ein Gefühl für die Region bekommen haben, können Sie mit den Menschen aus dem Südwesten über Religion sprechen.
10 Über *ihre* Religion natürlich:
Rugby!
11 Und sie nehmen es sehr ernst! Während eines Pokalspiels zwischen Beziers und Narbonne
12 gelang dem Außenstürmer aus Narbonne ein spektakulärer Durchbruch, er nahm die Beine in die Hand und erzielte einen glänzenden "Versuch".
13 Ein kleiner Mann in der Menge applaudierte sehr laut und rief:
– Bravo! Oh bravo! Aber sein Akzent verriet ihn – er kam nicht aus der Gegend!
14 Ein hünenhafter Anhänger von Béziers drehte sich zu dem Eindringling um:
– Kommen Sie aus Narbonne? sagte er.

Notes
(10) **le cassoulet** ist ein Eintopf aus weißen Bohnen, Hammel-, Gänse- und Schweinefleisch, Möhren, Sellerie und Tomaten, gewürzt mit allerlei Kräutern. Der berühmte Koch **Prosper Montagné** (1865-1948) interpretierte den Vater, den Sohn und den heiligen Geist auf seine ganz eigene Weise: Le Cassoulet, un Dieu en trois personnes : Dieu le Père qui est le cassoulet de Castelnaudary, Dieu le fils qui est celui de Carcassonne et le Saint-Esprit, celui de Toulouse.

(11) **le foie gras** 'die Stopfleber', die an den Festtagstafeln an Weihnachten und Silvester nicht fehlen darf, wird oft wegen der Gänsemastmethoden kritisiert. Inzwischen gibt es jedoch Bioproduzenten, die auf **le gavage** 'das Mästen / die Zwangsernährung' der Gänse verzichten. Im übertragenen Sinne bedeutet **gaver** 'auf den Wecker gehen, nerven'.

(12) Rugby ist ein Sport, der auch in Frankreich fast ausschließlich mit dem Südwesten assoziiert wird. 80% der Rugby-Sportvereine sind dort zu finden.

(13) **fit-il** [*fi-til*] ist natürlich das **passé simple** von **faire**, es wird manchmal, aber nur in der Schriftsprache, anstelle von **dire** nach einer direkten Rede gebraucht. "Fichtre" fit Gavroche. "Revenez ici" fit-il à haute voix.

15 – Euh... non, bredouilla l'autre.
 – Alors vous êtes peut-être Biterrois ?
 renchérit le malabar. (14/15)
16 – Mais, c'est-à-dire, je suis Parisien.
 Un moment de lourd silence et le colosse lui dit :
17 – Alors, taisez-vous et ne vous mêlez pas de choses qui ne vous concernent pas ! (16)

Notes
(14) **bredouiller** 'stammeln, murmeln, undeutlich brabbeln' ≠ **bidouiller** 'herumbasteln, -tüfteln'. Merken Sie sich **revenir/rentrer bredouille** 'mit leeren Händen / unverrichteter Dinge zurückkehren, nichts erreicht haben': **Il rentre toujours bredouille de la pêche (ou de la chasse)** 'Er kommt immer mit leeren Händen vom Fischen / von der Jagd zurück'.

Comprenez vous ces phrases ?
1. La région commence à la côte, suit les Pyrénées et atteint la mer Méditerranée. **2.** Il y a énormément d'activités dans cette région : pêche, cheval, campagne, neige. **3.** Voyant la police arriver, le voleur prit ses jambes à son cou et se cacha. **4.** La firme a réussi une percée spectaculaire sur le marché américain. **5.** Veux-tu faire un saut à la boulangerie ? J'ai oublié le pain. **6.** Après le match les deux équipes de supporteurs se sont battues pendant une heure.

Trouvez les mots justes

1 "Schweigen Sie", sagte der Muskelprotz. "Und mischen Sie sich nicht in diese Dinge ein", bekräftigte sein Gefährte.

"Taisez-vous" . . . le malabar. "Et ne vous mêlez pas de ces choses" . . . . son compagnon.

2 Wir haben im letzten Jahr eine lange Reise durch ganz Frankreich gemacht.

Nous . . . . un . . . . partout en France l'année dernière.

3 Es ist nur ein Spiel! Nehmen Sie es nicht ernst!

Ce . 'est . . 'un jeu !
Ne le . . . . . . pas . . . . !

deux cent trente-huit • 238

15 – Äh, ... nein, stotterte der andere.
– Dann sind Sie vielleicht aus Béziers?
bekräftigte der Muskelprotz.
16 – Aber ... [naja,] das heißt, ich bin Pariser. Nach einem Moment beklemmender Stille sagte der Riese zu ihm:
17 – Dann schweigen Sie, und mischen Sie sich nicht in Dinge ein, die Sie nichts angehen!

Notes
(15) **renchérir** 'jmdn. überbieten' (auf Versteigerungen), sonst 'bekräftigen, auftrumpfen'.
(16) **se mêler** 'sich einmischen'. Beim Rugby ist **la mêlée** 'das Gedränge' eine Standardsituation, die für Laien wie ein Riesendurcheinander aussieht: Je nach Spielvariante stellen sich mehrere Spieler beider Mannschaften in je drei Reihen gegenüber auf, umklammern sich und versuchen, durch Druckausübung den unter ihnen in der Mitte auf dem Boden befindlichen Ball zu erobern. Dabei dürfen sie die Hände nicht benutzen.

Avez-vous bien compris ?
1. Die Region beginnt an der Küste, verläuft entlang der Pyrenäen und erreicht das Mittelmeer. **2.** Es gibt zahlreiche Aktivitäten in dieser Region: Fischfang, Reiten, Landleben, Wintersport. **3.** Als er die Polizei kommen sah, nahm der Dieb die Beine in die Hand und versteckte sich. **4.** Der Firma ist ein spektakulärer Durchbruch auf dem amerikanischen Markt gelungen. **5.** Springst du mal schnell zum Bäcker hinüber? Ich habe das Brot vergessen. **6.** Nach dem Spiel haben sich die beiden Fan-Mannschaften eine Stunde lang bekämpft.

4 Mir ist heiß. Ich werde draußen einen Spaziergang machen.

J'ai chaud. Je .... un .... dehors.

5 Wie findest du seine Frau? – Sehr sympatisch.

Comment trouves-tu sa femme ! – Très ....

Les mots manquants 1. fit - renchérit **2.** avons fait - périple **3.** n' - qu' - prenez - au sérieux **4.** vais faire - tour **5.** sympathique.

Inzwischen haben Sie gemerkt, dass la pratique du français nicht nur den sprachlichen Aspekt umfasst, sondern dass die Kenntnis von Kultur, Land und Leuten ebenso dazugehört.

LEÇON 53

CINQUANTE-QUATRIÈME (54ᵉ) LEÇON

Qu'est la France d'aujourd'hui ?

1 Qu'est-ce qui caractérise la France d'aujourd'hui ? Est-ce encore le commis-boulanger qui livre les baguettes croustillantes au jour levant, (1)
2 ou ces trains à grande vitesse, ces avions supersoniques, et ces ordinateurs qui sortent des nouveaux centres industriels ?
3 Est-ce la partie de pétanque sur la place du village, sous les platanes et avec les accents et visages de Pagnol, (2)
4 ou les jeunes cadres dynamiques qui s'engouffrent dans les bouches du métro tous les matins pour arriver à huit heures au bureau ? (3)
5 Dans cette France d'autoroutes, de voitures neuves, de gratte-ciel, trouve-t-on encore les sentiers paisibles qui mènent aux villages somnolents ? (4)
6 A toutes ces questions, l'étudiant peut répondre "oui" car, avant tout, la France est un pays de contradictions et de contrastes.
7 Le Général de Gaulle, dans une saillie exaspérée, a lancé : Comment est-il possible de gouverner un pays où il y a 365 sortes de fromages ? (5)
8 Depuis la 2è guerre mondiale, le pays a connu des changements qui ont bouleversé l'édifice social. (6)
9 Plus de 4 millions de personnes ont quitté la campagne pour chercher du travail dans les villes qui n'étaient pas équipées pour un tel afflux ;

Je n'aime pas les jeux intellectuels

54. LEKTION

Wie ist das Frankreich von heute?

1 Was charakterisiert das Frankreich von heute?
  Ist es immer noch der Bäckergehilfe, der bei Tagesanbruch die knusprigen Stangenbrote ausliefert,
2 oder diese Fernschnellzüge, diese Überschallflugzeuge und diese Computer, die aus den neuen Industriezentren kommen?
3 Ist es das Petanque-Spiel auf dem Dorfplatz unter den Platanen mit dem Akzent und den Gesichtern von Pagnol,
4 oder die jungen dynamischen Führungskräfte, die jeden Morgen in die Metroeingänge drängen, um um 8 Uhr im Büro zu sein?
5 Findet man, in diesem Frankreich der Autobahnen, der neuen Autos, der Hochhäuser noch ruhige Wege, die zu verschlafenen Dörfern führen?
6 Auf all diese Fragen kann der Lerner mit "ja" antworten, denn Frankreich ist vor allem ein Land der Widersprüche und Gegensätze.
7 General de Gaulle rief einmal in einem Ausbruch von Verärgerung aus: Wie ist es möglich, ein Land zu regieren, in dem es 365 Käsesorten gibt?
8 Seit dem II. Weltkrieg hat das Land Veränderungen durchlaufen, die die Gesellschaftsstruktur völlig verändert haben.
9 Mehr als vier Millionen Menschen haben die ländlichen Gebiete verlassen, um Arbeit in den Städten zu suchen, die für einen solchen Zustrom nicht ausgestattet waren;

Notes
(1) un commis (boulanger/boucher etc.) 'ein/-e Gehilfe/-in; ein kleiner Angestellter'. Un commis cuisinier 'eine Küchenhilfe'; aber les grands commis de l'état 'die hohen Staatsbeamten'.
(2) Bei la pétanque versuchen die Spieler, Metallkugeln (des boules) so nah wie möglich an ein Ziel, le cochonnet 'das Schweinchen' (eine kleine Holzkugel), zu werfen. Das Spiel ist typisch für den Süden Frankreichs. La pétanque kommt aus dem Provenzalischen und bedeutet 'Füße zusammen': Die Füße müssen eng nebeneinander stehen, wenn die Kugel geworfen wird.
(3) Die Metroeingänge werden les bouches de métro genannt. Les kiosques à journaux sont souvent proches des bouches de métro.
(4) un gratte-ciel 'ein Wolkenkratzer'. Laut der orthographe rectifiée von 1990 würde die Pluralform des gratte-ciels lauten. Es gibt allerdings in Frankreich kaum Wolkenkratzer, daher verwenden Sie lieber für ein großes Bürohaus un building oder un immeuble d'affaires.
(5) une saillie ist wörtlich 'ein Vorsprung, ein Vorbau, eine Ausstülpung'.
(6) bouleverser 'erschüttern, umstoßen, auf den Kopf stellen', bei Personen 'aufwühlen'.

LEÇON 54

10 une économie artisanale est devenue une économie de grande consommation et les structures sociales et administratives n'étaient pas adaptées à ces changements. (7)
11 La modernisation s'est faite non seulement au niveau national mais aussi au niveau individuel.
12 L'introduction des congés payés avant la deuxième guerre a permis au gens d'élever, avec un flair tout ce qu'il y a de français, les loisirs au niveau d'un art. (8/9)
13 Le "weekend" était devenu une institution. (10)
14 Avec plus de temps libre et avec une plus grande mobilité, les Français se sont aventurés au-delà de leurs frontières deux fois plus nombreux qu'avant 1939.
15 Le développement des médias – et surtout de la télévision – a ouvert de nouveaux horizons et a fourni matière au passe-temps national : le débat.
16 De nos jours, les habitants d'un Clochemerle se passionneraient pour des événements plus éloignés que ceux concernant leur propre village. (11)
17 Toutes ces transformations ne se sont pas faites dans l'unanimité, et peut-être les événements de mai 1968 étaient-ils une expression populaire de malaise. (12)

Notes
(7) un **artisan** 'ein Handwerker'. Das Adjektiv lautet **artisanal**, es wird als Gegensatz zu **industriel** verwendet: **la production artisanale** 'die handwerkliche Produktion'.
(8) un **congé** ist zunächst 'eine Erlaubnis, sich von einem Ort zu entfernen'. Meist wird es aber mit 'Urlaub' assoziiert. 1936 führte Frankreich **les congés payés** 'den bezahlten Urlaub' ein; **en congé maladie** 'krankgeschrieben'.
(9) Elle est tout ce qu'il y a de charmant 'Sie ist der personifizierte Charme'. **Tout ce qu'il y a de** + Adjektiv bedeutet, dass das Subjekt die 100%ige Verkörperung einer Qualität oder eines Makels darstellt.

10 eine vom Handwerk geprägte Wirtschaft wurde zu einer Wirtschaft des Massenverbrauchs, und die Gesellschafts- und Verwaltungsstrukturen waren nicht an diese Veränderungen angepasst.
11 Die Modernisierung fand nicht nur auf nationaler, sondern auch auf individueller Ebene statt.
12 Die Einführung des bezahlten Urlaubs vor dem zweiten Weltkrieg erlaubte es den Menschen, ihre Freizeitbeschäftigungen mit typisch französischem Flair auf das Niveau einer Kunst emporzuheben.
13 Das "Wochenende" war zu einer Institution geworden.
14 Mit mehr Freizeit und einer größeren Mobilität wagten sich die Franzosen doppelt so häufig wie vor 1939 über ihre Grenzen hinaus.
15 Die Entwicklung der Medien – und vor allem des Fernsehens – eröffnete neue Horizonte und gab dem nationalen Zeitvertreib neuen Anstoß: das Diskutieren.
16 Heutzutage würden sich die Einwohner von Clochemerle eher für weiter entfernt stattfindende Ereignisse begeistern als für die, die ihr eigenes Dorf betreffen.
17 All diese Veränderungen fanden nicht einmütig statt, und vielleicht waren die Ereignisse im Mai 1968 ein Ausdruck für die Unzufriedenheit eines Volkes.

Notes
(I0) Als der einzige freie Tag noch der Sonntag war, sprach man von **le repos dominical** 'die Sonntagsruhe', und die Sechs-Tage-Arbeitswoche nannte man damals **la semaine anglaise**; logischerweise benutzte man auch für das Wochenende einen englischen Begriff: **weekend**. Im französischsprachigen Quebec, wo man sich gegen einen zu großen Einfluss des Englischen wehrt, benutzt man für den Samstag und den Sonntag **la fin de semaine** und wünscht sich beim Verlassen des Büros am Freitagnachmittag auch **Bonne fin de semaine** !

(II) **Clochemerle** ist ursprünglich der Name eines Dorfes aus dem gleichnamigen humoristischen Roman von **Gabriel Chevallier**. In diesem Buch setzt der Autor den Bürgern im Weinanbaugebiet Beaujolais ein typisch-untypisches Denkmal: Der geplante Bau einer öffentlichen Toilette mitten in der Kleinstadt Clochemerle erhitzt die Gemüter, entfesselt einen Skandal und führt um ein Haar zu einer weltweiten Krise. **Clochemerle** steht stellvertretend für ein Dorf, in dem Zank und Streit um Nichtigkeiten die Einwohner entzweit.

(I2) Der Studentenaufstand vom Mai 1968 (**les événements de mai 68**) erschütterte ganz Frankreich durch Massenstreiks in Fabriken und anderen Wirtschaftssektoren und der Verwaltung. Er führte fast zum Sturz der Regierung de Gaulles.

18 Mais que l'on soit rassuré : la douce France restera ce foyer de contradictions, de diversités, de frustrations qui attire l'admiration – et parfois l'incompréhension – du reste du monde. (I3)

19 Autant on verra les fruits d'une révolution technique et sociale radicale, (WH4)

20 autant on entendra le boucher et le notaire changer le monde autour d'un "canon" au Café du Commerce. (I4/I5)

Notes
(I3) foyer kommt vom lateinischen *focus* 'Feuerstätte, Herd'. Und der Ort, an dem die Feuerstätte brennt, ist 'das Heim', das Lebenszentrum, der Mittelpunkt einer Familie. Ils rentrent tard au foyer 'Sie kommen spät nach Hause'. Ce que je veux, c'est un foyer, un vrai chez-moi 'Was ich will, ist ein Heim, ein richtiges Zuhause'. Cette université est un des foyers de résistance face à la réforme 'Diese Universität ist eines der Zentren des Widerstands gegen die Reform'.

Comprenez vous ces phrases ?
1. Tu veux faire une partie d'échecs ? – Non merci, je n'aime pas les jeux intellectuels. **2.** Dans ces villes ultramodernes, trouve-t-on encore le Café du Commerce ? **3.** Depuis la guerre, la société a connu d'énormes changements qui ont bouleversé l'édifice social. **4.** Malheureusement, les artisans sont en voie de disparition. **5.** C'est une femme tout ce qu'il y a d'élégante. **6.** Le débat a fourni matière à discussion. **7.** Soyez rassuré, vous pourrez toujours partir en vacances.

Trouvez les mots justes

1 Sie interessieren sich leidenschaftlich für das Kino.

Ils .. .. le cinéma.

2 Je mehr Geld Sie verdienen werden, desto mehr Steuern werden Sie bezahlen.

...... vous gagnerez d'argent, ... vous payerez d'impôts.

3 Die Veränderungen wurden einstimmig ausgeführt.

Les changements .. .. l'unanimité.

deux cent quarante-quatre • 244

18 Aber seien wir beruhigt: Das sanfte Frankreich wird dieses Zentrum von Widersprüchen, Vielfältigkeit und Frustrationen bleiben, die die Bewunderung – und manchmal das Unverständnis – der übrigen Welt anziehen.
19 So wie wir die Früchte einer radikalen technologischen und sozialen Revolution sehen werden,
20 so werden wir hören, wie der Fleischer und der Notar über einem Glas Wein an der Bistrotheke debattieren (im Café du Commerce) und die Welt verändern.

Notes
(14) Das **Café du Commerce** ist eine traditionsreiche Brasserie im 15. Pariser Arrondissement. Im übertragenen Sinne sind **les conversations du Café du Commerce** zu einem Sinnbild für Klatschzirkel geworden, in denen (meist schlecht informierte) Menschen über die aktuellen Geschehnisse des Tages sprechen: Politik, Sport, Essen, Pferderennen. Dabei muss es sich nicht zwingend um ein Café oder ein Restaurant handeln.
(15) **un canon** 'eine Kanone' wird umgangssprachlich für 'ein Glas Wein' benutzt.

Avez-vous bien compris?
1. Möchtest du eine Partie Schach spielen? – Nein danke, ich mag keine Denkspiele. **2.** Findet man in diesen ultramodernen Städten noch das Café an der Ecke? **3.** Seit dem Krieg hat die Gesellschaft große Veränderungen durchlaufen, die die Gesellschaftsstruktur völlig verändert haben. **4.** Leider gibt es immer weniger Handwerker. **5.** Diese Frau ist die Eleganz in Person. **6.** Die Debatte hat Gesprächsstoff geliefert. **7.** Seien Sie beruhigt, Sie können immer noch in die Ferien fahren.

4 Die Regierung hat vor allem beschlossen, Wolkenkratzer zu bauen.

Le gouvernement a décidé .... de construire des ....-.... (s).

5 Dieses Dorf liegt abseits aller befestigten Wege.

Ce village est .... battus.

Les mots manquants 1. se passionnent pour **2.** Autant - autant **3.** se sont faits dans **4.** avant tout - gratte-ciel **5.** hors des sentiers.

LEÇON 54

CINQUANTE-CINQUIÈME (55ᵉ) LEÇON

La Presse écrite

1 Malgré l'opinion désobligeante de La Fontaine qui disait que "tout faiseur de journaux doit tribut au Malin", (1/2)
2 la presse écrite en France est une industrie qui emploie 90.000 personnes, journalistes, photographes, rédacteurs et pigistes confondus, (3/4)
3 et qui consomme près d'un million de tonnes de papier par an !
4 Chaque jour, quelque 12 millions d'exemplaires sont acheminés vers des points de vente, (5)
5 qu'il s'agisse de boutiques, de kiosques ou de "crieurs" qui vendent les journaux et les périodiques dans la rue. (6)
6 En moyenne, le Français consomme vingt kilos de journaux par an contre une cinquantaine pour un Américain. (7)

Notes
(1) Jean de La Fontaine (1621-1695) ist einer der bekanntesten Schriftsteller Frankreichs, der vor allem durch seine Fabeln berühmt wurde.
(2) Le Malin 'der Teufel' ist unbestreitbar die Verkörperung des Bösen; le mal. Bedeutete **malin/maline** lange Zeit 'böswillig/heimtückisch', so hat es sich mittlerweile abgeschwächt, es wird heute für 'schlau, pfiffig, clever' benutzt. Il est très malin en affaires 'Er ist ziemlich schlau in geschäftlichen Dingen'. Ne faites pas le.../ Ne jouez pas au malin avec moi 'Spielen Sie nicht den Oberschlauen'. Ils prennent un malin plaisir à laisser attendre tout le monde 'Es bereitet ihnen ein höllisches Vergnügen, alle warten zu lassen.' ▶

55. LEKTION

Die gedruckte Presse

1 Trotz der abfälligen Meinung La Fontaines, der sagte, dass "alle Zeitungsmacher dem Teufel Tribut zollen",
2 sind die Printmedien in Frankreich eine Industrie, die insgesamt 90.000 Menschen beschäftigt, darunter Journalisten, Fotografen, Redakteure und freie Mitarbeiter,
3 und die pro Jahr etwa eine Million Tonnen Papier verbraucht!
4 Jeden Tag werden etwa zwölf Millionen Exemplare zu den verschiedenen Verkaufsstellen transportiert,
5 ob es sich nun um Geschäfte, Kioske oder Straßenverkäufer handelt, die Zeitungen und Zeitschriften auf der Straße verkaufen.
6 Im Durchschnitt "konsumiert" der Franzose 20 Kilo Zeitungen pro Jahr, der Amerikaner dagegen etwa 50.

Notes

▶ **Un sourire malin / malicieux** 'ein schelmisches Lächeln'. Ironisch eingesetzt bedeutet es das Gegenteil: **Il a l'air malin maintenant !** 'Jetzt steht er ziemlich blöd da!' oder **Il fera moins le malin quand il recevra la facture/note** 'Er wird sich nicht mehr so aufspielen, wenn er die Rechnung / die Quittung erhalten wird.'

(3) **un pigiste** wird nach einem in einer Branche geltenden 'Richtmaß', **une pige**, bezahlt. **Un pigiste** ist nicht angestellt und wird auf Honorarbasis entlohnt. **Une pige** kann z. B. die festgelegte Länge eines Artikels sein. Es wird auch salopp für eine Zeitspanne benutzt: **Son fils a trente piges** 'Sein Sohn ist 30 (Jahre alt)'.

(4) **confondre** 'verwechseln, durcheinanderbringen', aber **tous... confondus** 'alles zusammen(genommen)'.

(5) Die Wurzel von **acheminer (vers)** 'transportieren, befördern, auf den Weg bringen' ist natürlich **le chemin** 'der Weg'. Es kann auch reflexiv gebraucht werden: **Ils s'acheminaient vers la maison quand ils rencontrèrent un auto-stoppeur** 'Sie waren auf dem Weg nach Hause, als sie einem Anhalter begegneten'. In vielen Fällen lassen sich Wörter von Wurzeln ableiten. Versuchen Sie, wenn Sie einem unbekannten Wort begegnen, diese zunächst zu finden.

(6) Früher priesen Straßenhändler mit lauten Rufen ihre Waren an; auch die neuesten Nachrichten wurden rufend unter das Volk gebracht, daher **un crieur**. Merken Sie sich auch **une vente à la criée** 'eine Auktion/Versteigerung'.

(7) **La moyenne** 'der Durchschnitt'; **le Français moyen** 'der Durchschnittsfranzose'. **qqn./qqch. au dessus/en dessous de la moyenne** 'jd./etw. über/unter dem Durchschnitt'. **Le Moyen Age** 'das Mittelalter'; **le moyen** 'das (Hilfs-)Mittel, **les moyens** 'die Mittel' im Sinne von 'die finanziellen Möglichkeiten'.

7 Mais que le choix est vaste ! Il y a, bien sûr, des grands quotidiens – à Paris on en compte vingt-cinq – (8)
8 et en province, il y a quatre fois ce chiffre ; mais on trouve aussi des hebdomadaires, des mensuels et des périodiques de toutes nuances.
9 Peut-on lire ce que l'on veut ? La liberté de la presse est inscrite dans la Constitution,
10 mais cette liberté n'exclut pas la responsabilité juridique :

On peut, par exemple, critiquer les décisions, les choix du Président de la République,
11 mais on doit s'arrêter là où commence l'offense au Chef d'Etat.

12 Le Directeur d'un journal peut avoir à répondre de tout ce qui paraît dans sa publication, (9/10)
13 mais ce sont quand même les journalistes et les rédacteurs qui sont responsables de leurs écrits.
14 Le plus prestigieux de tous les journaux français est sans doute Le Monde, qui fut fondé en 1944.
15 Ce journal très sérieux, de présentation assez austère – il n'y a pas de photographies, par ex. –

deux cent quarante-huit • **248**

7   Aber wie reich (ausgedehnt) die Auswahl ist! Es gibt natürlich die großen Tageszeitungen – in Paris sind es (zählt man) 25 –
8   und in der Provinz gibt es viermal so viele; aber es gibt auch Wochenzeitungen, Monatszeitungen und Zeitschriften aller Art (Schattierungen).
9   Kann man lesen, was man will? Die Pressefreiheit ist in der Konstitution verankert (eingetragen),
10 aber diese Freiheit schließt rechtliche Verantwortlichkeit nicht aus: Man darf zum Beispiel die Beschlüsse und Entscheidungen des Präsidenten der Republik kritisieren,
11 aber man muss da aufhören, wo die Beleidigung des Staatsoberhaupts beginnt.
12 Der Direktor einer Zeitung kann für alles, was in seiner Veröffentlichung erscheint, verantwortlich gemacht werden,
13 aber es sind dennoch die Journalisten und Redakteure, die für ihre Artikel verantwortlich sind.
14 Die angesehenste aller französischen Zeitungen ist zweifellos **Le Monde**, die 1944 gegründet wurde.
15 Diese überaus seriöse Zeitung mit relativ nüchterner Aufmachung – es gibt zum Beispiel keine Fotos –

Notes

(8) Wendungen mit **compter** sind etwas eleganter als solche mit **il y a**: **Il y a beaucoup d'aéroports en France ; Paris en compte trois** 'Es gibt viele Flughäfen in Frankreich; in Paris gibt es drei (davon)'. **Il compte parmi ses fans beaucoup d'adolescentes, mais aussi de nombreuses grand-mères** 'Unter seinen Anhängern sind viele Teenies, aber auch etliche Omas'.

(9) **avoir à/devoir répondre de** 'verantwortlich sein für' ist ein Synonym für **être responsable de**. **Ils doivent répondre de leurs actions** 'Sie sind für ihre Taten verantwortlich'. **Réponds au téléphone s'il te plaît** 'Geh bitte ans Telefon'. Oft ändern französische Verben ihre Bedeutung je nach Prä- oder Postposition, mit der sie benutzt werden: **Il a décidé de rester** 'Er hat beschlossen, zu bleiben'. **Je me suis décidé à partir demain** 'Ich habe mich entschlossen, morgen zu fahren'. **Jean m'a demandé de lui prêter ma voiture** 'Hans hat mich gebeten, ihm mein Auto zu leihen'. **L'agent a demandé à voir mes papiers** 'Der Polizist verlangte, meine Papiere zu sehen' (kategorischer als das erste **demander**).

(10) **publier** 'veröffentlichen, herausbringen, verlegen'; **un publiciste** 'Journalist, der Analysen und Kommentare zum aktuellen politischen Geschehen schreibt'; **un publicitaire** 'ein Werbefachman'; **un éditeur** 'ein Herausgeber/Verleger'; **un rédacteur** 'ein Redakteur'.

LEÇON 55

16 est lu et en France et à l'étranger par les gens d'influence dans tous les milieux, qui respectent ses opinions
17 même s'ils ne les partagent pas (d'ailleurs Le Monde accorde une grande place aux tribunes libres de toutes tendances). (II)
18 Que l'on achète un journal pour les petites annonces ou pour les informations politiques et sociales,
19 pour lire la critique du dernier film sorti ou pour faire les mots croisés,
20 le lecteur est sûr tous les jours de pouvoir choisir parmi un très large éventail d'opinions et d'orientations, qui, pour la plupart, ne doivent rien au diable ! (12/13)

Notes
(II) **tribunes libres**: Eine *tribuna* war im Altertum ein erhöhter Sitz, von dem aus die griechischen und römischen Redner zum Volk sprachen. Heute ist mit **tribunes libres** jede Form von öffentlichem Diskussionsforum gemeint, sei es in Presseerzeugnissen, in Fernsehen und Rundfunk, im Internet usw.

Comprenez vous ces phrases ?
1. Chaque fois que nous sortons, il fait des réflexions désobligeantes. **2.** Nous avons plusieurs points de vente en région parisienne, **3.** et nos produits y sont acheminés tous les jours. **4.** Je n'ai pas à répondre de ce qu'écrit ce journaliste. **5.** On peut trouver des publications de toutes nuances. **6.** Ce journal, de présentation assez sévère, est très lu dans tous les milieux. **7.** Son style ne doit rien à personne.

Trouvez les mots justes.

1 Le Monde wurde gegründet, nachdem der Krieg beendet war.

Le Monde . . . . après que la guerre
. . . .

2 Diese Zeitung wird sowohl in Paris als auch in der Provinz viel gelesen.

Ce journal est très . . . . . à Paris . . . .

3 Er entschloss sich, Redakteur zu werden.

Il . . ' . . . . devenir . . . .

16 wird sowohl in Frankreich als auch im Ausland von einflussreichen Personen aller Wirkungskreise gelesen, die ihre Meinungen respektieren,

17 selbst wenn sie sie nicht teilen (**Le Monde** räumt übrigens viel Raum für öffentliche Diskussionen aller Richtungen ein).

18 Ob man eine Zeitung wegen der Kleinanzeigen oder der Informationen aus Politik und Gesellschaft kauft,

19 um die Rezension des neuesten Films zu lesen oder um das Kreuzworträtsel zu lösen,

20 der Leser kann sicher sein, dass er täglich aus einem breitgefächerten Spektrum an Meinungen und Trends auswählen kann, die zum größten Teil dem Teufel nichts schulden!

Notes

(12) **un éventail** ist eigentlich 'ein Fächer', im weiteren Sinne bedeutet es 'Spektrum, Angebot, Auswahl': **L'éventail des prix** 'die Preisspanne'.

(13) Dieser Satz ist eine Anspielung auf Satz 1 der Lektion bzw. die Wendungen **devoir à Dieu et au Diable** 'bei allen hohe Schulden haben'. Gemeint ist, dass die in den Zeitungen vertretenen Meinungen frei und ohne Einschränkung geäußert werden können, also nicht "erkauft" sind. Merken Sie sich auch die Wendung **Au diable** + Nomen für 'Zum Teufel mit ...! **Au diable l'avarice !** 'Zum Teufel mit dem Geiz!'

Avez-vous bien compris ?

1. Jedes Mal, wenn wir ausgehen, macht er abfällige Bemerkungen. 2. Wir haben in der Pariser Region mehrere Verkaufsstellen, 3. und unsere Produkte werden jeden Tag dorthin geliefert. 4. Ich bin nicht verantwortlich für das, was dieser Journalist schreibt. 5. Man kann alle Arten von Veröffentlichungen finden. 6. Diese Zeitung, deren Aufmachung ziemlich nüchtern (streng) ist, wird in allen Kreisen viel gelesen. 7. Was seinen Stil betrifft, so schuldet er niemandem etwas.

4 Wir räumen Ideen aller Richtungen großen Raum ein.

Nous . . . . une grande place . . . idées de . . . .

5 Sie sind verantwortlich für das, was Sie schreiben.

Vous êtes . . . . vos . . . .

Les mots manquants 1. fut fondé - fut finie 2. lu et - et en province 3. s'est décidé à - rédacteur 4. accordons - aux - toutes tendances 5. responsable de - écrits.

CINQUANTE-SIXIÈME (56e) LEÇON

Révisions et notes

1. Partizip Präsens und Verbaladjektiv

Verwechseln Sie nicht **le participe présent** 'das Partizip Präsens' mit dem Partizip, das als Verbaladjektiv verwendet wird. Das Partizip Präsens endet immer auf **-ant** und ist unveränderlich; das Verbaladjektiv endet zwar in der Regel auch auf **-ant**, es wird aber in Genus und Numerus an das Substantiv angeglichen. Einige Beispiele sollten dies verdeutlichen.

• **le participe présent** 'Partizip Präsens':

Je les ai vus rentrant du travail.
'Ich habe sie von der Arbeit nach Hause kommen sehen.'

Ce sont deux mots correspondant aux différentes façons de dire "oui".
'Das sind zwei Wörter, die den verschiedenen Arten, "ja" zu sagen, entsprechen.'

• **l'adjectif verbal** 'Verbaladjektiv':

Il écrit des romans fascinants.
'Er schreibt faszinierende Romane.'

Sa mère, cette charmante femme, est souffrante.
'Seine Mutter, diese charmante Frau, ist leidend (krank).'

Die Unterscheidung ist deshalb so wichtig, weil einige Verben, besonders die, die auf **-ger**, **-guer** und **-quer** enden, jeweils eine andere Endung haben. Die Unterstreichungen in der folgenden Liste weisen Sie darauf hin, welche Änderungen sich hinsichtlich des Vokals der Endung und des letzten Stammkonsonanten ergeben.

Infinitiv		**Partizip**	**Verbaladjektiv**
adhérer	'angehören'	adhérant	adhérent
différer	'abweichen'	différant	différent
fabriquer	'herstellen'	fabriquant	fabricant
fatiguer	'ermüden'	fatiguant	fatigant
naviguer	'segeln'	naviguant	navigant
négliger	'vernachlässigen'	négligeant	négligent
provoquer	'herausfordern'	provoquant	provocant

2. Non, rien de rien…

"Non, rien de rien, non, je ne regrette rien…" lautet der Refrain des wohl berühmtesten Liedes von Edith Piaf. Schauen wir uns das Wörtchen **rien** etwas genauer an.

Die Position von **rien** ist in einem Satz mit einer zusammengesetzten Zeitform nicht dieselbe wie im Präsens:

Quand je ne comprends pas, je ne dis rien.
Je n'ai pas compris, donc je n'ai rien dit.

Hier noch einige spezielle Wendungen mit **rien**:

Après l'accident, il a continué comme si de rien n'était.
'Nach dem Unfall machte er weiter, als ob nichts geschehen wäre.'

Vous parlez d'un scandale, mais il n'en est rien.
'Sie sprechen von einem Skandal, aber dem ist nicht so.'

À le voir comme ça, il n'a rien d'un héros.
'Sieht man ihn so, hat er nichts von einem Helden/Heldenhaftes.'

Je ne comprends pas pourquoi, mais ses enfants n'ont rien de lui.
'Ich verstehe nicht, warum, aber seine Kinder haben nichts von ihm.'

Il faut y aller rien que pour la vue.
'Dort muss man allein wegen der Aussicht hingehen.'

Je me sens malade rien que d'y penser.
'Allein bei dem Gedanken daran fühle ich mich krank.'

• **Rien** kann auch als Substantiv verwendet werden:

Les réparations ont été faites en un rien de temps.
'Die Reparaturen sind im Nu gemacht worden.'

Un rien l'habille.
'Ihm/ihr steht alles gut.'

Il est un rien comédien.
'Er tendiert ein bisschen zum Schauspielern.'

C'est le petit rien qui fait la différence.
'Es ist das kleine Detail, das alles ändert.'

Meist lässt sich die Bedeutung von **rien** aus dem Kontext erschließen. Achten Sie nur gut auf die Satzstellung. Eventuell können Sie sich auch Beispielsätze farbig markieren oder in einem Heft eintragen.

3. aller + devoir

Die Verwendung von **aller + devoir** ist ein literarisches Mittel, das es dem Verfasser ermöglicht, sich auf ein vergangenes Ereignis zu beziehen und gleichzeitig einen Einblick in die Zukunft seiner Figuren zu geben:

Ce jour-là, qui aurait pu croire que ce petit garçon timide allait devenir Président ?
'Wer hätte an jenem Tage glauben können, dass dieser kleine schüchterne Junge einmal Präsident werden würde?'

On l'a présenté à la femme qui allait devenir son épouse.
'Man stellte ihn der Frau vor, die seine Gattin werden sollte.'

Der Gebrauch von **devoir** weist auf einen Zwang oder eine Verpflichtung hin. Beachten Sie jedoch, dass diese Nuance im Deutschen nicht in allen Fällen mit 'müssen' oder 'sollen' ausgedrückt bzw. in der Übersetzung in dieser Form wiedergegeben wird:

Leur mariage fut un grand événement au village mais ils devaient se quitter trois mois plus tard.
'Ihre Hochzeit war ein großes Ereignis im Dorf, aber drei Monate später trennten sie sich.'

Je devais quitter ma ville natale à l'âge de deux ans.
'Ich musste meinen Heimatort im Alter von zwei Jahren verlassen.'

Et si il devait n'en rester qu'un, je serai celui là !
'Und wenn nur einer übrig bleiben sollte, dann werde ich das sein!'

4. autant

Das Wörtchen **autant** kommt in unterschiedlichen Formen und Bedeutungen vor:

- **autant** '(eben)so viel, in gleichem Maße'

Tu as autant de talent que lui.
'Du hast ebenso viel Talent wie er.'

Prenez-en autant que vous voulez.
'Nehmen Sie so viel davon wie Sie wollen.'

- **d'autant (plus) que** 'umso mehr als, vor allem da, zumal'

Tu devrais l'aider, d'autant (plus) qu'il est ton frère.
'Du solltest ihm helfen, zumal er dein Bruder ist.'

Konstruktionen mit **d'autant moins que** 'umso weniger' und **d'autant mieux** 'umso besser' übersetzen wir im Deutschen am besten mit 'umso ... je ...' oder 'umso ... weil/da ...':

Elle lit d'autant moins qu'elle n'a pas le temps.
'Sie liest umso weniger, je mehr ihr die Zeit fehlt.'

Il comprend d'autant mieux tes problèmes qu'il a déjà vécu la même chose.
'Er versteht umso besser deine Probleme, als dass er dasselbe bereits erlebt hat.'

Haben Sie bemerkt, dass nach den Konstruktionen mit **autant** nicht der Konjunktiv, sondern der Indikativ folgt?

Hier noch einige Redewendungen:
J'aimerais autant aller au cinéma...
'Ich würde auch so gern ins Kino gehen ...'

...voir le film "Autant en emporte le vent".
'... den Film "Vom Winde verweht" sehen.'

Autant vous l'aimez, autant il vous déteste.
'So sehr Sie ihn lieben, so sehr hasst er Sie.'

Autant j'approuve le premier projet, autant je suis réticent en ce qui concerne le second.
'So sehr ich den ersten Plan gutheiße, so sehr bin ich zurückhaltend, was den zweiten betrifft.'

Machen Sie sich bewusst, dass es oft nicht möglich ist, für die französischen Formulierungen eine 1:1-Entsprechung im Deutschen zu finden. Aber da Sie ja schon fortgeschritten sind, haben Sie mittlerweile ein gutes "Gefühl" dafür entwickelt, was der französische Satz aussagen will und wie dies im Deutschen ausgedrückt werden kann.

CINQUANTE-SEPTIÈME (57e) LEÇON

Honoré de Balzac

1 On dit que les fous construisent des châteaux en Espagne, que les névrosés les habitent – et que les psychiatres encaissent les loyers. (1)
2 Honoré de Balzac – sans doute l'un des plus grands romanciers de tous les temps – a créé un univers imaginaire tellement complet
3 qu'il devait l'habiter de plus en plus – laissant au monde réel les soucis d'argent qui le hantaient continuellement –, (2)
4 jusqu'au moment où cet univers « balzacien » devint sa réalité quotidienne et qu'il y mourut, nous laissant une peinture des mœurs hors pair. (3/4)
5 Honoré de Balzac naquit à Tours dans la dernière année du XVIIIe siècle et monta à Paris en 1814 pour y faire ses études.
6 Il travailla chez un avocat et étudia le Droit mais, en même temps, il suivit les cours à la Sorbonne et obtint l'autorisation de ses parents (5)

Notes
(1) construire/faire/bâtir des châteaux en Espagne 'unrealistische Pläne/ Vorstellungen haben'.

57. LEKTION

Honoré de Balzac

1 Man sagt, dass die Verrückten Luftschlösser bauen, die Neurotiker sie bewohnen – und die Psychiater die Mieten kassieren.
2 Honoré de Balzac – zweifellos einer der größten Romanschriftsteller aller Zeiten – hat eine derart komplette Vorstellungswelt geschaffen,
3 dass er [selbst] immer mehr darin wohnte – dabei überließ er seine Geldprobleme, die ihn beständig plagten, der realen Welt –
4 bis zu dem Moment, wo dieses Balzacsche Universum seine tägliche Realität wurde und er darin starb und uns ein unvergleichliches Sittengemälde hinterließ.
5 Honoré de Balzac wurde im letzten Jahr des 18. Jahrhunderts in Tours geboren und kam 1814 zum Studieren nach Paris.
6 Er arbeitete bei einem Rechtsanwalt und studierte Jura, aber gleichzeitig besuchte er Vorlesungen an der Sorbonne und erhielt von seinen Eltern die Erlaubnis,

Notes

(2) **se soucier de qqn./qqch.** 'sich um jmdn./etw. sorgen'. **Elle se soucie trop des autres** 'Sie sorgt sich zu sehr um die anderen'; **un souci** 'eine Sorge', aber auch 'eine wichtige Angelegenheit' bzw. 'ein Anliegen, ein Interesse'. **Votre réussite est mon seul souci** 'Ihr Erfolg ist mein einziges Anliegen'. Statt **se soucier** kann man auch **(se) faire des soucis** sagen: **Ne vous faites pas de soucis, tout s'arrangera** 'Machen Sie sich keine Sorgen, alles wird gut werden. **Insouciant** bedeutet 'sorgenfrei, unbekümmert'.

(3) **les mœurs** [mör/mörß] ist weiblich und wird nur im Plural verwendet: 'die Sitten, die Gebräuche'. **Cette pratique est passée dans les mœurs** 'Dieses Verfahren ist in die Sitten und Gebräuche übergegangen'. **Elle a des mœurs douteuses** 'Sie hat zweifelhafte Gewohnheiten'.

(4) **hors pair** 'herausragend, einzigartig'; **pair** 'gleich, ebenbürtig; gerade' (**impair/-e** 'ungerade'). **Une jeune fille au pair** ist ein junges Mädchen aus dem Ausland, das unentgeltlich bzw. gegen Kost und Logis (und ein wenig Taschengeld) in einer Familie lebt, sich um die Kinder kümmert, einige Haushaltstätigkeiten verrichtet und dabei die Sprache des Gastlandes erlernt.

(5) Begriffe aus dem Verwaltungs- und Rechtssystem eines Landes und auch Berufsbezeichnungen sind nur schwerlich zu übersetzen, da die Verfahren und Funktionen nicht 1:1 übertragbar sind. **Un avocat** (oder **un avoué**) 'ein Rechtsanwalt', **le procureur** 'der Staatsanwalt', **une loi** 'ein Gesetz', **le droit** 'das Recht', **un étudiant en droit** 'ein Jurastudent'.

LEÇON 57

7 de tenter sa chance comme écrivain. Installé dans sa mansarde parisienne, Balzac s'acharna à écrire une tragédie – qui ne connut aucun succès. (6/7)

8 Ce fut alors que, pour gagner sa vie, il entra en collaboration avec un autre écrivain pour écrire des romans d'aventures « à succès ».

9 Un tournant dans sa vie, qui devait marquer son avenir et sa façon de percevoir le monde, intervint en 1825 lorsqu'il se lança dans les affaires.

10 Après s'être associé avec un libraire, il acheta une imprimerie ; il fréquenta alors le milieu des éditeurs, des journalistes et des écrivains, (8)

11 fréquentation dont il allait tirer profit dans ses futurs romans ; mais entre-temps, son imprimerie fit faillite et Balzac contracta de lourdes dettes. (9)

12 Pour rembourser les cent mille francs qu'il devait, il se plongea dans la rédaction de romans et en sortit une dizaine en cinq ans.

Notes
(6) une mansarde 'eine Mansarde, ein Dachzimmer' war früher oft das Heim für mittellose Künstler. Die Information, dass Dachwölbungen mit Mansardenfenstern (**les toits mansardés**) eine Erfindung des Architekten François Mansart (oder **Mansard**; 1598-1666) waren, ist jedoch nicht korrekt; er baute diese Fenster lediglich gerne in seine Entwürfe ein. Heute werden Mansarden zu Wucherpreisen verkauft.

7   sein Glück als Schriftsteller zu versuchen. In seiner
    Pariser Mansarde schrieb Balzac eifrig an einer Tragödie –
    die keinerlei Erfolg hatte.
8   Da begann er, um seinen Lebensunterhalt zu verdienen,
    mit einem anderen Schriftsteller zusammenzuarbeiten,
    um erfolgreiche Abenteuerromane zu schreiben.
9   Ein Wendepunkt in seinem Leben, der seine Zukunft
    und sein Weltverständnis prägen sollte, trat 1825 ein,
    als er sich den Geschäften zuwandte.
10 Nachdem er sich mit einem Buchhändler zusammengetan
    hatte, kaufte er eine Druckerei; er kam so mit Verlegern,
    Journalisten und Schriftstellern zusammen,
11 Kontakte, aus denen er für seine späteren Romane Nutzen
    ziehen sollte; aber in der Zwischenzeit ging seine Druckerei in
    Konkurs, und Balzac machte große Schulden.
12 Um die hunderttausend Francs Schulden zurückzuzahlen,
    stürzte er sich in das Schreiben von Romanen und brachte in
    fünf Jahren etwa zehn heraus.

Notes

(7) **faire qqc. avec acharnement** 'etw. mit großem Eifer / Verbissenheit tun', **s'acharner à qqc.** 'sich mit Eifer auf etw. stürzen / verbissen verfolgen'. **Elle s'acharne là-dessus comme si tout le reste n'existait pas** 'Sie stürzt sich darauf, als ob es nichts anderes gäbe'. Die Wurzel dieses Wortes ist **la chair** 'das Fleisch', da man früher vor der Jagd Hunde und Greifvögel mit dem Geruch oder Geschmack von Fleisch auf eine Fährte ansetzte. **Des lèvres charnues** 'volle/fleischige Lippen'.

(8) **un associé** 'ein Partner, Teilhaber, Kompagnon, Gesellschafter'; **s'associer à/avec qqn.** 'sich mit jmdm. zusammenschließen', auch 'sich anschließen an ...'. **Je ne m'associe pas du tout à ses opinions** 'Ich schließe mich seinen Meinungen ganz und gar nicht an'; **une association** 'ein Verein, ein Zusammenschluss, ein Verband'.

(9) **une faille** ist 'eine Verwerfung, eine Spalte', aber auch 'eine Schwachstelle'. **La faillite** 'die Pleite, der Bankrott, der Konkurs'; **faire faillite** 'pleite / in Konkurs / bankrott gehen'. Es existiert auch **la banqueroute** für 'der Bankrott', aber dieses Wort wird nur sehr selten verwendet. **Un banquier** 'ein Banker, ein Bankkaufmann, ein Bankier'.

LEÇON 57

13 Il essaya tous les styles et ses efforts prodigieux aboutirent à deux chefs-d'œuvre :
Eugénie Grandet et Le Père Goriot. (10)

14 De là, il se mit à créer tout un monde autour des personnages de ses romans et ainsi à peindre une toile morale et sociale

15 qu'il baptisa « La Comédie Humaine ».
Sa production était extraordinaire :
il écrivit, en plus d'une dizaine de romans, de nombreuses pièces de théâtre. (11)

16 Il s'était épris d'une Polonaise, Madame Hanska, à qui il rendit visite plusieurs fois à l'étranger et qu'il épousa en 1850. (12/13)

17 Mais Balzac s'était épuisé ; il buvait des quantités de café, et avait ruiné sa vue en travaillant à la chandelle. (14/15)

Un tournant est intervenu dans sa vie quand il s'est associé à un homme d'affaires

Notes
(10) Bestimmt haben Sie in **aboutir** die Wurzel **le bout** 'das Ende' erkannt. **Aboutir** bedeutet 'enden, zu etw. führen, erfolgreich abgeschlossen werden, zustande kommen'. Ce petit sentier aboutit à une grande route 'Dieser kleine Pfad mündet in eine große Straße'. Les négociations n'ont abouti à aucun résultat 'Die Verhandlungen haben zu keinem Ergebnis geführt'. L'accord est l'aboutissement de tous ses efforts 'Die Übereinkunft ist das Ergebnis all seiner/ihrer Bemühungen'.

13 Er probierte alle Stilrichtungen aus, und seine ungeheuren Anstrengungen führten zur Schaffung von zwei Meisterwerken: "Eugénie Grandet" und "Vater Goriot".
14 Von da an begann er, ein ganzes Universum um seine Romanfiguren herum zu schaffen und auf diese Weise ein moralisches und gesellschaftliches Gemälde zu malen,
15 das er "Die Menschliche Komödie" nannte.
Seine Leistungen waren außergewöhnlich:
Er schrieb mehr als zehn Romane
sowie zahlreiche Theaterstücke.
16 Er hatte sich in eine Polin, Madame Hanska, verliebt, der er mehrere Besuche im Ausland abstattete und die er 1850 heiratete.
17 Aber Balzac war erschöpft; er trank Unmengen Kaffee und hatte durch das Arbeiten bei Kerzenlicht sein Augenlicht ruiniert.

Notes
(11) **extraordinaire** 'außergewöhnlich', Kurzform **extra**. **C'est extra !** 'Das ist (affen-)geil!'. Franzosen lieben Superlative: Einige Zeilen zuvor haben Sie **prodigieux**, abgeleitet von **un prodige**, einem Synonym für **un miracle** 'ein Wunder', kennengelernt. **Un enfant prodige/un prodige** 'ein begabtes Kind / eine begabte Person'. **Mozart était un enfant prodige et un génie musical.** Heutzutage benutzt man, um seine Bewunderung auszudrücken, folgende Ausdrücke: **C'est génial, c'est super, c'est formid(able), c'est épatant, c'est sensas/sensationnel, c'est trop.**

(12) Achtung: Hier wird bei **à qui il** das **i** nicht apostrophiert, da die Konstruktion eine Präposition enthält. Anders daher im zweiten Satzteil: **qu'il épousa**.

(13) Verwechseln Sie nicht **visiter** und **rendre visite à**. **On visite un château, on rend visite à une personne.** **Visiter** wird nur für Orte verwendet ('besichtigen'); **rendre visite** nur für Personen ('besuchen, einen Besuch abstatten').

(14) Diese Redewendung kann man auch für Medikamente anwenden: **Il prenait (des) quantités de médicaments/sirops/pilules…** '… Medikamente/Hustensäfte/Pillen'.

(15) Das moderne Wort für 'eine Kerze' ist **une bougie**, Sie finden jedoch in bestimmten Wendungen immer noch das alte Wort **une chandelle**: **faire des économies de bouts de chandelles** 'am falschen Ende sparen'; **brûler la chandelle par les deux bouts** 'sein Vermögen/seine Gesundheit durch Maßlosigkeit ruinieren'; **voir trente-six chandelles** 'Sternchen sehen' (nachdem man sich z. B. den Kopf gestoßen hat).

18 Il mourut en 1851 ; son monde imaginaire s'était tellement emparé de lui que, sur son lit de mort, (16)
19 il réclama le médecin Horace Bianchon pour le sauver – mais ce docteur n'était qu'un personnage d'un de ses romans.

Comprenez vous ces phrases ?
1. Elle va tenter sa chance comme peintre – elle va monter à Paris. **2.** Un tournant est intervenu dans sa vie quand il s'est associé à un homme d'affaires. **3.** Il avait toujours des soucis d'argent ; pour rembourser ses dettes, il s'est plongé dans l'écriture. **4.** Il m'a rendu visite plusieurs fois quand j'étais malade. **5.** Balzac a travaillé avec acharnement, ce qui lui a coûté la santé. **6.** Tout ce qu'il a écrit a abouti à un monde imaginaire qui, à la fin, s'est emparé de lui.

Trouvez les mots justes
1 Bleiben Sie zu Hause, bis ich zurückkomme.

Restez à la maison, ... '. . . . . . je . . . .

2 Das war zu der Zeit, als er sich mit einem Buchhändler zusammenschloss.

. . . . qu'il . ' . . . . un libraire.

3 Nachdem sie sich in Balzac verliebt hatte, willigte Madame Hanska ein, ihn zu heiraten.

. . . . ' . . . . de Balzac, Madame Hanska accepta de l'épouser.

4 Bei deinen Schulden ist es nutzlos, am falschen Ende zu sparen.

Vu tes dettes, inutile de faire des . . . .
de . . . .

18 Er starb 1851; seine Fantasiewelt hatte so sehr von ihm Besitz ergriffen, dass er auf seinem Totenbett
19 nach dem Arzt Horace Bianchon verlangte, der ihn retten sollte – aber dieser Doktor war nur eine Figur aus einem seiner Romane.

Notes
(16) s'emparer de qqch. 'von etw. Besitz ergreifen, sich einer Sache bemächtigen, etw. in seine Gewalt bringen'. Il s'empare toujours de la conversation 'Er reißt immer das Gespräch an sich'. Les terroristes se sont emparés de l'ambassade 'Die Terroristen haben die Botschaft besetzt'.

Avez-vous compris les phrases?
1. Sie wird ihr Glück als Malerin versuchen – sie wird nach Paris gehen. **2.** Ein Wendepunkt ist in seinem Leben eingetreten, als er sich mit einem Geschäftsmann zusammenschloss. **3.** Er hatte immer Geldsorgen; um seine Schulden zurückzuzahlen, hat er sich in die Schriftstellerei gestürzt. **4.** Er hat mich mehrere Male besucht, als ich krank war. **5.** Balzac hat mit großem Eifer gearbeitet, was ihn seine Gesundheit gekostet hat. **6.** Alles, was er geschrieben hat, endete in einer Fantasiewelt, die am Schluss von ihm Besitz ergriffen hat.

5 Er verkehrte mit Schriftstellern, die ihm später nützlich waren.

Il . . . . des écrivains . . . . il . . . . profit plus tard.

6 Um eine enttäuschte Liebe zu vergessen, stürzte er sich in die Arbeit.

Pour . . . . une déception amoureuse, il s'est . . . . le travail.

Les mots manquants 1. jusqu'à ce que - revienne **2.** Ce fut alors - s'associa avec **3.** Après s'être éprise **4.** économies - bouts de chandelles **5.** fréquenta - dont - allait tirer **6.** oublier - plongé dans.

LEÇON 57

CINQUANTE-HUITIÈME (58ᵉ) LEÇON

Le père Goriot

1 Le père Goriot, riche bourgeois, a marié ses filles et reste maintenant seul dans la pension de famille de Madame Vauquer ; (1)
2 ses enfants l'ont délaissé, ne lui rendant visite que pour demander de l'argent – et il se sacrifie toujours pour elles.
3 Vers la fin de la troisième année, le père Goriot réduisit encore ses dépenses, en montant au troisième étage et en se mettant à 45 Francs de pension par mois.
4 Il se passa de tabac, congédia son perruquier et ne mit plus de poudre. [...] (2/3/4)
5 Sa physionomie, que des chagrins secrets avaient insensiblement rendue plus triste de jour en jour, semblait la plus désolée
6 de toutes celles qui garnissaient la table [de la pension]. (5)
7 Quand son trousseau fut usé, il s'acheta du calicot pour remplacer son beau linge. (6/7)
8 Ses diamants, sa tabatière d'or, sa chaîne, ses bijoux disparurent un à un.
9 Il devint progressivement maigre ; ses mollets tombèrent; sa figure, bouffie par le contentement d'un bonheur bourgeois se vida démesurément.

Notes
(1) Über das Verb **marier** haben wir bereits in Lektion 32, Anmerkung 2 gesprochen. Lesen Sie dort noch einmal nach.
(2) **Il s'est passé de fumer pendant ses vacances** 'Er hat während seines Urlaubs auf das Rauchen verzichtet'. **Il n'y a pas de sucre ? Ce n'est pas grave, je peux (facilement) m'en passer** 'Es gibt keinen Zucker mehr? Das ist nicht schlimm, ich kann gut darauf verzichten'. Achtung: Die Argotwendung **(se faire) passer à tabac** hat eine ganz andere Bedeutung: 'eine Tracht Prügel bekommen'.
(3) Der Infinitiv von **congédia** lautet **congédier** 'entlassen, kündigen, verabschieden'. Sie erkennen die Wurzel **congé** (s. Lektion 54).

58. LEKTION

Vater Goriot

1 Der alte Goriot, ein reicher Bourgeois, hat seine Töchter verheiratet und bleibt jetzt allein in der Familienpension von Madame Vauquer zurück;
2 seine Kinder haben ihn im Stich gelassen; sie besuchen ihn nur, um von ihm Geld zu verlangen – und er opfert sich immer noch für sie auf.
3 Gegen Ende des dritten Jahres schränkte der alte Goriot seine Ausgaben noch mehr ein, indem er in den dritten Stock zog und von nun an nur noch 45 Francs pro Monat für Kost und Logis zahlte.
4 Er verzichtete auf Tabak, entließ seinen Perückenmacher und benutzte keinen Puder mehr [...].
5 Seine Körperhaltung, die von geheimem Kummer von Tag zu Tag unmerklich trauriger geworden war, schien die betrübteste
6 all derer zu sein, die um den Tisch der Pension herum saßen.
7 Als seine Kleidung abgenutzt war, kaufte er sich Kattun, um sein feines Leinen zu ersetzen.
8 Seine Diamanten, seine goldene Tabakdose, seine Kette, seine Schmuckstücke verschwanden eines nach dem anderen.
9 Er wurde allmählich mager; seine Waden wurden schwächer; sein Gesicht, aufgedunsen durch die Zufriedenheit bürgerlichen Glücks, fiel völlig (unverhältnismäßig) in sich zusammen.

Notes
(4) **une perruque** 'eine Perücke'; **un perruquier** 'ein Perückenmacher'. Dieser kümmerte sich im 19. Jh. auch um die Haar- und Perückenpflege. Dass der alte Goriot seine Perücke nicht mehr puderte, ist ein Zeichen dafür, dass er sich gehen ließ.

(5) **garnir** 'garnieren, schmücken, zieren'. Auf Speisekarten liest man **Tous nos plats sont garnis** 'Alle unsere Gerichte werden mit Beilage(n) (**une garniture**) serviert'. Im Text werden die Gäste der Pension ironisch als Teil der Tischdekoration angesehen. **Les garnitures de freins** 'Bremsbeläge'; **une garniture de fourrure** 'ein Pelzbesatz'.

(6) **un trousseau** hat die Grundbedeutung 'eine Aussteuer'. 'Ein Schlüsselbund' ist **un trousseau de clés**. Trousser 'zusammenbinden, hochnehmen'. **Quand un chien grogne et retrousse ses babouines, il risque de mordre** 'Knurrt ein Hund und fletscht die Zähne (zieht die Lefzen hoch), könnte er beißen'.

(7) **beau linge** steht heute für die 'elegante, vornehme Gesellschaft'.

10 Durant la quatrième année de son établissement rue Neuve-Sainte-Geneviève, il ne se ressemblait plus. Le bon vermicellier de soixante-deux ans, (6)

11 qui ne paraissait pas en avoir quarante [...], qui avait quelque chose de jeune dans le sourire, semblait être un septuagénaire hébété, vacillant, blafard. (7/8)

12 Ses yeux bleus, si vivaces, prirent des teintes ternes et gris-de-fer, ils avaient pâli, ne larmoyaient plus, et leur bordure rouge semblait pleurer du sang.

13 Aux uns il faisait horreur ; aux autres il faisait pitié. [...] (9)

14 Un soir, après le dîner, Madame Vauquer lui ayant dit en manière de raillerie: « Eh bien, elles ne viennent donc plus vous voir, vos filles ? »

15 en mettant en doute sa paternité, le père Goriot tressaillit comme si son hôtesse l'eût piqué avec un fer. (WL1) (l0)

16 – Elles viennent quelquefois, répondit-il d'une voix émue.
– Ah ! ah ! vous les voyez encore quelquefois ? s'écrièrent les étudiants. Bravo, père Goriot ! (ll)

il y est allé à bicyclette...

deux cent soixante-six • 266

10 Während seines vierten Jahres in der Rue Neuve-Sainte-Geneviève sah er nicht mehr wie er selbst aus.
Aus dem feinen Nudelfabrikanten von zweiundsechzig Jahren,

11 der [einst] nicht einmal wie 40 ausgesehen hatte [...], dessen Lächeln etwas Jugendliches hatte, schien ein stumpfsinniger, zittriger, bleicher Siebzigjähriger geworden zu sein.

12 Seine blauen Augen, einst so lebhaft, nahmen einen matten und eisengrauen Farbton an, sie waren blass geworden, tränten nicht mehr und ihre roten Ränder schienen Blut zu weinen.

13 Den einen flößte er Schrecken ein, den anderen Mitleid. [...]

14 Eines Abends nach dem Essen, nachdem Madame Vauquer spottend gesagt hatte: "Na, ihre Töchter kommen Sie also nicht mehr besuchen?"

15 und dadurch seine Vaterschaft in Zweifel zog, zuckte der alte Goriot zusammen, als ob seine Gastgeberin ihn mit einem Brenneisen berührt (gestochen) hätte.

16 – Sie kommen manchmal, antwortete er mit bewegter Stimme.
– Ah! ah! Sie sehen sie manchmal noch? riefen die Studenten. Bravo, Vater Goriot!

Notes

(6) **les pâtes** deckt alles ab, was aus Nudelteig gemacht ist. Der alte Goriot hatte sein Vermögen vor allem als Getreidespekulant und Nudelfabrikant gemacht.

(7) **un/une sexagénaire** 'eine Person zwischen sechzig und siebzig', **un/une septuagénaire** 'eine Person zwischen siebzig und achtzig'. Weiter geht es mit **un/une octogénaire**, **un/une nonagenaire**, **un/une centenaire**. Und wer noch älter ist, den kann man mit dem biblischen Ausdruck **Mathusalem** 'Methusalem' titulieren ...

(8) Sie treffen hier auf eine Vielzahl von Adjektiven, die Sie vielleicht spontan nicht selbst benutzen, die Sie aber kennen und verstehen sollten, wenn sie Ihnen unterkommen: **hébété** 'stumpfsinning, dumpf, benommen'; **hébété de tristesse** 'benommen vor Traurigkeit'; **vacillant** 'wackelig, schwankend; flackernd'; **blafard** 'bleich, fahl, matt'; **une lumière blafarde** 'ein bleiches Licht'.

(9) **Il me fait pitié** 'Ich habe Mitleid mit ihm'. **Sans pitié** 'mitleidlos, ohne Erbarmen'; **par pitié** 'aus Mitleid'.

(10) **le fer** 'das Eisen'; **un fer à repasser** 'ein Bügeleisen'; **un fer à friser** 'ein Lockenstab'; **un fer à cheval** 'ein Hufeisen'.

(11) Der Infinitiv von **ému/-e** lautet **émouvoir** 'ergreifen, (an)rühren, bewegen'. **S'émouvoir de qqc.** 'sich über etw. aufregen/erregen'; **sans s'émouvoir** 'ohne jegliche Rührung'.

LEÇON 58

17 Mais le vieillard n'entendit pas les plaisanteries que sa réponse lui attirait; il était retombé dans un état méditatif (12)

18 que ceux qui l'observaient superficiellement prenaient pour un engourdissement sénile, dû à son défaut d'intelligence. (13)

Notes
(12) des plaisanteries 'Spaß, Scherz, Hohn, Witz'. Trêve de plaisanterie ! Il faut revenir aux choses sérieuses 'Scherz beiseite! Kommen wir wieder zu den ernsten Dingen zurück' (la trêve 'die Pause, die Rast').

Comprenez vous ces phrases ?
1. Il a marié sa fille l'année dernière; elle a épousé un banquier.
2. Nous nous sommes sacrifiés pour elle ; nous nous sommes passés de beaucoup de choses. 3. Après cinquante kilomètres de marche, ses chaussures étaient complètement usées. 4. Il sortit de l'accident blafard et vacillant. 5. Chaque fois que je le vois, il me fait pitié, il a l'air si triste. 6. À défaut de voiture, il y est allé à bicyclette.

Trouvez les mots justes
1 Das Gegenteil hätte mich überrascht.

Le contraire m' . . . / . . . . . étonné.

2 Sein Erfolg zog große Aufmerksamkeit auf ihn.

Son succès . . . a . . . . . . beaucoup d'attention.

3 Den einen flößte er Schrecken ein, den anderen Mitleid.

Aux . . . il . . . . horreur,
aux . . . . . . il . . . .

4 Was ist mit ihm? Er sieht nicht mehr wie er selbst aus.

Qu'est-ce . . . . . . arrive ?
Il ne . . . .

17 Aber der Alte hörte nicht den Hohn, den seine Antwort
ihm einbrachte; er war wieder in einen meditativen
Zustand verfallen,

18 den diejenigen, die ihn oberflächlich beobachteten, für ein
altersbedingtes Erstarren hielten, das seiner intellektuellen
Schwäche geschuldet war.

Notes
(13) **un défaut** 'ein Mangel, ein Fehler, eine Schwäche, ein Defekt'.
L'accident était dû à un défaut d'attention 'Der Unfall war auf
Unaufmerksamkeit zurückzuführen'. **À défaut de** oder **faute de** 'aus
Mangel an, in Ermangelung': À défaut de vin, nous bûmes de l'eau
'In Ermangelung von Wein tranken wir Wasser'.

Avez-vous bien compris ?
1. Er hat seine Tochter im letzten Jahr verheiratet; sie hat einen Bankier geheiratet. **2.** Wir haben uns für sie aufgeopfert; wir haben auf viele Dinge verzichtet. **3.** Nachdem er fünfzig Kilometer gelaufen war, waren seine Schuhe völlig abgenutzt. **4.** Nach dem Unfall war er blass und zitterte. **5.** Jedes Mal, wenn ich ihn sehe, tut er mir leid, er sieht so traurig aus. **6.** Da er kein Auto hatte, ist er mit dem Fahrrad gefahren.

5 Sein Gesicht wurde von Tag zu Tag faltiger.

Son visage . . . . de . . . .

6 Wenn er zu lange sitzen bleibt, schläft sein rechtes Bein immer öfter ein.

Quand il reste assis . . . . sa jambe droite
s'engourdit . . . . souvent.

Les mots manquants 1. eût / aurait **2.** lui - attiré **3.** uns - faisait - autres - faisait pitié **4.** que lui - se ressemble plus **5.** se ridait - jour en jour **6.** trop longtemps - de plus en plus.

LEÇON 58

CINQUANTE-NEUVIÈME (59ᵉ) LEÇON

La France – Côte d'Azur et Provence (1)

1 Voilà que notre tour de France se poursuit ; nous nous sentons un peu las de toute cette bousculade: où irons-nous ? (2/3)
2 Si on vous parle de Saint-Tropez, Cannes, Nice, Menton ou Monte-Carlo, vous direz : – Riviera !
3 En France, nous appelons cette région la « Côte d'Azur » – car la mer et le ciel y sont (presque) toujours bleus.
4 La Côte d'Azur, c'est une certaine idée des vacances : soleil, plages, palmiers, palaces, luxe, animation ! (4)
5 En été, c'est une assez bonne approximation de la Tour de Babel – une tour très, très peuplée !
6 Des millions d'« estivants » font du coude à coude, se disputant deux mètres carrés de sable ou une table de restaurant. (5/6)
7 – Stop ! C'en est déjà trop ! D'accord, c'est très beau mais cette foule grouillante me fatigue !
8 – Oui, mais pendant ce temps, à une dizaine de kilomètres à l'intérieur des terres, des lacs sauvages, (7)

Notes
(1) Verwechseln Sie nicht la province 'die Provinz' und La Provence. La belle province ist übrigens ein Beiname für die kanadische Provinz Quebec.
(2) Elle poursuit ses études cette année 'Sie setzt ihr Studium in diesem Jahr fort'. Les préparatifs pour le congrès se poursuivent 'Die Vorbereitungen für den Kongress gehen weiter'. Nous poursuivons notre tour 'Wir setzen unsere Fahrt fort'. Notre tour se poursuit 'Unsere Fahrt geht weiter'. Poursuivre (en justice) 'gerichtlich belangen/vorgehen gegen'. Il était poursuivi pour fraude 'Er wurde wegen Betrugs gerichtlich belangt'. Es könnte sein, dass Sie einmal folgendes Schild sehen: Toute infraction peut donner lieu à des poursuites 'Jegliche Übertretung kann zu strafrechtlicher Verfolgung führen'.
(3) las/-se [la/laß] 'müde, erschöpft; gelangweilt' beinhaltet im Gegensatz zu fatigué/-e noch mehr die Idee der Überdrüssigkeit. Je suis las de ce travail ! 'Ich bin diese Arbeit leid!'

59. LEKTION

Frankreich – Die Côte d'Azur und die Provence

1 Und weiter geht unsere Fahrt durch Frankreich;
  wir fühlen uns nach all diesem Gedränge ein wenig müde:
  Wohin fahren wir?
2 Wenn man Ihnen von Saint-Tropez, Cannes, Nizza, Menton
  oder Monte-Carlo erzählt, werden Sie sagen: – Die Riviera!
3 In Frankreich nennen wir diese Gegend die Côte d'Azur – denn
  das Meer und der Himmel sind dort (fast) immer blau.
4 Die Côte d'Azur vermittelt uns eine bestimmte Idee von Urlaub:
  Sonne, Strände, Palmen, Nobelhotels, Luxus, Leben und
  Treiben!
5 Im Sommer kommt das Ganze dem Turm von Babel ziemlich
  nahe – ein sehr, sehr bevölkerter Turm!
6 Millionen von Sommerurlaubern drängeln Schulter an Schulter
  und streiten sich um zwei Quadratmeter Sand oder um einen
  Tisch im Restaurant.
7 – Halt! Das geht schon zu weit! Einverstanden, es ist sehr schön,
  aber diese wimmelnde Menschenmenge ermüdet mich!
8 – Ja, aber währenddessen warten etwa zehn Kilometer weiter im
  Landesinneren wilde Seen,

Notes
(4) **une animation** 'ein Leben und Treiben, reger Betrieb, Belebtheit'; **un animateur** 'ein Animateur, ein Betreuer' unterhält mit Spiel und Sport in einem Club-Hotel oder auf einem Campingplatz die Gäste. **Un débat animé** 'eine lebhafte Unterhaltung', aber **le débat est animé par…** gibt an, wer der 'Moderator' einer Debatte ist. **Un dessin animé** 'ein Zeichentrickfilm' ≠ **une bande dessinée** 'ein Comic(heft)'.

(5) **le coude** 'der Ellenbogen'; **être au coude à coude** 'Schulter an Schulter liegen/stehen'; **jouer des coudes** oder **faire du coude à coude** 'sich energisch einen Weg durch die Menge bahnen, sich vordrängeln'.

(6) Erinnern Sie sich an die Regeln zur Angleichung des Partizips? Bei **Les deux chauffeurs se sont disputés** wird das Partizip an das Genus und Numerus des Sujekts angeglichen. Anders bei **Ils se sont disputé la première place**: Hier wird nicht angeglichen, da das Objekt hinter dem Verb steht.

(7) Normalerweise bedeutet **les terres** 'das Revier, der eigene Grund und Boden'. **Ils sont venus braconner sur ses terres** 'Sie sind gekommen, um in seinem Revier zu wildern'. **À l'intérieur des terres** steht im Text für 'das Landesinnere, das Binnenland'; **les terres lointaines** 'die fernen Länder'.

9 des auberges fraîches et accueillantes vous attendent: c'est la calme Provence. (8)
10 La vraie Provence, pour qui la connaît, c'est un repas dans une de ces auberges, (9)
11 à une table tranquille, à l'extérieur; l'ombre d'un figuier, d'un platane ou d'un olivier vous abritera du soleil... (10)
12 Vous commencerez, bien entendu, par un pastis et, après un long, frais et délicieux repas, (11)
13 vous ferez une petite partie de pétanque entre amis, non ? (12)
14 Ensuite, comme ce sacré soleil vous aura « ensuqué » vous irez faire une petite sieste (13)
15 que bercera le chant de quelques cigales amicales. Ça ira comme programme ? (14)
« Es un programme que fai veni l'aigo a la bouco ! » (15)
16 Aussi, là-bas, les gens prennent leur temps ; tellement il fait beau, à quoi bon se presser ?

9   kühle und einladende Gaststätten auf Sie: Das ist die ruhige Provence.
10 Die echte Provence ist für den, der sie kennt, ein Essen in einem dieser Gasthäuser,
11 an einem ruhigen Tisch im Freien; der Schatten eines Feigenbaums, einer Platane oder eines Olivenbaums wird Sie vor der Sonne schützen ...
12 Sie werden natürlich mit einem Pastis beginnen und nach einem ausgiebigen, frischen und köstlichen Essen
13 werden Sie mit Freunden eine Partie Pétanque spielen, nicht wahr?
14 Danach werden Sie, weil diese verfluchte Sonne Sie duselig gemacht hat, einen kleinen Mittagsschlaf halten,
15 bei dem Sie durch den Gesang einiger Zikaden eingelullt werden. Ist das recht als Programm? «*Das ist ein Programm, bei dem mir das Wasser im Mund zusammenläuft.*»
    (auf provenzalisch)
16 Dort lassen sich die Menschen ja auch Zeit; es ist so schönes Wetter, wozu (was gut) sich beeilen?

Notes

(8) **frais** 'kühl; frisch'; **un ananas frais** 'eine frische Ananas'; **une boisson fraîche** 'ein kühles Getränk'.

(9) **pour qui la connaît** = **pour celui qui la connaît**.

(10) **abriter** 'jmdn. vor etw. schützen'; **s'abriter** 'sich schützen, sich unterstellen'; **un abri de bus/abribus** 'eine überdachte Bushaltestelle'. **Il est à l'abri du danger** 'Er ist vor Gefahr geschützt'.

(11) **le pastis**, der klassische Apéritif aus dem Süden Frankreichs, der meist in speziellen kleinen Gläsern serviert wird, wird aus Anis hergestellt und vor dem Genuss mit Wasser verdünnt; ein oder zwei Eiswürfel gehören für viele auch dazu. **Quel pastis !** ist jedoch kein Ausruf der Bewunderung, sondern bedeutet so viel wie 'Was für ein Durcheinander!'

(12) Das an eine Frage angehängte **non ?** ist vergleichbar mit **n'est-ce pas ?**. **Vous prendrez un autre pastis, non ?** 'Sie nehmen noch einen Pastis, oder?'

(13) **ensuqué** (auf Provenzalisch) 'duselig, benommen, betäubt, benebelt'.

(14) Hier verkürzt das Relativpronomen **que** den Satz, der in der längeren Version **une sieste qui sera bercée par le chant...** lauten würde. Ein anderes Beispiel: **une émission qui vous sera présentée par...** = **une émission que vous présentera...**

(15) Die Provence hat ihre eigene Regionalsprache: **le provençal**. Es wird oft nur noch von den älteren Einwohnern verwendet und ähnelt der **Langue d'Oc** (s. Lektion 50), die einst in Südfrankreich gesprochen wurde.

LEÇON 59

17 Assis à une table de restaurant en Provence, un client interpelle le serveur :
– Garçon ! Voulez-vous venir goûter à ma bouillabaisse? (16)
18 – Mais, Monsieur, je n'ai pas le temps : J'ai deux clients à servir. Mais l'autre ne se décourage pas et, pendant une demi-heure,
19 par intervalles, il répète sa demande :
– Garçon, venez goûter à ma bouillabaisse !
– Mais il est fada ! dit le garçon. (17)
20 Bon, d'accord, j'arrive ! Il s'asseoit à la table, passe la serviette autour du cou. Il approche l'assiette et demande : (18)
21 – Alors, la cuiller, où est la cuiller ?
A quoi le client répond :
– Ah ! (19)

Comprenez vous ces phrases ?
1. Je n'aime pas Saint-Tropez; il y a trop de gens qui se bousculent. Je suis las des foules. **2.** On doit toujours faire du coude à coude pour avoir une table de restaurant. **3.** L'auberge se trouve à une vingtaine de kilomètres à l'intérieur des terres. **4.** Vous reprendrez bien du fromage, non ? – Si vous voulez. **5.** Veux-tu approcher la table, s'il te plaît ? **6.** Mes études se poursuivent l'année prochaine ; je vais apprendre le provencal.

Trouvez les mots justes
1 Hier ist ein schönes Lied, das Luc für euch singen wird.

Voici une belle chanson . . . . Luc.

2 Die Sommerurlauber haben sich um einen Platz am Strand gestritten.

Les . . . . (pour) une place sur la plage.

3 Es ist so schön[es Wetter], warum sich beeilen?

Il fait . . . . beau, ... se presser ?

4 Nehmen Sie die Getränke aus der Sonne.

Mettez les boissons . . .'. . . . .

17 Ein Gast am Tisch eines Restaurants in der Provence ruft dem Kellner zu:
– Herr Ober! Kommen Sie bitte und kosten Sie meine Fischsuppe?

18 – Aber mein Herr, ich habe keine Zeit: Ich muss zwei Gäste bedienen. Aber der andere lässt sich nicht entmutigen, und eine halbe Stunde lang

19 wiederholt er von Zeit zu Zeit seine Bitte:
– Herr Ober, kommen Sie meine Fischsuppe kosten!
– Der ist verrückt! sagt der Ober.

20 Gut, einverstanden, ich komme! Er setzt sich an den Tisch, legt die Serviette um den Hals. Er zieht den Teller zu sich und fragt:

21 – Also, der Löffel, wo ist denn der Löffel?
Worauf der Gast antwortet:
– Ah! [Sehen Sie!]!

Notes

(16) La bouillabaisse ist ein provenzalisches Fischgericht bzw. eine Fischsuppe. Woher kommt der Name? Nun, sobald die Suppe zu kochen beginnt (**bouillonner**), reduziert (**abaisser**) man die Herdflamme.

(17) Té ! Il est fada ! 'Sieh mal! Er ist verrückt!' **fada** kommt aus dem Okzitanischen; es bedeutet 'geistig beschränkt, irre, verrückt'.

(18) Il se rapproche/s'approche de la table 'Er nähert sich dem Tisch'. Il (r)approche la table 'Er rückt den Tisch näher heran'.

(19) Für 'einen Löffel' gibt es zwei Schreibweisen: **une cuiller** / **une cuillère**.

Avez-vous bien compris ?
1. Ich mag Saint-Tropez nicht; dort drängen sich zu viele Leute. Ich bin Menschenmassen leid. 2. Man muss sich immer vordrängeln, um einen Platz im Restaurant zu bekommen. 3. Das Gasthaus liegt etwa zwanzig Kilometer im Landesinneren. 4. Sie nehmen doch noch etwas Käse, nicht wahr? – Gerne. 5. Rückst du bitte den Tisch näher heran? 6. Mein Studium geht nächstes Jahr weiter; ich werde Provenzalisch lernen.

5 Wir sind an der Côte d'Azur; schauen Sie sich die Menschenmassen überall an.

Nous sommes sur la Côte d'Azur: regardez la . . . .

Les mots manquants 1. que vous chantera 2. estivants se sont disputé 3. tellement - à quoi bon 4. l'abri du soleil 5. foule partout.

SOIXANTIÈME (60ᵉ) LEÇON

Le journal de vingt heures

1 – Madame, Mademoiselle, Monsieur, bonsoir ;
 d'abord les titres de l'actualité bien remplie de ce soir : (1)
2 Préavis de grève dans les transports en commun ;
 les syndicats entendent réduire la durée hebdomadaire du travail. (2/3/4)
3 Arrestation à Montpellier d'un gros bonnet de la pègre ; la police a réussi un joli coup de filet. (5/6)
4 Hausse des prix, plus zéro neuf pour cent :
 un score plutôt médiocre ;
5 et, enfin, sports, le football : le Paris St-Germain face aux Belges ce soir au Parc des Princes. Le coup d'envoi était il y a une demi-heure.
6 Regardons maintenant ces informations dans le détail :
7 Remous demain dans la capitale : les trois principaux syndicats ont déposé hier soir un préavis de grève de vingt-quatre heures dans les transports en commun. (7)
8 Avec le dossier "Jean Caban" :
 35 heures de travail hebdomadaires,
 la révision du système des primes :

Notes

(1) un titre 'ein Titel, eine Überschrift'. L'affaire faisait les gros titres des journaux 'Diese Angelegenheit hat in den Zeitungen für Schlagzeilen gesorgt'. Les sous-titres 'die Untertitel'. In einem Streit kann man mit Tu veux que je te mette les sous-titres ? seinen Gesprächspartner warnen, dass man seinen Ärger noch deutlicher ausdrücken könnte ...

(2) un préavis 'eine Vorankündigung/Voranmeldung'. Pendant la période d'essai on peut être démissionné sans préavis 'Während der Probezeit kann man fristlos (ohne Vorankündigung) gekündigt werden'. Un délai de préavis 'eine Kündigungsfrist'.

(3) se mettre en grève 'einen Streik beginnen'; une grève sauvage 'ein wilder Streik'; un/une gréviste 'ein/-e Streikende/-r'.

60. LEKTION

Die Acht-Uhr-Nachrichten

1 – Meine Damen und Herren, guten Abend;
zunächst die Schlagzeilen unseres ausgefüllten Nachrichtenprogramms von heute Abend:
2 Streikankündigung beim öffentlichen Personennahverkehr;
die Gewerkschaften planen die Reduktion der wöchentlichen Arbeitszeit.
3 Inhaftierung eines führenden Kopfes der Unterwelt in Montpellier; der Polizei ist ein schöner Fang gelungen.
4 Preisanstieg, plus 0,9%:
ein eher mittelmäßiges Ergebnis;
5 und schließlich zum Sport, Fußball:
PSG spielt heute Abend im Parc des Princes gegen Belgien (Belgier).
Anpfiff war vor einer halben Stunde.
6 Betrachten wir nun die Nachrichten im Einzelnen:
7 In der Hauptstadt wird es morgen zu Unruhe kommen: Die drei führenden Gewerkschaften haben gestern einen 24-stündigen Streik beim öffentlichen Personennahverkehr angekündigt.
8 Ein Bericht [von] Jean Caban:
35 Arbeitsstunden wöchentlich
und die Änderung des Prämiensystems:

Notes

(4) **entendre** mit einem darauffolgenden Infinitiv bedeutet 'beabsichtigen, planen'. **Le gouvernement entend ainsi réduire le chômage** 'Die Regierung beabsichtigt auf diese Weise, die Arbeitslosigkeit zu verringern'.

(5) In den Nachrichten werden meist sehr bildhafte Ausdrücke verwendet, vor allem, wenn es um Verbrechen geht: **un gros bonnet** 'ein Unterweltboss', wörtlich 'eine dicke Wollmütze'. Anstelle von **la pègre** für 'die Unterwelt' gibt es das bedeutungsgleiche **le milieu**.

(6) **un beau/joli coup de filet** 'ein hübscher Fang' kommt aus dem Bereich des Fischfangs. Und wenn ein Fisch (oder ein Verbrecher) 'durch die Maschen des Netzes schlüpft', dann sagt man **passer entre les mailles du filet**.

(7) Die Grundbedeutung von **remous** ist 'Wirbel, Sog, Strudel'. **causer/créer/provoquer des remous** 'für Wirbel/Unruhe sorgen; Staub aufwirbeln'. **Un bain à remous** ist ein 'Whirlpool'.

9 voilà ce que revendiquent la C.F.D.T., la C.G.T. et F.O. depuis quatre mois. Les négociations se poursuivaient entre patrons et syndicats jusqu'à hier soir. Ne trouvant aucun accord, les agents de la R.A.T.P. menacent de se mettre en grève à partir de ce soir minuit. (8/9)

10 Dans les derniers mois, il y a déjà eu quelques grèves sauvages mais cette fois-ci, disent les responsables syndicaux, c'est une action concertée.

11 Dans le métro, une rame sur deux circulera et, côté bus, il y en aura un sur quatre. De beaux embouteillages en perspective ! (10/11/12)

12 On le surnommait « Le Parrain » ou simplement « Didi ». Didier Colfani, 36 ans, a longtemps été mêlé à des affaires plus ou moins crapuleuses. (13)

13 Il a été condamné une première fois à quatre ans de prison dont deux avec sursis pour trafic de stupéfiants. (14)

14 Il refait surface dans le Milieu niçois où l'on parle de fabrication de faux billets sur la Côte d'Azur,

15 et voilà qu'hier soir, les agents de la Brigade spéciale ont opéré une descente dans une boîte de nuit à Montpellier.

16 Colfani et deux complices ont été pris en flagrant délit avec des faux billets dans leur portefeuille, ainsi que des documents compromettants.

Notes
(8) revendiquer 'beanspruchen, fordern, Anspruch erheben'; Nous revendiquons nos droits 'Wir fordern unsere Rechte'; des revendications de salaires 'Lohnforderungen'.

(9) un patron 'ein Chef, Arbeitgeber, Vorgesetzter'.

(10) une rame de métro ist ein kompletter U-Bahn-Zug (inkl. Triebwagen); une rame ist auch 'ein Ruder'; ramer 'rudern'.

deux cent soixante-dix-huit • 278

9 Dies sind seit vier Monaten die Forderungen der CFDT, CGT und FO. Die Verhandlungen zwischen Arbeitgebern und Gewerkschaften dauerten bis gestern Abend an.
Da keine Übereinkunft erzielt wurde, drohen die Angestellten der RATP damit, ab heute Mitternacht zu streiken.

10 In den letzen Monaten gab es bereits einige wilde Streiks, aber dieses Mal, so die Verantwortlichen der Gewerkschaften, geht es um eine konzertierte Aktion.

11 In der Metro wird [nur noch] jeder zweite Zug fahren, und bei den Bussen [nur noch] jeder vierte. Schöne Verkehrsstaus sind in Aussicht!

12 Er hatte den Spitznamen "Der Pate" oder einfach "Didi". Didier Colfani, 36 Jahre (alt), war lange Zeit in mehr oder weniger dunkle (gemeine) Geschäfte verwickelt gewesen.

13 Er war bereits einmal wegen Rauschgifthandels zu vier Jahren Gefängnis verurteilt worden, zwei davon auf Bewährung.

14 Er tauchte in der Nizzaer Unterwelt wieder auf, wo man davon spricht, dass er falsche Banknoten an der Côte d'Azur hergestellt hat,

15 dann, gestern Abend, führten Mitglieder des Sondereinsatzkommandos eine Razzia in einem Nachtclub in Montpellier durch.

16 Colfani und zwei Komplizen wurden auf frischer Tat mit gefälschten Banknoten in ihrer Brieftasche und im Besitz kompromittierender Dokumente ertappt.

Notes

(I1) la circulation 'der Verkehr'. Circulez ! ist nach einer Verkehrskontrolle die Aufforderung des Verkehrspolizisten, weiterzufahren. **Le signal de circulation** 'das Verkehrszeichen', **disparaître de la circulation** 'von der Bildfläche verschwinden'.

(I2) côté bus = Kurzform für du côté des bus 'auf der Seite der Busse' = 'was die Busse betrifft'. **Les syndicats menacent de faire grève, côté patrons, on s'inquiète** 'Die Gewerkschaften drohen mit einem Streik; die Arbeitgeber ihrerseits sind beunruhigt'. **Le travail est très intéressant et côté argent, je gagne plus** 'Die Arbeit ist sehr interessant, und was die Bezahlung betrifft, so verdiene ich mehr'.

(I3) un parrain 'ein Pate'; une marraine 'eine Patin'; un filleul/une filleule 'ein Patenkind'. **Un parrain** kann auch 'ein Förderer, ein Bürge, ein Fürsprecher' sein; das Verb lautet **parrainer** 'für jmdn. bürgen, jmdn. fördern'.

(I4) un sursis 'Strafaufschub, Fristverlängerung, Bewährung'. **En raison de son âge, le tribunal a accordé un sursis à l'accusé** 'Wegen seines Alters hat das Gericht dem Angeklagten Strafaufschub mit Bewährung zugebilligt'.

LEÇON 60

17 Ils ont été mis sous les verrous à la prison centrale de la ville. (15)

18 Le juge d'instruction a ouvert une information pour faux et usage de faux. (16)

Comprenez vous ces phrases ?
1. Voici les titres de l'actualité ce soir. 2. Après le discours, il y a eu un remous dans la foule. 3. Ils se mettront en grève à partir de demain dix heures. 4. Je l'avais perdue de vue mais voilà qu'elle a refait surface il y a deux jours. 5. La porte était fermée à clef et verrouillée ; nous n'avons pu entrer. 6. Le tournoi de tennis est parrainé par une marque de cigarettes très connue.

Trouvez les mots justes
1 Die Gewerkschaften verlangen seit zwei Monaten eine Lohnerhöhung.

Les .... une augmentation
des salaires ...... deux mois.

2 Das Festival beginnt morgen; es sind schöne Konzerte in Aussicht.

Le festival commence demain; il y a .. ..
concerts .. ..

3 Seitens der Arbeitgeber scheinen die Forderungen der Arbeiter berücksichtigen worden zu sein.

(..) .... (...) patrons, les .... des
ouvriers semblent avoir été .... compte.

deux cent quatre-vingt • 280

17 Sie wurden im Zentralgefängnis der Stadt hinter Schloss und Riegel gebracht.
18 Der Untersuchungsrichter leitete Ermittlungen wegen Fälschung und Benutzung gefälschter Banknoten ein.

Notes
(15) Das Verb zu **un verrou** 'ein Riegel' ist **verrouiller** 'verriegeln, abriegeln'. **N'oublie pas de verrouiller la porte quand tu rentres** 'Vergiss nicht, die Tür abzuriegeln, wenn du zurückkommst'.
(16) Wird eine Person aufgrund strafrechtlicher Vergehen verhaftet, führt der Untersuchungsrichter, **le juge d'instruction**, die ersten Ermittlungen durch (**instruire le dossier**). **Ouvrir une information contre X** 'die Ermittlungen gegen X einleiten'; **accusation de faux** 'Anzeige wegen Inverkehrbringens von Falschgeld'; **contrefaire** 'fälschen, nachmachen'.

Avez-vous bien compris ?
1. Hier sind die Schlagzeilen der Nachrichten vom heutigen Abend. **2.** Nach der Ansprache gab es Unruhe in der Menge. **3.** Sie werden ab morgen zehn Uhr streiken. **4.** Ich habe sie aus den Augen verloren, aber dann ist sie vor zwei Tagen wieder aufgetaucht. **5.** Die Tür war abgeschlossen und verriegelt; wir konnten nicht hinein. **6.** Das Tennisturnier wird von einer bekannten Zigarettenmarke gesponsert.

4 Wegen des Streiks wird nur jeder zweite Zug fahren.

. . . . grève, il n'y . . . . / . .´ un train . . . deux.

5 Die Verhandlungen hatten seit mehr als einem Jahr angedauert.

Les négociations s'. . . . .
pendant . . . . . '. . an.

Les mots manquants 1. syndicats revendiquent - depuis **2.** de beaux - en perspective **3.** (Du) côté (des) - revendications - prises en **4.** À cause de la - aura que/qu' - sur **5.** étaient poursuivies - plus d'un.

LEÇON 60

SOIXANTE-ET-UNIÈME (61ᵉ) LEÇON

Le journal de vingt heures (suite)

1 Le Quai d'Orsay a fait savoir ce matin que l'archéologue français arrêté en Nimie* avait été entendu par les autorités (1/2/3)
2 et sera remis en liberté à la fin du mois. Plusieurs associations de droits de l'homme avaient émis des protestations auprès du gouvernement nimien.
3 D'après les dernières statistiques publiées par l'INSEE ce matin, l'indice de la hausse des prix est de 0,9% pour ce mois-ci, (4)
4 alors que le chômage serait en baisse, avec deux virgule six pour cent de moins pour les quatre derniers mois en données corrigées. (5)
5 Conseil des Ministres demain à l'Elysée, le Président de la République se prononcera sur un éventuel remaniement au sein du Cabinet (6/7/8/9)

La Nimie est un pays fictif

Notes
(1) In den Nachrichten wird häufig anstelle eines bestimmten Ministeriums der Ort bzw. die Adresse genannt: Am **Quai d'Orsay** befindet sich **Le ministère des Relations Extérieures** 'das Außenministerium'.
(2) **faire savoir** 'mitteilen, bekannt geben, verkünden'. Nicht zu verwechseln z.B. mit **Il faisait semblant de ne rien savoir** 'Er tat so, als ob er nichts wusste'.

61. LEKTION

Die Acht-Uhr-Nachrichten (Fortsetzung)

1 Der Quai d'Orsay gab heute Morgen bekannt, dass der französische Archäologe, der in Nimia verhaftet worden ist, von den Behörden verhört wurde
2 und Ende des Monats freigelassen wird. Mehrere Menschenrechtsorganisationen hatten bei der nimischen Regierung protestiert.
3 Laut den zuletzt veröffentlichten Statistiken der INSEE heute Morgen liegt die Preissteigerungsrate in diesem Monat bei 0,9 %,
4 während die Arbeitslosigkeit nach den bereinigten Werten mit 2,6 % Rückgang in den letzten vier Monaten scheinbar sinkt.
5 Zusammenkunft des Ministerrats morgen im Elyseepalast; der Präsident wird sich zu einer etwaigen Kabinettsumbildung äußern

Notes

(3) **entendre** hat noch eine andere Bedeutung, die in der Rechtssprache verwendet wird: 'verhören, befragen, vernehmen'.

(4) **L'INSEE = Institut National des Statistiques et des Études Économiques** 'Nationales Institut für Statistik und Wirtschaftsstudien'.

(5) Der Gebrauch des Konditionals, hier z. B. bei **serait en baisse**, drückt aus, dass die Information nicht vollständig bestätigt ist. Im Deutschen geben wir dies meist nicht so wieder. **La police aurait arrêté le criminel** 'Die Polizei hat den Verbrecher festgenommen'.

(6) **se prononcer sur** 'sich zu etw./jmdm. äußern, zu etw. Stellung nehmen' ist nicht zu verwechseln mit **se prononcer pour/contre** 'sich für/gegen etw./jmdn. aussprechen, sich für/gegen etw./jmdn. entscheiden'; **ne pas se prononcer** 'keine Angaben machen, keine Meinung äußern'.

(7) **Le Palais de l'Elysée** 'der Elyseepalast' ist der Amtssitz des französischen Präsidenten. Die Anschrift lautet **55, Rue du Faubourg Saint-Honoré** im 8. Arrondissement, nur wenige Schritte von der **Avenue des Champs-Élysées** und der **Place de la Concorde** entfernt.

(8) **éventuel** 'etwaig, möglich, eventuell'. **On doit s'assurer contre les accidents éventuels** 'Wir müssen uns gegen etwaige Unfälle versichern'. Das Substantiv ist **une éventualité** 'eine Möglichkeit, Wahrscheinlichkeit' (= **une possibilité**): **L'éventualité d'un conflit armé s'est heureusement nettement réduite** 'Das Risiko eines bewaffneten Konflikts ist glücklicherweise sehr stark zurückgegangen'.

(9) **au sein de** 'in, inmitten, innerhalb, bei'.

6 et sur la question que tout le monde se pose : y aura-t-il un changement d'occupant à Matignon ? (10)

7 Le sport maintenant, au Parc des Princes, où se jouent depuis bientôt cinquante minutes les huitièmes de finale de la Coupe d'Europe (11)

8 entre le Paris St-Germain et l'équipe belge d'Anvers. (12)

9 À la mi-temps, la marque était d'un but partout. Vous vous souviendrez que, lors de leur dernière rencontre, les deux équipes ont fait match nul. (13/14)

10 Un mot du temps pour demain, qui sera maussade un peu partout sur le pays, avec des averses et le mistral et la tramontane dans le Midi. (15)

11 Attention aux risques de brouillard sur les côtes et dans le bassin parisien. (16)

12 Ce journal est maintenant terminé. Nous vous donnons rendez-vous pour une dernière page d'actualités à vingt-trois heures.

13 Bonsoir à toutes et à tous.

Notes

(10) Das **Hôtel Matignon** am linken Seine-Ufer ist die Residenz und der offizielle Amtssitz des Premierministers.

(11) les huitièmes de finale > les quarts de finale > les demi-finales et finalement la finale tant attendue 'das lang erwartete Endspiel'.

6   sowie zu der Frage, die sich alle stellen: Wird es einen neuen Premierminister geben?
7   Und nun zum Sport und in den Parc des Princes, wo seit fast fünfzig Minuten das Achtelfinale um den Europapokal
8   zwischen Paris Saint-Germain und der belgischen Mannschaft aus Antwerpen ausgetragen wird.
9   In der Halbzeit stand es 1:1. Sie werden sich erinnern, dass die beiden Mannschaften bei ihrer letzten Begegnung unentschieden gespielt haben.
10 Ein Wort zum Wetter von morgen: Es wird fast überall im Land trüb sein mit Regenschauern. Im Süden wehen Mistral und Tramontana.
11 Vorsicht: Es besteht die Gefahr von Nebelfeldern an der Küste und im "Pariser Becken".
12 Damit sind wir am Ende unserer Nachrichtensendung. Wir sehen uns wieder zu einem letzten Nachrichtenüberblick um 23 Uhr.
13 Guten Abend.

Notes

(12) Da Belgien ein mehrsprachiges Land ist, haben viele Städte einen französischen, einen flämischen und manchmal sogar einen deutschen Namen. Die bekanntesten sind: **Anvers** 'Antwerpen', **Bruxelles** 'Brussel/Brüssel', **Mons** 'Bergen'; **Louvain** 'Leuven/Löwen', **Liège** 'Luik/Lüttich'. Ähnliches gilt für die Städte in der Schweiz, wo Französisch, Italienisch und Deutsch Amtssprachen sind: **Bâle** 'Basel'; **Bienne** 'Biel'; **Genève** 'Genf/Ginevra/Genevra'; **Fribourg** 'Freiburg'. Hier findet man außerdem auch noch schweizerdeutsche Namen.

(13) **la marque** ist der Versuch, das englische **le score** 'Ergebnis, Spielstand' aus der französischen Sprache zu verdrängen. **Ouvrir la marque** 'den ersten Punkt machen, den ersten Treffer erzielen'.

(14) **match nul** 'remis, unentschieden'; **nul** 'Null, Niete'; **déclarer qqch. nul** 'etw. für nichtig erklären'; **C'est nul !** 'Das ist wertlos!, Das taugt nichts!'

(15) **le mistral** ist ein kalter, oft starker Fallwind, der aus nordwestlicher Richtung kommt und sich im unteren Rhonetal bemerkbar macht. **La Tramontane** vom spanischen *tras montaña* 'über das Gebirge' ist ein starker, kalter und trockener Fallwind, der das Regionalklima im Westen des Languedoc-Roussillon, speziell in den Départements Aude und Pyrénées-Orientales maßgeblich beeinflusst. **Perdre la tramontane/le nord** kommt aus der Schifffahrt und bedeutet 'die Orientierung verlieren, durcheinander / verwirrt sein'.

(16) **le bassin parisien** 'das Pariser Becken' ist ein Begriff aus der Geologie, ähnlich wie bei uns die 'Kölner Bucht'.

14 Un journaliste de la télévision effectuait un reportage "sur le vif" sur des familles nombreuses. (I7)

15 Il arrêtait des gens dans la rue en leur demandant combien d'enfants ils avaient.

16 Il fut étonné quand une jolie dame lui répondit :
– Dix.

17 – Dix, mais c'est extraordinaire ; et depuis combien de temps êtes-vous mariée ?
– Depuis douze ans.

18 – Mais pourquoi avez-vous arrêté ?
– C'est très simple : nous nous sommes acheté une télévision !

Comprenez vous ces phrases ?
1. On vous le fera savoir à la fin de la semaine. **2.** D'après ce qu'ils ont dit, cet homme serait un escroc. **3.** Je ne peux pas me prononcer sur ce sujet si je n'ai pas assez d'informations. **4.** Y aura-t-il un nouveau Premier ministre, c'est la question que tout le monde se pose. **5.** La demi-finale se rejouera la semaine prochaine, la dernière fois les deux équipes ont fait match nul. **6.** Il a enquêté "sur le vif".

Trouvez les mots justes

1 Nach unseren Informationen sollen die Gangster ein gestohlenes Auto (Fahrzeug) benutzt haben.

Les gangsters . . . . , . ' . . . .
informations . . . . un véhicule volé.

2 Ein möglicher Sieg würde es ihnen erlauben, den Europa-Pokal zu gewinnen.

Une victoire . . . . leur . . . .
de gagner la Coupe d'Europe.

4 Der Kommissar hat bekannt gegeben, dass der Inhaftierte von den Behörden verhört worden war.

Le . . . . a . . . . que le
prisonnier avait été . . . . par les autorités.

14 Ein Fernsehjournalist machte eine Direktreportage über Großfamilien.
15 Er hielt Leute auf der Straße an und fragte sie, wie viele Kinder sie hätten.
16 Er war erstaunt, als eine hübsche Dame ihm antwortete:
– Zehn.
17 – Zehn, aber das ist außergewöhnlich; und wie lange sind Sie verheiratet?
– Seit zwölf Jahren.
18 – Aber warum haben Sie aufgehört?
– Das ist ganz einfach: Wir haben uns einen Fernseher angeschafft!

Notes
(17) vif 'lebhaft, lebendig, rege, wach'. Entrer dans le vif du sujet 'zum Kern der Sache kommen'; trancher dans le vif 'radikale Maßnahmen ergreifen, kurzen Prozess machen'.

Avez-vous bien compris les phrases ?
1. Wir werden es Ihnen am Ende der Woche mitteilen. **2.** Nach dem, was sie gesagt haben, soll dieser Mann ein Betrüger sein. **3.** Ich kann mich über dieses Thema nicht äußern, wenn ich nicht genug Informationen habe. **4.** Wird es einen neuen Premierminister geben? Das ist die Frage, die sich alle stellen. **5.** Das Halbfinale wird nächste Woche wiederholt werden, das letzte Mal haben die beiden Mannschaften unentschieden gespielt. **6.** Er hat Direktumfragen gemacht.

4 Seit wie vielen Jahren sind Sie / seid ihr verheiratet?

Depuis . . . .'. . . . . . êtes-vous . . . . . . ?

5 Der Verbraucherpreisindex ist dieses Jahr um zwei Prozent gestiegen.

L' . . . . . . des . . . . à la . . . . a augmenté de deux . . . . cette année.

Les mots manquants **1.** auraient - d'après - nos - utilisés **2.** éventuelle - permettrait **3.** commissaire - fait savoir - entendu **4.** combien d'années - mariés **5.** indice - prix - consommation - pour cent.

SOIXANTE-DEUXIÈME (62ᵉ) LEÇON

La poésie n'est pas si difficile

1 Quel plaisir que de découvrir la langue d'un pays à travers sa littérature ! (1)
2 Jusqu'ici nous n'avons lu que des extraits de romans ; il est maintenant temps de regarder un peu (2)
3 dans ce "miroir brouillé" (comme disait Aragon) qu'est la poésie. (3/4)
4 On a tort de dire que d'essayer de lire des poèmes dans une langue étrangère est difficile –
5 certes il est des poètes qui sont plus "difficiles" que d'autres, mais la littérature française en offre un tel choix – (5)
6 de Ronsard à Lamartine en passant par Baudelaire – que tout le monde peut y trouver son content. (6/7)

Notes
(1) Sie kennen Ausrufe wie **Quel bruit !** 'Welch ein Lärm!' oder auch **Quel bruit ils font !** 'Was für einen Lärm sie machen!' Vielleicht verwundert es Sie, dass es hier **quel plaisir que de découvrir** heißt. In der Tat kann man das Relativpronomen **que** in der Umgangssprache auch weglassen. **Quel plaisir (que) de visiter la campagne !** 'Was für ein Vergnügen, aufs Land zu fahren!'
(2) **Jusqu'ici** kann örtlich ebenso wie zeitlich benutzt werden: **Ils ont marché jusqu'ici** 'Sie sind bis hierher gelaufen'. **Jusqu'ici nous avons visité trois monuments** 'Bis jetzt haben wir drei Bauwerke besichtigt'.
(3) Die Wurzel von **brouillé** ist **le brouillard** 'der Nebel'. **Brouiller** 'vernebeln, verschwimmen, trüben, beschlagen lassen' wird auch im übertragenen Sinne und in technischen Zusammenhängen benutzt: **Les internautes font tout pour brouiller les pistes** 'Die Internetnutzer tun alles, um die Spuren zu verwischen.' **Brouiller une transmission** 'eine Sendung stören'; **des œufs brouillés** 'Rühreier'. **Ils sont brouillés depuis la mort de son père** 'Seit dem Tod seines/ihres Vaters sind sie zerstritten'. Das Gegenteil lautet **débrouiller** 'entwirren, Klarheit in etw. bringen, mit etw. gut zurechtkommen'.

deux cent quatre-vingt-huit • 288

62. LEKTION

Die Poesie ist gar nicht so schwierig

1 Was für ein Vergnügen, die Sprache eines Landes durch seine Literatur kennenzulernen!
2 Bisher haben wir nur Auszüge aus Romanen gelesen; nun wird es Zeit, ein wenig
3 in diesen "verschleierten Spiegel" (wie Aragon es ausdrückte), der die Poesie ist, zu blicken.
4 Man irrt, wenn man sagt, dass der Versuch, Gedichte in einer fremden Sprache zu lesen, schwierig ist –
5 gewiss gibt es Dichter, die "schwieriger" [zu lesen] sind als andere, aber die französische Literatur bietet eine so große Auswahl –
6 von Ronsard über Baudelaire bis Lamartine – dass jeder auf seine Kosten kommt.

Notes
(4) Der Poet und Romancier **Louis Aragon** (1897-1982) war beeinflusst von Charles Dickens, Comte de Lautréamont, Leo Tolstoi und Maxim Gorki und ist einer der Vertreter des sozialistischen Realismus. Zusammen mit **André Breton** und **Philippe Soupault** begründete er 1924 den Surrealismus. Seit 1926 engagierte er sich in der Kommunistischen Partei Frankreichs.

(5) **il est des poètes** ist ein rhetorisches Stilmittel, das **il y a** ersetzt, jedoch in der gesprochenen Sprache äußerst selten angewandt wird. **Il est des hommes qui ont un grand destin** 'Es gibt Menschen, die ein bedeutendes Schicksal haben'.

(6) **Pierre de Ronsard**, Dichter und Humanist im 16. Jahrhundert, war der führende Kopf von **La Pléiade**, einer Gruppe von Literaten um den großen **Joachim du Bellay**. Die **Bibliothèque de la Pléiade** ist eine Buchreihe, die seit 1931 vom Verlag Gallimard herausgegeben wird. In ihr erscheinen Werksausgaben der Klassiker der Weltliteratur mit Schwerpunkt auf französischer Literatur. **Alphonse de Lamartine** (1790-1869) war Schriftsteller, Politiker und Lyriker. Das Hauptwerk von **Charles Baudelaire** (1821-1867) war der Gedichtzyklus **Les Fleurs du Mal** 'Die Blumen des Bösen').

(7) Der Ausdruck **y trouver son content** bedeutet sinngemäß 'auf seine Kosten kommen, Ansprüche befriedigen'.

LEÇON 62

7 Nous avons choisi un poème de celui qui a peut-être inventé la "nouvelle poésie", Arthur Rimbaud. (8)

8 Quoi qu'il en soit, il a donné à la poésie un nouveau souffle avec le vers libre

9 et une imagination débordante, éclatante, qui explique en quelque sorte pourquoi ce génie s'est arrêté d'écrire à l'âge de... 21 ans ! (9)

10 Voici un sonnet qui s'intitule : (10)

Le Buffet

11 *C'est un large buffet sculpté, le chêne sombre,*
Très vieux, a pris cet air si bon des vieilles gens ; (11)

12 *Le buffet est ouvert, et verse dans son ombre*
Comme un flot de vin vieux, des parfums engageants. (12)

13 *Tout plein, c'est un fouillis de vieilles vieilleries,*
De linges odorants et jaunes, de chiffons (13)

14 *De femmes ou d'enfants, de dentelles flétries,*
De fichus de grand-mère où sont peints des griffons. (14)

Notes

(8) **Arthur Rimbaud** (1854-1891) war von Beginn an eine rebellische Natur. Er vermischte Poesie mit sozialer und moralischer Revolution. Im Alter von 21 Jahren hörte er mit dem Schreiben auf, er erklärte, dass Poesie nicht die Macht hätte, das Leben zu ändern. Er begann zu reisen und brachte Waffen nach Abessynien, bevor er im Alter von 37 Jahren starb. Sein Werk hatte großen Einfluss auf Wandlungsprozesse in der französischen Poesie.

7   Wir haben ein Gedicht des Dichters ausgewählt, der vielleicht die "neue Poesie" erfunden hat, Arthur Rimbaud.
8   Wie dem auch sei, er hat der Poesie mit seinem freien Versmaß neues Leben eingehaucht
9   und eine überbordende, strahlende Einbildungskraft, die in gewisser Weise die Erklärung dafür ist, warum dieses Genie aufhörte zu schreiben … im Alter von 21 Jahren!
10 Hier ist ein Sonett mit dem Titel "Der Schrank".
11 Ein breiter Schrank, geschnitzt: das dunkle Holz der Eichen, Sehr alt, sieht wie die guten alten Leute drein,
12 Der Schrank ist offen, seinem Schattenreich entweichen Verlockend starke Düfte, wie von altem Wein.
13 Ganz voll: Von alten Altertümern bis zum Rande, Von duftiger, vergilbter Wäsche, Putz der Fraun
14 Und Kinder, von der Ahne welkem Spitzentande Und Tüchern, drauf gemalte Greife sind zu schaun.

Notes

(9) Das Nomen zu **éclatant/-e** ist **l'éclat** 'der Knall, die Salve' (Sie kennen das deutsche Wort Eklat, das einen Vorfall beschreibt, der starkes Aufsehen erregt), das Verb lautet **éclater** 'platzen, zerspringen'. **Éclatant/-e** bedeutet nicht nur 'schmetternd, klirrend', sondern auch 'strahlend, glänzend, hervorragend'.

(10) Die hier angegebene Übersetzung ist die offizielle Übersetzung des Gedichts.

(11) **sculpter** (das **p** ist stumm!) '(be)hauen, meißeln, schnitzen (Holz oder Stein)'; **un sculpteur** 'ein Bildhauer'; **un sculpteur sur bois** 'ein Holzschnitzer'.

(12) **engageant** 'gewinnend, verlockend, verführerisch'; **s'engager sur un terrain glissant** 'sich aufs Glatteis begeben' sagt man, wenn man sich unversehens in eine schwierige, heikle Lage bringt oder sich unbeabsichtigt auf einem Gebiet bewegt, das man nicht sicher beherrscht.

(13) **les vieilleries** 'alter Plunder, Trödel' ist ein sehr poetisches Wort und wird durch das Adjektiv **vieille** verstärkt. Das Gegenteil lautet **les nouveautés** 'die Neuheiten, die Novitäten'.

(14) **flétrir** 'verwelken lassen' ist ein transitives Verb (das ein Akkusativpronomen fordert); **se flétrir** ist reflexiv: 'verwelken, vertrocknen, verblühen'.

15 *C'est là qu'on trouverait les médaillons, les mèches* (15)
De cheveux blancs ou blonds, les portraits, les fleurs sèches
16 *Dont le parfum se mêle à des parfums de fruits.*
Ô buffet du vieux temps, tu sais bien des histoires
17 *Et tu voudrais conter tes contes, et tu bruis*
Quand s'ouvrent lentement tes grandes portes noires. (16/17)

Comprenez vous ces phrases ?
1. La pluie brouillait les carreaux ; dehors nous ne vîmes rien. **2.** Ne versez plus de vin, le verre déborde déjà. **3.** Cet écrivain a un talent éclatant ; c'est un vrai génie. **4.** Les verres tombèrent à terre avec un bruit éclatant. **5.** Je ne peux plus prendre de travail ; je suis débordé ! **6.** Nous sommes allés de Paris à Marseille en passant par Lyon.

Trouvez les mots justes
1 Was für ein Vernügen es ist, Poesie zu lesen!

. . . . lire de la poésie !

2 Man irrt, wenn man sagt, dass es schwierig ist.

On . . . . que c'est difficile.

3 Gewiss gibt es schwierige Dichter,

. . . . . . , il . . . / . . / . . . . . . des poètes compliqués,

4 aber bisher haben wir nur wenig Schwierigkeiten.

mais . . . . . ' . . . nous . ' . . . . que peu de difficultés.

15 Dort ist's, wo Medaillons man fände, Bilder, Locken
Von weißem oder blondem Haar und Blumen, trocken,
16 In deren Düfte Früchte mischen ihren Duft. O Schrank aus alter Zeit, du weißt viel Aventüren
17 Und willst sie künden uns. Aus dir rauscht Märchenluft,
Wenn langsam aufgehn deine großen schwarzen Türen.

Notes
(15) **une mèche**, hier 'eine (Haar-)Strähne/Locke', ist ursprünglich 'ein Docht, eine (Zünd-)Schnur'. **Découvrir/vendre la mèche** 'ein Geheimnis entdecken/verraten'; **être de mèche avec qqn.** 'mit jmdm. unter einer Decke stecken'; **émécher** 'den Docht stutzen', aber **être éméché** 'beschwipst sein'.

(16) **un conte** 'eine Erzählung, ein Märchen'; **un conte de fées** 'ein Märchen'; **conter** 'erzählen'; **ne pas s'en laisser conter** 'sich nichts vormachen lassen'; **un conteur** 'ein Geschichten-/Märchenerzähler'.

(17) **bruis** kommt vom sehr selten verwendeten **bruire** 'murmeln, summen, rauschen, rascheln', eine Variante ist **un bruissement (par ex. des feuilles des arbres)** 'das Rauschen/Rascheln (der Blätter)'. Und was Sie bestimmt gut kennen, ist das Adjektiv **bruyant** 'lärmend, laut'.

Avez-vous bien compris les phrases ?
1. Der Regen ließ die Fensterscheiben beschlagen; wir konnten draußen nichts sehen. **2.** Schenken Sie keinen Wein mehr ein, das Glas läuft schon über. **3.** Dieser Schriftsteller hat großartiges Talent; er ist ein wahres Genie. **4.** Die Gläser fielen mit einem klirrenden Geräusch zu Boden. **5.** Ich kann keine Arbeit mehr annehmen; ich bin überlastet! **6.** Wir sind von Paris über Lyon nach Marseille gefahren.

5 Dort wird man das Grab von Rimbaud finden.

C'est . . . . . ' . . . . la tombe de Rimbaud.

6 Sie hat einen Termin, um sich Strähnen machen zu lassen.

Elle a pris un rendez-vous pour . . . .
des mèches.

Les mots manquants 1. Quel plaisir que de **2.** a tort de dire **3.** Certes - est / y a / existe **4.** jusqu'ici - n'avons **5.** là qu'on trouvera **6.** se faire faire.

SOIXANTE-TROISIÈME (63ᵉ) LEÇON

Révisions et notes

> Dies ist Ihre letzte Wiederholungslektion. Wir wollen uns hier u. a. noch einmal einige Zeitformen ansehen, da die Verwendung der Zeiten im Französischen doch ein wenig anders ist als im Deutschen.

1. Zeitformen und ihre Verwendung im Vergleich

Wir haben ein wenig über das **imparfait** 'Imperfekt', das **passé composé** 'zusammengesetzte Vergangenheit' und die Vergangenheitsformen des **subjonctif** 'Konjunktiv' gesprochen. Merken Sie sich, dass in der gesprochenen Sprache fast ausschließlich das Präsens des Konjunktivs benutzt wird.

Die anderen Zeitformen sollten Sie zumindest erkennen, wenn Sie ihnen begegnen. So werden Sie das Imperfekt und das Plusquamperfekt des Konjunktivs fast nur in der klassischen Literatur vorfinden; beides wird in modernen Texten vermieden, da es überaus schwerfällig klingt.

• **Imparfait du subjonctif** - Konjunktiv Imperfekt

Es wird gebildet, indem man den letzten Buchstaben der 1. Person Singular des **passé simple** weglässt (z. B. **donnai** > **donna**) und die folgenden Endungen anhängt:

je …-sse;	tu …-sses;	il/elle/ça …-t;
nous …-ssions;	vous …-ssiez;	ils/elles …-assent.

Der Endungsvokal in der 3. Person Singular ist entweder ein **a** oder ein **u**.

Der Konjunktiv Imperfekt wird im Nebensatz verwendet, wenn das Verb im Hauptsatz im Imperfekt, im Plusquamperfekt oder im Konditional steht. Beispiel:

Je voudrais que vous me le donnassiez demain 'Ich hätte gerne, dass Sie es mir morgen geben'.

In der gesprochenen Sprache oder in Briefen gebrauchen wir jedoch immer das Präsens des Konjunktivs:

Je voudrais que vous me le donniez demain.

Stellen wir noch einige Beispiele für die literarische und die umgangssprachliche Form gegenüber:

Je serais content que vous vinssiez me voir... > ... **que vous veniez me voir** 'Es würde mich freuen, wenn Sie mich besuchen kämen'.

Il avait demandé qu'on le réveillât... > ... **qu'on le réveille** 'Er hatte darum gebeten, dass man ihn weckt'.

Nous ne nous attendions pas qu'elle commençât... > ... **qu'elle commence** 'Wir erwarteten nicht, dass sie beginnen würde'.

Beachten Sie die unterschiedlichen Zeiten des Hauptverbs und den **accent circonflexe** bei der 3. Person Singular. Dies ist insofern wichtig, als die 3. Person Singular des Konjunktivs Imperfekt von **être** und **avoir** (**eût** und **fût**) manchmal anstelle der Konditionalformen **aurait** und **serait** verwendet wird.

Ein Beispiel hierfür haben Sie in Lektion 58 gesehen:
... **comme si son hôtesse l'eût piqué**...

Diese Formen sind nicht mit den identischen Formen des **passé simple** zu verwechseln:

Il fut un temps...
'Es begab sich zu einer Zeit ... / Es war einmal...'

Il eut une grande surprise.
'Er erlebte eine große Überraschung'.
(ohne **accent circonflexe**!)

• Passé composé des Konjunktivs

Das **passé composé** des Konjunktivs wird in der gesprochenen Sprache noch gebraucht. Es wird mit dem Konjunktiv Präsens von **avoir** (bei reflexiven oder Bewegungsverben **être**) plus dem Partizip Perfekt des Verbs gebildet:

> que j'aie donné
> tu aies donné
> il/elle ait donné

> que nous soyons partis
> vous soyez partis
> ils soient partis

Beachten Sie, dass das Partizip Perfekt dem Pronomen im Plural angeglichen wird, wenn das Verb mit **être** konjugiert wird! Diese Zeit entspricht in der gesprochenen Sprache dem **passé composé** im Indikativ. Beispiele:

Je crois qu'il est parti hier.
'Ich glaube, er ist gestern gefahren'.

Im Konjunktiv jedoch:
Je doute qu'il soit parti hier oder **Je doute qu'il ne soit parti hier.**
'Ich bezweifle, dass er gestern gefahren ist'.

Je crains qu'il ait oublié oder **Je crains qu'il n'ait oublié.**
'Ich fürchte, er hat es vergessen'.

J'ai peur qu'ils se soient trompés.
'Ich befürchte, dass sie sich getäuscht haben'.

• **Plus-que-parfait** des Konjunktivs

Das Plusquamperfekt des Konjunktivs wird mit dem Konjunktiv Imperfekt von **avoir** (oder **être**) plus dem Partizip Perfekt des Verbs gebildet:

    que j'eusse donné
           tu eusses donné
           il eût donné

    que nous fussions partis
           vous fussiez partis
           ils fussent partis

Das Plusquamperfekt des Konjunktivs entspricht dem Plusquamperfekt des Indikativs, also:

    Je croyais qu'il était parti. (Indikativ)
    Je doutais qu'il fût parti. (Konjunktiv)

In der gesprochen Sprache würde hier das **passé composé** des Konjunktivs (**Je doutais qu'il soit parti**) oder, noch üblicher, das Präsens des Konjunktivs stehen.

Die Zeitenfolge in der Schriftsprache ist also folgende:

Nach dem   Präsens Indikativ
                       Futur Indikativ
                       Passé composé Indikativ ...
verwenden Sie, *wenn ein Verb und ein Partizip Perfekt vorliegen,*
                       den Konjunktiv Präsens oder
                       das **passé composé** des Konjunktivs.

Nach dem   Imperfekt Indikativ
                       Passé simple Indikativ
                       Plusquamperfekt Indikativ
                       Konditional Indikativ
verwenden Sie, *wenn ein Verb und ein Partizip Perfekt vorliegen,*
                       den Konjunktiv Imperfekt oder
                       das Plusquamperfekt des Konjunktivs.

Dieser kleine Ausflug in die Zeitformen des Konjunktivs war nötig, aber Sie sollten sich nicht verunsichern lassen. Bedenken Sie, dass Sie diese Formen nur in der Literatursprache vorfinden.

2. Etymologie

Sich Gedanken über die eventuelle Herkunft von Wörtern zu machen, ist immer aufschlussreich und interessant, und so geben wir Ihnen in diesem Kurs immer mal wieder Hinweise auf den Stamm bzw. die Wurzel eines Wortes bzw. zu Verwandtschaftsbeziehungen zwischen Wörtern.

Nicht immer ist ein Wort klar einer Wurzel zuzuordnen, aber es gibt einige durchgehende Faustregeln, die es ermöglichen, ein Wort, auch wenn man seine genaue Bedeutung nicht kennt, besser einordnen zu können. Zu diesen Faustregeln gehören beispielsweise die Vorsilben. Hier einige der gebräuchlichsten:

Vorsilbe	Entsprechung	Beispiele
a-	ohne / un- / -los	amoral 'unmoralisch'; aphone 'stumm, stimmlos'
co- / com-	mit, gemeinsam	coopérer 'kooperieren', compagnon 'Gefährte'; compatriote 'Landsmann'
dé(s)-	ent- / de-	déshérité 'benachteiligt'; défaire 'auseinandernehmen, aufmachen'
im-	in, ein-	immersion 'Eintauchen, Versenken'; impliquer 'implizieren, einschließen'
in-	in, ein-	inscrire 'sich einschreiben'; interner 'einweisen, internieren'
inter-/ entre-	zwischen	interview/entretien 'Befragung/Unterhaltung'; interlocuteur 'Gesprächspartner'
mé(s)-	un- / miss-	mécontent 'unzufrieden'; mésaventure 'Missgeschick'
pré-	vor-	précédent 'Vorgänger, vorige', présenter 'vorstellen', préparer 'vorbereiten'
re-	wieder / weg- / zurück- / ab-	refaire 'noch einmal machen, neu erstellen'; retirer 'zurückziehen'
super-	Ober-, über-	superficie 'Oberfläche'; superviser 'überwachen'
sous-/ sub-	unter- / ab-	soussigné 'unterzeichnet'; soustraire 'abziehen'; subconscient 'unterbewusst'

Diese Liste stellt natürlich keinen Anspruch auf Vollständigkeit. Vielleicht haben Sie Lust, selbst eigene Beispiele zu ergänzen?

SOIXANTE-QUATRIÈME (64ᵉ) LEÇON

Langues et langages I

1 Comme vous avez pu le constater jusqu'à présent, la langue française est pleine de richesses. (1)
2 Vous avez étudié – agréablement, nous l'espérons – le langage de tous les jours,
3 la langue littéraire et celle des médias, entre autres.
4 En France (ou dans l'Hexagone, comme on l'appelle parfois), on trouve aussi d'autres langues régionales, qui sont plus que des dialectes, (2)
5 en ce qu'elles possèdent non seulement une grammaire et un vocabulaire particuliers, (3)
6 mais aussi une vraie littérature : on dénombre le breton, l'occitan, le provencal (dont vous avez eu un petit échantillon),
7 sans oublier la langue de l'Ile de Beauté, le corse. (4)
8 Depuis quelques années, il y a une forte renaissance d'intérêt pour ces langues - et les écoliers peuvent même passer une partie de leur baccalauréat en une langue régionale, s'ils le désirent. (5)

Notes
(1) Die Diskussion zur Unterscheidung zwischen **la langue** und **le langage** (im Deutschen nennen wir beides 'Sprache') könnte viele Seiten füllen, daher beschränken wir uns hier auf eine relativ simple Erklärung: **La langue** verweist in erster Linie auf eine bestimmte Einzelsprache (z.B. Französisch, Englisch) als ein abstraktes System von Regeln, aber auch auf innersprachliche Systeme (z.B. la **langue gestuel** 'die Gebärdensprache'). **Le langage** ist das biologische Vermögen, mittels bestimmter sprachlicher Codes oder Ausdrucksformen mit anderen Lebewesen oder Angehörigen bestimmter Gruppen zu kommunizieren (**langage courant**, **langage académique**). Mit diesem Forschungsthema beschäftigte sich eingehend der Schweizer Sprachwissenschaftler **Ferdinand de Saussure** (1857-1913).

deux cent quatre-vingt-dix-huit • 298

64. LEKTION

Sprachen und Ausdrucksweisen I

1 Wie Sie bisher feststellen konnten, ist die französische Sprache voller Reichtümer.
2 Sie haben – wir hoffen, auf angenehme Weise – die Alltagssprache studiert,
3 und unter anderem die literarische Sprache und die der Medien.
4 In Frankreich (oder dem Hexagon, wie es manchmal genannt wird) findet man auch andere Regionalsprachen, die mehr als nur Dialekte sind,
5 insofern als sie nicht nur eine spezielle Grammatik und einen speziellen Wortschatz besitzen,
6 sondern auch eine echte Literatur: Man zählt hierzu das Bretonische, das Okzitanische, das Provenzalische (von dem Sie eine kleine Kostprobe erhalten haben),
7 und nicht zu vergessen die Sprache der Insel der Schönheit – Korsisch.
8 Seit einigen Jahren erwacht wieder starkes Interesse an diesen Sprachen – und Schulkinder können sogar einen Teil ihres Abiturs in einer Regionalsprache ablegen, wenn sie es wünschen.

Notes
(2) Frankreich hat, wenn Sie es einmal auf einer Karte betrachten, in etwa die Form eines Sechsecks, weshalb man auch **l'hexagone** sagt. Ansonsten unterscheidet man **la france métropolitaine** 'Festland- / Kontinentalfrankreich' und **les D.O.M.-T.O.M.** = **Les départements et territoires d'outre-mer**.
(3) **en ce que** 'insofern als'. **Cette machine est nouvelle en ce qu'elle est entièrement automatique** 'Diese Maschine ist insofern neu, als dass sie vollautomatisch ist'. Nicht zu verwechseln mit **en ce qui** 'was ... betrifft'. **En ce qui me concerne, j'accepte votre proposition** 'Was mich betrifft, so nehme ich Ihren Vorschlag an'. **En ce qui concerne ma société, j'en suis moins sûr** 'Was meine Firma betrifft, so bin ich mir da nicht so sicher'.
(4) **le corse** 'die korsische Sprache'; **un Corse** 'ein Korse', nicht zu verwechseln mit **un corsaire** 'ein Korsar' oder dem Adjektiv **corsé** 'kräftig, stark, derb; deftig'. **Mon café est amer il est trop corsé** 'Mein Kaffee ist/schmeckt bitter, er ist zu stark'.
(5) **le baccalauréat** (Kurzform **le bac** oder **le bachot**) entspricht unserem 'Abitur'. Das Verb **bachoter** bedeutet 'pauken, büffeln', **un bachelier** ist 'ein Abiturient, ein Schulabgänger'.

9 Si elles vous intéressent, vous pouvez en apprendre plus long avec les excellentes méthodes ASSIMIL. (6/7)

10 À l'intérieur du français même, on trouve aussi d'autres modes d'expression comme, par exemple, l'argot.

11 Cette "langue verte" était à l'origine, au XVe siècle, le langage des coquillards – ces voleurs qui portaient la coquille des pèlerins de Saint-Jacques de Compostelle –, (8/9)

12 inventé pour se protéger des intrus. Là-dessus, au fil des siècles, se sont greffés d'autres parlers – ceux des métiers par exemple – (10/11/12)

13 pour former une façon originale – et crue – de s'exprimer. (13)

Notes

(6) **plus long** entspricht in etwa **davantage** 'mehr'. **Je voudrais en savoir plus long (sur ce sujet)** 'Ich möchte mehr darüber wissen'. **Son visage m'en dit plus long que ses explications** 'Sein Gesichtsausdruck sagt mir mehr darüber als seine Erklärungen'.

(7) Neben den Assimil-Komplettkursen **le corse**, **le breton** und **l'occitan** bietet Assimil auch Sprachführer für zahlreiche weitere französische Regional- und Kreolsprachen an.

(8) Bei **la langue verte**, einem Synonym für **l'argot**, vermittelt **verte** die Idee der Unreife. Bei Weinen bezeichnet **vert** einen 'sauren Wein'. **Une histoire verte** 'eine derbe Geschichte'; **se mettre au vert** 'für eine Zeit untertauchen, sich absetzen'. Das Adverb **vertement** bedeutet 'schroff, heftig, scharf'.

(9) Die **coquillards** waren Bettler, die ihre Kleidung mit der Jakobsmuschel (**la coquille Saint-Jacques**) schmückten und sich, auf diese Weise verkleidet, unter die Pilger mischten, die auf dem Weg ins spanische Santiago de Compostela, das Ziel des "Jakobswegs", waren.

9 Wenn diese Sprachen Sie interessieren, können Sie mit den ausgezeichneten ASSIMIL-Sprachkursen mehr darüber erfahren.

10 In der französischen Sprache selbst findet man auch andere Ausdrucksweisen wie z. B. "l'argot".

11 Diese "Gaunersprache" war ursprünglich, im 15. Jahrhundert, die Sprache der "**coquillards**"– der Diebe, die die Muschelschale der Pilger des Heiligen Jakob von Compostella trugen –

12 die erfunden wurde, um sich vor Außenstehenden zu schützen. Daraufhin sind im Laufe der Jahre weitere gruppenspezifische Ausdrucksweisen hinzugekommen – die der Handwerke zum Beispiel –

13 und daraus entwickelte sich eine eigenständige – und derbe – Ausdrucksform.

Notes

(10) **là-dessus** kann zum einen in einem örtlichen Kontext verwendet werden: *Voyez-vous cette table ? Posez tout (là-)dessus* 'Sehen Sie diesen Tisch? Legen Sie alles darauf'. Es hat aber auch eine temporale Bedeutung: 'daraufhin, danach'. *Ils ont commencé à parler politique ; là-dessus je me suis énervé* 'Sie fingen an, über Politik zu sprechen; daraufhin bin ich wütend geworden'.

(11) Die Grundbedeutung von **greffer** ist 'veredeln; etw. auf etw. pfropfen'. *Se greffer* 'zu etw. hinzukommen'; *greffer qqc. à qqn.* 'jmdm. etw. verpflanzen' (medizinisch).

(12) **parler** ist nicht nur ein Verb, sondern auch ein Substantiv: *un parler* 'eine Sprechweise; eine Mundart'.

(13) **cru** 'roh, brutal, rüde, derb; grell'; *la viande crue* 'rohes Fleisch'; *un fromage au lait cru* 'ein Rohmilchkäse'; *la vérité toute crue* 'die nackte Wahrheit'; *une lumière crue* 'ein grelles Licht'. *Un cru* ist 'ein Gewächs', wird aber im Sinne von 'Weingebiet' verwendet und ist eine Prädikatsbezeichnung für höher klassifizierte Regionen und deren Weine. Der beste Wein ist **le premier grand cru classé**. Da **cru** auch das Partizip Perfekt von 'glauben' ist, interpretieren Witzbolde die Bezeichnung **le premier cru** für Bordeaux-Weine, die mit anderen Weinen verschiedenen Ursprungs vermischt werden, im Sinne von 'zuerst gehalten (geglaubt) für …'.

LEÇON 64

14 Pour peu que vous flâniez dans certains quartiers de Paname, pardon, de Paris, vous entendrez "jacter" les "titis parisiens" (14/15)

15 et vous "n'entraverez" (ou comprendrez) pas grand-chose. (16)

16 Mais où s'arrête l'argot et où commence le langage populaire ? Beaucoup de mots argotiques sont devenus monnaie courante. (17)

17 Vous entendrez les gens de tous bords parler de leur "fric", leur "boulot" ou leur "bagnole", (18/19/20)

18 au lieu de leur argent, leur travail ou leur voiture – ces mots, parmi d'autres, sont passés dans les mœurs.

19 Un grand explicateur de l'argot pense que la langue verte est la première défense des deshérités.

Notes

(14) **Pour peu que** (+ Konjunktiv) 'sofern, wenn, vorausgesetzt, dass' oder 'alles, was man braucht / was man tun muss'. **Pour peu qu'on l'encourage, il le fera à fond** 'Man muss ihn nur ermutigen, und er wird es sorgfältig machen'.

(15) **Paname** ist ein volkstümlicher Name für **Paris**. Ein weiterer ist **la Ville(-)Lumière**.

(16) **entraver** 'etw. vereiteln, erschweren, hemmen, behindern, beeinträchtigen' wird auch als Slangausdruck für 'verstehen, kapieren' benutzt.

14 Sie brauchen nur in gewissen Vierteln von Paname, pardon, Paris, spazieren zu gehen, und Sie werden die typischen Pariser "quasseln" hören –
15 und Sie werden nicht viel "kapieren" (oder verstehen).
16 Aber wo hört das Argot auf, und wo beginnt die Volkssprache? Viele Wörter aus dem Argot sind gang und gäbe geworden.
17 Sie werden hören, wie Menschen aller Couleur von ihrem "**fric**", ihrem "**boulot**" oder ihrer "**bagnole**" sprechen,
18 anstatt von ihrem Geld, ihrer Arbeit oder ihrem Auto – diese Wörter sind, neben anderen, in den allgemeinen Sprachgebrauch übergegangen.
19 Ein großer Erklärer des Argots meint, dass die Gaunersprache das erste Verteidigungsmittel der Unterprivilegierten ist.

Notes
(17) In den letzten Sätzen haben Sie einige Beispiele für das Pariser Argot angetroffen: **jacter** 'quasseln, quatschen'; **entraver** 'kapieren' und **le titi parisien**, wobei **titi** von **petit** abgeleitet ist. In einem historischen Kontext, in dem **titi parisien** zunächst nur auf pfiffige und aufgeweckte Kinder angewandt wurde, ist wohl der Ihnen bekannte Gavroche der klassische Vertreter. Heute bezeichnet es einfach den typischen Pariser, wie man ihn sich auch im Ausland vorstellt und der von **Edith Piaf** oder **Yves Montand** in zahlreichen Chansons besungen wird. Einige moderne Beispiele für den **titi parisien** finden Sie im Film **Le Fabuleux Destin d'Amélie Poulain** (von **Jean-Pierre Jeunet**) – un film qui reflète bien l'esprit du titi parisien...

(18) **fric** ist vermutlich die verkürzte Form des stark umgangssprachlichen **fricot** für 'Futter' bzw. **fricoter** 'in dunkle Geschäfte verwickelt sein'.

(19) Die Herkunft des Wortes **boulot** ist nicht endgültig geklärt. Man hört es in Frankreich sehr häufig, auch außerhalb des Jargons. Kennen Sie den Spruch **métro, boulot, dodo**, der stellvertretend für einen immer gleichen, routinemäßigen Tagesablauf ohne Höhepunkte steht? (**dodo** ist das Wort für **dormir** in der Kindersprache.)

(20) **bagnole** bildete sich vermutlich nach dem Muster von **une carriole** 'ein Karren' auf der Basis von **une banne** (von lat. *benna* 'vierrädriger Karren').

20 Somme toute, c'est une façon peu élégante mais croquante de dépeindre certains côtés d'une société qui se reflète dans une langue parfois trop pure. (2l/22)

Notes
(2l) **Somme toute** 'alles in allem, alles zusammengenommen'. **On a beau se plaindre, sommes toute, ce n'était pas si mal** 'Man mag sich beklagen, aber alles in allem war es nicht so schlecht'. Es kann am Beginn oder in der Satzmitte stehen.

Comprenez vous ces phrases ?
1. Dans cette étude de la langue française vous avez appris, entre autres, le langage familier, le langage de tous les jours. **2.** En ce qui concerne l'argot, nous vous conseillons de ne pas l'utiliser. **3.** Si vous le désirez, vous pouvez apprendre les langues régionales françaises. **4.** Ils ont commencé à parler l'argot ; là-dessus je n'ai rien compris. **5.** Expliquez-m'en plus long ; votre projet m'intéresse. **6.** Ce quartier est fréquenté par des gens de tous bords. **7.** Cette expression est devenue monnaie courante.

Trouvez les mots justes
1 Wenn Sie über den Flohmarkt in Clignancourt schlendern, werden Sie wahrscheinlich ein wenig Argot hören können.

. . . . que . . . . aux puces de Clignancourt, vous devriez entendre un peu d'argot.

2 L'argot, was ist das? – Eine Form von Alltagssprache.

L'argot, qu'est-ce que c'est ? – Une forme de . . . . de tous les jours.

3 Es ist insofern vulgär, als es das Verständigungsmittel der Diebe und anderer Verbrecher war.

C'est vulgaire . . . .'. . . . le moyen de communiquer des . . . . et autres . . . .

20 Alles in allem ist es eine wenig elegante, aber treffende (knusprige) Art und Weise, um gewisse Seiten einer Gesellschaft zu charakterisieren, die sich in einer manchmal zu reinen Sprache widerspiegelt.

Notes
(22) Nehmen Sie Wörter wie **fric**, **bagnole**, **boulot** ruhig in Ihren passiven Wortschatz auf, aber gebrauchen Sie sie selbst nur mit allergrößter Vorsicht, denn sie können schnell vulgär oder unangebracht wirken.

Avez-vous tout compris?
1. In dieser Studie über die französische Sprache haben Sie unter anderem die Umgangssprache, die Alltagssprache erlernt. **2.** Was das Argot betrifft, so raten wir Ihnen, es nicht zu verwenden. **3.** Wenn Sie es wünschen, können Sie die französischen Regionalsprachen erlernen. **4.** Sie begannen, Argot zu sprechen; von da an habe ich nichts verstanden. **5.** Erzählen Sie mir mehr darüber; Ihr Plan interessiert mich. **6.** In diesem Viertel verkehren Menschen aller Couleur. **7.** Dieser Ausdruck ist gang und gäbe geworden.

4 Sie haben mir gesagt, dass der Film sehr schlecht war, aber alles in allem hat er mir sehr gut gefallen.

Ils m'ont dit que le film était très . . . . ,
mais . . . . , je l'ai beaucoup aimé.

5 Diese Wörter waren im 15. Jahrhundert in den allgemeinen Gebrauch übergegangen

Ces mots . . . . dans . . . . au quinzième siècle.

Les mots manquants 1. Pour peu - vous flâniez **2.** langage **3.** en ce que c'était - voleurs - criminels **4.** mauvais - somme toute **5.** étaient passés - les mœurs.

LEÇON 64

SOIXANTE-CINQUIÈME (65ᵉ) LEÇON

Langues et langages II

1 Hier, nous nous sommes intéressés à l'argot – véritable langage parallèle ; aujourd'hui, nous allons parler d'un autre phénomène –
2 n'en déplaise aux puristes –, celui que l'on appelle le "franglais", qui est à la fois événement linguistique et manifestation sociale. (1/2)
3 En fait, le "franglais" n'est ni langue ni vraiment langage mais est constitué par un certain nombre d'expressions et mots anglais et américains
4 (qui ne sont pas toujours utilisés à bon escient), qui figurent de plus en plus dans le langage de tous les jours et dans les médias. (3)
5 Certains sont des mots dits d'emprunt, c'est-à-dire qu'ils signifient des choses pour lesquelles il n'y a pas de mot français ;
6 c'est ainsi que nous trouverons un smoking, un self un footing ou un parking usités couramment. (4/5)

Notes
(1) **n'en déplaise à** 'ob es … nun gefällt oder nicht'. **N'en déplaise à Messieurs les députés, ce projet de loi est futile !** 'Ob es Ihnen gefällt oder nicht / Bei allem Respekt, meine Herren Abgeordneten, dieser Gesetzentwurf ist nichtssagend!' **Je le ferai moi-même/tout(e) seul(e), ne vous en déplaise** 'Ich werde es selbst tun, auch wenn es Ihnen nicht gefällt'.

(2) Die Bedeutung von **une manifestation** hängt immer vom Kontext ab. Das Verb **manifester** bedeutet 'bekunden, zum Ausdruck bringen, anzeigen'. **Les premières manifestations de cette maladie...** 'Die ersten Anzeichen dieser Krankheit ...' **Dans le cadre du Festival de Musique, plusieurs manifestations sont prévues** 'Im Rahmen des Musikfestivals sind mehrere Veranstaltungen geplant'. **Une manifestation** ist auch 'eine Kundgebung, eine Demonstration'.

65. LEKTION

Sprachen und Ausdrucksweisen II

1 Gestern haben wir uns für das Argot interessiert – eine regelrechte Parallelsprache; heute werden wir von einem anderen Phänomen sprechen –
2 ob es den Puristen nun gefällt oder nicht – das man "**franglais**" nennt und das sowohl ein linguistisches Phänomen (Ereignis) als auch ein gesellschaftlicher Entwicklung ist.
3 Eigentlich ist das "**franglais**" weder eine Sprache noch tatsächlich eine Ausdrucksweise, sondern es besteht aus einer bestimmten Anzahl englischer und amerikanischer Ausdrücke und Wörter
4 (die nicht immer korrekt verwendet werden), die immer mehr in der Alltagssprache und in den Medien auftauchen.
5 Manche sind sogenannte Lehnwörter, d. h. sie bezeichnen Dinge, für die es kein französisches Wort gibt;
6 so finden wir **un smoking, un self, un footing** oder **un parking** im allgemeinen Sprachgebrauch.

Notes

(3) Die Übersetzung von **à bon escient** (vom lat. *sciens*, dem Partizip Präsens von *scire* 'wissen' ≠ **à mauvais escient**) ist kontextabhängig. Sie reicht von 'gut überlegt, angemessen, optimal, sinnvoll' bis hin zu 'aus gutem Grund, zu Recht'. **Il dépense son argent à bon escient** 'Er gibt sein Geld vernünftig/gut überlegt aus'. **Il croit avoir la science infuse** 'Er glaubt, er hat die Weisheit mit Löffeln gefressen'.

(4) **un smoking** 'ein Smoking/Abendanzug'; **un self** 'ein Selbstbedienungsrestaurant'; **un footing** 'ein Dauerlauf'; **un parking** 'ein Parkplatz'. Die sog. **réemprunts** 'Rückentlehnungen' zeigen, wie schwierig die Trennung zwischen Fremd-, Lehn- und Erbwörtern sein kann. Da das Englische sehr viele französische Lehnwörter enthält, kann man sich fragen, ob ein Wort nun ein Lehnwort aus dem Englischen, ein französisches Wort oder ein vom Englischen "rückentlehntes" Wort ist. Beispiele: **rosbif** (engl. *Roastbeef*; vom altfranz. **Rost**, später **rôt** 'braten' + **bœuf** 'Bulle'); **Mayday** (vom franz. **m'aidez** 'helfen Sie mir').

(5) **usité** = **en usage** 'in Gebrauch' ist von der Bedeutung her eingeschränkter als **utilisé**. Es existiert nur in dieser Partizipialform und wird hauptsächlich in Verbindung mit sprachlichen Äußerungen gebraucht. **Cette expression n'est plus usitée** 'Dieser Ausdruck wird nicht mehr gebraucht'.

7 Dans certains domaines aussi (des sports ou des techniques), lorsque la France adopte la chose, le Français adopte le mot qui l'accompagne. (6)

8 Si cela fait longtemps que ces mots sont arrivés, ils sont pour ainsi dire "francisés", ainsi les mots un boulingrin (7)

9 ou une redingote ne choqueraient personne ; après tout, la langue française a assez prêté de mots à son tour. (8)

10 Mais il est des mots de franglais qui sont utilisés par snobisme (tiens...). Quand le mari est dans le marketing, sa femme fait plutôt son shopping que son marché. (9/10)

11 On doit éviter de tels abus et, périodiquement, l'Académie française, voire le gouvernement même, à coups de lois, (11/12)

Notes

(6) Verben, die als Lehnwörter ins Französische eingehen, gehören der 1. Konjugation an: **le kidnapping** > **kidnapper**; **le jogging** > **jogger**.

(7) **un boulingrin** 'ein Gras-/Rasenplatz' ist im 17. Jahrhundert vom englischen *bowling green* abgeleitet worden.

(8) **une redingote** ist die Ende des 18. Jahrhunderts entstandene französische Version des englischen *riding coat*, eines wasserdichten Mantels, der bei Ausritten zu Pferde getragen wird.

(9) Auch das ursprünglich englische **snob** – und damit auch **snobisme** – hat Eingang in die französische Sprache gefunden; es bezeichnet eine Person, die durch ihr Verhalten oder ihre Äußerungen massiv ihren Reichtum und ihre gesellschaftliche Überlegenheit gegenüber Personen vermeintlich oder tatsächlich niedrigeren Ranges zur Schau stellt. Es ist wie alle Lehnwörter unveränderlich. **Ils sont très snob** 'Sie sind ziemliche Snobs'.

(10) Der Begriff **marketing** hat sich im modernen Französisch bereits so sehr etabliert, dass sich kaum noch jemand Gedanken darüber macht, dass er ursprünglich aus dem Englischen kommt. Gleiches gilt für **faire du shopping**, was 'auf Französisch' eher **faire son marché** lauten sollte, wenn es sich um den Einkauf von Lebensmitteln handelt. **Faire des courses** oder **faire des achats** benutzt man bei allgemeinen Erledigungen.

7 In gewissen Bereichen (Sport oder Technologie), wenn Frankreich die Sache übernimmt, übernimmt das Französische das damit einhergehende Wort.
8 Sind diese Wörter schon seit Langem eingeführt, sind sie sozusagen "französiert" worden; so würden Wörter wie "**un boulingrin**"
9 oder "**une redingote**" niemanden mehr schockieren; schließlich hat die französische Sprache ihrerseits genügend Wörter entliehen.
10 Aber es gibt im "**franglais**" Wörter, die aus Snobismus verwendet werden (sieh mal an …). Wenn der Mann einen Beruf in der Marketing-Branche hat, geht seine Frau lieber shoppen als auf den Markt.
11 Man sollte solche Missbräuche vermeiden, und in regelmäßigen Abständen führt die Académie française, ja sogar die Regierung, mittels Gesetzen

Notes
(11) voire 'ja sogar' hat nichts mit dem Verb 'sehen' zu tun. Es stammt vom lat. *verus* 'wahr' ab. Hin und wieder hört man auch **voire même**. Ce texte est difficile, voire (même) impossible à comprendre 'Dieser Text ist schwierig, ja sogar unmöglich zu verstehen'. **Voire** kann durch **et même** ersetzt werden.
(12) à coups de 'mit, mittels' beinhaltet immer die Idee, dass die Handlung wiederholt oder sehr intensiv ausgeführt wird. Ils l'ont déchiré à coups de dents 'Sie haben es mit den Zähnen zerrissen'. On l'a guéri à coups de médicaments 'Man hat ihn mit (dem wiederholten Einsatz von) Medikamenten geheilt'.

12 mènent la bataille contre cette prétendue "invasion" – qui n'en est pas une en vérité (13)

13 car, si certains de ces mots ont fait souche de ce côté de la Manche ou de l'Atlantique, (14)

14 il existe bel et bien des équivalents "bien de chez nous" pour la plupart de ces intrus. (15/16)

15 Et ne soyons pas xénophobes: une langue s'enrichit au contact de ses voisines. Déjà, au XVIIIe siècle, un auteur français avait écrit (17)

16 que, entre l'anglais et le français, "nous établirons, pour chercher l'abondance, un commerce de mots, sans change ni tarif". (18)

17 Ainsi voit-on que le français est riche de tous ces parlers "marginaux" et nous espérons que vous profiterez de cette abondance.

Notes
(13) **prétendue** 'angeblich, vorgeblich, vermeintlich; so genannt' kann auch durch **soi-disant** ersetzt werden, wobei die Sprachpuristen dafür plädieren, dass **soi-disant** nur bei Personen angewandt werden kann: **ce soi-disant intellectuel** 'dieser selbsternannte/sogenannte Intellektuelle'.

12	die Schlacht gegen diese vermeintliche "Invasion" – die in Wirklichkeit gar keine ist,
13	denn falls manche dieser Wörter auf dieser Seite des Ärmelkanals oder des Atlantiks Wurzeln geschlagen haben,
14	gibt es durchaus für die meisten dieser Eindringlinge einheimische Äquivalente.
15	Und seien wir nicht fremdenfeindlich: Eine Sprache bereichert sich durch den Kontakt zu ihren Nachbarn. Schon im 18. Jahrhundert hatte ein französischer Autor geschrieben,
16	dass wir zwischen dem Englischen und dem Französischen, "um nach Reichtum zu streben, einen Handel mit Wörtern ohne Tausch oder Zoll aufbauen werden".
17	So sehen wir, dass das Französische reich an diesen marginalen Ausdrucksformen ist, und wir hoffen, dass Sie von diesem Reichtum profitieren werden.

Notes
- (14) **une souche** 'Baumstumpf; Wurzel, Herkunft, Ursprung'; **faire souche** 'Wurzeln schlagen'; **une cellule souche** 'eine Stammzelle'; **une famille de vieille souche** 'ein altes Familiengeschlecht'. In Verbindung mit Sprachen deutet es auf den Ursprung von Wörtern hin: **Ce mot est de souche latine** 'Dieses Wort ist lateinischen Ursprungs'. Und während wir 'wie ein Stein schlafen', schläft der Franzose 'wie ein Baumstumpf': **dormir comme une souche**.
- (15) **bel et bien** 'in der Tat, sehr wohl, durchaus; definitiv'. **Vous le croyiez mort, mais il est bel et bien vivant** 'Sie glaubten, er wäre tot, aber er ist durchaus lebendig'. **Je vous ai bel et bien dit de ne plus revenir** 'Ich habe Ihnen deutlich gesagt, dass Sie nicht wieder herkommen sollen'.
- (16) **bien de chez nous** beschreibt, was typisch französisch ist. **Un petit vin bien de chez de nous** 'ein einfacher Wein aus unseren Landen / aus unserer Gegend'.
- (17) **xénophobe** 'ausländer-/fremdenfeindlich'. Das Gegenstück lautet **xénophile** 'ausländer-/fremdenfreundlich'.
- (18) **l'abondance** 'der Überfluss, die Fülle'; **la corne d'abondance** 'das Füllhorn', **abondant** 'im Überfluss vorhanden'. Das Verb **abonder** findet man fast nur noch im Ausdruck **abonder dans le sens de...** 'zustimmen, derselben Meinung sein': **Même si nous ne sommes pas toujours d'accord, cette fois-ci j'abonde dans votre sens**.

18 Un auteur, candidat à l'un des 40 sièges à l'Académie française, a fait cette confidence a un ami : (19)
19 – Si je suis élu, je serai Immortel ; mais si je ne suis pas élu, je n'en mourrai pas ! (20)

Notes
(19) Über die **Académie Française** haben wir bereits in Lektion 50 gesprochen, auch darüber, dass die 40 **académicien**, die auf Lebenszeit einen der begehrten **fauteuils** 'Sessel' besetzen, **Les Immortels** 'die Unsterblichen', genannt werden. Diese Bezeichnung leitet sich aus der Aufschrift *à l'immortalité* 'zur Unsterblichkeit' ab, die das von Kardinal de Richelieu verliehene Siegel der Akademie ziert.

Comprenez vous ces phrases ?
1. Cette expression est prétentieuse, voire snob ; il faut l'éviter.
2. J'étais tellement fatigué que j'ai dormi comme une souche ! 3. Il ne faut rien prédire qu'à bon escient. 4. La police a enfoncé la porte à coups de bâtons. 5. C'est bel et bien mon père qui a conçu ce bâtiment. 6. S'il ne gagne pas le premier prix, il n'en mourra pas.
7. Ce soi-disant artiste et ses prétendues œuvres me déplaisent profondément.

Trouvez les mots justes
1 Diese Wörter müssen korrekt/sinnvoll gebraucht werden.

Il faut utiliser ces mots . . . .

2 Einige von ihnen sind Wörter, die "Lehnwörter" genannt werden.

Certains sont des . . . . "d' . . . . " .

3 Er ist vor langer Zeit angekommen / Er ist schon lange da.

. . . . qu'il . . . arrivé.

4 So sieht man, dass man reich an (seinen) Kenntnissen ist.

Ainsi . . . . . .-. . qu'on est . . . . ses connaissances.

18 Ein Schriftsteller, der für einen der 40 Sitze in der Académie française kandidierte, vertraute einem Freund an:
19 – Wenn ich gewählt werde, werde ich unsterblich sein / ein "Immortel" sein,
aber wenn ich nicht gewählt werde, werde ich auch nicht daran sterben!

Notes
(20) je n'en mourrai pas drückt aus, dass etwas nicht so schlimm ist, dass negative Konsequenzen zu befürchten sind. **À cause des grèves, il doit aller à pied à l'école... Ce n'est pas bien grave, il n'en mourra pas** 'Wegen des Streiks muss er zu Fuß zur Schule gehen … Das ist nicht so schlimm, er wird nicht daran sterben'.

Avez-vous compris ?
1. Dieser Ausdruck ist anmaßend, ja sogar snobistisch; man sollte ihn vermeiden. **2.** Ich war so müde, dass ich wie ein Stein geschlafen habe! **3.** Man soll nichts unüberlegt vorhersagen. **4.** Die Polizei hat die Tür mit Stöcken eingeschlagen. **5.** Es ist definitiv mein Vater, der dieses Gebäude entworfen hat. **6.** Wenn er nicht den ersten Preis gewinnt, wird er daran nicht sterben. **7.** Dieser sogenannte Künstler und seine angeblichen Kunstwerke missfallen mir zutiefst.

5 Das ist ein typisches Wort / ein typischer Ausdruck von hier.

C'est un mot/une expression . . . . !

6 In diesem Herbst gibt es reichlich Wildpilze.

Les . . . . sauvages sont très abondants . . . .

Les mots manquants 1. à bon escient **2.** mots dits - emprunt **3.** Cela fait longtemps - est **4.** voit-on - riche de **5.** bien de chez nous **6.** champignons - cet automne.

LEÇON 65

SOIXANTE-SIXIÈME (66ᵉ) LEÇON

L'Alsace et La Lorraine

1 Notre tour des régions de France tire à sa fin ; nous allons aujourd'hui vers l'est pour visiter l'Alsace et La Lorraine.
2 Ces deux régions ont été longtemps un symbole patriotique pour le Français moyen :
3 Pendant près d'un siècle, elles ont été l'un des enjeux des terribles guerres franco-allemandes, puis mondiales. (1)
4 Annexées à l'Empire allemand en 1871, elles furent à nouveau rattachées à la France en novembre 1918. (2)
5 Réoccupées pendant la deuxième guerre, elles durent attendre la Libération de 1944 pour, enfin, être rendues françaises. (3/4)
6 Temps révolus, heureusement ! De nos jours ces deux provinces sont régulièrement envahies par des Allemands, certes, (5)

Notes
(1) enjeu (= en jeu 'im Spiel') 'Spieleinsatz; Streitgegenstand, -objekt'. La survie de la région est en jeu 'Das Überleben der Region steht auf dem Spiel'. **Retirer son enjeu/sa mise (de départ)** 'seinen Spieleinsatz zurückziehen / seinen Anteil an einem Unternehmen / einem Geschäft zurückziehen'. **Le jeu ≠ le jouet** 'das Spielzeug'. Mit **Ce n'est pas du jeu !** 'Das ist kein Spiel!' weist man darauf hin, dass eine Situation ernst zu nehmen ist.

66. LEKTION

Elsass und Lothringen

1 Unsere Fahrt durch die Regionen Frankreichs geht ihrem Ende entgegen; heute fahren wir in den Osten, um das Elsass und Lothringen zu besuchen.
2 Diese beiden Regionen waren lange Zeit ein patriotisches Symbol für den Durchschnittsfranzosen:
3 Für die Dauer von fast einem Jahrhundert waren sie eines der Streitobjekte bei den schrecklichen deutsch-französischen Kriegen und in der Folge bei den Weltkriegen.
4 1871 vom deutschen Reich annektiert, wurden sie im November 1918 erneut Frankreich angegliedert.
5 Wiederbesetzt während des zweiten Weltkriegs, mussten sie die Befreiung von 1944 abwarten, bevor sie endlich wieder französisch wurden.
6 Diese Zeiten sind glücklicherweise vorüber! Heutzutage sind diese beiden Provinzen sicher regelmäßig von Deutschen überlaufen,

Notes
(2) Die Grundbedeutung von **rattacher** ist 'wieder anbinden, wieder angliedern'. Das Präfix **re-/r-** weist auf die Wiederholung oder die erneute Ausführung einer Handlung hin: **voir** 'sehen' > **revoir** 'wiedersehen', **appeler** 'anrufen' > **rappeler** 'zurückrufen', **approcher** 'sich (an)nähern' > **rapprocher** 'sich wieder annähern'. **La mort du père les a rapprocher** 'Durch den Tod des Vaters sind sie sich wieder näher gekommen'.
(3) **durent** ist das **passé simple** von **devoir**. Achtung beim **passé composé** von **devoir** in der 3. Person Singular, das zwei verschiedene Aspekte ausdrücken kann: **Il a dû partir, je ne vois pas sa voiture** 'Er muss weggefahren sein, ich kann sein Auto nicht sehen' (= Vermutung). **Il a dû partir pour un rendez-vous urgent** 'Er musste zu einer dringenden Verabredung gehen' (Verpflichtung).
(4) Anstelle von **être rendues françaises** sollte man hier besser **redevenues françaises** oder **rendues à la France** sagen.
(5) **révolu** 'vergangen, abgelaufen, vollendet'. **Pour s'engager dans l'armée, il faut avoir dix-huit ans révolus** 'Um sich in der Armee zu verpflichten, muss man das 18. Lebensjahr vollendet haben'. Sie kennen auch bereits das Substantiv: **une révolution**, das neben 'Revolution, Umsturz, Massenerhebung' auch 'Umkreisung, Umrundung' bedeuten kann: **une révolution complète de la terre autour du soleil dure 365,24 jours** 'Eine komplette Umrundung der Erde um die Sonne dauert 365,24 Tage'.

7 mais des Allemands touristes, souriants et amicaux ; et si l'on garde un mauvais souvenir,

8 cela se traduit plutôt par des boutades, tel ce touriste d'Outre-Rhin qui demanda, à un autochtone, en regardant un ciel gris et nuageux au-dessus de Strasbourg, (6/7)

9 s'il faisait toujours un temps aussi maussade en Alsace ; à quoi la réponse fut :
– Pas du tout !

10 Ces nuages sont des emballages vides qui reviennent de chez vous !

11 On y parle français, mais aussi des langues régionales comme l'Elsasser (l'alsacien), très influencées par la langue allemande.

12 Strasbourg – capitale de l'Alsace – a une vocation européenne (le Conseil de l'Europe y siège). (8/9)

13 L'Alsace est un pays typique de vignobles et de chasses, d'industries et – vous vous en serez doutés – de gastronomie ! (10)

14 La Lorraine, elle, est plus tournée vers l'industrie : mines de fer, de charbon, aciéries.

NOTRE TOUR DES RÉGIONS DE FRANCE TIRE À SA FIN...

Notes

(6) Spricht der Franzose von **d'Outre-Rhin**, so bezeichnet er damit die von Frankreich aus gesehene 'andere' Rheinseite, also Deutschland.

(7) **un autochtone** 'ein Einheimischer, ein Ureinwohner'. **L'afflux des touristes a beaucoup dérangé les autochtones** 'Der Zustrom an Touristen hat die Einheimischen sehr gestört'. Man kann auch sagen: **Il est originaire d'ici** 'Er stammt von hier'.

7   aber von lächelnden und freundlichen deutschen Touristen; und wenn man irgendwelche schlechten Erinnerungen hat,
8   dann äußert sich das eher in Witzen, wie zum Beispiel der über diesen deutschen Touristen, der mit einem Blick auf den grauen und bewölkten Himmel über Straßburg einen Einheimischen fragte,
9   ob das Wetter im Elsass immer so trüb sei; die Antwort darauf war:
– Ganz und gar nicht!
10   Diese Wolken sind leere Verpackungen, die von Ihnen zurückkommen!
11   Man spricht dort französisch, aber auch Regionalsprachen wie Elsässisch, das stark von der deutschen Sprache beeinflusst ist.
12   Straßburg – Hauptstadt des Elsass – hat eine europäische Aufgabe (es ist der Sitz des Europarats).
13   Das Elsass ist ein typisches Wein-, Jagd- und Industrieland, und Sie ahnen es schon – eine gastronomische Region!
14   Lothringen ist eher der Industrie zugewandt: Eisen- und Kohlebergwerke, Stahlwerke.

Notes

(8) **une vocation** 'eine Berufung, eine Bestimmung, eine Aufgabe'; **Cette région a une vocation agricole/industrielle** 'Diese Region ist für Landwirtschaft/Industrie prädestiniert'. **À vocation** 'bestimmt für, orientiert auf' wird meist benutzt, wenn verdeutlicht werden soll, für welchen Zweck bzw. mit welcher Bestimmung etwas gedacht ist: **une économie du marché à vocation sociale** 'soziale Marktwirtschaft'.

(9) **un siège** 'ein (Stamm-)Sitz'; **le siège social** 'der Firmensitz'. Man hätte in diesem Satz auch **Le Conseil a son siège à Strasbourg** sagen können, ist es jedoch einfacher, das Verb **siéger** 'seinen Sitz haben, tagen' zu benutzen: **Le Conseil siège à Strasbourg**. Ebenso: **La Cour d'appel siège six fois par an** 'Das Berufungsgericht tagt sechsmal pro Jahr'.

(10) Das Verb **douter** und seine reflexive Form geben Französischlernern mitunter Rätsel auf. Einige Beispiele sollen die Verwendungsweisen illustrieren: **Je doute de sa sincérité** 'Ich zweifle an seiner/ihrer Aufrichtigkeit'. Reflexiv: **Il est très honnête. – Je n'en doute pas** 'Er ist sehr aufrichtig. – Ich zweifle nicht daran'. **Il se doutait de qqch.** 'Er ahnte etwas'. **Il est très mécontent. – Je m'en doute** 'Er ist sehr unzufrieden. – Das habe ich mir gedacht'. **Elle a oublié de le rapporter. – Je m'en doutais !** 'Sie hat vergessen, es zurückzubringen. – Das dachte ich mir!' **La partie la plus intéressante – vous vous en serez doutée – est la fin** 'Der interessanteste Teil – Sie haben es sich schon gedacht – ist das Ende'.

15 Sans oublier l'art : cristalleries d'une renommée mondiale (Baccarat et Saint-Louis) et la merveilleuse place Stanislas à Nancy, (II/I2)

16 qui, à elle seule, "vaut le voyage" comme dirait un guide touristique célèbre !

17 Régions au particularisme développé, attachantes et souriantes, l'Alsace et La Lorraine vous attendent ! (I3)

Notes
(II) une cristallerie 'eine Kristallfabrik' ≠ de la cristallerie 'Kristallwaren'. Diese Verwechslung geschieht häufig in Verbindung mit Kunstgewerbe: une verrerie 'eine Glasfabrik, Glashütte' ≠ de la verrerie 'Glaswaren'; une bijouterie 'ein Schmuckgeschäft' ≠ de la bijouterie 'Schmuckwaren'.

Comprenez vous ces phrases ?
1. Je pense qu'elle a dû partir ; il n'y a personne dans son bureau. **2.** Après la guerre, les deux pays se sont rapprochés à nouveau. **3.** Nos vacances tirent à leur fin : pourquoi fait-il un temps si maussade ? **4.** Je me souviens qu'en 1914... – Hé, grand-père, ces temps sont révolus ! **5.** Dans toutes les régions de France, la spécialité – vous vous en serez doutés – est la gastronomie. **6.** Cette ville vaut vraiment le voyage ; il y a une splendide cathédrale du XIVe siècle.

Trouvez les mots justes
1 Es kam ein dringender Anruf; sie mussten sofort gehen.

Il y a eu un appel urgent ; ils . . . . tout de suite.

2 Sie zweifelt nicht an ihrem guten Willen.

Elle . . . . leur bonne volonté.

3 Unser Pferd hat verloren! – Das dachte ich mir.

Notre cheval a perdu ! – Je . ' . . . .

4 Der Europarat hat seinen Sitz in Straßburg.

Le . . . . de l'Europe . . . . . à Strasbourg.

15 Nicht zu vergessen die Kunst: Kristallfabriken von Weltruf (Baccarat und Saint-Louis) sowie der wunderschöne Stanislasplatz in Nancy,
16 der alleine schon "eine Reise wert ist", wie ein berühmter Reiseführer sagen würde!
17 Regionen mit ausgeprägtem Identitätsstreben, reizvoll und freundlich, Elsass und Lothringen erwarten Sie!

Notes
(I2) Die Stadt **Nancy**, "capitale" de la Lorraine, führt eine Distel (**un chardon**) in ihrem Wappen sowie den lateinischen Leitspruch NON INVLTVS PREMOR 'Niemand bedrängt mich ungestraft', gewöhnlich auf Französisch meist übersetzt mit **Qui s'y frotte s'y pique** 'Wer sich daran reibt, sticht sich daran'.
(I3) le **particularisme** 'der Partikularismus' ist das Streben staatlicher Teilgebiete, ihre besonderen Interessen gegen allgemeine Interessen durchzusetzen und ihre eigene Identität zu bewahren.

Avez-vous compris ?
1. Ich denke, sie muss [wohl] gegangen sein; es ist niemand in ihrem Büro. **2.** Nach dem Krieg sind sich die beiden Länder wieder nähergekommen. **3.** Unsere Ferien gehen dem Ende entgegen: Warum ist das Wetter so trist? **4.** Ich erinnere mich, dass 1914 ... – He, Großvater, diese Zeiten sind vorbei! **5.** In allen Regionen Frankreichs ist die Spezialität – Sie ahnen es schon – die Gastronomie. **6.** Diese Stadt ist wirklich eine Reise wert; es gibt eine prachtvolle Kathedrale aus dem 14. Jahrhundert.

5 Das ist eine auf den Tourismus ausgerichtete Region.
Ich zweifle nicht daran, aber es ist zu weit weg.

C'est une région . . . . touristique.
Je . ' . . . . pas, mais c'est trop loin.

6 Eine Distel und der lateinische Leitspruch "Wer sich daran reibt, sticht sich daran" sind Symbole der Stadt Nancy.

Un chardon et la devise . . . . "qui s'y frotte
s'y . . . . . " sont des symboles de la ville de Nancy.

Les mots manquants 1. ont dû partir **2.** ne doute pas de **3.** m'en doutais **4.** Conseil - siège **5.** à vocation - n'en doute **6.** en latin - pique.

LEÇON 66

SOIXANTE-SEPTIÈME (67ᵉ) LEÇON

La littérature du XXᵉ siècle

1 Dans nos extraits littéraires jusqu'à présent, nous nous sommes cantonnés au XIXᵉ siècle.
Le problème, quand on parle des auteurs de notre temps, (1)
2 n'est pas qui citer, mais qui omettre !
Va-t-on passer sous silence Anatole France, Paul Claudel, André Gide, Paul Valéry ? (2)
3 Qui oserait passer à côté d'un André Malraux ou d'un Jean-Paul Sartre ? (3)
4 Non, nous avons tranché :
nous allons vous présenter un auteur qui eut peut-être la plus grande influence sur le roman contemporain. (4)
5 C'était un homme maladif, qui passa beaucoup de sa vie sur un lit de malade et qui écrivait l'histoire de sa vie intérieure
6 en essayant d'échapper au temps : Marcel Proust.
7 Sa vaste œuvre "A la Recherche du Temps Perdu" fut inspirée par un petit incident, désormais célèbre...

Notes
(1) un canton ist in etwa das Pendant zu einem Landkreis; besser kennt man die Kantone aus der Schweiz, wo es 26 von ihnen gibt. se cantonner à qqc. 'sich auf etw. beschränken'; se cantonner dans qqc. 'sich in etw. zurückziehen'; cantonner qqn. 'jmdn. einquartieren'.

67. LEKTION

Die Literatur des 20. Jahrhunderts

1 In unseren bisherigen literarischen Auszügen haben wir uns auf das 19. Jahrhundert beschränkt. Spricht man von Autoren unserer Zeit, lautet die Frage
2 nicht, wen man zitieren soll, sondern wen man weglassen soll! Können wir stillschweigend Anatole France, Paul Claudel, André Gide, Paul Valéry übergehen?
3 Wer würde es wagen, an einem André Malraux oder einem Jean-Paul Sartre vorbeizugehen?
4 Nein, wir haben uns entschieden: Wir werden Ihnen einen Autor vorstellen, der den vielleicht größten Einfluss auf den zeitgenössischen Roman hatte.
5 Er war ein kränkelnder Mann, der einen großen Teil seines Lebens auf dem Krankenbett verbrachte und der die Geschichte seines Innenlebens schrieb,
6 in dem Versuch, der Zeit zu entkommen: Marcel Proust.
7 Sein umfangreiches Werk "Auf der Suche nach der verlorenen Zeit" wurde durch einen kleinen, aber von da an berühmten Vorfall inspiriert ...

Notes

(2) **passer sous silence** 'verschweigen, stillschweigend über etw. hinweggehen, über etw. kein Wort verlieren'. **Vous avez encore eu une contravention ! Passons sous silence l'amende que vous avez eue la semaine dernière !** 'Sie haben schon wieder einen Strafzettel bekommen! Ganz zu schweigen von der Strafe, die Sie letzte Woche bekommen haben!'

(3) Vielleicht haben sie als fortgeschrittener Lerner bereits Werke der genannten Autoren gelesen? Wenn nicht, schauen Sie sich doch im Internet ein wenig die Biografien der verschiedenen Schriftsteller an.

(4) Sie kennen **trancher** wahrscheinlich bisher in der Bedeutung 'in Scheiben schneiden, durchschneiden'. Eine weitere Bedeutung ist 'entscheiden; klären'. **Assez parlé, tranchons !** 'Genug geredet, fassen wir einen Entschluss!' **Ils se disputaient depuis des semaines ; j'ai tranché le différend** 'Sie haben sich wochenlang gestritten; ich habe den Streit geschlichtet'. **Une décision tranchée** ist 'eine klare Entscheidung'.

8   [...] Un jour d'hiver, comme je rentrais à la maison, ma mère, voyant que j'avais froid, (5) me proposa de me faire prendre, contre mon habitude, un peu de thé.
9   Je refusai d'abord et, je ne sais pourquoi, me ravisai. Elle envoya chercher un de ces gâteaux courts et dodus appelés Petites Madeleines, (6)
10 qui semblent avoir été moulés dans la valve rainurée d'une coquille Saint-Jacques.
11 Et bientôt, machinalement, accablé par la morne journée et la perspective d'un triste lendemain,
12 je portai à mes lèvres une cuillerée de thé où j'avais laissé s'amollir un morceau de madeleine. (7/8)
13 Mais à l'instant même où la gorgée mêlée des miettes de gâteau toucha mon palais, je tressaillis, attentif à ce qui se passait d'extraordinaire en moi.
14 Un plaisir délicieux m'avait envahi, isolé, sans la notion de sa cause. Il m'avait aussitôt rendu les vicissitudes de la vie indifférentes,
15 ses désastres inoffensifs, sa brièveté illusoire de la même façon qu'opère l'amour, en me remplissant d'une essence précieuse (9)
16 ou plutôt, cette essence n'était pas en moi, elle était moi.

trois cent vingt-deux • 322

8   [...] als meine Mutter an einem Wintertage, an dem ich durchfroren nach Hause kam, mir vorschlug, ich solle entgegen meiner Gewohnheit eine Tasse Tee zu mir nehmen.
9   Ich lehnte erst ab, besann mich dann aber, ich weiß nicht warum, eines anderen. Sie ließ darauf eines jener dicken ovalen Sandtörtchen holen, die man 'Madeleine' nennt
10 und die aussehen, als habe man als Form dafür die gefächerte Schale einer St.-Jakobs-Muschel benutzt.
11 Gleich darauf führte ich, bedrückt durch den trüben Tag und die Aussicht auf den traurigen folgenden
12 einen Löffel Tee mit dem aufgeweichten kleinen Stück Madeleine darin an die Lippen.
13 In der Sekunde nun, als dieser mit dem Kuchengeschmack gemischte Schluck Tee meinen Gaumen berührte, zuckte ich zusammen und war wie gebannt durch etwas Ungewöhnliches, das sich in mir vollzog.
14 Ein unerhörtes Glücksgefühl, das ganz für sich allein bestand und dessen Grund mir unbekannt blieb, hatte mich durchströmt. Mit einem Schlage waren mir die Wechselfälle des Lebens gleichgültig,
15 seine Katastrophen zu harmlosen Missgeschicken, seine Kürze zu einem bloßen Trug unsrer Sinne geworden; es vollzog sich damit in mir, was sonst die Liebe vermag, gleichzeitig aber fühlte ich mich von einer köstlichen Substanz erfüllt:
16 oder diese Substanz war vielmehr nicht in mir, sondern ich war sie selbst.

Notes

(5) Wir haben hier die offizielle Romanübersetzung abgedruckt. Vergleichen Sie sie mit dem französischen Originaltext, und schauen Sie das Vokabular, das Ihnen fremd ist, in einem Wörterbuch nach. So erweitern Sie Ihren Wortschatz.

(6) Erkennen Sie in **se raviser** 'sich anders besinnen, seine Meinung ändern' die Wurzel **un avis** 'eine Meinung, eine Ansicht'? In der modernen Umgangssprache würde man **changer d'avis** sagen.

(7) Nach demselben Muster wie die Mengenangabe **une cuillerée** 'ein Löffel voll' von **une cuillère** 'ein Löffel' gibt es ebenfalls **un bras** – **une brassée** 'ein Arm – ein Armvoll'; **une bouche** – **une bouchée** 'ein Mund – ein Mundvoll'; **une gorgée** 'ein Schluck'; **une grande gorgée** 'ein Zug'; **une petite gorgée** 'ein Schlückchen'; **une poignée** 'eine Handvoll' (von **le poing** 'die Faust').

(8) **s'amollir** 'weich werden, erschlaffen' ist abgeleitet von **mou/molle** 'weich'; **ramollir** 'etw. aufweichen, etw. weich machen, etw. durchweichen'.

(9) ... **de la même façon qu'opère l'amour** ist die literarische Variante von ... **de la même façon que l'amour opère**.

LEÇON 67

17 J'avais cessé de me sentir médiocre, contingent, mortel. D'où avait pu venir cette puissante joie ? Je sentais qu'elle était liée au goût du thé et du gâteau,
18 mais qu'elle les dépassait infiniment, ne devait pas être de même nature. (10)
19 D'où venait-elle ? Que signifiait-elle ? Où l'appréhender ? (11)

Notes
(10) **dépasser** 'überschreiten, übersteigen, überragen'. **Ne dépassez pas le 90 kilomètres(-)heure** 'Überschreiten Sie nicht 90 Stundenkilometer'. **Tout cela me dépasse** 'All das übersteigt meine Vorstellungskraft'. **Son portable dépassait de sa poche** 'Sein Handy schaute aus seiner Tasche hervor'; **dépassé** 'überholt, aus der Mode'; **dépasser les bornes** 'etw. übertreiben, den Bogen überspannen'.

Comprenez vous ces phrases ?
1. On ne peut pas étudier toute l'œuvre : il faut se cantonner au premier volume. **2.** Après de longs débats, le Tribunal a tranché en faveur de la femme. **3.** J'avais l'intention de partir ce week-end, mais j'ai changé d'avis. **4.** Il a fait de la prison, il vaut mieux passer ça sous silence. **5.** Les enfants avaient tellement soif : ils ont bu leur limonade à grandes gorgées. **6.** Cet argent m'avait rendu la vie plus facile.

Trouvez les mots justes
1 Sie sehen krank aus; ich werde nach dem Arzt schicken.

Vous avez l'air malade ; j' . . . . le médecin.

2 Er macht es auf die gleiche Weise wie mein Vater es machte.

Il le fait . . . . mon père.

3 Ich habe mich verletzt; ein Nagel stand aus der Wand hervor.

Je me suis fait mal ; il y avait un clou . . . . du mur.

17 Ich hatte aufgehört mich mittelmäßig, zufallsbedingt, sterblich zu fühlen. Woher strömte diese mächtige Freude mir zu? Ich fühlte, dass sie mit dem Geschmack des Tees und des Kuchens in Verbindung stand,

18 aber darüber hinaus ging und von ganz anderer Wesensart war.

19 Woher kam sie mir? Was bedeutete sie? Wo konnte ich sie fassen?

Notes
(II) Die Madeleine-Episode ist eine zentrale Stelle in Prousts Werk "Auf der Suche nach der verlorenen Zeit"; er widmet ihr mehrere Seiten, auf denen er beschreibt, wie der Geschmack einer in Tee getunkten Madeleine den Ich-Erzähler an seine Kindheit erinnert und damit zum Katalysator des gesamten Werks wird.

Avez-vous compris ?
1. Man kann nicht das ganze Werk studieren: Man muss sich auf den ersten Band beschränken. **2.** Nach langen Debatten hat das Gericht zugunsten der Frau entschieden. **3.** Ich hatte die Absicht, dieses Wochenende wegzufahren, aber ich habe meine Meinung geändert. **4.** Er war im Gefängnis; es ist besser, das zu verschweigen. **5.** Die Kinder waren so durstig: Sie haben ihre Limonade in großen Zügen ausgetrunken. **6.** Dieses Geld hatte mir das Leben leichter gemacht.

4 Sie haben das Wesentliche übersehen.

Vous êtes . . . . l'essentiel.

5 Ich achtete auf das Außergewöhnliche, das in mir geschah.

J'étais attentif . . . . d'extraordinaire en moi.

Les mots manquants 1. enverrai chercher **2.** de la même façon que le faisait **3.** qui dépassait **4.** passé à côté de **5.** à ce qui se passait.

SOIXANTE-HUITIÈME (68ᵉ) LEÇON

Tout est bien qui finit bien

1 – Laurent, consentez-vous à prendre pour épouse Anne-Marie...?
Eh oui ! Nous avions perdu de vue nos jeunes amis Laurent et Anne-Marie depuis quelque temps, (1)
2 mais eux, ils n'ont pas perdu leur temps, comme vous pouvez le constater.
3 Ils se fréquentèrent pendant quatre ans après leur première rencontre ; oh, tout n'était pas un lit de roses ; ils eurent leur bonne part (2/3)
4 de disputes et de querelles d'Allemand, mais il y avait toujours le plaisir de la réconciliation après ! (4)
5 De fil en aiguille, et quand Laurent eut reçu son diplôme, il invita Anne-Marie à dîner pour fêter l'événement. (5/6)

LAURENT FAIT SA DEMANDE EN MARIAGE

Notes
(1) depuis quelque temps entspricht il y a un certain temps. Beachten Sie die Steigerung il y a peu de temps/quelque temps/longtemps 'vor kurzem / vor einiger Zeit / vor langer Zeit'.
(2) fréquenter qqn. 'jmdn. regelmäßig besuchen/sehen; mit jmdm. Umgang haben', se fréquenter bedeutet, wenn von zwei Personen die Rede ist, 'zusammen sein, miteinander gehen'; es hat dieselbe Bedeutung wie sortir ensemble.
(3) Die Wendungen und Floskeln mit une part sind überaus zahlreich, und leider sind Missverständnisse und Fehlinterpretationen nicht selten. Am besten notieren Sie sie sich, wenn Sie sie antreffen, zusammen mit ihrer jeweiligen Bedeutung.

68. LEKTION

Ende gut, alles gut

1 – Laurent, nehmen Sie Anne-Marie zu Ihrer [rechtmäßig angetrauten] Ehefrau ...?
Genau! Wir haben unsere jungen Freunde Laurent und Anne-Marie seit einiger Zeit aus den Augen verloren,
2 aber die beiden haben, wie Sie feststellen können, keine Zeit vergeudet.
3 Sie haben seit ihrer ersten Begegnung vor vier Jahren eine Beziehung, oh, es war nicht immer alles rosig; sie haben ihren Teil
4 an Auseinandersetzungen und sinnlosen Streitereien gehabt, aber hinterher gab es immer wieder das Vergnügen der Versöhnung!
5 Eins führte zum anderen, und als Laurent schließlich sein Diplom hatte, lud er Anne-Marie zum Abendessen ein, um das Ereignis zu feiern.

Notes

(4) Das Verb zu **une querelle** 'eine Streitigkeit, eine Fehde, ein Zank' lautet **se quereller** 'sich streiten, sich zanken'. Handelt es sich um eine kleine Auseinandersetzung, verwendet man eher **une dispute**. **Une querelle d'Allemand** ist der Begriff für einen sinnlosen Streit um Nichtigkeiten, eine Auseinandersetzung, die zu nichts führt. Die Entstehungsgeschichte dieser Wendung ist nicht geklärt.

(5) **un fil** 'ein Faden, eine Schnur' wird in den unterschiedlichsten Kombinationen benutzt: **un fil de fer** 'ein Draht'; **un fil à coudre** 'Nähgarn'; **(un bout de) fil** 'Nähfaden, Fädchen'; **de fil en aiguille** 'allmählich, nach und nach, mit der Zeit' (**une aiguille** 'eine Nadel' ≠ **une épingle** 'eine Stecknadel' ≠ **une épingle à nourrice** 'eine Sicherheitsnadel'). **Un mensonge cousu de fil blanc** ist 'eine leicht zu erkennende Lüge'.

(6) **une fête** ist natürlich in erster Linie 'ein Fest, eine Party', aber im Gegensatz zum Deutschen bedeutet **Tiens, demain c'est la Saint-Alphonse ; c'est ta fête** 'He, morgen ist der Tag des Heiligen Alphonse; das ist dein Namenstag' – und nicht 'Geburtstag', denn im katholischen Frankreich gratuliert man sich eher zum Namenstag: **souhaiter une bonne fête**. In Blumengeschäften gibt es oft Tafeln mit den Namen der Heiligen und dem jeweiligen Datum. Nichtsdestotrotz wird natürlich auch in Frankreich Geburtstag gefeiert: **Demain on fête son anniversaire** 'Morgen feiern wir seinen Geburtstag.' **Ils ont fait la fête/la teuf jusqu'à l'aube** 'Sie haben bis Sonnenaufgang gefeiert' (**la teuf** ist der sog. **verlan**-Ausdruck für **fête**, eine Geheimsprache, bei der Wörter verkehrt herum ausgesprochen werden).

6 Laissons-les pudiquement pendant que Laurent fait sa demande en mariage, et qu'Anne-Marie hésite longuement (7)

7 – au moins dix secondes – avant d'accepter.

8 Après, ce fut le branle-bas dans les deux familles. Laurent ne voulait pas de cérémonie religieuse, (8/9)

9 il préférait se marier à la mairie, entouré de copains, mais après un bref entretien avec son père et son futur beau-père, il se ravisa... (10)

10 Ensuite, il fallut choisir la date, publier les bans, choisir les témoins, retenir une salle pour la fête.

11 Le choix de sa robe de mariée mit Anne-Marie dans tous ses états – et puis il fallait choisir les alliances... (11)

12 Mais enfin, tout rentra dans l'ordre et le jour J arriva à grands pas. (12)

13 Laurent avait choisi deux de ses camarades de faculté pour être ses témoins – et ils étaient bien plus inquiets que lui. (13/14)

Notes

(7) la pudeur 'Schamgefühl, Schamhaftigkeit, Zartgefühl'. Je n'en parlerai pas par pudeur 'Ich spreche aus Schamgefühl nicht darüber'; Il est sans pudeur 'Er ist schamlos'; Elle a rougi de pudeur 'Sie ist vor Scham errötet'.

(8 le branle-bas de combat ist ursprünglich ein militärischer Begriff; es ist der Befehl 'Klarmachen zum Gefecht'. Ein Synonym für le branle-bas ist le remue-ménage 'Trubel, Durcheinander'. Die Grundbedeutung von branler ist 'wackeln'. Vermeiden Sie jedoch die Benutzung dieses Wortes, denn es hat inzwischen auch eine starke sexuelle Konnotation ...

(9) Seitdem die Trennung von Staat und Kirche in Frankreich vor über einhundert Jahren vollzogen wurde, ist die standesamtliche Trauung (le mariage (civil) à la mairie) Pflicht. Wünscht es das Paar, so erfolgt die Eheschließung à l'église, au temple, à la mosquée oder à la synagogue.

trois cent vingt-huit • 328

6 Übergehen wir taktvoll den Moment, in dem Laurent seinen Heiratsantrag macht und Anne-Marie lange zögert
7 – mindestens zehn Sekunden – bevor sie einwilligt.
8 Danach herrschte in den beiden Familien große Aufregung. Laurent wollte keine kirchliche Trauung,
9 er wollte lieber standesamtlich heiraten, umgeben von seinen Kameraden, aber nach einem kurzen Gespräch mit seinem Vater und seinem zukünftigen Schwiegervater änderte er seine Meinung ...
10 Danach musste das Datum festgelegt, das Aufgebot bestellt, die Trauzeugen ausgewählt, ein Saal für das Fest reserviert werden.
11 Die Wahl ihres Hochzeitskleides versetzte Anne-Marie in große Aufregung – und dann mussten die Eheringe ausgesucht werden ...
12 Aber schließlich trat wieder Ordnung ein, und der Tag X kam rasch näher.
13 Laurent hatte zwei Freunde von der Universität als Trauzeugen ausgewählt – und sie waren viel nervöser als er.

Notes

(10) **le beau-père/beau papa** 'der Schwiegervater'; **la belle-mère/belle-maman** 'die Schwiegermutter'. Dieselben Bezeichnungen werden für 'Stiefvater/Stiefmutter' verwendet! 'Der Schwager' bzw. 'die Schwägerin' ist **le beau-frère/la belle-sœur**. **Le beau-fils** kann 'der Schwiegersohn' oder 'der Stiefsohn' sein; 'der Schwiegersohn' kann auch als **le gendre** bezeichnet werden. **La belle-fille** ist 'die Stieftochter' oder 'die Schwiegertochter', die auch mit dem etwas veralteten **la bru** tituliert wird.

(11) **une bague** 'ein Fingerring'; **une alliance** 'ein Ehering'; **un anneau** ist jede andere Art von Ring. Der Finger, an dem der Ring meist getragen wird, ist **l'annulaire** 'der Ringfinger'.

(12) Während wir 'der Tag X' sagen, sagt der Franzose **le jour J** oder **le grand jour**. Der Zeitpunkt bzw. die Stunde, in der ein Projekt seinen Anfang nimmt bzw. startet, wird als **l'heure H** bezeichnet, nicht zu verwechseln mit 'die Stunde null', **l'instant zéro**, der Moment, in dem alles wieder auf null gestellt und ein Neuanfang, **un nouveau départ/commencement**, gemacht wird.

(13) **les témoins** 'die Zeugen' und auch 'die Trauzeugen'; **passer le témoin** 'den Staffelstab weiterreichen' und 'die Verantwortung übergeben'. **Le témoin lumineux vous sert à voir si la machine est branché** 'Die Kontrollleuchte zeigt Ihnen, ob das Gerät angeschlossen ist'.

(14) **inquiet/inquiète** 'unruhig, besorgt' ≠ **nerveux/nerveuse** 'reizbar, empfindlich'. **Une voiture très nerveuse** ist ein Auto, das eine sportliche Fahrweise erlaubt, und **une conduite nerveuse** ist ein 'aggressiver Fahrstil'.

LEÇON 68

14 Dans la voiture, avant de partir pour l'église, ils se demandaient :
— Alors, on n'a rien oublié ?
— Non, j'ai les télégrammes.

15 — Et moi, j'ai les fleurs et leurs billets d'avion. Allons-y.
Ils démarrèrent en trombe, sifflant la Marche Nuptiale à tue-tête. (15/16)

16 Ils n'avaient guère fait qu'une centaine de mètres lorsque Pierre pila. (17)
— Qu'est-ce que tu as ? demanda Alain.
Tu as oublié quelque chose ?

17 — Oui, répondit Pierre ! On est partis sans lui.

18 Malgré de petits désastres de ce genre,
tout se passa merveilleusement bien.
Après les deux cérémonies, les invités firent
une fête qui dura jusqu'à l'aube, (18/19)

19 tandis que, discrètement, vers deux heures du matin, les nouveaux mariés partaient pour leur lune de miel. (20)

Notes

(15) une trombe 'eine Windhose', une trombe d'eau 'ein Wolkenbruch, ein Regenschauer'; démarrer en trombe 'wie der Blitz starten, lossausen'.

(16) à tue-tête 'aus vollem Halse, aus voller Kehle, lauthals'.

(17) Die Grundbedeutung von piler ist 'etw. zerstoßen, zerkleinern'. Ein Synonym ist pilonner = écraser avec un pilon 'mit einem Stößel zerstampfen'. Man benutzt piler auch für 'voll auf die Bremse treten, abrupt abbremsen'. Das Substantiv pile 'Stapel, Haufen' wird u. a. benutzt in Pile ou face ? 'Kopf oder Zahl?'

14 Im Auto vor der Fahrt zur Kirche fragten sie sich:
– Also, haben wir nichts vergessen?
– Nein, ich habe die Telegramme.
15 – Und ich habe die Blumen und ihre Flugtickets. Fahren wir los.
Sie sausten los und pfiffen lauthals den Hochzeitsmarsch.
16 Sie hatten kaum hundert Meter zurückgelegt, als Pierre voll auf die Bremse trat.
– Was ist los? fragte Alain. Hast du etwas vergessen?
17 – Ja, antwortete Pierre! Wir sind ohne ihn losgefahren.
18 Trotz kleiner Katastrophen dieser Art verlief alles wunderbar. Nach den zwei Zeremonien feierten die Gäste bis zum Morgengrauen,
19 während die frisch Vermählten gegen zwei Uhr morgens diskret auf Hochzeitsreise fuhren.

Notes
(18) **un désastre** 'eine Katastrophe, ein Unglück'. **Il a échappé à ce désastre d'extrême justesse** 'Er ist diesem Unglück mit knapper Not entgangen'.
(19) **une cérémonie** 'eine Zeremonie, eine Festveranstaltung' ist wie bei uns eine in bestimmten festen Formen bzw. nach einem Ritus ablaufende feierliche Handlung. **Sans plus de cérémonies** 'ohne weitere Umstände'; **la cérémonie funèbre** 'die Trauerfeierlichkeiten'; **la cérémonie des Oscars** 'die Oscar-Verleihung'.
(20) **discret** 'diskret, taktvoll, unauffällig'; **à discrétion = à volonté** 'nach Belieben, so viel wie man will'.

20 Pierre et Alain regardèrent disparaître la voiture. Pierre dit :
— Quand je pense à toutes les femmes qu'il a rendues heureuses ! (2I)

21 Mais voyons, répondit Alain. Tu n'es pas très discret, le jour de leur mariage.

22 Non, je veux dire toutes les femmes qu'il a rendues heureuses en épousant Anne-Marie. (22)

Notes
(2I) Das Substantiv zu **disparaître** 'verschwinden, verloren gehen, abhanden kommen' ist **un disparu** 'ein Vermisster, ein Verschollener'. **Une déclaration de disparition** 'eine Vermisstenanzeige'.

Comprenez vous ces phrases ?
1. Quand il a eu fini ses études, il s'est marié, bien qu'il ne s'entendît pas très bien avec la belle-famille. **2.** Mais il allait leur rendre visite souvent et, de fil en aiguille, ils ont oublié leurs disputes. **3.** Avant le jour J, la maison était en branle-bas. **4.** Comme vous pouvez le constater, nous n'avons pas perdu notre temps. **5.** Pour ma part, je ne veux qu'une cérémonie civile. **6.** Tu as les yeux tout rouges. — Oh là là, j'ai fait une de ces fêtes hier soir !

Trouvez les mots justes
1 Nachdem sie das Datum gewählt hatten, reservierten sie einen Saal, um zu feiern.

Quand ils . . . . . . choisi la date, ils . . . . une salle pour faire la . . . . .

2 Die Zeugen sahen zu, wie der Wagen abfuhr/verschwand.

Les . . . . disparaître la voiture.

3 Es gab zwei Tage lang großen Aufruhr, dann ist wieder Ordnung eingekehrt.

Il y a eu un . . . . - . . . pendant deux jours puis tout est . . . .'. . .

trois cent trente-deux • 332

20 Pierre und Alain sahen zu, wie das Auto verschwand. Pierre sagte: – Wenn ich an all die Frauen denke, die er glücklich gemacht hat!
21 Aber sag mal! antwortete Alain. Du bist nicht sehr taktvoll, an ihrem Hochzeitstag.
22 Nein, ich meine all die Frauen, die er glücklich gemacht hat, indem er Anne-Marie geheiratet hat.

Notes
(22) **rendre** 'zurückgeben'; **rendre heureux/heureuse** 'glücklich machen' ≠ **rendre malheureux/malheureuse**. **se rendre** hat zwei Bedeutungen, zum einen 'sich ergeben' (**Vercingétorix s'est rendu aux romains** 'Vercingétorix hat sich den Römern ergeben') und zum anderen 'sich an einen Ort begeben' (**César après sa victoire, s'est rendu directement à Rome** 'Cäsar begab sich nach seinem Sieg direkt nach Rom').

Avez-vous compris ?
1. Nachdem er sein Studium beendet hatte, hat er geheiratet, obwohl er sich nicht sehr gut mit den Schwiegereltern verstand. **2.** Aber er besuchte sie oft, und allmählich haben sie ihre Auseinandersetzungen vergessen. **3.** Vor dem großen Tag war Trubel im Haus. **4.** Wie Sie feststellen können, haben wir keine Zeit vergeudet. **5.** Ich meinerseits möchte nur eine standesamtliche Trauung. **6.** Du hast ganz rote Augen. – Oh, ich hab gestern so was von gefeiert!

4 Er hatte kaum hundert Meter zurückgelegt, als er mit aller Kraft auf die Bremse trat.

Il avait . . . . cent mètres quand il . . . . . .

5 Wir haben sie seit einiger Zeit aus den Augen verloren.

Nous les avons . . . . . de . . . . quelque temps.

Les mots manquants 1. eurent - retinrent - fête **2.** témoins regardaient **3.** branle-bas - rentré dans l'ordre **4.** à peine fait - a pilé **5.** perdu - vue depuis.

LEÇON 68

SOIXANTE-NEUVIÈME (69ᵉ) LEÇON

De la bonne chère (1)

1 Il a beaucoup été question dans ce livre de gastronomie – et ce n'est pas seulement dû à la gourmandise de l'auteur.
2 Dans un pays qui prend parti passionnément pour les idées, et d'habitude celles qui vont à l'encontre des idées du voisin, (2)
3 la cuisine est une façon de réunir femmes et hommes autour d'une table pour oublier, le temps d'un repas, leurs querelles,
4 parce qu'on n'y parle que de ce qu'on a mangé à d'autres repas !
5 Comme disait Brillat-Savarin :
« La table est le seul endroit où on ne s'ennuie jamais pendant la première heure. » (3)
6 Étrange coutume. Vous, l'étranger, l'invité d'honneur, vous vous pâmez sur un plat – disons un cassoulet – (4/5)
7 qu'a mijoté votre hôtesse pendant des heures. Vous lui exprimez votre délectation – et elle vous répond : (6)

Notes
(1) faire bonne chère 'gut und reichhaltig essen und trinken, schlemmen' vom lat. *cara* 'Gesicht' meinte ursprünglich 'eine gute Figur machen, gut abschneiden'. Im Laufe der Zeit wandelte sich die Bedeutung. Ein bekanntes Rezeptbuch ist **Le code de la bonne chère** von **Édouard de Pomiane**. Ein Synonym zu faire bonne chère ist ripailler.
(2) aller à l'encontre de qqn./qqch. 'gegen jmdn./etw. sein, etw. zuwiderlaufen'. Ces idées vont à l'encontre de tout ce que nous connaissons déjà 'Diese Ideen laufen allem zuwider, was wir schon wissen'. On ne peut rien dire à l'encontre de ça 'Dagegen kann man nichts sagen'.
(3) Anthelme Brillat-Savarin (1755-1826), Richter und Schriftsteller, erforschte die kulturwissenschaftlichen Zusammenhänge von Ernährung und Gesellschaft. Sein bekanntestes Werk ist **La Physiologie du Goût**. Er begründete eine neue Form des Schreibens über Essen und trug in Europa wesentlich zur Weiterentwicklung der Kochkunst bei.

69. LEKTION

Vom guten Essen

1 Es war in diesem Buch viel von Gastronomie die Rede – und dies ist nicht nur auf die Genussfreude des Autors zurückzuführen.
2 In einem Land, das mit Vorliebe für Ideen eintritt und gewöhnlich für jene, die den Ideen des Nachbarn widersprechen,
3 ist die Küche eine Möglichkeit, Frauen und Männer um einem Tisch zu versammeln, damit sie für der Dauer eines Essens ihre Streitigkeiten vergessen,
4 weil man nur darüber spricht, was man bei anderen Mahlzeiten gegessen hat!
5 Wie Brillat-Savarin sagte:
"Der Tisch ist der einzige Ort, an dem man sich während der ersten Stunde nie langweilt."
6 Eigenartiger Brauch. Sie, der Fremde, der Ehrengast, geraten über ein Essen – sagen wir ein Cassoulet –
7 das die Gastgeberin stundenlang hat schmoren lassen, in Verzückung. Sie drücken Ihre Begeisterung aus – und sie antwortet Ihnen:

Notes
(4) **étrange** 'merkwürdig, seltsam, sonderbar'; **étranger, -ère** 'fremd, ausländisch'; **un/une étranger/étrangère** 'ein/-e Ausländer/-in, ein/-e Fremde/-r'.
(5) Das veraltete **pâmer** (das Substantiv lautet **la pâmoison** 'die Ohnmacht') wird in der Poesie für 'in Ohnmacht fallen' benutzt; heute würde man **s'évanouir** benutzen. In der reflexiven Form, **se pâmer**, drückt es eine starke Gefühlsregung aus: **se pâmer d'amour** 'vor Liebe vergehen'; **se pâmer d'admiration** 'vor Bewunderung erstarren'; **se pâmer de joie** 'vor Freude außer sich sein'. Verwechseln Sie es nicht mit **se paumer**, dem Slangausdruck für 'sich verirren, sich verlaufen': **Il devait être là à midi, mais il s'est paumé dans les petites rues** 'Er sollte eigentlich um zwölf Uhr da sein, aber er hat sich in den kleinen Straßen verirrt.'
(6) **mijoter** 'köcheln, auf kleiner Flamme schmoren' kann auch im übertragenen Sinne verwendet werden: 'etw. aushecken, einen heimlichen Plan haben'. **Ces deux-là, je suis certain qu'ils mijotent quelque chose** 'Ich bin sicher, dass die beiden da etwas aushecken'.

8 – Mouais... mais c'était meilleur la dernière fois ! (7)
9 Alors vous sortez de table rassasié avec encore sur le palais ces parfums de rêve, (8)
10 ayant la nette impression que vous êtes toujours passé à côté des meilleurs festins qui aient jamais été ! (9)
11 Même la langue est embaumée des odeurs de gourmandise, de cuisine et de gastronomie... (10)
12 Imaginez-vous que tout va mal, vous n'avez pas de travail, c'est la fin des haricots et les carottes sont cuites. (11)
13 Vous n'êtes pas dans votre assiette, mais il ne faut pas s'en faire : on vous trouvera quelque chose pour mettre du beurre dans les épinards. (12/13)
14 Mais ce qu'on vous propose n'est pas très net, vous n'êtes pas sûr : c'est du lard ou du cochon ? mais vous êtes certain que cette affaire-là va partir en brioche. (14/15)

Notes
(7) **Mouais...** 'naja, na gut, nun' ist eine stark umgangssprachliche Entsprechung von **oui**.
(8) **parfum** bedeutet natürlich 'Parfüm', aber darüber hinaus auch 'Duft, Wohlgeruch, Aroma' oder auch 'Geschmacksrichtung': **Tu veux une glace ? Quel parfum ?** 'Möchtest du ein Eis? Welche Sorte?'.
(9) **net/nette** 'deutlich, klar, sauber'. **Cette histoire n'est pas très nette** 'Diese Geschichte ist nicht ganz eindeutig/etwas undurchsichtig'. **Je vous ai dit tout net que je ne veut plus vous voir** 'Ich habe Ihnen klipp und klar gesagt, dass ich Sie nicht mehr sehen will'. **Tout net** 'geradeheraus, direkt, ohne Umschweife'. **Le conducteur a pilé et la voiture s'est arrêtée net** 'Der Fahrer hat kräftig gebremst, und der Wagen hat auf der Stelle angehalten'. **Je voudrais en avoir le cœur net** 'Ich möchte Gewissheit haben'.

8 – Najaaa ... aber das letzte Mal war es besser!
9 Also verlassen Sie gesättigt den Tisch, am Gaumen noch immer die traumhaften Aromen,
10 und haben den deutlichen Eindruck, dass Sie immer die allerbesten (die es je gegeben hat) Festessen verpasst haben!
11 Selbst die Sprache verströmt die Wohlgerüche der Esslust, der Küche und der Gastronomie ...
12 Stellen Sie sich vor, alles läuft schlecht, Sie haben keine Arbeit, alles ist im Eimer und die Situation ist hoffnungslos.
13 Sie fühlen sich nicht wohl, aber Sie sollten sich nicht beunruhigen: Wir werden schon etwas finden, das Sie finanziell wieder auf die Beine bringt.
14 Aber das, was man Ihnen vorschlägt, ist nicht sehr eindeutig: Sie sind sich nicht sicher: Kann man sich darauf verlassen, oder ist es nur ein Schwindel? Aber Sie sind sicher, dass die Angelegenheit schiefgehen wird.

Notes
(10) **embaumer** 'einen Wohlgeruch verströmen'; **embaumer qqch.** 'etw. mit Wohlgeruch/Duft erfüllen; nach etw. duften'.
(11) Auf Schiffen waren früher die Bohnen das Lebensmittel, das zuallerletzt gegessen wurde, wenn alles andere bereits aufgebraucht war. Waren also keine Bohnen mehr verfügbar (**la fin des haricots**), bedeutete dies, dass die Lage kritisch wurde. Ebenso signalisiert die Wendung **les carottes sont cuites**, dass die Situation aussichtslos und nicht mehr zu retten bzw. zu ändern ist.
(12) **ne pas être dans l'assiette**: Im 16. Jh. bedeutete **assiette** 'bei jmdm. / an etw. sitzen', und **ne pas être dans l'assiette** hieß, das man nicht gut saß. Heute ist es der Ausdruck für 'nicht in Form sein, nicht fit sein'.
(13) **mettre du beurre dans les épinards**: Es versteht sich, dass Spinat mit etwas Butter besser schmeckt als ohne. Ist man also in der Lage, dem Spinat wieder Butter hinzuzufügen, bedeutet dies, dass die finanzielle Situation sich bessert. Entsprechend könnte man hier auch **arrondir ses fins de mois** benutzen.
(14) **c'est du lard ou du cochon ?** verwendet man, wenn man im Zweifel über den Wahrheitsgehalt einer Sache oder einer Aussage ist, also nicht weiß, ob einem das echte Schweinefleisch oder nur der Speck vom Schwein vorgesetzt wird.
(15) **partir en brioche** = **aller vers l'échec** 'in die Binsen gehen, scheitern'. **Une brioche** ist nicht nur 'ein Hefegebäckteilchen', sondern bedeutet auch 'Fehler, Schnitzer, Ungeschicklichkeit'; es steht außerdem für 'ein Bäuchlein, einen Bauchansatz': **J'ai l'impression qu'il a pris de la brioche depuis l'an dernier, non ?** Ein Synonym für **partir en brioche** ist **s'en aller/tourner en eau de boudin**.

15 Vous en discutez entre la poire (à moins qu'elle n'ait été coupée en deux) et le fromage et vous voilà reparti. (16/17)

16 Vous n'êtes pas encore sorti de l'auberge, (qu'elle soit espagnole ou autre),
certain que quelqu'un va faire ses choux gras de cette affaire (18)

17 et il ne vous restera qu'à manger de la soupe à la grimace – et vous vous inquiétez tellement que vous finissez par tomber dans les pommes. (19/20)

18 Nous espérons que vous n'avez pas une indigestion. Pour la faire passer, nous voulons vous raconter notre anecdote préférée à propos de la table.

19 Elle concerne Alexandre Dumas, gastronome avisé – et redoutable mangeur par-dessus le marché. (21)

20 On l'invita à un dîner où il ne put manger à sa faim.

21 Tout à coup un silence tomba autour de la table, et un invité dit, comme beaucoup en pareille circonstance :
 – Tiens, un ange passe. (22)

Notes

(16) **entre la poire et le fromage**: Hierzu muss man wissen, dass es im Mittelalter Brauch war, den Käse *nach* dem Dessert (**la poire**) zu essen. Dies änderte sich im 17. Jahrhundert. Die Wendung bezieht sich auf die Phase am Ende der Mahlzeit, wenn die Stimmung nach dem Genuss der ersten Gänge (**la chère**) locker und gelöst ist.

(17) **couper la poire en deux** 'sich auf halbem Wege entgegenkommen, einen Kompromiss schließen'.

(18) **ne pas être sorti de l'auberge** 'noch nicht aus dem Schneider sein, noch nicht über den Berg sein'. Der Zusatz **qu'elle soit espagnole ou autre** ist eine Anspielung auf den Ausdruck **une auberge espagnole**, womit eine Herberge gemeint ist, in der man nur vorfindet, was man selbst mitbringt. Man verwendet den Ausdruck auch im übertragenen Sinne auf eine Idee, die so inhaltsleer ist, dass jeder hineininterpretieren kann, was er möchte. ***L'auberge espagnole*** – *Barcelona für ein Jahr* (2002) ist außerdem ein Film von Cédric Klapisch.

trois cent trente-huit • 338

15 Sie werden am Ende der Mahlzeit (zwischen der Birne und
    dem Käse) darüber sprechen, und weiter geht's.
16 Sie sind noch nicht aus dem Schneider, sicher wird
    jemand aus dieser Affäre Nutzen ziehen
17 und Ihnen wird nichts bleiben, als Ihre schlechte Laune zu
    zeigen – und Sie beunruhigen sich so sehr, dass Sie
    ohnmächtig werden.
18 Wir hoffen, dass Sie keine Magenverstimmung haben.
    Damit sie vorbei geht, wollen wir Ihnen unsere Lieblings-
    anekdote über Tischgeschichten erzählen.
19 Sie betrifft Alexandre Dumas: ein kluger Gastronom und
    obendrein ein ganz ordentlicher Esser.
20 Man lud ihn zu einem Abendessen ein, bei dem er sich nicht
    satt essen konnte.
21 Plötzlich verfielen alle am Tisch in tiefes Schweigen, und ein
    Gast sagte, wie oft bei solchen Anlässen:
    – Oh, ein Engel fliegt vorbei.

Notes

(19) **manger de la soupe à la grimace** 'seine schlechte Laune zeigen'.

(20) Erinnern Sie sich noch an das in Anmerkung 5 Gesagte? **tomber dans les pommes** ist ein moderner, sehr umgangssprachlicher Ausdruck für 'ohnmächtig werden'.

(21) **par-dessus le marché** 'obendrein, zudem, noch dazu' = **en outre, en plus**. Non seulement il est gourmand, mais c'est un fin cuisinier par-dessus le marché 'Er ist nicht nur ein Feinschmecker, sondern obendrein ein ausgezeichneter Koch'.

(22) Sie wissen bereits, dass das Französische eine sehr bildhafte Sprache ist. **Tiens, un ange passe** sagt man, wenn z. B. bei einer Unterhaltung längeres Schweigen herrscht. Eine andere Beschreibung für eine längere Schweigephase ist **on entend les mouches voler**.

22 Dumas leva sa belle tête léonine et,
d'une voix lugubre, lança :
– Qu'on le découpe ! (23)

23 – Bon appétit ! (24)

Notes
(23) **léonine**, weibliche Form von **léonin** 'löwenartig'. Geht es um ein Geschäft oder einen Handel, hat es dem Sinn 'ungerecht': **Cette clause léonine avantage outrageusement l'un des deux partis** 'Diese ungerechte Klausel übervorteilt eine der beiden Parteien'.

Comme exercice, nous vous demandons de reformuler les parties en gras, en français un peu "conventionnel", par des expressions plus imagées rencontrés dans cette leçon.

1 Seine Geschichte ist nicht sehr eindeutig; ich weiß nicht, ob es ehrlich gemeint oder riskant ist (… si **c'est honnête ou risqué**).

Son histoire n'est pas très nette; je ne sais pas si
. . . . . . ' . . . .

2 Sie hat bis fünf Uhr morgens getanzt, dann ist sie ohnmächtig geworden (… elle **s'est évanouie**).

Elle a dansé jusqu'à cinq heures du matin puis elle
. . . .

3 Ich habe einen Teil erstattet, aber wir sind noch nicht aus dem Schneider (… **tirés d'affaire**).

J'ai remboursé une partie, mais nous ne sommes
pas . . . . ' . . . .

4 Was ist mit ihm los? Es scheint mir, dass er sich nicht wohl fühlt (… être **à l'aise**).

Qu'est-ce qui lui arrive ? Il ne me semble pas être
. . . .

5 Sie können sich nicht entscheiden? Machen Sie einen Kompromiss! (**Faites donc un compromis !**)

Vous ne pouvez pas vous décider ?
. . . . !

22 Dumas hob seinen schönen löwenartigen Kopf und stieß mit düsterer Stimme aus:
— Dann schneidet ihn in Stücke!
23 — Guten Appetit!

Notes
(24) lugubre 'düster, finster, trübsinnig': L'ambiance était lugubre, on se serait presque cru à un enterrement 'Die Stimmung war trübsinnig, man hätte fast meinen können, man sei auf einer Beerdigung'.

6 Jean arbeitet viel, aber es ist sein Partner, der davon profitiert (... en **tire profit**).

Jean travaille beaucoup mais c'est son associé qui en . . . .

7 Das hat nicht funkioniert, und ich habe die schlecht gelaunten Blicke (**aux reproches**) der Kollegen geerntet.

Cela n'a pas marché et j'ai eu droit . .   . .
. . .   . de mes collègues.

8 Die Übung ist amusant, und darüber hinaus (**qui plus est**) lernen wir Französisch!

L'exercice est amusant, et nous apprenons le français, . . . - . . . . !

Solution: Les bonnes expressions
1. c'est du lard ou du cochon. 2. est tombée dans les pommes. 3. sortis de l'auberge. 4. bien dans son assiette. 5. Coupez la poire en deux ! 6. fait ses choux gras. 7. à la soupe à la grimace 8. par-dessus le marché.

SOIXANTE-DIXIÈME (70ᵉ) LEÇON

Bon voyage !

1 Tout n'a qu'un temps ;
et nous voilà à la dernière leçon. Si nous pouvons nous permettre de remanier une phrase célèbre : (1)
2 « Nous avons gagné la bataille, pas la guerre ! »
3 Effectivement, nous avons vaincu l'accord du participe passé et nous nous sommes tirés d'affaire avec le passé simple et le passé antérieur. (2)
4 La petite escarmouche avec le participe présent s'est bien passée (on peut passer sous silence la rixe avec les adjectifs),
5 et nous avons sagement contourné les embuscades tendues par l'imparfait du subjonctif.
6 Mais, sérieusement, apprendre une langue n'est point une série de batailles ;
il y a des difficultés qu'il faut surmonter, certes,
7 mais cela ne fait qu'ajouter à notre plaisir quand nous pouvons lire des pages d'Hugo ou de Proust
8 en savourant les nuances, les finesses, les richesses de leur langage et de leur pensée.

70. LEKTION

Gute Reise!

1 Alles hat seine Zeit; und hier sind wir bei der letzten Lektion angelangt. Wenn wir uns erlauben dürfen, einen berühmten Ausspruch neu anzuwenden:
2 "Wir haben die Schlacht gewonnen, aber nicht den Krieg!"
3 Wir haben tatsächlich die Angleichung des Partizips der Vergangenheit besiegt und uns beim **passé simple** und **passé antérieur** aus der Affäre gezogen.
4 Das kleine Gemetzel mit dem Partizip Präsens ist gut abgelaufen (man kann die Rauferei mit den Adjektiven stillschweigend übergehen),
5 und wir haben den Hinterhalt, den uns der Konjunktiv Imperfekt gelegt hat, klug umgangen.
6 Aber mal im Ernst: Das Erlernen einer Sprache ist keineswegs eine Abfolge von Schlachten; es gibt sicherlich Schwierigkeiten zu überwinden,
7 aber dies trägt nur noch mehr zu unserem Vergnügen bei, wenn wir Seiten von Hugo oder Proust lesen können
8 und die Nuancen, die Feinheiten und den Reichtum ihrer Sprache und ihrer Gedanken genießen.

Notes

(1) Verwechseln Sie nicht **tout n'a qu'un temps, tout à une fin...** mit **Chaque chose en son temps** 'Alles zu seiner Zeit'. Sie haben nun die letzte Lektion von "Französisch in der Praxis" erreicht, wobei Sie hoffentlich unsere beiden Mottos "Eile mit Weile" und "Spaß an Sprachen" beherzigt haben. Viele Feinheiten des Französischen sind Ihnen vertrauter geworden, Sie haben Ihren Wortschatz erweitert und nützliche Redewendungen kennengelernt. In Unterhaltungen mit Franzosen werden Sie bestimmt viel Lob für Ihre Französischkenntnisse erhalten. Daher sagen wir: **Chapeau !** 'Hut ab!'

(2) **Il a eu de gros problèmes de santé, mais aujourd'hui il est hors d'affaire** 'Er hatte schlimme gesundheitliche Probleme, aber jetzt ist er über den Berg'. **l'affaire** bezeichnet hier eine schwierige Lage. **Cela allait assez mal il y a quelque temps, mais ils ont enfin pu se tirer d'affaire** 'Die Dinge standen vor einiger Zeit schlecht, aber sie haben es endlich überwunden'. Beachten Sie die folgenden Redewendungen: **Ne vous inquiétez pas pour l'obtention de votre crédit ; j'en fais mon affaire** 'Machen Sie sich um Ihren Kredit keine Sorgen; ich werde mich kümmern' und **N'en faites pas toute une affaire** 'Machen Sie keine Riesengeschichte daraus'.

9 Vous avez approfondi vos connaissances non
seulement de la grammaire et de la syntaxe,

10 mais surtout de ce que représente une langue :
le pays qui l'a bercée et les gens qui la parlent, (3)

11 et n'est-ce pas le but de toute étude linguistique

12 de pouvoir communiquer avec d'autres ?
D'autant que les Français aiment à parler
et admirent celui qui s'exprime bien. (4)

13 D'après l'avis d'un éminent Anglais,
si Dieu redescendait sur terre,
tous les peuples se mettraient à genoux,

14 excepté les Français, qui diraient :
    Alors, vous êtes là ?
    Il était grand temps ! (5)
    On va pouvoir discuter un peu !

15 Ne mettez pas ce livre de côté !
Relisez-le un peu tous les jours.

16 Mais nous espérons que vous vous sentez prêt
à lire des romans, des journaux en français, (6)

17 à écouter la radio, à aller voir des films, à voyager –
et ce n'est pas uniquement en France que cette
langue vous sera utile – elle est utilisée… (7)

9	Sie haben nicht nur Ihre Grammatik- und Syntaxkenntnisse vertieft,
10	sondern vor allem [die Vorstellung davon], was eine Sprache ausmacht: das Land, das sie gehegt und gepflegt (gewiegt) hat und die Menschen, die sie sprechen,
11	und ist es nicht das Ziel aller Sprachstudien,
12	sich mit anderen verständigen zu können? Um so mehr, als die Franzosen gerne sprechen und den bewundern, der sich gut ausdrückt.
13	Nach Meinung eines prominenten Engländers würden, wenn Gott auf die Erde zurückkäme, alle Völker vor ihm niederknien,
14	mit Ausnahme der Franzosen, die sagen würden:
	Da sind sie ja endlich!
	Das wurde aber Zeit!
	Jetzt können wir uns ein wenig unterhalten!
15	Legen Sie dieses Buch nicht zur Seite!
	Lesen Sie jeden Tag ein wenig darin.
16	Wir hoffen jedoch, dass Sie sich bereit dazu fühlen, Romane und Zeitungen auf Französisch zu lesen,
17	Radio zu hören, Filme anzusehen, zu reisen – und nicht nur in Frankreich wird Ihnen diese Sprache nützlich sein – sie wird [ebenfalls] benutzt ...

Notes

(3) **un berceau** 'eine Wiege', **bercer** 'wiegen'. Im metaphorischen Sinne bezeichnet es den Ort, an dem etwas gehegt, aufgezogen wurde. **Les Pays de la Loire sont le berceau de la langue française** 'Die Loire-Gegend ist die Wiege der französischen Sprache'. **Une berceuse** 'ein Wiegenlied'.

(4) Das Verb **aimer** ermöglicht auf zwei Weisen, einen abhängigen Infinitiv zu verwenden. **Il aime parler** oder **il aime à parler**. Die erste Form ist üblicher, die zweite literarischer. Vermeiden Sie die Konstruktion mit **à** mit einem Infinitiv, der mit **a-** beginnt, um das Zusammentreffen beider Vokale umzugehen. Es ist grundsätzlich wichtig, auf die Postpositionen zu achten; daher empfehlen wir Ihnen, das Buch so oft wie möglich durchzulesen, um die Verbkonstruktionen vollkommen zu assimilieren.

(5) **il est grand temps** 'es ist höchste Eisenbahn'.

(6) **être prêt** 'fertig/bereit sein, vorbereitet sein'. Achten Sie auf den Unterschied zwischen **Nous sommes tous** [tuß] **prêts** [tuß prä]/**toutes prêtes** [tut prät] 'Wir sind alle (Plural)/alle (nur Frauen) bereit' und **Nous sommes tout près** [tu prä] 'Wir sind ganz in der Nähe'. **Un prêt** ist auch 'eine Leihgabe, ein Kredit': **J'ai besoin d'un prêt pour (acheter) une voiture.**

(7) **Lisez des romans et des journaux en français, écoutez des radios françaises, regardez des émissions de télé et des films en français en V.O. (Version Originale), éventuellement avec les sous-titres !**

18 en Suisse, en Belgique, à Québec et Montréal,
dans certains pays d'Afrique, (8)
19 ainsi que partout…
où se trouvent les gens qui aiment l'esprit,
les discussions, la culture (même la cuisine),
20 et dont vous faites désormais partie grâce
à votre bonne pratique du français. (9)

Notes
(8) à Québec (la ville de Québec) ≠ au Québec (l'état/la province du Québec), ebenso à Luxembourg ≠ au (grand Duché du) Luxembourg. Bei Monaco und Andorra ist es ein wenig anders: à Monaco ≠ en Principauté de Monaco bzw. à Andorre (dans la ville d'Andorre la Vieille) ≠ en Principauté d'Andorre. Beachten Sie auch j'ai visité Québec (la ville) ≠ j'ai visité le Québec (l'état/la province) und je connais bien Andorre (la ville) ≠ je connais bien l'Andorre (la principauté d'Andorre).

(9) Bravo, vous faites partie désormais de la communauté francophone !

Comprenez vous ces phrases ?
1. Pour bien réussir, il faut savoir contourner les problémes. **2**. Tu t'occupes des valises; quant à la douane, j'en fais mon affaire. **3**. C'est le pays qui m'a bercé. **4**. Il faut surmonter quelques difficultés, mais ça ne fait qu'ajouter au plaisir. **5**. N'est-ce pas la raison pour laquelle vous étudiez ce livre? **6**. D'après l'avis d'un collègue, je dirais que les Français aiment à parler.

Trouvez les mots justes

1 Der Autor hat diese letzte Anmerkung kürzen müssen; sie war viel zu lang.

L'auteur . . . raccourcir . . . . ;
elle était beaucoup trop longue.

2 Lernen ist nicht so schwierig, man muss nur die passende [Lern-]Methode finden.

Apprendre, n'est . . . . que ça, il suffit
de . . . . qui . . . .

3 Sie haben Schwierigkeiten in der Schule gehabt, nur weil man dort alles auswendig lernen musste.

Ils ont eu uniquement . . . . l' . . . . . . ,
parce qu' . . . . tout apprendre par cœur.

18 in der Schweiz, in Belgien, in Quebec und Montreal und
in bestimmten afrikanischen Ländern,
19 sowie überall dort, wo sich Menschen befinden, die Geist,
Unterhaltungen, Kultur (selbst das Kochen) lieben,
20 und zu denen Sie von jetzt an dank Ihrer guten Praxis des
Französischen dazugehören.

Avez-vous compris ?
1. Um erfolgreich zu sein, muss man Probleme umgehen können. **2.** Du kümmerst dich um die Koffer; was den Zoll anbetrifft, so lass das meine Sache sein. **3.** Das ist mein Heimatland. **4.** Man muss einige Schwierigkeiten überwinden, aber das trägt nur zum Vergnügen bei. **5.** Ist das nicht der Grund, warum Sie dieses Buch durcharbeiten? **6.** Nach Meinung eines Kollegen würde ich sagen, die Franzosen reden gern.

4 Ich lese gern diesen Autor und genieße die Nuancen und
Feinheiten seines Stils.

J' . . . . . lire cet auteur, et . . . . les
. . . . et les . . . . de son style.

5 Alles hat seine Zeit, und alles hat ein Ende.

Tout . ' . . . ' . . . . et tout . . . .

Les mots manquant 1. a dû - cette dernière note **2.** pas si compliqué - trouver la méthode - convient **3.** des problèmes - école - il fallait **4.** aime à - à savourer - nuances - finesses **5.** n'a qu'un temps - a une fin.

APPENDICE GRAMMATICALE
GRAMMATIKALISCHER ANHANG

Dieser grammatikalische Anhang dient zu Referenzzwecken, d. h. Sie können in ihm alle grammatikalischen Formen, Zeiten oder Regeln nachschlagen.

SOMMAIRE
INHALT

1. Substantive	348
2. Adjektive	348
3. Pluralbildung	349
4. Adverbien	351
5. Pronomen	351
6. Verben	352
6.1. Zeitformen der Verben auf -er	352
6.2. Zeitformen der Verben auf -re	356
6.3. Zeitformen der Verben auf -ir	358
7. Reihenfolge der Pronomen	360
8. Hilfsverben avoir und être	361
9. Unregelmäßige Verben	365

DÉTENDONS NOUS !

1. Substantive

Französische Substantive/Hauptwörter (**noms communs**) haben entweder männliches (**masculin**) oder weibliches (**féminin**) Geschlecht; ein Neutrum (**neutre**) wie im Deutschen existiert nicht.

Artikel	Maskulinum	Femininum
Unbestimmt	**un** 'ein'	**une** 'eine'
Bestimmt	**le** 'der'	**la** 'die'

Beispiele: **le livre** / **un livre** 'das Buch / ein Buch'
la voiture / **une voiture** 'das Auto / ein Auto'

Der bestimmte Artikel für den Plural beider Geschlechter lautet **les** 'die', der unbestimmte **des** 'einige'.

Es empfiehlt sich, mit jedem neuen Wort sofort den Artikel bzw. das Geschlecht mitzulernen.

Es gibt einige Faustregeln, die Ihnen im Zweifelsfall einen Hinweis auf das Geschlecht eines Wortes geben können. Beachten Sie jedoch, dass es hierzu zahlreiche Ausnahmen geben kann! Weiblich sind die meisten Substantive, die

a. auf einem stummen **-e** enden
b. auf **-ée** enden
c. auf **-ion** enden.

Männlich sind die meisten Substantive, die auf **-age** enden.

2. Adjektive

Adjektive (Eigenschaftswörter) stehen in den meisten Fällen hinter den Substantiven, auf die sie sich beziehen. Manche kurze Adjektive und alle Zahlwörter stehen immer vor dem Substantiv:

bon/bonne 'gut'
mauvais/mauvaise 'schlecht'
beau/belle 'schön'
grand/grande 'groß'
petit/petite 'klein'
autre 'anderer, -e, -es'
long/longue 'lang'

la première femme; le troisième étage, le dernier train etc.

3. Pluralbildung

Der Plural der meisten Substantive (und Adjektive) wird gebildet, indem am Ende ein **-s** angehängt wird.

une/la fenêtre ouverte > **des/les fenêtres ouvertes**
'ein/das offene Fenster' 'offene Fenster / die offenen Fenster'

Substantive, die auf **-ail** enden, erhalten ebenfalls ein **-s** im Plural. Die wichtigste Ausnahme ist

le travail > **les travaux**

Weitere Ausnahmen sind:

le bail 'der Pachtvertrag',
le corail 'die Koralle',
l'émail 'die Glasur / der Emailüberzug',
le soupirail 'das Kellerfenster',
le vitrail 'das Bleiglasfenster'
> baux / coraux / émaux / soupiraux / vitraux.

Der Plural der Substantive (und Adjektive), die auf **-al** enden, wird mit der Endung **-aux** gebildet:

un cheval 'ein Pferd'	>	des chevaux;
un canal 'ein Kanal'	>	des canaux;
intestinal 'Darm-'	>	intestinaux;
marginal 'Rand-'	>	marginaux

usw.

Substantive (und Adjektive), die auf **-eau** enden, erhalten im Plural ein **-x** > **-eaux** :

un seau 'ein Eimer'	>	des seaux;
un bateau 'ein Boot'	>	des bateaux;
beau 'schön' (Mask.)	>	beaux

usw.

Es gibt nur sieben Substantive, die auf **-ou** enden. Diese erhalten im Plural die Endung **-x**:

bijou 'Schmuck'
caillou 'Steinchen'
chou 'Kohl'
genou 'Knie'
hibou 'Uhu'
joujou 'Spielzeug (Kindersprache)'
pou 'Laus'.

Adjektive, die Farben bezeichnen, und solche, die <u>aus mehr als zwei Silben bestehen</u>, stehen immer <u>hinter</u> dem Substantiv. Das Adjektiv muss dem Substantiv, auf das es sich bezieht, in Geschlecht und Zahlform angeglichen werden. Die Grundform eines Adjektivs, wie man sie z. B. in Wörterbüchern findet, ist immer die männliche Form. Die weibliche Form kann auf unterschiedliche Weise gebildet werden. In den meisten Fällen wird sie durch Anhängen eines **-e** an die männliche Form gebildet:

> **lent/lente** 'langsam'

Ausnahmen:
• Bei einigen Adjektiven ist die männliche mit der weiblichen Form identisch:

> **fragile/fragile** 'zerbrechlich'

• Bei Adjektiven, deren männliche Form auf **-eux** endet, lautet die weibliche Endung **-euse**:

> **dangereux/dangereuse** 'gefährlich'

• Bei Adjektiven, deren männliche Form auf **-en**, **-on** oder **-il** endet, wird für die weibliche Form der Endkonsonant verdoppelt und **-e** angehängt:

> **moyen/moyenne** 'mittelmäßig'
> **bon/bonne** 'gut'
> **gentil** [*sch˜añ-ti*]/**gentille** [*sch˜añ-tij*] 'nett'

• Einige Adjektive, die vor dem Substantiv stehen und mit einem Vokal enden, verfügen über eine zweite männliche Form für Fälle, in denen das Substantiv ebenfalls mit einem Vokal beginnt:

> **un bel appart** 'eine schöne Wohnung'

Da **appart** [*a-**part***] (Kurzform von **appartement**) männlich ist, müsste es eigentlich **beau** heißen. Damit jedoch nicht zwei Vokale aufeinandertreffen, lautet hier das Adjektiv **bel**.

Bezieht sich ein Adjektiv in einem Satz auf mehrere Subjekte (Satzgegenstände) beiderlei Geschlechts, und werden alle durch dieses Adjektiv qualifiziert, so wird das Adjektiv in der maskulinen Form verwendet:

> **Son fils et sa fille sont grands.**
> 'Sein Sohn und seine Tochter sind groß'.

Adjektive, die Nationalitäten bezeichnen, werden mit kleinem Anfangsbuchstaben geschrieben:

> **une voiture française** 'ein französisches Auto'
> **un livre allemand** 'ein deutsches Buch'.

4. Adverbien

Sie beschreiben die Art und Weise oder das Ausmaß einer Handlung oder eines Ereignisses. Sie stehen immer direkt hinter dem Verb und werden auf der Grundlage von Adjektiven gebildet. In den meisten Fällen erhält man das Adverb, indem man der weiblichen Form des Adjektivs die Endung **-ment** anhängt:

> **lent – lente – lentement** 'langsam'

In einigen Fällen sind Adjektiv- und Adverbform identisch:

> **dur** 'hart'
> **vite** 'schnell'
> **haut** 'hoch'.

5. Pronomen

Das Französische kennt im Nominativ (Wer-Fall) die folgenden Pronomen (persönliche Fürwörter):

Singular	Plural
je 'ich'	**nous** 'wir'
tu 'du'	**vous** 'ihr' / 'Sie' (Höflichkeitsform)
il / **elle** / **ce** 'er / sie / es'	**ils*** / **elles**** / **ce** 'sie'

*   Gruppe von Männern oder gemischtgeschlechtliche Gruppe mit mindestens einem Mann
** Gruppe von Frauen (oder Begriffe im Femininum)

In der Umgangssprache wird das in manchen Konstruktionen ein wenig formelle Pronomen **nous** häufig durch das unpersönliche und lockerere **on** 'man' ersetzt. Häufig wird **on** benutzt, um allgemeingültige Aussagen zu machen:

En France, on boit beaucoup de vin.
'In Frankreich trinkt man viel Wein'.

On dit qu'il est riche.
'Man sagt / Die Leute sagen, dass er reich ist'.

On devrait maintenant revenir à nos moutons.
'Man sollte / wir sollten zum Hauptthema zurückkehren'.
(wörtl. 'Wir sollten zu unseren Schafen zurückkommen'.)

Des Weiteren gibt es zahlreiche Pronomen in den Fällen des Dativ und Akkusativ sowie Possessivpronomen (besitzanzeigende Fürwörter), von denen mehrere in einem Satz vorkommen können. Bezüglich der richtigen Abfolge der Pronomen in einem solchen Fall lesen Sie bitte Absatz 7, 'Reihenfolge der Pronomen'.

6. Verben

Die Verben (Tätigkeitswörter) werden je nach Infinitivendung in drei große Gruppen eingeteilt:

1. Gruppe: Verben auf **-er** (die größte Gruppe)
2. Gruppe: Verben auf **-re**
3. Gruppe: Verben auf **-ir**

Im Folgenden werden für jede Verbgruppe die Zeitformen, die Sie in diesem Kurs kennengelernt haben, anhand eines Beispielverbs aufgeführt.

Die Formen der unregelmäßig konjugierten Verben entnehmen Sie bitte der Liste der unregelmäßigen Verben (Absatz 9).

6.1. Zeitformen der Verben auf -er

ACHETER 'kaufen'

Präsens (Gegenwart) > **Le présent**

j'achète	'ich kaufe'
tu achètes[1]	'du kaufst'
il/elle achète	'er/sie kauft'
nous[2] achetons[1]	'wir kaufen'
vous[2] achetez	'ihr kauft / Sie (höfl.) kaufen'
ils/elles[2] achètent[1]	'sie kaufen'

Beachten Sie:
[1] **-s** sowie **-ent** am Verbende werden nicht gesprochen.
[2] Zwischen dem Endlaut des Pronomens und dem Anfangslaut des Verbs wird eine Liaison (vgl. Lektion 1) hergestellt:
elles_achètent [*äls_a-schä•t*].

Einfaches Futur (Zukunft) > **Le futur (simple)**

Für die Bildung der (einfachen) Futurform werden die Endungen (die mit den Präsensendungen des Verbs **avoir** identisch sind) an die Infinitivformen der Verben angehängt.

j'achèterai	'ich werde kaufen'
tu achèteras	'du wirst kaufen'
il/elle achètera	'er/sie wird kaufen'
nous achèterons	'wir werden kaufen'
vous achèterez	'ihr werdet / Sie (höfl.) werden kaufen'
ils/elles achèteront	'sie werden kaufen'

Diese Futurform wird auch nach Konjunktionen der Zeit (**dès que/ aussitôt que** 'sobald', **quand** 'wenn') verwendet (während wir im Deutschen dann eher das Präsens benutzen). Beispielsatz:

Quand elle me téléphonera, je te le dirai.
'Wenn sie mich anruft, werde ich es dir sagen'.

Zusammengesetztes Futur > **Futur composé**

Eine weitere Möglichkeit, das Futur zu bilden, ist die Verwendung der konjugierten Form des Verbs **aller** (**je vais, tu vas, il/elle va, nous allons, vous allez, ils/elles vont**) + Infinitiv des Verbs:

Je vais acheter un journal. 'Ich werde eine Zeitung kaufen'.

Nous allons partir en vacances. 'Wir werden in den Urlaub fahren'.

Imperfekt (Einfache Vergangenheit) > **L'imparfait**

Diese Zeitform wird verwendet, um länger andauernde oder gewohnheitsmäßige und regelmäßig wiederkehrende Handlungen oder Ereignisse oder Zustände in der Vergangenheit zu beschreiben. Die Endungen des Imperfekts werden an den Stamm der 1. Person Plural Präsens (**achet-**) angehängt:

j'achetais	'ich kaufte'
tu achetais	'du kauftest'
il/elle achetait	'er/sie kaufte'
nous achetions	'wir kauften'
vous achetiez	'ihr kauftet / Sie (höfl.) kauften'
ils/elles achetaient	'sie kauften'

Beispielsätze:
Elle lisait un livre. 'Sie las ein Buch'.

Il buvait toujours du vin. 'Er trank immer Wein'.

L'appartement était petit. 'Die Wohnung war klein'.

Das Imperfekt wird auch in Bedingungssätzen verwendet, in denen im Deutschen der Konditional stehen würde:

S'il partait maintenant, il trouverait un taxi.
'Wenn er jetzt aufbrechen würde (aufbrach),
würde er ein Taxi finden'.

S'ils voulaient vraiment le faire, ils y arriveraient.
'Wenn sie es wirklich machen wollten,
würden sie es schaffen'.

Perfekt > Le passé composé

Diese Zeitform heißt auf Französisch so, da es eine Zusammensetzung aus der konjugierten Form der Hilfsverben **avoir** oder **être** (**être** nur bei Verben der Bewegung und reflexiven Verben) und dem Partizip Perfekt des Verbs ist. Das Partizip Perfekt der Verben auf **-er** wird gebildet, indem das **-r** entfernt und das **-e** mit einem **accent aigu** (´) versehen wird:

acheter > acheté	'kaufen' > 'gekauft'	
j'ai acheté	'ich habe gekauft'	
tu as acheté	'du hast gekauft'	
il/elle a acheté	'er/sie hat gekauft'	
nous avons acheté	'wir haben gekauft'	
vous avez acheté	'ihr habt / Sie (höfl.) haben gekauft'	
ils/elles ont acheté	'sie haben gekauft'	

Eine weitere Vergangenheitsform ist **le passé simple**, das allerdings in der gesprochenen Sprache keine Verwendung findet und auch in der Literatur immer seltener benutzt wird. Wir haben daher darauf verzichtet, Sie in diesem Band näher damit bekannt zu machen.

Angleichung des Partizip Perfekt

Eines vorweg: Die Angleichung des Partizips wirkt sich vorwiegend auf die Schreibweise, selten auf die Aussprache aus (nur bei einigen Verben auf **-re**). Auch viele französische Muttersprachler müssen in diesem Punkt erst einmal nachdenken; die wenigsten beherrschen die Regeln spontan.

Das Partizip Perfekt ist ein Adjektiv und muss daher, wenn das direkte Objekt vor der konjugierten Verbform von **avoir** steht, in Geschlecht und Zahlform an dieses angeglichen werden:

J'ai acheté des voitures. 'Ich habe Autos gekauft'.

Das direkte Objekt (**des voitures**) steht hinter dem Verb **avoir**; daher keine Angleichung. Aber:

Les voitures que j'ai achetées...
'Die Autos, die ich gekauft habe ...'.

Das direkte Objekt (**les voitures**) steht vor dem Verb **avoir**; daher Angleichung (zweites **-e** für das Femininum, **-s** für den Plural).

Kleine Hilfe: In diesem Fall können Sie **que j'ai** weglassen, und Sie verstehen, warum das Partizip angeglichen werden muss:
    Les voitures (que j'ai) achetées sont rapides.
    Les voitures achetées sont rapides.
Im letzteren Fall wird **achetées** wie ein Adjektiv behandelt.

Konditional (Möglichkeitsform)

Der Konditional wird gebildet, indem an den Futurstamm (**acheter-**) die Endungen des Imperfekts angehängt werden:

j'achèterais	'ich würde kaufen'
tu achèterais	'du würdest kaufen'
il/elle achèterait	'er/sie würde kaufen'
nous achèterions	'wir würden kaufen'
vous achèteriez	'ihr würdet / Sie (höfl.) würden kaufen'
ils/elles achèteraient	'sie würden kaufen'

Konjunktiv

Der Konjunktiv ist keine eigentliche Zeitform, sondern ein Modus, der ein gewisses Maß an Zweifel oder Unsicherheit darüber ausdrückt, ob die Handlung ausgeführt wird oder nicht. Im Allgemeinen können für seine Verwendung zwei Fälle unterschieden werden:

Zum einen kann durch den Konjunktiv dem Satz eine gewisse Bedeutungsnuance hinzugefügt werden.

Zum anderen ist seine Verwendung nach bestimmten Konstruktionen (meistens mit **que**) obligatorisch. In diesem Kurs beschäftigen wir uns nur mit dem zweiten Fall.

Der Konjunktiv wird auf der Grundlage des Stamms der 3. Person Plural Präsens (**achet-**) gebildet:

que	j'achète	'dass ich kaufe'
que	tu achètes	'dass du kaufst'
qu'	il/elle achète	'dass er/sie kauft'
que	nous achetions	'dass wir kaufen'
que	vous achetiez	'dass ihr kauft / dass Sie (höfl.) kaufen'
qu'	ils/elles achètent	'dass sie kaufen'

Ein weiteres Beispiel:

DONNER 'geben'

que	je donne	'dass ich gebe'
que	tu donnes	'dass du gibst'
qu'	il/elle donne	'dass er/sie gibt'
que	nous donnions	'dass wir geben'
que	vous donniez	'dass ihr gebt / dass Sie (höfl.) geben'
qu'	ils/elles donnent	'dass sie geben'

Am häufigsten kommt der Konjunktiv nach dem unpersönlichen **il faut que** 'man muss, es ist notwendig' vor:

Il faut que vous me donniez votre réponse demain.
'Sie müssen mir morgen eine Antwort geben'.

Ebenfalls wird der Konjunktiv in Verbindung mit **vouloir** verwendet, wenn eine Person einer anderen Person ihren Willen aufzwingt:

Je veux que vous l'achetiez. 'Ich will, dass Sie es kaufen'.

Andere Konjunktionen (Bindewörter), nach denen der Konjunktiv verwendet werden muss, sind:

avant que	'bevor'
pourvu que	'vorausgesetzt, dass'
jusqu'à ce que	'bis dass'
à moins que	'es sei denn, dass'
bien que, quoique	'obwohl'
afin que, pour que	'um'

Sie werden feststellen, dass Verben, die nach diesen Konstruktionen folgen, nie einen definitiven Zustand oder eine Gewissheit ausdrücken, sondern dass das im Konjunktiv stehende Verb immer von anderen Bedingungen abhängig ist.

Es gibt Möglichkeiten, den Konjunktiv zu umgehen, indem man z. B.
il faut que vous... oder
il faut que je...
durch die entsprechende Form von **devoir** 'sollen, müssen' ersetzt:

Il faut que vous me donniez votre réponse demain ➡
Vous devez me donner votre réponse demain.

6.2. Zeitformen der Verben auf -re

VENDRE 'verkaufen'

Präsens> **Le présent**
(Gegenwart)

je vends	'ich verkaufe'
tu vends	'du verkaufst'
il/elle vend	'er/sie verkauft'
nous vendons	'wir verkaufen'
vous vendez	'ihr verkauft / Sie (höfl.) verkaufen'
ils/elles vendent	'sie verkaufen'

Einfaches Futur > Le futur

Vor dem Anhängen der Futurendung wird das -e des Infinitivs weggelassen:

je vendrai	'ich werde verkaufen'
tu vendras	'du wirst verkaufen'
il/elle vendra	'er/sie wird verkaufen'
nous vendrons	'wir werden verkaufen'
vous vendrez	'ihr werdet verkaufen' / 'Sie (höfl.) werden verkaufen'
ils/elles vendront	'sie werden verkaufen'

Für die Bildung des zusammengesetzten Futurs gelten die gleichen Regeln wie unter den Verben auf -er beschrieben.

Imperfekt > L'imparfait
(Vergangenheit)

je vendais	'ich verkaufte'
tu vendais	'du verkauftest'
il/elle vendait	'er/sie verkaufte'
nous vendions	'wir verkauften'
vous vendiez	'ihr verkauftet' / 'Sie (höfl.) verkauften'
ils/elles vendaient	'sie verkauften'

Perfekt > Le passé composé
(Zusammengesetzte Vergangenheit)

j'ai vendu	'ich habe verkauft'
tu as vendu	'du hast verkauft'
il/elle a vendu	'er/sie hat verkauft'
nous avons vendu	'wir haben verkauft'
vous avez vendu	'ihr habt verkauft' / 'Sie (höfl.) haben verkauft'
ils/elles ont vendu	'sie haben verkauft'

Wird eine Angleichung des Partizips Perfekt vorgenommen, so wirkt sich diese nicht auf die Aussprache aus.
Ausnahme: Das Partizip Perfekt des Verbs endet auf -is /-ise:

prendre 'nehmen'   **pris** [*pri*], **prise** [*pri/pri•s*] 'genommen'
mettre 'legen, stellen'   **mis, mise** [*mi/mi•s*] 'gelegt, gestellt'.

Les pommes (Fem.Pl.) que j'ai prises hier sont toutes bien mûres.
'Die Äpfel, die ich gestern genommen habe, sind alle richtig reif'.

Konditional > **Le conditionnel**
(Möglichkeitsform)

je vendrais	'ich würde verkaufen'
tu vendrais	'du würdest verkaufen'
il/elle vendrait	'er/sie würde verkaufen'
nous vendrions	'wir würden verkaufen'
vous vendriez	'ihr würdet verkaufen' / 'Sie (höfl.) würden verkaufen'
ils/elles vendraient	'sie würden verkaufen'

Konjunktiv > **Le subjonctif**

que	**je vende**	'dass ich verkaufe'
que	**tu vendes**	'dass du verkaufst'
qu'	**il/elle vende**	'dass er/sie verkauft'
que	**nous vendions**	'dass wir verkaufen'
que	**vous vendiez**	'dass ihr verkauft' / 'dass Sie (höfl.) verkaufen'
qu'	**ils/elles vendent**	'dass sie verkaufen'

6.3. Zeitformen der Verben auf **-ir**

FINIR 'beenden'

Präsens > **Le présent**
(Gegenwart)

je finis	'ich beende'
tu finis	'du beendest'
il/elle finit	'er/sie beendet'
nous finissons	'wir beenden'
vous finissez	'ihr beendet' / 'Sie (höfl.) beenden'
ils/elles finissent	'sie beenden'

Einfaches Futur > **Le futur**

je finirais	'ich werde beenden'
tu finiras	'du wirst beenden'
il/elle finira	'er/sie wird beenden'
nous finirons	'wir werden beenden'
vous finirez	'ihr werdet beenden' / 'Sie (höfl.) werden beenden'
ils/elles finiront	'sie werden beenden'

Für die Bildung des zusammengesetzten Futurs gelten die gleichen Regeln wie bei den Verben auf **-er** beschrieben.

Imperfekt > L'imparfait
(Vergangenheit)

je finissais	'ich beendete'
tu finissais	'du beendetest'
il/elle finissait	'er/sie beendete'
nous finissions	'wir beendeten'
vous finissiez	'ihr beendetet / Sie (höfl.) beendeten'
ils/elles finissaient	'sie beendeten'.

Perfekt > Le passé composé
(Zusammengesetzte Vergangenheit)

j'ai fini	'ich habe beendet'
tu as fini	'du hast beendet'
il/elle a fini	'er/sie hat beendet'
nous avons fini	'wir haben beendet'
vous avez fini	'ihr habt / Sie (höfl.) haben beendet'
ils/elles ont fini	'sie haben beendet'.

Konditional > Le conditionnel
(Möglichkeitsform)

je finirais	'ich würde beenden'
tu finirais	'du würdest beenden'
il/elle finirait	'er/sie würde beenden'
nous finirions	'wir würden beenden'
vous finiriez	'ihr würdet / Sie (höfl.) würden beenden'
ils/elles finiraient	'sie würden beenden'

Konjunktiv > Le subjonctif

que	je finisse	'dass ich beende'
que	tu finisses	'dass du beendest'
qu'	il/elle finisse	'dass er/sie beendet'
que	nous finissions	'dass wir beenden'
que	vous finissiez	'dass ihr beendet / Sie (höfl.) beenden'
qu'	ils/elles finissent	'dass sie beenden'

7. Reihenfolge der Pronomen

Personalpronomen stehen grundsätzlich vor dem Verb (**il me parle**, **je lui donne** usw.), es sei denn, es handelt sich um einen Imperativ (Befehlsform; siehe unten).

Enthält ein Satz mehrere Pronomen, so stehen die Akkusativobjekte (direkte Objekte) **le**, **la** und **les** vor den Dativobjekten (indirekte Objekte) **lui** und **leur**, jedoch hinter den Dativobjekten **me**, **te**, **se**, **nous**, **vous**. Wird ein Satz verneint, so umschließt die Verneinung auch die indirekten und direkten Objekte. Hier die Übersicht, in die auch die Pronomen **y** 'dort, dorthin' und **en** 'davon, darüber' aufgenommen wurden:

me 'mir'			
te 'dir'	le 'ihn'		
		lui 'ihm/ihr'	
se 'sich'	la 'sie'		(y 'dort, dorthin')
		leur 'ihnen'	(en 'davon')
nous 'uns'	les 'sie'		
vous 'euch/Ihnen'			

Beispielsätze:

Je lui en parlerai.
'Ich werde mit ihm darüber sprechen'.

Il me la donne.
'Er gibt sie mir'.

Vous me les montrez ?
'Zeigen Sie sie mir?'

Im Imperativ (Befehlsform) steht das Personalpronomen hinter dem Verb:

Donnez-le moi...
'Geben Sie ihn mir ...'

Téléphonez-moi.
'Rufen Sie mich an'.

Ist der Befehl jedoch verneint, steht das Personalpronomen vor dem Verb:

Ne lui dites pas !
'Sagen Sie [es] ihm nicht!'

Ne le lui donnez pas !
'Geben Sie es ihm nicht!'

8. Hilfsverben **avoir** und **être**

AVOIR

Avoir ist zum einen ein Hilfsverb, mit dem die zusammengesetzte Vergangenheit zahlreicher Verben gebildet wird und zum anderen ein Vollverb mit der Bedeutung 'haben'.

Hier die Zeitformen des Verbs **avoir**:

Präsens > Le présent

j'ai	'ich habe'
tu as	'du hast'
il/elle a	'er/sie hat'
nous avons	'wir haben'
vous avez	'ihr habt / Sie (höfl.) haben'
ils/elles ont	'sie haben'

Einfaches Futur > Le futur

j'aurai	'ich werde haben'
tu auras	'du wirst haben'
il/elle aura	'er/sie wird haben'
nous aurons	'wir werden haben'
vous aurez	'ihr werdet / Sie (höfl.) werden haben'
ils/elles auront	'sie werden haben'

Imperfekt > L'imparfait
(Vergangenheit)

j'avais	'ich hatte'
tu avais	'du hattest'
il/elle avait	'er/sie hatte'
nous avions	'wir hatten'
vous aviez	'ihr hattet / Sie (höfl.) hatten'
ils/elles avaient	'sie hatten'

Perfekt > Le passé composé
(Zusammengesetzte Vergangenheit)

Das Partizip Perfekt von **avoir** lautet **eu**:

j'ai eu	'ich habe gehabt'
tu as eu	'du hast gehabt'
il/elle a eu	'er/sie hat gehabt'
nous avons eu	'wir haben gehabt'
vous avez eu	'ihr habt / Sie (höfl.) haben gehabt'
ils/elles ont eu	'sie haben gehabt'

Konditional > Le conditionnel

	j'aurais	'ich hätte'
	tu aurais	'du hättest'
	il/elle aurait	'er/sie hätte'
	nous aurions	'wir hätten'
	vous auriez	'ihr hättet / Sie (höfl.) hätten'
	ils/elles auraient	'sie hätten'

Konjunktiv > Le subjonctif

que	j'aie	'dass ich habe'
que	tu aies	'dass du hast'
qu'	il/elle ait	'dass er/sie hat'
que	nous ayons	'dass wir haben'
que	vous ayez	'dass ihr habt / Sie (höfl.) haben'
qu'	ils/elles aient	'dass sie haben'

Konjunktiv Imperfekt > Le subjonctif imparfait

que	j'eusse [*üß*]	'dass ich hatte'*
que	tu eusses [*üß*]	'dass du hattest'*
qu'	il/elle eût [*ü*]	'dass er/sie hatte'*
que	nous eussions [*üßioñ*]	'dass wir hatten'*
que	vous eussiez [*üßie*]	'dass ihr hattet / Sie (höfl.) hatten'*
qu'	ils/elles eussent [*üß(e)*]	'dass sie hatten'*

Quoique j'eusse des choses à lui dire, je n'ai pas osé l'aborder.
'Obwohl ich ihm einiges zu sagen hatte, habe ich nicht gewagt ihn anzusprechen.'

"Einfache" Vergangenheit > Le passé simple

	j'eus [*ü*]	'ich hatte'*
	tu eus [*ü*]	'du hattest'*
	il/elle eut [*ü*]	'er/sie hatte'*
	nous eûmes [*üm*]	'wir hatten'*
	vous eûtes [*üt*]	'ihr hattet / Sie (höfl.) hatten'*
	ils/elles eurent [*ür*]	'sie hatten'*

* *Das passé simple wird im Französischen hauptsächlich in der Schriftsprache verwendet. Es wird im Deutschen meist mit dem Imperfekt wiedergegeben.*

Beachten Sie, dass die Wendung 'Mir ist warm' im Französischen mit **avoir** gebildet wird:
J'ai chaud. (wörtlich 'Ich habe warm.')

Dasselbe gilt für die Altersangabe **avoir 40 ans** '40 Jahre alt sein'.

ÊTRE

Mit dem Hilfsverb **être** 'sein' wird das **passé composé** aller reflexiven Verben (mit **se**) sowie bestimmter Verben der Bewegung gebildet:

arriver	'ankommen'
partir	'aufbrechen, weggehen'
monter	'hinaufgehen, -steigen, einsteigen'
descendre	'hinuntergehen, -steigen, aussteigen'
aller	'gehen'
venir	'kommen'
entrer	'hineingehen'
sortir	'hinausgehen'
retourner	'zurückkehren'
tomber	'fallen'
rester	'bleiben'

Außerdem:

naître	'geboren werden'
mourir	'sterben'

Angleichung des Partizips Perfekt

Wie Sie wissen, muss bei **avoir** im Partizip Perfekt eine Angleichung zwischen dem Verb und einem vorangehenden direkten Objekt vorgenommen werden. Bei Verben hingegen, die in der zusammengesetzten Vergangenheit mit **être** konjugiert werden, muss immer eine Angleichung des Verbs mit dem Subjekt des Satzes erfolgen:

Elle est partie et nous sommes descendus.
'Sie ist gegangen, und wir sind hinuntergegangen.'

Elles sont rentrées.
'Sie sind zurückgekehrt.'

Ils sont nés en France.
'Sie sind in Frankreich geboren.'

Sa chatte est morte écrasée.
'Seine Katze ist totgefahren worden.'

Präsens > Le présent

je suis	'ich bin'
tu es	'du bist'
il/elle est	'er/sie ist'
nous sommes	'wir sind'
vous êtes	'ihr seid / Sie (höfl.) sind'
ils/elles sont	'sie sind'

Einfaches Futur > Le futur

je serai	'ich werde sein'
tu seras	'du wirst sein'
il/elle sera	'er/sie wird sein'
nous serons	'wir werden sein'
vous serez	'ihr werdet / Sie (höfl.) werden sein'
ils/elles seront	'sie werden sein'

Imperfekt > L'imparfait
(Einfache Vergangenheit)

j'étais	'ich war'
tu étais	'du warst'
il/elle était	'er/sie war'
nous étions	'wir waren'
vous étiez	'ihr wart / Sie (höfl.) waren'
ils/elles étaient	'sie waren'

Perfekt > Le passé composé
(Zusammengesetzte Vergangenheit)

j'ai été	'ich bin gewesen'
tu as été	'du bist gewesen'
il/elle a été	'er/sie ist gewesen'
nous avons été	'wir sind gewesen'
vous avez été	'ihr seid / Sie (höfl.) sind gewesen'
ils/elles ont été	'sie sind gewesen'

Konditional > Le conditionnel

je serais	'ich wäre'
tu serais	'du wärst'
il/elle serait	'er/sie wäre'
nous serions	'wir wären'
vous seriez	'ihr wärt / Sie (höfl.) wären'
ils/elles seraient	'sie wären'

Konjunktiv > Le subjonctif

que	je sois	'dass ich sei'
que	tu sois	'dass du seist'
qu'	il/elle soit	'dass er/sie sei'
que	nous soyons	'dass wir seien'
que	vous soyez	'dass ihr seid / Sie (höfl.) seien'
qu'	ils/elles soient	'dass sie seien

9. Unregelmäßige Verben > Les verbes irréguliers

Es folgt nun die Liste der unregelmäßigen Verben.
- Verben auf -er (I)
- Verben auf -re (II)
- Verben auf -ir (III)
- Verben auf -oir (IV)

ALLE Zeitformen, die nicht in der Liste aufgeführt sind, sind regelmäßig.

I Verben auf -er

aller 'gehen'
Präsens je vais, tu vas, il/elle va, nous allons, vous allez, ils/elles vont
Futur j'irai, tu iras, il/elle ira, nous irons, vous irez, ils/elles iront
Konditional j'irais, tu irais, il/elle irait, nous irions, vous iriez, ils/elles iraient
Konjunktiv que j'aille, que tu ailles, qu'il/elle aille,
que nous allions, que vous alliez, qu'ils/elles aillent

envoyer 'senden, schicken'
Futur j'enverrai, tu enverras, il/elle enverra,
nous enverrons, vous enverrez, ils/elles enverront

II Verben auf -re

apprendre 'lernen' ➡ siehe **prendre**

atteindre 'erreichen, erlangen' ➡ siehe **peindre**

battre 'schlagen'
Präsens je bats, tu bats, il/elle bat,
nous battons, vous battez, ils/elles battent

boire 'trinken'
Präsens je bois, tu bois, il/elle boit,
nous buvons, vous buvez, ils/elles boivent
Imperfekt je buvais, tu buvais, il/elle buvait,
nous buvions, vous buviez, ils/elles buvaient
Futur je boirai, tu boiras, il/elle boira,
nous boirons, vous boirez, ils/elles boiront
Konditional je boirais, tu boirais, il/elle boirait,
nous boirions, vous boiriez, ils/elles boiraient
Konjunktiv que je boive, que tu boives, qu'il/elle boive,
que nous buvions, que vous buviez, qu'ils/elles boivent
Imperativ bois, buvons, buvez
Part. Perf. bu
Part. Präs. Buvant

comprendre 'verstehen' ➡ siehe **prendre**

conduire 'lenken, führen'
Präsens je conduis, tu conduis, il/elle conduit,
nous conduisons, vous conduisez, ils/elles conduisent
Imperfekt je conduisais, tu conduisais, il/elle conduisait,
nous conduisions, vous conduisiez, ils/elles conduisaient
Futur je conduirai, tu conduiras, il/elle conduira,
nous conduirons, vous conduirez, ils/elles conduiront
Konditional je conduirais, tu conduirais, etc.
Konjunktiv que je conduise, que tu conduises, etc.
Part. Perf. conduit
Part. Präs. conduisant

connaître 'kennen, vertraut sein mit'
Präsens je connais, tu connais, il/elle connaît,
nous connaissons, vous connaissez, ils/elles connaissent
Imperfekt je connaissais, tu connaissais, il/elle connaissait,
nous connaissions, vous connaissiez, ils/elles connaissaient
Konjunktiv que je connaisse, que tu connaisses, qu'il/elle connaisse,
que nous connaissions, que vous connaissiez, etc.
Part. Perf. connu
Part. Präs. connaissant

construire 'bauen, errichten' ➡ siehe **conduire**

coudre 'nähen'
Präsens je couds, tu couds, il/elle coud, nous cousons,
vous cousez, ils/elles cousent
Imperfekt je cousais, tu cousais, etc.
Konjunktiv que je couse, que tu couses, etc.
Part. Perf. cousu
Part. Präs. cousant

craindre '(be)fürchten'
Präsens je crains, tu crains, il/elle craint, nous craignons,
vous craignez, ils/elles craignent
Imperfekt je craignais, tu craignais, etc.
Konjunktiv que je craigne, que tu craignes, etc.
Part. Perf. craint
Part. Präs. craignant

croire 'glauben'
Präsens je crois, tu crois, il/elle croit,
nous croyons, vous croyez, ils/elles croient
Imperfekt je croyais, tu croyais, il/elle croyait,
nous croyions, vous croyiez, ils/elles croyaient
Futur je croirai, tu croiras, il/elle croira, etc.
Konditional je croirais, tu croirais, etc.
Konjunktiv que je croie, que tu croies, qu'il/elle croie,
que nous croyions, que vous croyiez, qu'ils/elles croient
Imperativ crois, croyons, croyez
Part. Perf. cru
Part. Präs. croyant

croître	'(an)wachsen' (intransitiv)
Präsens	je croîs, tu croîs, il/elle croît, nous croissons, vous croissez, ils/elles croissent
Imperfekt	je croissais, tu croissais, etc.
Konjunktiv	que je croisse, etc.
Part. Perf.	crû
Part. Präs.	croissant

détruire 'zerstören' ➡ siehe **conduire**

dire	'sagen, mitteilen'
Präsens	je dis, tu dis, il/elle dit, nous disons, vous dites, ils/elles disent
Imperfekt	je disais, tu disais, il/elle disait, nous disions, vous disiez, ils/elles disaient
Futur	je dirai, tu diras, il/elle dira, nous dirons, etc.
Konjunktiv	que je dise, que tu dises, qu'il/elle dise, que nous disions, que vous disiez, qu'ils/elles disent
Imperativ	dis, disons, dites
Part. Perf.	dit
Part. Präs.	disant

écrire	'schreiben'
Präsens	j'écris, tu écris, il/elle écrit, nous écrivons, vous écrivez, ils/elles écrivent
Imperfekt	j'écrivais, tu écrivais, il/elle écrivait, nous écrivions, vous écriviez, ils/elles écrivaient
Futur	j'écrirai, tu écriras, il/elle écrira, nous écrirons, etc.
Konditional	j'écrirais, tu écrirais, il/elle écrirait, nous écririons, vous écririez, ils/elles écriraient
Konjunktiv	que j'écrive, que tu écrives, qu'il/elle écrive, que nous écrivions, que vous écriviez, qu'ils/elles écrivent
Imperativ	écris, écrivons, écrivez
Part. Perf.	écrit
Part. Präs.	écrivant

éteindre 'ausmachen, löschen' ➡ siehe **peindre**

faire	'machen, tun'
Präsens	je fais, tu fais, il/elle fait, nous faisons, vous faites, ils/elles font
Imperfekt	je faisais, tu faisais, il/elle faisait, nous faisions, vous faisiez, ils/elles faisaient
Futur	je ferai, tu feras, il/elle fera, nous ferons, vous ferez, ils/elles feront
Konditional	je ferais, tu ferais, il/elle ferait, nous ferions, vous feriez, ils/elles feraient
Konjunktiv	que je fasse, que tu fasses, qu'il/elle fasse, que nous fassions, que vous fassiez, qu'ils/elles fassent
Imperativ	fais, faisons, faites
Part. Perf.	fait
Part. Präs.	faisant

frire   'braten, backen'
(nur in den drei Personen des Singulars; normalerweise benutzt man in allen anderen Zeitformen **faire frire** anstelle von **frire**)
Präsens	je fris, tu fris, il/elle frit
Futur	je frirai, tu friras, il/elle frira
Part. Perf.	frit

instruire   'unterrichten, belehren, anweisen' ➡ siehe **conduire**

joindre   'verbinden'
Präsens	je joins, tu joins, il/elle joint,
	nous joignons, vous joignez, ils/elles joignent
Imperfekt	je joignais, tu joignais, il/elle joignait,
	nous joignions, vous joigniez, ils/elles joignaient
Futur	je joindrai, tu joindras, etc.
Konditional	je joindrais, tu joindrais, etc.
Konjunktiv	que je joigne, etc.
Part. Perf.	joint
Part. Präs.	joignant

lire   'lesen'
Präsens	je lis, tu lis, il/elle lit, nous lisons, vous lisez, ils/elles lisent
Imperfekt	je lisais, tu lisais, il/elle lisait,
	nous lisions, vous lisiez, ils/elles lisaient
Futur	je lirai, tu liras, il/elle lira, nous lirons, vous lirez, ils/elles liront
Konditional	je lirais, tu lirais, il/elle lirait,
	nous lirions, vous liriez, ils/elles liraient
Konjunktiv	que je lise, que tu lises, qu'il/elle lise, que nous lisions, etc.
Imperativ	lis, lisons, lisez
Part. Perf.	lu
Part. Präs.	lisant

mettre   'legen, stellen, setzen; anziehen'
Präsens	je mets, tu mets, il/elle met,
	nous mettons, vous mettez, ils/elles mettent
Imperfekt	je mettais, tu mettais, il/elle mettait,
	nous mettions, vous mettiez, ils/elles mettaient
Futur	je mettrai, tu mettras, etc.
Konditional	je mettrais, tu mettrais, etc.
Konjunktiv	que je mette, que tu mettes, qu'il/elle mette,
	que nous mettions, que vous mettiez, qu'ils/elles mettent
Imperativ	mets, mettons, mettez
Part. Perf.	mis
Part. Präs.	mettant

naître   'geboren werden'
Präsens	je nais, tu nais, il/elle naît,
	nous naissons, vous naissez, ils/elles naissent
Imperfekt	je naissais, tu naissais, etc.
Konjunktiv	que je naisse, que tu naisses, etc.
Part. Perf.	né
Part. Präs.	naissant

paraître 'scheinen; erscheinen' ➜ siehe **connaître**

peindre '(an)malen'
Präsens   je peins, tu peins, il/elle peint,
               nous peignons, vous peignez, ils/elles peignent
Imperfekt   je peignais, tu peignais, il/elle peignait, nous peignions, etc.
Konjunktiv   que je peigne, que tu peignes, etc.
Part. Perf.   peint
Part. Präs.   peignant

permettre 'erlauben' ➜ siehe **mettre**

plaindre 'bemitleiden', **se plaindre** 'sich beschweren'
➜ siehe **craindre**

plaire   'gefallen'
Präsens   je plais, tu plais, il/elle plaît,
               nous plaisons, vous plaisez, ils/elles plaisent
Imperfekt   je plaisais, tu plaisais, il/elle plaisait,
               nous plaisions, vous plaisiez, ils/elles plaisaient
Konjunktiv   que je plaise, que tu plaises, qu'il/elle plaise,
               que nous plaisions, que vous plaisiez, qu'ils/elles plaisent
Part. Perf.   plu
Part. Präs.   plaisant

prendre   'nehmen'
Präsens   je prends, tu prends, il/elle prend,
               nous prenons, vous prenez, ils/elles prennent
Imperfekt   je prenais, tu prenais, il/elle prenait, nous prenions, etc.
Konjunktiv   que je prenne, que tu prennes, qu'il/elle prenne,
               que nous prenions, que vous preniez, qu'ils/elles prennent
Imperativ   prends, prenons, prenez
Part. Perf.   pris
Part. Präs.   prenant

produire 'erzeugen, herstellen' ➜ siehe **conduire**

promettre 'versprechen' ➜ siehe **mettre**

remettre 'zurückstellen, -legen; weitergeben' ➜ siehe **mettre**

rire   'lachen'
Präsens   je ris, tu ris, il/elle rit, nous rions, vous riez, ils/elles rient
Imperfekt   je riais, tu riais, il/elle riait, nous riions, vous riiez, ils/elles riaient
Futur   je rirai, tu riras, etc.
Konditional   je rirais, tu rirais, etc.
Konjunktiv   que je rie, que tu ries, qu'il/elle rie,
               que nous riions, que vous riiez, qu'il/elle rient
Imperativ   ris, rions, riez
Part. Perf.   ri
Part. Präs.   riant

suivre	'folgen'
Präsens	je suis, tu suis, il/elle suit,
	nous suivons, vous suivez, ils/elles suivent
Imperfekt	je suivais, tu suivais, il/elle suivait,
	nous suivions, vous suiviez, ils/elles suivaient
Konjunktiv	que je suive, que tu suives, qu'il/elle suive,
	que nous suivions, que vous suiviez, qu'ils/elles suivent
Imperativ	suis, suivons, suivez
Part. Perf.	suivi
Part. Präs.	suivant

surprendre 'überraschen' ➜ siehe **prendre**

se taire 'schweigen' ➜ siehe **plaire**

vivre	'leben'
Präsens	je vis, tu vis, il/elle vit,
	nous vivons, vous vivez, ils/elles vivent
Imperfekt	je vivais, tu vivais, il/elle vivait,
	nous vivions, vous viviez, ils/elles vivaient
Konjunktiv	que je vive, que tu vives, qu'il/elle vive,
	que nous vivions, que vous viviez, qu'ils/elles vivent
Imperativ	vis, vivons, vivez
Part. Perf.	vécu
Part. Präs.	vivant

III Verben auf -ir

acquérir	'erwerben'
Präsens	j'acquiers, tu acquiers, il/elle acquiert,
	nous acquérons, vous acquérez, ils/elles acquièrent
Imperfekt	j'acquérais, tu acquérais, il/elle acquérait,
	nous acquérions, vous acquériez, ils/elles acquéraient
Futur	j'acquerrai, tu acquerras, il/elle acquerra,
	nous acquerrons, vous acquerrez, ils/elles acquerront
Konditional	j'acquerrais, tu acquerrais, il/elle acquerrait,
	nous acquerrions, vous acquerriez, ils/elles acquerraient
Konjunktiv	que j'acquière, que tu acquières, qu'il/elle acquière,
	que nous acquérions, etc.
Part. Perf.	acquis
Part. Präs.	acquérant

bouillir	'sieden, kochen (nur für Wasser, Flüssigkeiten)'
Präsens	je bous, tu bous, il/elle bout,
	nous bouillons, vous bouillez, ils/elles bouillent
Imperfekt	je bouillais, etc.
Part. Perf.	bouilli
Part. Präs.	bouillant

conquérir 'erobern' ➜ siehe **acquérir**

courir		'rennen, laufen'
Präsens		je cours, tu cours, il/elle court,
		nous courons, vous courez, ils/elles courent
Imperfekt		je courais, tu courais, il/elle courait, etc.
Futur		je courrai, tu courras, il/elle courra,
		nous courrons, vous courrez, ils/elles courront
Konditional		je courrais, tu courrais, il/elle courrait,
		nous courrions, vous courriez, ils/elles courraient
Part. Perf.		couru
Part. Präs.		courant

couvrir 'bedecken' ➡ siehe **ouvrir**

cueillir		'pflücken'
Präsens		je cueille, etc.
Imperfekt		je cueillais, etc.
Futur		je cueillerai, etc.
Konditional		je cueillerais, etc.
Konjunktiv		que je cueille, etc.
Part. Perf.		cueilli
Part. Präs.		cueillant

découvrir 'entdecken' ➡ siehe **couvrir**

dormir		'schlafen'
Präsens		je dors, tu dors, il/elle dort,
		nous dormons, vous dormez, ils/elles dorment
Imperfekt		je dormais, etc.
Konjunktiv		que je dorme, etc.
Part. Präs.		dormant

fuir		'flüchten, fliehen; auslaufen, leck sein'
Präsens		je fuis, tu fuis, il/elle fuit, nous fuyons, vous fuyez, ils/elles fuient
Imperfekt		je fuyais, etc.
Konjunktiv		que je fuie, que tu fuies, qu'il/elle fuie,
		que nous fuyions, que vous fuyiez, qu'ils/elles fuient
Part. Perf.		fui
Part. Präs.		fuyant

mentir		'lügen'
Präsens		je mens, tu mens, il/elle ment,
		nous mentons, vous mentez, ils/elles mentent
Imperfekt		je mentais, etc.
Konjunktiv		que je mente, que tu mentes, qu'il/elle mente,
		que nous mentions, que vous mentiez, qu'ils/elles mentent

mourir		'sterben'
Präsens		je meurs, tu meurs, il/elle meurt,
		nous mourons, vous mourez, ils/elles meurent
Imperfekt		je mourais, etc.
Futur		je mourrai, tu mourras, etc.
Konditional		je mourrais, tu mourrais, etc.

Konjunktiv	que je meure, que tu meures, qu'il/elle meure, que nous mourions, que vous mouriez, qu'ils/elles meurent
Part. Perf.	mort
Part. Präs.	mourant

offrir 'anbieten, schenken'
Präsens	j'offre, etc.
Imperfekt	j'offrais, etc.
Konjunktiv	que j'offre, etc.
Part. Perf.	offert
Part. Präs.	offrant

ouvrir 'öffnen, aufmachen' ➜ siehe **offrir**

partir 'weggehen, verlassen' ➜ siehe **mentir**

repentir, se 'bereuen' ➜ siehe **mentir**

secourir 'beistehen, unterstützen, in der Not helfen'
➜ siehe **courir**

sentir 'fühlen, riechen' ➜ siehe **mentir**

servir '(be)dienen, einschenken'
Präsens	je sers, tu sers, il/elle sert, nous servons, vous servez, ils/elles servent
Imperfekt	je servais, tu servais, etc.
Imperativ	sers, servons, servez
Part. Perf.	servi
Part. Präs.	servant

souffrir 'leiden' ➜ siehe **offrir**

tenir 'halten, festhalten'
Präsens	je tiens, tu tiens, il/elle tient, nous tenons, vous tenez, ils/elles tiennent
Imperfekt	je tenais, etc.
Futur	je tiendrai, tu tiendras, il/elle tiendra, nous tiendrons, vous tiendrez, ils/elles tiendront
Konditional	je tiendrais, tu tiendrais, il/elle tiendrait, etc.
Konjunktiv	que je tienne, que tu tiennes, qu'il/elle tienne, que nous tenions, que vous teniez, qu'ils/elles tiennent
Imperativ	tiens, tenons, tenez
Part. Perf.	tenu
Part. Präs.	tenant

venir 'kommen' ➜ siehe **tenir**

IV Verben auf -oir

s'asseoir 'sich (hin)setzen' (**asseoir** '(hin)setzen')
- Präsens: je m'assieds, tu t'assieds, il/elle s'assied,
  nous nous asseyons, vous vous asseyez, ils/elles s'asseyent
- Imperfekt: je m'asseyais, etc.
- Futur: je m'assiérai, etc.
- Konditional: je m'assiérais, etc.
- Konjunktiv: que je m'asseye, etc.
- Imperativ: assieds-toi, asseyons-nous, asseyez-vous
- Part. Perf.: assis
- Part. Präs.: s'asseyant

devoir 'müssen; schulden'
- Präsens: je dois, tu dois, il/elle doit,
  nous devons, vous devez, ils/elles doivent
- Imperfekt: je devais, tu devais, il/elle devait,
  nous devions, vous deviez, ils/elles devaient
- Konjunktiv: que je doive, que tu doives, qu'il/elle doive,
  que nous devions, que vous deviez, qu'ils/elles doivent
- Part. Perf.: dû (due)
- Part. Präs.: devant

falloir 'müssen, nötig sein' (unpersönlich)
- Präsens: il/elle faut
- Imperfekt: il/elle fallait
- Futur: il/elle faudra
- Konditional: il/elle faudrait
- Konjunktiv: qu'il/elle faille
- Part. Perf.: il/elle a fallu

pleuvoir 'regnen' (halb unpersönlich)
- Präsens: il/elle pleut
- Imperfekt: il/elle pleuvait
- Futur: il/elle pleuvra
- Konditional: il/elle pleuvrait
- Konjunktiv: qu'il/elle pleuve
- Part. Perf.: plu
- Part. Präs.: pleuvant

pouvoir 'können; erlaubt sein, dürfen'
- Präsens: je peux, tu peux, il/elle peut,
  nous pouvons, vous pouvez, ils/elles peuvent
- Futur: je pourrai, tu pourras, il/elle pourra,
  nous pourrons, vous pourrez, ils/elles pourront
- Konditional: je pourrais, tu pourrais, il/elle pourrait,
  nous pourrions, vous pourriez, ils/elles pourraient
- Konjunktiv: que je puisse, que tu puisses, qu'il/elle puisse,
  que nous puissions, que vous puissiez, qu'ils/elles puissent
- Part. Perf.: pu
- Part. Präs.: pouvant

savoir	'wissen'	
Präsens	je sais, tu sais, il/elle sait, nous savons, vous savez, etc.	
Futur	je saurai, tu sauras, il/elle saura, nous saurons, etc.	
Konditional	je saurais, tu saurais, il/elle saurait, nous saurions, vous sauriez, ils/elles sauraient	
Konjunktiv	que je sache, que tu saches, qu'il/elle sache, que nous sachions, que vous sachiez, qu'ils/elles sachent	
Imperativ	sache, sachons, sachez	
Part. Perf.	su	
Part. Präs.	sachant	
valoir	'wert sein'	
Präsens	je vaux, tu vaux, il/elle vaut, nous valons, vous valez, ils/elles valent	
Imperfekt	je valais, tu valais, il/elle valait, nous valions, vous valiez, ils/elles valaient	
Futur	je vaudrai, tu vaudras, il/elle vaudra, nous vaudrons, vous vaudrez, ils/elles vaudront	
Konditional	je vaudrais, tu vaudrais, il/elle vaudrait, nous vaudrions, vous vaudriez, ils/elles vaudraient	
Konjunktiv	que je vaille, que tu vailles, qu'il/elle vaille, que nous valions, que vous valiez, qu'ils/elles vaillent	
Part. Perf.	valu	
Part. Präs.	valant	
voir	'sehen'	
Präsens	je vois, tu vois, il/elle voit, nous voyons, vous voyez, ils/elles voient	
Imperfekt	je voyais, tu voyais, il/elle voyait, nous voyions, vous voyiez, ils/elles voyaient	
Futur	je verrai, tu verras, il/elle verra, nous verrons, vous verrez, etc.	
Konditional	je verrais, tu verrais, il/elle verrait, nous verrions, etc.	
Konjunktiv	que je voie, que tu voies, qu'il/elle voie, que nous voyions, que vous voyiez, qu'ils/elles voient	
Imperativ	vois, voyons, voyez	
Part. Perf.	vu	
Part. Präs.	voyant	
vouloir	'wollen; möchten'	
Präsens	je veux, tu veux, il/elle veut, nous voulons, vous voulez, ils/elles veulent	
Imperfekt	je voulais, tu voulais, il/elle voulait, nous voulions, vous vouliez, ils/elles voulaient	
Futur	je voudrai, tu voudras, il/elle voudra, nous voudrons, vous voudrez, ils/elles voudront	
Konditional	je voudrais, tu voudrais, il/elle voudrait, nous voudrions, vous voudriez, ils/elles voudraient	
Konjunktiv	que je veuille, que tu veuilles, qu'il/elle veuille, que nous voulions, que vous vouliez, qu'ils/elles veuillent	
Imperativ	veuille, veuillons, veuillez	
Part. Perf.	voulu	
Part. Präs.	Voulant	

LITERATURHINWEISE

Sie möchten mehr über die französische Sprache, über Land und Leute erfahren?

Dann finden Sie hierfür in der folgenden Literaturliste bestimmt das Richtige!

Ebenfalls bei Assimil erschienen

Bulger, Anthony: **Französisch ohne Mühe**.
Assimil Verlag Köln 2025. ISBN 978-3-89625-011-7.
Zweisprachiges Lehrbuch mit 576 Seiten

Autodidaktischer Sprachkurs für Anfänger und Lerner mit Vorkenntnissen mit 113 Lektionen, über 100 Übungen mit Lösungen und grammatikalischem Anhang. Wie bei allen Assimil-Kursen wird die Fremdsprache nach dem natürlichen Prinzip des "intuitiven Assimilierens" erlernt. Lebendige, übersichtliche und progressiv aufgebaute Lerneinheiten, ergänzt durch landeskundliche Informationen, vermitteln bei einem täglichen Aufwand von 20–30 Minuten in insgesamt 9–12 Monaten eine sehr gute Sprachkompetenz für die Verständigung in Alltagssituationen (bis Niveau B2 des GER).

Zu dem kompakten und kleinformatigen Lehrbuch gehören Tonaufnahmen auf Audio-CDs oder als MP3-Audiodateien; der Kurs ist ebenfalls als PC-App auf CD erhältlich.

Porquet, André: **Les clés de l'orthographe**.
Assimil 2016, ISBN 978-2-7005-0792-8.

Französisch zu sprechen, ist das eine. Es korrekt zu schreiben, ist jedoch eine mindestens ebenso große Herausforderung. Dieses einsprachige Lehrbuch richtet sich an Französischlerner aller Altersstufen. Es liefert eine übersichtlich aufgebaute Zusammenfassung der wichtigsten Bereiche der französischen Orthografie und erläutert auf 232 Seiten intuitiv und leicht verständlich die Rechtschreibung des Französischen mit all ihren Besonderheiten und Ausnahmen. Die Erklärungen finden in mehr als 100 Übungen mit Lösungen praktische Anwendung. Die Ausgabe ist die aktualisierte Fassung des von der Académie française 1980 ausgezeichneten Werks L'orthographe sans peine.

Mathiss, Jean-Paul: **Les clés de la grammaire**.
Assimil 2016, ISBN 978-2-7005-0730-0.

Nicht nur für Franzosen der unterschiedlichsten Altersstufen, sondern auch für Französischlerner mit anderen Muttersprachen bietet dieses einsprachige Lehrwerk auf 256 Seiten einen bestens strukturierten und praktischen Überblick über die französische Grammatik, von Basiswissen bis hin zu den komplexesten Regeln mit Ausnahmen. 150 Übungen mit Lösungen bieten die Gelegenheit, das Erlernte in der Praxis anzuwenden.

Ponsonnet, Aurore: **QCM – 250 tests de français (Niveau collège - Les bases)** Assimil 2019, ISBN 978-2-7005-0838-3.

Diese 264 Seiten umfassende, handliche Broschüre enthält ca. 250 Multiple-Choice-Testaufgaben mit Lösungen, in denen Basiskenntnisse der französischen Grammatik und des Wortschatzes abgefragt werden. Sprachanfänger mit geringen Vorkenntnissen können hiermit in kurzer Zeit und auf kompakte und unterhaltsame Weise ihre Französischkenntnisse testen. Am Ende jedes Moduls gibt eine Selbstbewertung einen Überblick über den Kenntnisstand. Etwa 120 kurz gefasste Grammatikregeln ergänzen den bearbeiteten Stoff.

Ausführliche Informationen zur Assimil Sprachlernmethode, zu den verfügbaren Medienkombinationen für deutschsprachige und fremdsprachige Lerner sowie zu den angebotenen Lernmedien und vieles mehr finden Sie auf unserer Internetseite: **www.assimilwelt.com**.

Prononciation du Français
Aussprache des Französischen

Tabelle der Laute
VOKALE

Französisch		Deutsche Entsprechung	
Buch-stabe(n)	Laut-schrift	Aussprachehinweise	Dt. Beispiel
a	*a*	kurzes a	Katze
a / à / â	*a*▸	langes a	Nase
e	*(ö)*	unbetontes, dumpfes e, kaum hörbar	Baguette
e	*ö*	unbetontes e	Zelle
e / é	*e*	langes, helles e	Leben
è / ê	*ä*	ä	Käse
e + Konson.	*e / eh*	e vor Konsonant	Leben
i / y	*i*	kurzes i	Mist
i / y	*i*▸	langes i	Igel
o	*o*	kurzes, mit gespitzten Lippen gesprochenes o	So!
o	*o*▸	langes, mit gespitzten Lippen gesprochenes o	Boot
o	*O*	kurzes, mit geöffneter Mundhöhle gesprochenes o	Post
o	*O*▸	langes, mit geöffneter Mundhöhle gesprochenes o	Kooomm!
u	*ü*	kurzes ü	Mücke
u	*ü*▸	langes ü	müde

Prononciation du Français
Aussprache des Französischen

Tabelle der Laute
DOPPELVOKALE & NASALE

Französisch		Deutsche Entsprechung	
Buchstabe(n)	Lautschrift	Aussprachehinweise	Dt. Beispiel
ai / ei	*ä*▸	langes ä	K**ä**se
an / am / en / em	*añ*	Nasallaut a	Croiss**an**t
au/eau/ô	*o*▸	langes, mit gespitzten Lippen gesprochenes o	Wies**o**?
ay-	*e + j*	„je" verkehrt herum gelesen	Ess**ay**ist
eu / œu	*ö*	kurzes, mit gespitzten Lippen gesprochenes ö	etwa wie in H**ö**hle, aber kurz
	ö▸	langes, mit gespitzten Lippen gesprochenes ö	G**o**ethe
	Ö	kurzes, mit geöffneter Mundhöhle gesprochenes ö	G**ö**tter
	Ö▸	langes, mit geöffneter Mundhöhle gesprochenes ö	M**ööö**rder!
-ill-	*ij*	in der Wortmitte: langes i gefolgt von j	Quadr**ille**
in / im un / um	*äñ*	Nasallaut ä	Manneq**uin**
oi / oa	*oa*	kurzes o + a	**Oa**se
on / om	*oñ*	Nasallaut o	Sais**on**
ou	*u*	kurzes u	K**u**ss
	u▸	langes u	M**u**se
oy	*oaj*	kurzes o + kurzes a + j	
ui	*üi*	kurzes ü + kurzes i	
uy	*üij*	kurzes ü + kurzes i + j	

Tabelle der Laute
KONSONANTEN

Französisch		Deutsche Entsprechung	
Buchstabe(n)	Lautschrift	Aussprachehinweise	Dt. Beispiel
c	*k*	vor a, o, u = k	**K**ind
c	*ß*	vor e, i, y = ß	Gla**s**
ç*	*ß*	immer ß	Ka**ss**e
ch	*sch*	wie sch	**Sch**uh
g	*g*	vor a, o, u = g	**G**arage
gu	*g*	vor e und i = g	Ba**g**uette
g	*sch̃*	vor e und i wie 2. g in Garage	Gara**g**e
j	*sch̃*	immer wie in Journal	**J**ournal
gn	*nj / ni*	n + j oder n + i	Co**gn**ac
-ill-	*-ij*	wie i + j	la Bast**ill**e
	-il	wie -ll-	Br**ill**e
-eil/-eille	*-j*	nach ei und œi = j	Mir**eille**
h-	--	immer stumm**	
s	*s*	zwischen zwei Vokalen s***	Oa**s**e
s / ss	*ss*	AUCH am Wortanfang ß	E**ss**en
v / w	*w*	wie w	**W**C
x	*kss*	k + stimmloses s	Ta**x**i
	gs	g + stimmhaftes s	Schla**gs**ahne
z	*s*	stimmhaftes s	Ra**s**en

* wird nur vor a, o, und u verwendet!
** verhindert am Wortanfang eine „Liaison" mit dem Endkonsonanten des vorherigen Wortes (s. Einleitung Seite XIX).
*** nicht in zusammengesetzten Wörtern: „anti**s**ocial" [*añti**ss**ossial*]

Die meisten Konsonanten werden am Wortende nicht gesprochen: Paris [*pari*], Chamonix [*schamoni*], Bordeaux [*bOrdo▸*]…; aber Aix [*äkss*].

Gesprochen werden hingegen die Konsonanten -c, -f, -g, -k, -l, -m, -q und -r, wenn sie direkt hinter einem Vokal das Wort beenden.